Embodied Cognition und XR im Sprachunterricht

Isabel Hoffmann

Embodied Cognition und XR im Sprachunterricht

Ein interdisziplinärer Ansatz für die Entwicklung sprachdidaktischer XR-Lernumgebungen und ihre Evaluation an beruflichen Schulen

Springer VS

Isabel Hoffmann
Sprach- und Literaturwissenschaften
LMU München
München, Deutschland

Zugleich Dissertation an der LMU München

ISBN 978-3-658-49657-9 ISBN 978-3-658-49658-6 (eBook)
https://doi.org/10.1007/978-3-658-49658-6

Die Deutsche Nationalbibliothek verzeichnet diese Publikation in der Deutschen Nationalbibliografie; detaillierte bibliografische Daten sind im Internet über https://portal.dnb.de abrufbar.

Planung/Lektorat: Carina Reibold
Springer VS ist ein Imprint der eingetragenen Gesellschaft Springer Fachmedien Wiesbaden GmbH und ist ein Teil von Springer Nature.
Die Anschrift der Gesellschaft ist: Abraham-Lincoln-Str. 46, 65189 Wiesbaden, Germany

Mind is primarily a verb. It denotes all the ways in which we deal consciously and expressly with the situations in which we find ourselves.

John Dewey (1934: 263)

Diese Doktorarbeit widme ich dir, lieber Papa – in ewiger Verbundenheit.

Ich richte folgende Worte an ***meinen geliebten Vater Reinmut Hoffmann*** *(ehem. Professor für Elektrotechnik und Datenübertragungstechnik an der Universität der Bundeswehr München): Danke dir für 30 Jahre Liebe, bedingungslose Unterstützung und den unerschütterlichen Glauben an mich und meine Fähigkeiten, für einen stets vertrauens- und respektvollen Austausch auf Augenhöhe sowie die Weitergabe deiner Begeisterung für die Wissenschaft. Gemeinsam haben wir die Grundkonzepte dieses Forschungsvorhabens noch diskutieren* *können, bevor du im Februar 2021 von uns gegangen bist. Du bist von jeher ein Vorbild gewesen und wirst es auch weiterhin bleiben. Vielleicht war es die größte Motivation, trotz oder wegen des Geschehenen, dieses Projekt zu Ende zu führen – für uns. Ich habe es dir versprochen und nun ist es wahr geworden.*

Danksagung

Die intensiven Forschungsjahre haben meinen Blick auf die Welt grundlegend verändert. Themenfelder wie der Zusammenhang zwischen Körper und Kognition, zwischen Denken und Handeln, die zahlreichen Facetten von Sprachverständnis und -vermittlung sowie die komplexe Verschränkung von Wirklichkeit und Simulation begegnen mir jetzt im alltäglichen Leben stetig. Alles ist Sprache und Kognition, immer mehr ist Mensch-Maschine-Interaktion, und was ist überhaupt die reale Welt im Zeitalter von XR und KI?

Dass eine derart intensive Auseinandersetzung mit diesem interdisziplinären und innovativen Thema möglich war, verdanke ich maßgeblich unterschiedlichen **Personen**, **Förderungen** und **Institutionen**:

Mein erster großer Dank gilt der **Studienstiftung des deutschen Volkes**. Durch das insgesamt vierjährige Promotionsstipendium war eine intensive Forschungszeit möglich. Zudem bot das vielfältige ideelle Begleitprogramm der Stiftung zahlreiche Möglichkeiten der Vernetzung sowie Weiterbildung. Ich danke der Stiftung vor allem für das entgegengebrachte Verständnis gegenüber meinen persönlichen Herausforderungen.

Besonders danke ich meinem **Doktorvater Prof. em. Dr. Jörg Roche** (Institut für Deutsch als Fremdsprache, LMU München), der mich seit Beginn des DaF-Masters und vor allem während der Promotion auf meinem akademischen Weg stetig gefördert hat. Seine Unterstützung und Offenheit zum Meinungsaustausch waren nicht nur in schwierigen Momenten wegweisend für mich. Die Zusammenarbeit empfand und empfinde ich als loyal, stärkend und bereichernd. Vielen herzlichen Dank!

Weiter gilt mein großer ausdrücklicher Dank meinem **Zweitbetreuer Prof. Dr. Andreas Butz** (Lehrstuhl für Mensch-Maschine-Interaktion, LMU München). Ich bedanke mich herzlich für die Bereitschaft, mein Promotionsvorhaben von Beginn an mitzubetreuen, und für die wertvolle Unterstützung während des Arbeitsprozesses. Der stetige Austausch und die „HCI-Sicht" haben meinen Erkenntnisgewinn maßgeblich bereichert. Vielen herzlichen Dank!

Die Forschungsarbeit wäre ohne die Beteiligung von **Unternehmen aus dem XR-Bereich** in der finalen Form nicht möglich gewesen. Ich bedanke mich daher herzlich bei Herrn **Julian Wloka** und seiner Firma *4Dlernen – e-learning Solutions*[1] für die gute Zusammenarbeit, die Beratung bei der Konzeption der Brandschutzschulung sowie für die Unterstützung bei der Testung.

Ich bedanke mich zudem bei Herrn **Robert Vogel** (*Unternehmen mit Zukunft GmbH*[2]) für die Beratung und das Umsetzen der VR-Brandschutzschulung auf der VR-Plattform *Engage*. Besten Dank!

Diese Zusammenarbeit mit Unternehmen war essenziell für die hohe Qualität der erstellten XR-Trainingsumgebungen sowie die Einbindung der Mixed-Reality-Technologie. Die Entscheidung, eine Unternehmenskooperation einzugehen, bedeutete einen für eine Doktorandin enormen finanziellen Aufwand. Ich war in der glücklichen Situation, dass der weitaus größte Teil der anfallenden Kosten vom **Lehrstuhl Mensch-Maschine-Interaktion der LMU München** übernommen worden ist. Hierfür danke ich Prof. Butz und dem Lehrstuhl von ganzem Herzen. Als fachfremde Doktorandin weiß ich das besonders zu schätzen. Danke!

Einen Anteil der Kosten hat zudem die **Münchener Universitätsgesellschaft (MUG) der LMU München**[3] übernommen. Vielen Dank!

Die Datenerhebung wurde an zwei Schulen durchgeführt: an der **FOS/BOS Fürstenfeldbruck**[4] und der **Staatlichen Berufsschule Aschaffenburg 2**[5]. Ich bedanke mich herzlich bei allen beteiligten Entscheiderinnen und Entscheidern und den Lehrkräften für die freundliche Unterstützung bei der Organisation sowie

---

[1] Webseite des Unternehmens *4dlernen*: https://www.4dlernen.de/ (zuletzt aufgerufen am 09.07.2025).

[2] Webseite der Firma *Unternehmen mit Zukunft*: https://umz.ai/ (zuletzt aufgerufen am 09.07.2025).

[3] Webseite der *Münchener Universitätsgesellschaft*: https://www.unigesellschaft.de/ (zuletzt aufgerufen am 09.07.2025).

[4] Webseite der *Fach- und Berufsoberschule Fürstenfeldbruck*: https://www.fosbos-ffb.de/ (zuletzt aufgerufen am 09.07.2025).

[5] Webseite der *Staatlichen Berufsschule Aschaffenburg 2*: https://www.bs2ab.de/ (zuletzt aufgerufen am 09.07.2025).

bei den Schülerinnen und Schülern für die Bereitschaft, an der Studie teilzunehmen. Ein großer Dank gilt auch **meinem Hilfskraftteam** (drei ehemalige Studierende aus meinem Medien-Hauptseminar: **Frau Azami, Frau Bui** und **Frau Brutyan**), die mich bei der Testung maßgeblich unterstützt haben. Herzlichen Dank!

Zuletzt möchte ich mich besonders herzlich **bei meinem persönlichen Umfeld** bedanken. Ohne euch alle wäre die Arbeit in dieser Form niemals möglich gewesen und vielleicht auch nicht zu Ende geführt worden.

Der erste große Dank geht dabei an meine **Mutter, Edith Hoffmann.** Soweit es möglich war, hast du alles darangesetzt, mir den Rücken freizuhalten, und mich mal streng, mal herzlich zum Abschluss der Arbeit ermutigt. Dein offenes Ohr für unfertige Textbausteine, neue Konzepte und Ideen, aber auch für Zweifel und Herausforderungen war essenziell für den Fortschritt. Zudem hast du mir während dieser vergangenen Jahre auf beeindruckende Weise gezeigt, was es heißt, niemals aufzugeben. Vielen lieben Dank von ganzem Herzen!

Ein weiterer besonderer Dank gilt **meinem Freundeskreis.** Ihr habt mich durch die schwersten Momente und Phasen der letzten Jahre begleitet und mich mit eurem unerschütterlichen Glauben an mich und meine Stärken stets aufgebaut und immer wieder zurück zu meiner Motivation geführt – ob am Telefon, schriftlich oder persönlich. Ich weiß, ich kann immer auf euch zählen. Ganz lieben Dank!

2025 Isabel Hoffmann

Inhaltsverzeichnis

1 Einleitung ... 1
1.1 Hintergründe und Problemstellung ... 1
1.2 Ziele der Arbeit und Forschungsfragen ... 4
1.3 Inhaltsübersicht ... 6

2 Das Embodied Cognition (EC)-Forschungsparadigma ... 9
2.1 Terminologische und historische Grundlagen des EC-Ansatzes ... 9
2.2 Die EC-Theorien – der 4-E-Ansatz ... 13
2.2.1 Embodied Cognition ... 14
2.2.2 Embedded Cognition ... 15
2.2.3 Extended Cognition ... 16
2.2.4 Enacted Cognition ... 17

3 EC und (Sprachen-)Lernen ... 21
3.1 Embodied learning und die Sprachdidaktik ... 21
3.1.1 Embodied learning ... 21
3.1.2 Prinzipien der Sprachdidaktik (4E-Sprachdidaktik) ... 23
3.2 Forschungsstand des verkörperten Sprachenlernens (Überblick) ... 29

4 Lernen mit XR: Grundlagen und Wirkungskonzepte ... 41
4.1 Terminologische und technologische Grundlagen ... 41
4.1.1 Einführung ... 41
4.1.2 XR als Oberbegriff ... 42

4.1.3 Augmented Reality (AR) ... 46
4.1.4 Virtual Reality (VR) ... 49
4.1.5 Mixed Reality (MR) ... 54
4.2 Für Lehr- und Lernprozesse relevante XR-Wirkungskonzepte ... 58
4.2.1 Immersion und Präsenz ... 59
4.2.2 Interaktion, Interaktivität und Multimodalität ... 65
4.2.3 Gamification ... 72
4.2.4 Narration (*storytelling*) ... 75
4.2.5 Involviertheit (*Flow*) und Identifikation ... 79
4.2.6 Illusion ... 84

5 XR im Sprachunterricht: Forschungsstand und Status quo ... 89
5.1 Scoping Review: Forschungsstand von XR (VR/MR) im Sprachunterricht weltweit ... 90
5.1.1 Allgemeine Forschungstendenzen und Problemaufriss der uneinheitlichen Definitionen von XR ... 101
5.1.2 Stärken und Effekte von XR im Sprachunterricht (I) ... 112
5.1.2.1 Verbesserung der Sprachkompetenzen (Wortschatz und Sprechen) ... 114
5.1.2.2 Förderung der Freude und Lernmotivation sowie Abbau von Ängsten ... 121
5.1.2.3 Förderung des Kulturverständnisses ... 127
5.1.2.4 Förderung der „21st century skills"/„Future skills" ... 130
5.1.3 Herausforderungen und Probleme beim Einsatz von XR im Sprachunterricht (II) ... 136
5.1.4 Pädagogisch-didaktische Theorien, Modelle, Konzepte (III) ... 140
5.1.5 Bezüge zum Embodied-Cognition-Forschungsfeld ... 142
5.1.6 Forschungslücken und Desiderate (V) ... 145
5.2 XR als Bildungstechnologien im Sprachunterricht in Deutschland ... 153
5.3 Zusammenführung der Felder EC, Sprachunterricht und XR ... 164
5.3.1 4E, Sprachenlernen und XR ... 164
5.3.2 Leitlinien für die Gestaltung und Beforschung von XR-gestützten Sprachlehr-/-lernarrangements ... 167
5.3.3 Forschungshypothesen ... 174

6 PRAXISTEIL I: Entwicklung einer sprach- und handlungsunterstützenden XR-Brandschutzschulung für berufliche Schulen 183
6.1 Einordnung in den Forschungszusammenhang 183
6.2 Konzeption und Umsetzung eines gamifizierten, virtuellen 3D-Brandschutztrainings (Desktop-VR, voll-immersive VR mit VR-Brille, MR) 185
6.2.1 Themenschwerpunkt Brandschutz 185
6.2.2 Desktop-VR-Version (vollständiges Brandschutztrainingsprogramm) 188
6.2.3 Voll-immersive VR-Version (VR-Brille) 198
6.2.4 MR-Version: visuo-haptische MR 200

7 PRAXISTEIL II: Empirische Studie – Testung der Brandschutzschulung in Schulen 205
7.1 Studiendesign und Datenerhebung 207
7.1.1 Studiendesign 207
7.1.2 Apparatus, Prozedere und Methodik der Datenerhebung 210
7.1.3 Schulische Organisation zur Studienvorbereitung 216
7.1.4 Beschreibung der Kohorten 217
7.2 Ergebnisse der Treatments 220
7.2.1 Gesamtleistungen im Gruppenvergleich (PC-MR-VR) und Signifikanz 220
7.2.1.1 Pilottestung FFB 221
7.2.1.2 Haupttestung AB (Treatment 1 und 2) 222
7.2.2 Verbesserung der Individualleistungen von Treatment 1 zu Treatment 2 (AB) 225
7.3 Erhobene Nutzererfahrung und -bewertungen (User Experience, UX) 226
7.3.1 Kohorte FFB (Posttest) 227
7.3.2 Kohorte AB (Posttest 1 und 2) 238
7.4 Analyse der Ergebnisse 270
7.4.1 Gesamtleistungen der Nutzungsgruppen (PC I Desktop-VR I MR) 270
7.4.2 Individualleistungen innerhalb der Nutzungsgruppen 273
7.4.3 Nutzererfahrung (User Experience, UX) 274
7.5 Diskussion 287

7.5.1 Einordung der Ergebnisse in den Forschungszusammenhang 287
7.5.2 Kritische Reflexion und Erkenntnisse 292
7.5.3 Limitationen der Arbeit 300

8 Zusammenfassung der Forschung und Ausblick 303
8.1 Zentrale Ergebnisse 303
8.2 Anknüpfungspunkte für weitere Forschungen 305
8.3 Ausblick 307

Literaturverzeichnis 309

Abbildungsverzeichnis

Abb. 3.1 Gestaltungsmerkmale von Szenarien ... 27
Abb. 3.2 Die 4E-Sprachdidaktik/4E-language-learning ... 29
Abb. 4.1 Das Realitäts-Virtualitäts-Kontinuum (vgl. Milgram/Kishino 1994) ... 42
Abb. 4.2 Aktuelles Begriffsverständnis XR/AR/VR. (Gekürzte Grafik nach Rauschnabel et al. 2022:2) ... 43
Abb. 4.3 Kontinuum der XR-Domänen (vgl. Palmas/Klinker 2020:323) ... 45
Abb. 4.4 Schematische Funktion von VR-Systemen ... 50
Abb. 4.5 Virtual Reality Labor (CAVE) ... 53
Abb. 4.6 Schema eines (visuell-haptischen) MR-Systems. (© Hoffmann, nach Sandor et al. 2007:32) ... 57
Abb. 4.7 Modell der Flow-Theorie nach Csikszentmihályi 1975 ... 81
Abb. 5.1 Flussdiagramm der Studienauswahl (Scoping Review) ... 92
Abb. 5.2 Zielsetzungen des Scoping Reviews ... 101
Abb. 5.3 Anzahl der XR-Publikationen nach Jahren (Li/Wong 2021:168) ... 102
Abb. 5.4 Studien zwischen 2018 und 2022 (Hua/Wang 2023:3) ... 103
Abb. 5.5 Publikationen zum VR-gestützten Chinesisch-Unterricht von 2010–2023 (Liu 2023:9) ... 103
Abb. 5.6 Untersuchte Zielsprachen (Pinto et al. 2021:9) ... 104
Abb. 5.7 Untersuchte Zielsprachen (Zheng et al. 2022:309) ... 105
Abb. 5.8 Vertretene Bildungsstufen in den Studien 2004 bis 2018 (LI/Wong 2021:170) ... 105

Abb. 5.9 Verteilung der Zielgruppen im internationalen und chinesischen Vergleich (Zheng et al. 2022:308) 106
Abb. 5.10 Verteilung der Zielgruppen in den Studien 2004 bis 2013 (vgl. Pinto et al. 2021:9) 106
Abb. 5.11 Studien zu Vorteilen von VR für das Training von Sprachkompetenzen 115
Abb. 5.12 Untersuchte Bereiche des Sprachenlernens im zeitlichen Verlauf (Li/Wong 2021:171) 116
Abb. 5.13 Übersicht: Ziele und Effekte der Untersuchungen (Shen 2023:274) 122
Abb. 5.14 Studien: VR zum Training weiterführender Kompetenzen (Zheng et al. 2022:316) 132
Abb. 5.15 Kategorien von Forschungsarbeiten 2004 bis 2018 (Li/Wong 2021:169) 141
Abb. 5.16 Vertretene Unterrichtssprachen (Befragung Sprachlehrkräfte) 156
Abb. 5.17 Vertretene Altersgruppen (Befragung Sprachlehrkräfte) 157
Abb. 5.18 Kenntnisse zu VR (Befragung Sprachlehrkräfte) 158
Abb. 5.19 Kenntnisse zu AR (Befragung Sprachlehrkräfte) 158
Abb. 5.20 Erfahrungswerte mit VR (Befragung Sprachlehrkräfte) 159
Abb. 5.21 Erfahrungswerte mit AR (Befragung Sprachlehrkräfte) 160
Abb. 5.22 Potenziale von AR/VR im Sprachunterricht (Befragung Sprachlehrkräfte) 161
Abb. 5.23 Herausforderungen bzgl. AR/VR im Sprachunterricht (Befragung Sprachlehrkräfte) 161
Abb. 5.24 Wünsche bzgl. AR/VR im Sprachunterricht (Befragung Sprachlehrkräfte) 163
Abb. 5.25 EC-XR-Sprachdidaktik. (engl. EC-XR-language-learning) 170
Abb. 5.26 Grundsätze für die EC-XR-Forschung 171
Abb. 6.1 Schulhof bei Einführungsszene durch Florian (Desktop-VR) 189
Abb. 6.2 Bibliothek – Perspektive 1 (Desktop-VR) 191
Abb. 6.3 Bibliothek – Perspektive 2 (Desktop-VR) 191
Abb. 6.4 Mensa – Perspektive 1 (Desktop-VR) 192
Abb. 6.5 Mensa – Perspektive 2 (Desktop-VR) 192
Abb. 6.6 Chemielabor – Perspektive 1 (Desktop-VR) 193
Abb. 6.7 Chemielabor – Perspektive 2 (Desktop-VR) 193
Abb. 6.8 Werkstatt – Perspektive 1 (Desktop-VR) 194

Abb. 6.9 Werkstatt mit zwei Bränden – Perspektive 2 (Desktop-VR) ... 194
Abb. 6.10 Schematischer Aufbau eines Aufgabenszenarios (Brandschutzschulung) ... 195
Abb. 6.11 Chemielabor – Zuordnung Gefahrenstoffe (Desktop-VR) ... 197
Abb. 6.12 Simulierte Handlungen mit 3D-Hand bei handlungsorientierten Aufgaben (Desktop-VR) ... 197
Abb. 6.13 Virtuelle Schule (voll-immersive VR, Plattform Engage) ... 199
Abb. 6.14 Haptischer Chemieschrank (MR-Version) ... 201
Abb. 6.15 Funktionsweise einer haptisch-visuellen MR-Anwendung (Bsp. Feuerlöscher) ... 202
Abb. 6.16 Visuo-haptischer MR-Feuerlöscher (MR-Version) ... 203
Abb. 7.1 Gesamtübersicht: Pilotstudie Fürstenfeldbruck (FFB) ... 208
Abb. 7.2 Gesamtübersicht: Studie Aschaffenburg (AB) ... 209
Abb. 7.3 Überblick: Apparatus und Datenerhebung im Gruppenvergleich (Panelstudie) ... 210
Abb. 7.4 Schema des Treatments am Testzeitpunkt 1 ... 215
Abb. 7.5 Schema des Treatments am Testzeitpunkt 2 ... 216
Abb. 7.6 Gesamtauswertung Vortest nach Schulen ... 219
Abb. 7.7 FFB-Gesamtleistung (Gruppenvergleich PC-MR-VR) ... 221
Abb. 7.8 AB Gesamtleistung Treatment 1 (Gruppenvergleich PC-MR-VR) ... 223
Abb. 7.9 AB Gesamtleistung Treatment 2 (Gruppenvergleich PC-MR-VR) ... 224
Abb. 7.10 Bewertung der Lernumgebung (FFB Post 1a, b, c, d) ... 228
Abb. 7.11 Bewertung der Bedienung (FFB Post 1e) ... 229
Abb. 7.12 Bewertung der Lerninhalte (FFB Post 2a, b, d) ... 231
Abb. 7.13 Verständnis der Lerninhalte (FFB Post 2c) ... 232
Abb. 7.14 Präsenz (FFB Post 3) ... 233
Abb. 7.15 Immersion (FFB Post 5) ... 235
Abb. 7.16 Gefühl von echten Handlungen mit echten Konsequenzen (FFB Post 4) ... 236
Abb. 7.17 Realitätsgrad der Umgebung (FFB Post 6) ... 237
Abb. 7.18 Selbsteinschätzung: richtige Benutzung eines Feuerlöschers (FFB Post 7) ... 239
Abb. 7.19 Gesamtbewertung der Lernumgebung (AB 1 Post 1b, c, d) ... 242
Abb. 7.20 Gesamtbewertung der Lerninhalte (AB 1 Post 2a, b, d) ... 243

Abb. 7.21 Bewertung der Nützlichkeit des Brandschutztrainings (AB 1 Post 8) ... 244
Abb. 7.22 Unterhaltungsfaktor der Lernumgebung (AB 1 Post 1a) ... 246
Abb. 7.23 Unterhaltungsfaktor der Lernumgebung beim 2. Mal (AB 2 Post 1) ... 247
Abb. 7.24 Verständlichkeit der Lerninhalte (AB 1 Post 2c) ... 249
Abb. 7.25 Verständlichkeit der Lerninhalte beim 2. Mal (AB 2 Post 2) ... 250
Abb. 7.26 Bewertung der Bedienung (AB 1 Post 1e) ... 251
Abb. 7.27 Bewertung der Bedienung beim 2. Mal (AB 2 Post 3) ... 252
Abb. 7.28 Spaßfaktor (Ab 1 Post 9) ... 254
Abb. 7.29 Spaßfaktor beim 2. Mal (AB 2 Post 4) ... 255
Abb. 7.30 Immersion (AB 1 Post 3) ... 256
Abb. 7.31 Immersion beim 2. Mal (AB 2 Post 5) ... 257
Abb. 7.32 Präsenz (AB 1 Post 4) ... 259
Abb. 7.33 Präsenz beim 2. Mal (AB 2 Post 6) ... 260
Abb. 7.34 Gefühl von echten Handlungen mit echten Konsequenzen (AB 1 Post 5) ... 261
Abb. 7.35 Gefühl von echten Handlungen mit echten Konsequenzen beim 2. Mal (AB 2 Post 7) ... 262
Abb. 7.36 Realitätsgrad der XR-Umgebung (AB 1 Post 6) ... 263
Abb. 7.37 Realitätsgrad der XR-Umgebung beim 2. Mal (AB 2 Post 8) ... 264
Abb. 7.38 Selbsteinschätzung: richtige Benutzung des Feuerlöschers (AB 1 Post 7) ... 266
Abb. 7.39 Selbsteinschätzung beim 2. Mal: richtige Benutzung eines Feuerlöschers (AB 2 Post 11) ... 267
Abb. 7.40 Selbsteinschätzung: Erinnerung an Inhalte vom 1. Mal (AB 2 Post 9) ... 268
Abb. 7.41 Bewertung der Nützlichkeit der Wiederholung (AB 2 Post 10) ... 269

Tabellenverzeichnis

Tab. 3.1 Übersichtsarbeit EC und Sprachenlernen 32
Tab. 3.2 Überblick über die verkörperten Lernaktivitäten mit Anzahl der Studien (Übersichtsarbeit Jusslin et al. 2022) 35
Tab. 5.1 Kernaspekte der analysierten Übersichtsarbeiten (Scoping Review) 93
Tab. 5.2 Uneinheitliche Definitionen von VR (im Korpus des Scoping Reviews) 109
Tab. 5.3 Schlüsselfaktoren und Stärken von XR/VR (im Korpus des Scoping Review) 113
Tab. 5.4 Literaturverweise auf das EC-Forschungsfeld (im Korpus des Scoping Reviews) 143
Tab. 7.1 Demografische Daten der Stichproben 218
Tab. 7.2 Verbesserungen der PC-, MR-, VR-Gruppe von Treatment 1 zu Treatment 2 (AB) 226
Tab. 7.3 Zusammenfassung der Kriterien und Ergebnisse der MR-, PC- und VR-Lösung 291

Einleitung 1

1.1 Hintergründe und Problemstellung

Hintergründe

„In der Zukunft wird es darum gehen, die künstliche Intelligenz von Computern mit den kognitiven, sozialen und emotionalen Fähigkeiten und Werten von Menschen zu verknüpfen. […] Erfolg in der Bildung heißt heute nicht nur Sprache […], sondern ebenso Identität, Handlungsfähigkeit und Sinnhaftigkeit" (OECD 2020:6). Es herrscht eine Zeit des Wandels, der Disruption und der Transformation, vor allem bedingt durch die schnelle Entwicklung technologischer Neuerungen wie zuletzt der künstlichen Intelligenz (KI) oder XR. Bei XR handelt es sich um eine Technologieform, die ihren Ursprung bereits in den 1960er-Jahren hat und mittlerweile in nahezu allen Branchen vertreten ist. XR ist der Oberbegriff für unterschiedliche Realitätsformate, von denen Virtual Reality (VR), Augmented Reality (AR) und Mixed Reality (MR) die bekanntesten sind (vgl. Alhakamy 2024:2; Rauschnabel et al. 2022:3). Mithilfe von XR-Technologien lassen sich virtuelle und nicht-virtuelle Räume, reale und computergenerierte Körper und Objekte miteinander verschränken (vgl. Milgram/Kishino 1994; Azuma 1997; Sherman/Craig 2003:6; Drascic/Milgram 1996). Grundsätzlich geht die Forschung von einem hohen Potenzial der XR-Technologien für das Lehren und Lernen aus, da Ereignisse multimodal darstellbar sind sowie nicht oder schwer zugängliche Prozesse, Orte und Objekte simuliert werden können und Wissen dadurch auf innovative Weise erfahrbar gemacht werden kann. Methodisch kann

Ergänzende Information Die elektronische Version dieses Kapitels enthält Zusatzmaterial, auf das über folgenden Link zugegriffen werden kann https://doi.org/10.1007/978-3-658-49658-6_1.

I. Hoffmann, *Embodied Cognition und XR im Sprachunterricht*, https://doi.org/10.1007/978-3-658-49658-6_1

dies auf unterschiedliche Arten umgesetzt werden, da Lerninhalte individuell an die Lerner[1] angepasst werden (vgl. Kaplan et al. 2021:707). Allerdings ergeben sich im hochaktuellen Diskurs um virtuelle und hybride Räume zum Lehren und Lernen trotz des interdisziplinär stark wachsenden XR-Forschungsfeldes immer noch zahlreiche Fragen an die lernförderliche Ausgestaltung der XR-Welten sowie ihre lerntheoretische Fundierung, ihre möglichen Einsatzbereiche und die entsprechenden Rahmenbedingungen, um einen sinnvollen Einsatz in der Bildung zu unterstützen (vgl. Zinn 2020:7; Zobel 2018:133 f.).

Parallel zur dynamischen Weiterentwicklung des XR-Bereichs für Lehr- und Lernkontexte ist seit einigen Jahren eine wachsende Einbindung von Bewegung und Körperlichkeit in der Pädagogik zu beobachten. Gestützt auf frühe reformpädagogische Methoden wie „Lernen mit Kopf, Herz, Hand“ (vgl. Pestalozzi 1805) oder „Lernen mit allen Sinnen“ (vgl. Montessori 1912) werden seit etwa zehn Jahren verstärkt psychomotorische Konzepte aufgegriffen und neue fachbezogene performative Ansätze wie beispielsweise „Mathe bewegt“ (vgl. Lensing-Conradi 2015) entwickelt. Eine große Akzeptanz erfahren derartige Ausprägungen in frühpädagogischen bzw. primarschulischen Einrichtungen, um vorrangig dem Bewegungsdrang der Kinder entgegenzukommen. Davon deutlich abzugrenzen sind Ansätze, die sich auf das Forschungsparadigma der Embodied Cognition („verkörpertes Denken“ oder „verkörperte Kognition“) stützen. Grundsätzlich gehen die Theorien der verkörperten Kognition davon aus, dass die geistigen Funktionen des Menschen durch die Art und Weise geprägt sind, wie der menschliche Körper mit der Umwelt interagiert (vgl. Damasio 1994; Shapiro 2004, 2010; Varela et al. 1991). Die Theorien betonen, dass kognitive Prozesse tief in den sensorischen und motorischen Erfahrungen des Körpers verwurzelt sind. Das bedeutet, dass Denken, Erinnern und Lernen nicht isoliert im Gehirn stattfinden, sondern in einer engen Wechselwirkung mit körperlichen Aktivitäten und der physischen Umgebung stehen. Somit geht es im Gegensatz zu spielerischen Bewegungskonzepten bei Embodied-Cognition-Ansätzen darum, körperliche Aktivitäten gezielt mit kognitiven Prozessen und (sprachlichen) Bedeutungsinhalten zusammenzuführen und dadurch den Wissenserwerb zu unterstützen. Das erfolgt, indem die natürliche Verbindung zwischen Körper und Geist systematisch in handlungsorientierte Lernkonzepte integriert und dadurch transparent gemacht wird. Grundsätzlich ist verkörperte Bildung („Embodied Education“) nach Schwarz/Mauersberger (2023:439) als eine fach- und

[1] Aus Gründen der besseren Lesbarkeit wird in dieser Arbeit auf die gleichzeitige Verwendung der Sprachformen männlich, weiblich und divers (m/w/d) verzichtet. Sämtliche neutralen oder maskulinen Personenbezeichnungen gelten gleichermaßen für alle Geschlechter.

disziplinübergreifende Denkrichtung zu verstehen, die jegliche Bildungsprozesse als verkörpert auffasst und damit ein Umdenken in den pädagogischen und didaktischen Prinzipien aller Fächer fordert.

Problemstellung

Trotz der in der Literatur häufig genannten Potenziale von XR als vielversprechende, verstärkt interaktive Lernmedien der Zukunft und des zunehmenden Forschungsinteresses innerhalb der letzten Jahre bestehen nach wie vor große Herausforderungen, speziell im Bereich des Sprachenerwerbs und der Sprachvermittlung: XR-Forschung findet häufig ohne ausreichende theoretische Fundierung, vorwiegend experimentell, instruktionistisch und mit seltener Berücksichtigung pädagogischer Rahmenwerke und Didaktikmodelle statt (vgl. Yu et al. 2022; Lindgren/Johnson-Glenberg 2013). Die vorhandenen Studien geben beispielsweise kaum Begründungen für die genaue Art und Weise der Gestaltung von Aufgaben. So herrscht ein dringender Bedarf an Untersuchungen, die theoretische Grundlagen für pädagogische Entscheidungen schaffen (vgl. Bahari 2022:180). Nach Peixoto et al. (2021:48960) und Pinto et al. (2022:16) liegt eine weitere Forschungslücke in Vergleichsstudien zwischen unterschiedlichen XR-Technologien und es mangelt an Forschungsarbeiten, die sich mit voll-immersiven VR-Technologien (mit der VR-Brille) auseinandersetzen. Zudem werden nach Jayes et al. (2022:272) in wissenschaftlichen Studien selten kommerzielle VR-Plattformen genutzt, sondern meist sehr einfache, in ihrer Funktion limitierte, speziell zu Forschungszwecken programmierte Programme getestet. Diese sind nicht vergleichbar mit der hohen Qualität und der Nutzerfreundlichkeit, die professionelle IT-Anbieter erzielen können, was tendenziell zu einer Verzerrung der Studienergebnisse sowie zu falschen Rückschlüssen auf Potenziale und Herausforderungen der XR/VR-Nutzung führt. Gleichzeitig weist Bahari (2022:172) auf die Problematik hin, dass kommerzielle VR-Plattformen nicht didaktisiert sind und nur für bestimmte Themenbereiche zur Verfügung stehen, was vor allem von Lehrkräften als nachteilig angesehen wird. Des Weiteren mangelt es an Studien, die explizit die multisensorischen Möglichkeiten von XR, mit besonderem Augenmerk auf Haptik, berücksichtigen (vgl. Vázquez et al. 2018; Alizadeh/Cowie 2022:3). Hier könnten (haptische) Mixed-Reality-Lösungen (noch vor Augmented-Reality-Formaten) besonders an Bedeutung gewinnen. Auch sollten nach Park (2018:211) mehr Studien zum Einsatz von XR in berufs- und fachsprachlichen Bereichen durchgeführt werden. Zusätzlich bestehen hinsichtlich der Evaluierungsmethoden im XR-Bildungsbereich

u. a. folgende Desiderate: Die Evaluierung länger andauernder Treatments, Longitudinalstudien sowie experimentelle Studien mit verzögerten Posttests und höheren Probandenzahlen (vgl. Hua/Wang 2023:11; Alizadeh/Cowie 2022:3). Lindgren/Johnson-Glenberg (2013) fordern auch, mehr Studien unter Realbedingungen durchzuführen sowie Messinstrumente entsprechend anzupassen und zu entwickeln.

1.2 Ziele der Arbeit und Forschungsfragen

Aus den vorangegangenen Ausführungen ergeben **sich folgende Ziele der Forschungsarbeit**:

I. Theorien und Erkenntnisse des Embodied Cognition (EC)-Forschungsparadigmas erörtern und die EC-Sprachforschung überblicksartig beleuchten. In diesem Zuge soll im Besonderen auf die Didaktikprinzipien der Handlungsorientierung und Szenariendidaktik eingegangen werden.
II. Einen Überblick über den aktuellen Forschungsstand zu XR im Sprachunterricht weltweit darstellen: erstens anhand einer übergeordneten Übersichtsarbeit (engl. *Scoping Review*, Forschungszeitraum 2004–2024) und zweitens anhand einer im Jahr 2021 durchgeführten Erhebung bei Sprachlehrkräften in Deutschland zum Status quo von XR im Sprachunterricht (vgl. Hoffmann 2023b).
III. Die aus diesen theoretischen Überlegungen und aktuellen Forschungsergebnissen gewonnenen Erkenntnisse nutzen, um eine gamifizierte XR-Trainingslandschaft zum exemplarisch ausgewählten Thema Brandschutz für die sprachliche und fachliche Wissensvermittlung zu konzipieren.
IV. Die gamifizierte Trainingslandschaft in unterschiedlichen XR-Formaten (Desktop-VR | VR mit VR-Brille | MR) zusammen mit XR-Unternehmen umsetzen.
V. Die XR-Formate (Desktop-VR | VR mit VR-Brille | MR) vor dem Hintergrund der EC anhand einer empirischen Studie mit mehreren Klassen an Schulen evaluieren (Vortest – Nachtest 1 – Nachtest 2), um einen Vergleich zwischen den XR-Formaten in Bezug auf ihre Wirksamkeit beim Wissenserwerb und die jeweilige Nutzererfahrung (User

Experience, UX) zu ziehen sowie die Anwendung unterschiedlicher XR-Formate in der schulischen Praxis zu evaluieren.

VI. Erkenntnisse für die Nutzung von XR in Bildungs-/Sprachkontexten vor dem Hintergrund der EC gewinnen und so einen Beitrag zur sprachspezifischen Erforschung der Möglichkeiten und Herausforderungen von XR (von der Entwicklung bis zur Nutzung in Schulen) leisten.

Insgesamt sollen mit dieser Arbeit die Potenziale und Herausforderungen von XR-Anwendungen im berufsschulischen Fach(sprachen)unterricht untersucht werden. Damit steht sie in Zusammenhang mit der Forderung nach der Beforschung und Entwicklung innovativer, mediengestützter, sprachsensibler Bildungsangebote in Schulen sowie mit einer fach- und berufsbezogenen Deutsch-Sprachförderung. Methodisch wird daher auf etablierte Didaktikkonzepte des Sprachunterrichts referiert, die mit Theorien des verkörperten situierten Lernens (EC, embodied learning) auf wissenschaftstheoretischer Ebene zusammengeführt werden und die Grundlage für die Konzeption und den Einsatz der interaktiven, körperbezogenen XR-Technologien bilden.

Das Dissertationsprojekt vereint die Forschungsbereiche der angewandten Linguistik und Fremdsprachendidaktik mit kognitionswissenschaftlichen und medientheoretischen sowie -didaktischen Grundlagen. Der Fachbereich der Human-Computer-Interaction (HCI) spielt sowohl in Bezug auf das Design und die Erstellung der XR-Anwendungen als auch bei der Evaluierung der XR-Formate eine tragende Rolle. Insgesamt ist die Arbeit hochgradig interdisziplinär angelegt und schlägt zudem die Brücke zwischen Wissenschaft (XR- und Sprachforschung), Wirtschaft (Umsetzung der XR-Lernumgebung zusammen mit Unternehmen) und Bildungsinstitutionen (Schulen als Erprobungsorte mit Realbedingungen/empirische Studie).

Folgende Forschungsfragen sollen im Rahmen der empirischen Studie (Testung des entwickelten XR- Brandschutztrainings) beantwortet werden:

1. Unterscheiden sich die Nutzungsgruppen (Desktop-VR | VR mit VR-Brille | MR) in ihren Gesamtleistungen im ersten und zweiten Durchlauf (Treatment)?

1.1 Besteht ein signifikanter Unterschied zwischen den Gruppen im ersten Durchlauf (Treatment 1)?
1.2 Besteht ein signifikanter Unterschied zwischen den Gruppen im zweiten Durchlauf (Treatment 2; eine Woche später)?
2. Unterscheiden sich die individuellen Leistungen innerhalb einer Nutzungsgruppe (Desktop-VR | VR mit VR-Brille | MR) im ersten und zweiten Durchlauf im Vergleich?
3. Wie unterscheidet sich die Nutzererfahrung (User Experience, UX)
3.1 im Gruppenvergleich (Desktop-VR | VR mit VR-Brille | MR)?
3.2 zwischen der ersten und zweiten Nutzung jeweils einer XR-Technologie?

1.3 Inhaltsübersicht

Im ersten Theorieteil (Kap. 2) werden zuerst terminologische und historische Grundlagen des EC-Ansatzes präsentiert (Abschn. 2.1). Dann wird auf die einzelnen EC-Theorien mithilfe des 4-E-Ansatzes (vgl. Varela et al. 1991) bzw. der „4E-Cognition" (vgl. Carney 2020) eingegangen, die den Zusammenhang zwischen Denken, Handeln, Körper und Umwelt beschreiben (Abschn. 2.2). Im Mittelpunkt des dritten Kapitels steht die Bedeutung der EC für das (Sprachen-) Lernen. Zuerst wird der fächerunabhängige Begriff des *embodied learnings* vorgestellt (Abschn. 3.1.1). Dann wird der Blick auf die Sprachdidaktik gerichtet. Es wird ausgeführt, inwiefern Didaktikprinzipien des Sprachenlehrens und -lernens wie die Handlungsorientierung und Szenariendidaktik auf embodied-learning-Konzepten beruhen (Abschn. 3.1.2). In Abschnitt 3.2 wird überblicksartig der Forschungsstand zum verkörperten Sprachenlernen beleuchtet. In Kapitel 4 steht Lernen mit XR im Mittelpunkt: Zuerst werden die terminologischen und technologischen Grundlagen von XR thematisiert (Abschn. 4.1), bevor die für XR charakteristischen Wirkungskonzepte vorgestellt werden, die für Lehr- und Lernprozesse entsprechend der Forschungsliteratur als zentral erachtet werden (Abschn. 4.2). Im fünften Kapitel (Kap. 5) wird die Nutzung von XR im Sprachunterricht behandelt. Dies erfolgt zum einen anhand einer umfangreichen Übersichtsarbeit (engl. *Scoping Review*) zum Forschungsstand von XR im Sprachunterricht weltweit, die den Zeitraum 2004–2024 abdeckt (Abschn. 5. 1). Zum anderen wird der Status quo von XR als Bildungstechnologien im Sprachunterricht in Deutschland aufgezeigt (Abschn. 5.2). Daran schließt sich eine thematische Zusammenführung der Felder EC, Sprachunterricht und XR an (Abschn. 5.3) und es folgen zwei Praxisteile: Im Praxisteil I (Kap. 6) wird die Entwicklung der XR-Brandschutzschulung behandelt. Dabei wird sowohl eine Einordnung des Projekts in den Forschungszusammenhang vorgenommen (Abschn. 6.1) als auch werden die Konzeption und die Umsetzung der unterschiedlichen XR-Varianten (Desktop-VR, VR mit VR-Brille, MR) beschrieben (Abschn. 6.2). Im Praxisteil II (Kap. 7) wird die durchgeführte empirische Studie, das heißt die Testung der Brandschutzschulung (in den XR-Varianten) an zwei beruflichen Schulen, beschrieben. Dazu werden das Studiendesign und die Methodik der Datenerhebung präsentiert (Abschn. 7.1). In Abschnitt 7.2 sind die Ergebnisse und in Abschnitt 7.3 die Nutzererfahrungen -und -bewertungen zu finden. In Abschnitt 7.4 werden die Ergebnisse analysiert und dann in Abschnitt 7. 5 diskutiert. Im achten Kapitel (Kap. 8) wird die Forschung zusammengefasst und es werden Anknüpfungspunkte für weitere Forschungen genannt. Zudem wird ein Ausblick auf zukünftige Entwicklungen rund um EC, XR und den Sprachunterricht gegeben. Der Anhang im elektronischen Zusatzmaterial enthält Testmaterialien und Begleitdokumente.

2 Das Embodied Cognition (EC)-Forschungsparadigma

2.1 Terminologische und historische Grundlagen des EC-Ansatzes

Bei der Embodied Cognition (EC)-Theorie handelt es sich um ein sich dynamisch entwickelndes, interdisziplinäres Forschungsfeld mit langer Tradition. „EC is a research paradigm [...] describing how our body and our environment are related to cognitive processes (Barsalou 1999; Beilock 2015; Glenberg 2010; Shapiro 2010)“ (Skulmowski/Rey 2018:1). Die Annahme des „verkörperten Denkens“ (engl. „embodied cognition“ oder „embodied mind“) hat ihre Wurzeln in der aristotelischen Denktradition. Die Vertreter der EC leiten die Grundbegriffe und Kernthesen unter Rückgriff auf die philosophische Denktradition des 20. Jahrhunderts her (vgl. Agostini et al. 2019:202). Als Wegbereiter gelten Dewey, einer der wichtigsten Vertreter des amerikanischen Pragmatismus, und innerhalb der Phänomenologie Heidegger, Bergson und Merleau-Ponty (vgl. Hoffmann 2016:360). Gerade die Phänomenologie hat zum Ziel, das Wesen der menschlichen Existenz und Erkenntnis aus der eigenen Erfahrung heraus zu beschreiben. Sie will erörtern, was und wie der Mensch ist. Schon zu Zeiten Aristoteles‘ (384–322 v. Chr.) hatte die Erforschung der Seele des Menschen im Verhältnis zum Leib eine zentrale Bedeutung. Daher wird Aristoteles oft als Urvater des qualitativen Denkens bezeichnet. Er vertrat die damals vollkommen neuartige Auffassung, dass Körper und Geist untrennbar ineinanderspielen und die Seele das Prinzip des lebendigen Körpers ist. „Die Seele ist das ‚Prinzip‘ bzw. der ‚Anfang‘ (archê) ihrer Vermögen wie Ernährung, Wahrnehmung, Denken und Bewegung. Diese sind jedoch zugleich Fähigkeiten des Körpers, der ohne die belebende Kraft der Seele nicht funktionieren könnte“ (Knoll 2017:280). Es vergehen Jahrhunderte, bis man erneut Körper und Geist zusammendenkt. Erst

I. Hoffmann, *Embodied Cognition und XR im Sprachunterricht*,
https://doi.org/10.1007/978-3-658-49658-6_2

aus der Perspektive der neuzeitlichen Subjektphilosophie, die mit der dualistischen Leib-Seele-Lehre von Descartes (1596–1650) ihren Anfang nimmt, stellt man sich erneut die zentrale Frage, ob und wie Leib und Seele zusammenwirken. Descartes vertritt die Auffassung, dass die Seele des Menschen (als denkender und zweifelnder Geist) und sein materieller Körper zwei voneinander unabhängige Entitäten sind, die über das Gehirn als zentrale Einheit miteinander kommunizieren (vgl. Descartes 1904; Hehl 2023:81). Dieses sogenannte „Leib-Seele-Problem“ bzw. „Körper-Geist-Problem“ ist bis heute für die zeitgenössische Philosophie des Geistes zentral, die jedoch das Problem vorrangig als Frage nach dem Verhältnis von Geist und Gehirn diskutiert (vgl. Knoll 2017:283). Die in der klassischen Kognitionswissenschaft etablierte Vorstellung des Gehirns als zentrale Informationsverarbeitungseinheit des Menschen, die als Verteilungsstation Daten verschiedener Sinnesmodalitäten empfängt, abgleicht und Handlungsbefehle an den Bewegungsapparat sendet, gilt als überholt (vgl. Hoffmann 2016:161). Vielmehr wird der gesamte Körper als Ausgangspunkt für jegliche Denkprozesse gesehen. „[…P]sychological processes are incomplete without the body´s contributions. Perceptual processes include and depend on bodily structures“ (Shapiro 2004:190). Dies ist Grundlage des EC-Ansatzes, der Kognition auf sensomotorische Reize zurückführt und sie als einen übergeordneten Prozess betrachtet, der erst durch die menschliche Interaktion mit der Umwelt, z. B. durch physische und soziale Erfahrungen, zustande kommt (vgl. Tschacher/Storch 2017:118 f.; Ionescu/Vasc 2013:276).

> [T]his new approach focuses attention on the fact that most real-world thinking occurs in very particular (...) environments, is employed for very practical ends, and exploits the possibility of interaction with and manipulation of external props. […] Cognition is a highly embodied or situated activity […] and thinking beings should therefore be considered first and foremost as acting beings (Anderson 2003:91).

Die EC-Theorie stellt eine der bedeutendsten post-kognitiven Forschungsrichtungen dar und umfasst unterschiedliche Thesen und Ausprägungen zum verkörperten, eingebetteten und ausgedehnten Denken (vgl. Hoffmann 2016:163; Kiverstein 2012:741). Unter dem Dachbegriff *Embodied Cognition (EC)* versammeln sich verschiedene Theorien mentaler Zustände und Prozesse, die vor allem unter den Bezeichnungen „verkörpertes Bewusstsein“ (*embodied consciousness,* vgl. Rowlands 2010) und „verkörperter Geist“ (*embodied mind“,* vgl. Varela et al. 1991; Lakoff/Johnson 1980) bekannt sind und sich seit den 1990er-Jahren im Schnittfeld von Philosophie, Kognitionswissenschaften und Neurophysiologie entwickelt haben. Daneben haben sich im Laufe der Zeit auch Begriffe wie „situated cognition“ (vgl. Robbins/Aydede 2009) und „grounded cognition“ (vgl. Barsalou 2008) als Sammelbezeichnungen für das verkörperte Bewusstsein herausgebildet.

> After 30 years of scientific investigation, the embodied view develops several ramifications with substantial different conceptualizations. The debate around the definition of the umbrella term embodied cognition has been progressing for at least the past decade, without reaching a structured and univocal denotation (Da Rold 2018:9).

Die unterschiedlichen Ansätze und Theorien des EC-Forschungsparadigmas lassen sich in der Annahme vereinen, dass die mentalen Funktionen des Menschen durch die Art und Weise geprägt sind, wie der menschliche Körper mit der Umwelt interagiert. Die Auffassung von verkörperter Kognition hat mittlerweile Eingang in die Psychologie (vgl. Damasio 1994; Shapiro 2004, 2010) und die Neurowissenschaften gefunden (vgl. Gallagher 2019:355) und ist seit über 20 Jahren auch in der Pädagogik (vgl. Brinkmann 2019:32 f.; Abraham 2013:6 f.; Laging 2020, 2000) sowie in vielen weiteren Disziplinen verankert.

Die EC-Theorien prägen auch die Linguistik, sodass sich die Teilbereiche der Kognitiven Linguistik und Didaktik herausgebildet haben (vgl. Evans 2012; Evans/Green 2006; Langacker 1999, 2008; Pulvermüller/Fadiga 2010:353). Grundlage ist dabei die Annahme einer multimodalen Sprachverarbeitung. Danach läuft die Sprachverarbeitung in komplexer Verzahnung mit anderen kognitiven Domänen ab, welche u. a. die Verarbeitung von Sinneswahrnehmungen, motorischen und sozial-interaktiven Handlungen oder auch von Emotionen betreffen (vgl. Bryant/Zepter 2022:55). Lakoff und Johnson (1999) greifen beispielsweise die Annahme auf, dass die Wahrnehmung der Umgebung von körperlichen Dispositionen abhängt, um herzuleiten, inwiefern Wahrnehmungsgehalte und Begriffe als Ergebnisse von Tätigkeiten und Fähigkeiten eines verkörperten Bewusstseins (*embodied mind*) entstehen. Mit ihrer konzeptuellen Metapherntheorie postulieren sie, dass abstrakte Konzepte auf direkten sensomotorischen Erfahrungen beruhen, die durch analoges Denken vermittelt werden, was wiederum die Fähigkeit voraussetzt, Analogien und Metaphern zu konstruieren. Ausgangspunkt ihrer Argumentation ist die Annahme, dass alle Lebewesen mit ihrem Nervensystem Kategorisierungen vornehmen, unabhängig von ihren sprachlichen Fähigkeiten. Diese Kategorien werden im Bewusstsein dann als Begriffe realisiert und gespeichert. Somit wird die Genese und Ausgestaltung von sprachlichen Begriffen nicht als eine Leistung des Bewusstseins allein erklärt, sondern durch ein enges Zusammenspiel von Bewusstsein, Körper und Umwelt (vgl. Lakoff/Johnson 1999:2). Sprachliche Repräsentationen beruhen demnach auf einer ver*körperten* Vorstellung und semantisches Wissen wird auf ein sensorisches und motorisches Erleben zurückgeführt, ohne dass für deren Reaktivierung beim Denken oder Sprechen ein erneutes Erleben nötig ist (vgl. Clark 2011; Glenberg et al. 2008; Smith 2009; Schubert/Semin 2009; Ionescu/Vasc 2013; Kiefer/Barsalou 2013). Konkret zeigen beispielsweise Littlemore et al. (2013) auf, dass die kommunikativen Teilkompetenzen (z. B. grammatische Kompetenz und textuelle Kompetenz) nach metaphorischen Prinzipien funktionieren und dass eine metaphorische Kompetenz daher eine zentrale Rolle für das Lehren und Lernen von Fremdsprachen spielt (vgl. Roche/Suñer Muñoz 2014). Ein hochmodernes Vorgehen findet in der Verbindung der kognitiven Linguistik mit der Robotik statt, nämlich bei der Erforschung von sprachlichen Grundlagen in Verbindung mit Körperlichkeit beim Einsatz von Robotern (z. B. Cangelosi/Riga 2006; Stramandinoli et al. 2011). Hier werden zwei Ziele verfolgt, nämlich (a) Roboter in die Lage zu versetzen, mit Menschen zu kommunizieren und zu interagieren, und (b) die der Sprachentwicklung zugrunde liegenden Mechanismen, insbesondere die sensomotorischen Grundlagen, besser zu verstehen. Die Tendenz, bei der Entwicklung von Robotern den sensomotorischen Apparat auf (bestenfalls) die fünf Sinne und die Propriozeption zu reduzieren, mag zwar bis zu einem gewissen Grad ausreichen, um die Grundlage konkreter Begriffe (insbesondere handlungsbezogener Begriffe) zu untersuchen, ist aber keine angemessene Abstraktion des menschlichen sensomotorischen Systems (vgl. Thill et al. 2014:547). Hier kann die EC-Forschung bzw. die kognitive Linguistik einen wichtigen Beitrag leisten. Denn sie geht von einem holistischen Verständnis der Welt und damit von Sprache aus (vgl. Stapleton 2013) und vom zusätzlichen Einfluss affektiver Mechanismen (vgl. Damasio 2010). Von einem hohen heuristischen Wert für die Robotik sind zudem Konzepte von Verkörperlichung und situativer Einbettung, da sie beispielsweise Designprinzipien für autonome Roboter bestimmen (Stichwort: „Embodied Artificial Intelligence (AI)“ (vgl. Pfeifer/Iida 2004; Pfeifer/Bongard 2007).

Die EC hat also fächerübergreifend eine lange Tradition und findet in hochaktuellen Diskursen zu neuen Technologien sowie zu Körper- und Sprachverständnissen interdisziplinär große Beachtung (vgl. Hehl 2023:88 f.; Anderson 2003:103; Froese/Ziemke 2009:466 f.). Der sogenannte *4-E-Ansatz* (engl. *4E Cognition*), der im folgenden Kapitel (Abschn. 2.2) beschrieben wird, kann bei der Beforschung von immersiven XR-Technologien einen Zugang zum Zusammenhang von Körper, Technologie und Umgebung schaffen und wird in jüngster Zeit bereits in einigen Arbeiten aufgegriffen (vgl. McGowin et al. 2022; Christ et al. 2022).

2.2 Die EC-Theorien – der 4-E-Ansatz

Einen Überblick über die einzelnen Thesen der EC bietet der kognitionswissenschaftliche „**4-E-Ansatz**" (nach Varela et al. 1991), der auch unter dem Begriff „**4E-Cognition**" (vgl. Carney 2020) bekannt ist. Er beinhaltet die folgenden vier Kernaspekte (vgl. Varela et al. 2013:64–91; Ellis 2019:40 f.): Kognition wird als **EMBODIED**, **EMBEDDED**, **ENACTED** und **EXTENDED** angesehen. Im Folgenden werden die vier Thesen kurz beschrieben, bevor sie in den nächsten Kapiteln (Abschn. 2.2.1 bis Abschn. 2.2.4) einzeln ausführlich dargestellt und diskutiert werden.

I. ***Embodied cognition*** oder ***embodied mind*** (vgl. Damasio 1994; Shapiro 2004; Rowlands 1999)
   Der **Geist**, also der Verstand, das Denken und das gesamte kognitive System eines Menschen, steht **immer in Bezug zum gesamten Körper**.
II. ***Embedded cognition*** oder ***embedded mind*** (vgl. Clark 1997; Clancey 1993)
   Der **Geist**, also der Verstand, das Denken und das gesamte kognitive System eines Menschen, ist **immer in eine bestimmte Umgebung eingebettet** und die umgebenden Elemente unterstützen den Geist.
III. ***Extended cognition*** oder ***extended mind*** (vgl. Clark/Chalmers 1998; Rowlands 1999)
   Der **Geist**, also der Verstand, das Denken und das gesamte kognitive System eines Menschen, kann auch **außerhalb des menschlichen Körpers auf Gegenstände und (technische) Hilfsmittel ausgedehnt** werden, die in kognitive Funktionsabläufe integriert werden bzw. kognitive Prozesse übernehmen. „Some mental processes extend into the cognizing organism´s environment in that they are composed, partly of actions, broadly construed, performed by that organism on the world around it" (Rowlands 2010:58).
IV. ***Enactivism*** oder ***enacted cognition*** (vgl. Di Paolo/Thompson 2005; Thompson 2007)
   Diese These umfasst mehrere Teilaspekte: Erstens entsteht **geistige Aktivität erst aus sensomotorischer und damit körperlicher Aktivität** oder wird diese konstituiert. Zweitens ist nach dieser Auffassung eine **aktive Erkundung der Umwelt die Voraussetzung für Wahrnehmung**.

2.2.1 Embodied Cognition

Die erste Teiltheorie ist die der ***Embodied Cognition***, auch bekannt als Theorie der ***Embodied Mind*** beziehungsweise des ***verkörperten Bewusstseins***. „Mental processes are constituted not just by brain processes but by a combination of these and wider bodily structures and processes“ (Rowlands 2010:53). Grundgedanke ist, dass der Mensch in der sensomotorischen Aktivität des Organismus als verkörpertes Subjekt angesehen wird – eingebettet in die Umwelt (vgl. Wendler 2017:136). Zustände und Prozesse der körperlichen Realisierung eines kognitiven Systems tragen wesentlich zu dessen kognitiver Aktivität bei und sind insofern als integraler Bestandteil dieses Systems anzusehen. Die *Embodied*-Cognition-These basiert nach Garbarini/Adenzato (2004:100) im Wesentlichen auf zwei Grundannahmen: 1. die Verankerung kognitiver Prozesse in der Neuroanatomie und Biologie und 2. die Ableitung kognitiver Prozesse aus sensomotorischen (bzw. körperlichen) Erfahrungen, die in den psychologischen und kulturellen Kontext eingebettet sind. Das Bewusstsein ist also gewissermaßen über den menschlichen Körper ausgebreitet („embodied mind“), und zwar in Form eines sensomotorischen, räumlichen Körperschemas, das nach Merleau-Ponty (1966:125 f.) immer zugleich als zeitliches Aktionsschema zu begreifen ist. In der Phänomenologie ist in diesem Zusammenhang auch vom sogenannten „Leibgedächtnis“ die Rede (vgl. z. B. de Biran 1977; Bergson 1896).

> Das Leibgedächtnis kann als die Gesamtheit etablierter Praktiken und Fähigkeiten verstanden werden, die uns durch das Medium des Leibes zur Verfügung steht, ohne dass wir uns dazu an frühere Erfahrungen erinnern müssen. Durch Wiederholungen und Übungen haben sich Gewohnheiten gebildet, die von selbst aktiviert wurden. Eingeübte Bewegungssequenzen haben sich inkorporiert [...]. Dieses verkörperte Gedächtnis repräsentiert oder vergegenwärtigt die Vergangenheit nicht, sondern es reinszeniert sie im fortwährenden Lebensvollzug (Fuchs 2017:66).

Dieser Aspekt der *Embodied*-Cognition-These kann als höchst relevant für den Wissenserwerb betrachtet werden. Das sogenannte „embodied knowledge“ bzw. verkörperte Wissen umfasst zwei Komponenten (vgl. Dreyfus 2002) bzw. Kategorien des Wissens:

- „Knowing that“ bzw. das „Wissen-dass“: das informationsbasierte Wissen, das man erfragen und mitteilen kann (Faktenwissen).
- „Knowing how“ bzw. das „Wissen-wie“: das übungs- und erfahrungsbasierte Wissen oder Können (z. B. Fahrradfahren), das sich niemals vollständig

in Fakten wiedergeben lässt und sich erst über eine längere Zeit (durch Erfahrung) entwickelt (Handlungswissen).

In den meisten Fällen kann keine strikte Trennung vorgenommen werden, denn beide Komponenten tragen letztlich zu einem sachgemäßen, sinnvollen und intelligenten Handeln bei. Daraus wird bereits deutlich, dass die *Embodied*-Cognition-These im engen Zusammenhang mit der These der *Enacted Cognition* steht (vgl. Abschn. 2.2.4). Wenn der Geist als in Bezug stehend mit dem ganzen Körper angenommen und Wissen als gelebte Erfahrung verstanden wird, das sich aus einer aktiven Auseinandersetzung mit der soziokulturellen und physikalischen Welt ergibt („*embodied action*" nach. Wendler 2017:136), bedeutet „embodied" bzw. „verkörpert" zusammenfassend Folgendes:

a) Kognition hängt von der Art der Erfahrung ab, die aus dem Körperinneren und den verschiedenen sensomotorischen Kapazitäten resultiert.
b) Diese sensomotorischen Erfahrungen sind immer in einen umfassenden biologischen, psychologischen und kulturellen Kontext eingebettet (vgl. Campell/Dawson 1996:240). Hier wird der Bezug zur Embedded-Cognition-These deutlich.
c) Sensomotorische Prozesse, Wahrnehmungen und Handlungen sind grundsätzlich untrennbar.

Dourish (2001) prägt aufgrund der Überschneidungen der Verkörperungs- und Handlungsaspekte den Begriff der „embodied interaction" und hebt hervor, dass das Schaffen, Verändern und Weitergeben von Bedeutung erst durch eine stetige Interaktion mit den entsprechenden Artefakten entstehen kann und dadurch ein hoch individueller Prozess ist. „Embodiment is the property of our engagement with the world that allows us to make it meaningful. Embodied interaction is the creation, manipulation, and sharing of meaning through engaged interaction with artifacts" (Dourish 2001:126).

2.2.2 Embedded Cognition

Die erwähnte Verbindung zur Umwelt mündet in die zweite Teiltheorie des **eingebetteten Geistes** oder **Bewusstseins** (***Embedded Cognition, Embedded Mind***). Die Kernidee hier ist, dass ein Organismus bei der Bewältigung kognitiver Aufgaben vorhandene Strukturen seiner Umgebung so nutzen kann, dass der Umfang der internen Verarbeitung, die er leisten muss, reduziert wird. Dadurch wird ein

Teil der Komplexität der Aufgabe auf die Umwelt abgeladen, da der Mensch die Fähigkeit besitzt, diese Umwelt angemessen zu nutzen. Eine Problematik ist, dass man, solange man annimmt, dass lediglich einige kognitive Prozesse in die Umwelt eingebettet sind, dennoch die Auffassung vertreten kann, dass die wahre Kognition alleinig im Gehirn abläuft (vgl. Rowlands 2010:70). Daher wird der situativen Umgebung als Fixpunkt im Raum-Zeit-Kontinuum eine besondere Bedeutung zugeschrieben. Kognitive Systeme erstrecken sich also über die traditionellen Systemgrenzen hinaus in die Welt (vgl. Lyre 2010:190). Die Theorie der eingebetteten bzw. situierten Kognition (*Embedded Cognition* oder *Situated Cognition*) befasst sich mit sozialen Analysen des Handelns von Personen mit besonderer Gewichtung von Umgebungsaspekten. Zudem thematisiert sie auch konzeptionelle Strukturen (d. h. die Beziehung zwischen Symbolik und Sprache), die Entwicklung der Fähigkeit der Repräsentationsbildung (z. B. das Lernen von mathematischen Begriffen) sowie die Frage, wie Konzeptionalisierung als neutraler Prozess vor sich geht (z. B. Strukturanalysen, vgl. Clancey 1997). Zu beachten ist, dass Räume aller Art stets sozial und kulturell geprägte Umgebungen darstellen. Dabei macht es keinen Unterschied, ob es sich – in Anbetracht der heutigen technischen Möglichkeiten – um reale, virtuelle oder hybride Umgebungen handelt.

2.2.3 Extended Cognition

Die dritte These des 4-E-Ansatzes ist die der ***Extended Cognition*** oder ***Extended Mind***, die vor allem von Clark/Chalmers (1998) geprägt wurde. Sie besagt, dass der Mensch externe Werkzeuge (wie heutzutage typischerweise technologische Hilfsmittel, z. B. das Smartphone) in seine kognitiven Strategien und Mechanismen zur Problemlösung integrieren und funktional mit dem Körper kombinieren kann, um das Bewusstsein und bestimmte Denkprozesse zu erweitern und seine Fähigkeiten zu verbessern.

> [The] environmental structures can form parts of cognitive processes [...], but not because they are identical with cognitive states. It is the manipulation of environmental structures that forms part of the cognitive process; and so, these structures form part of the process only insofar as they are part of the process of their being manipulated (Rowlands 2010:67).

Diese These ist auch für die natürliche menschliche Kommunikation im Alltag von Bedeutung: Menschen nutzen als externe Systeme sowohl Gesten als auch die Umgebung selbst, um Aussagen zu stützen und dem Gegenüber verständlicher zu machen (vgl. Richardson/Spivey 2000). In jüngster Zeit wird die These der *Extended Cognition* im Zusammenhang mit mediengestützten Lehr- und Lernsettings wieder vermehrt diskutiert, da interaktive Technologien wie XR und diverse computerbasierte Anwendungen das Denken und Verstehen auf Basis körperbasierter Interaktion erweitern bzw. fördern können. Ein simples Beispiel ist der Pointer eines Beamers, der als externer Bestandteil des menschlichen Körpers, im Sinne eines verlängerten Armes, fungiert und auf beispielsweise eine Leinwand deutet, die sich nicht in körperlicher Reichweite befindet. Aus der phänomenologischen Perspektive sind externe Werkzeuge oder Instrumente immer auch neue Wahrnehmungs- und Erlebnisformen (vgl. Moser 2010:81). Die Ausführungen machen deutlich, dass die *Extended Cognition* These wiederum eng mit der *Embodied Cognition* These zusammenhängt, indem sie die Verbindung zwischen Körper, Wahrnehmung und Umwelt unterstreicht.

2.2.4 Enacted Cognition

Bei der vierten Teiltheorie, der These der ***Enacted Cognition*** oder ***Enacted Mind***, steht die Handlung (in Abhängigkeit von Wahrnehmung und Umgebung) im Vordergrund. „Wir alle verhalten uns Dingen gegenüber, die wir sehen und fühlen, riechen und schmecken können oder Ereignissen gegenüber, die wir hören können“ (Gibson 1982:10). Das bedeutet, dass Bedeutung erst durch eine dynamische Interaktion mit der Umwelt konstruiert wird. Bewegung kommt dabei eine Schlüsselrolle zu (vgl. Bietz 2020:199 nach Cassirer 1994:187). „Der Enaktivismus […] erachtet kognitive Systeme als notwendigerweise verkörperlicht (Di Paolo et al. 2010), weil sie nur als Körper in der Welt existieren können und nur durch eine Körperlichkeit befähigt werden, Interaktionen mit der Umwelt zu erfahren und zu evaluieren“ (Kyselo 2013:200). Die Umwelt eines Menschen gestaltet sich in dem, was er wahrnimmt. Auch Sprachverstehen und die Repräsentation von Begriffen stehen in direktem Zusammenhang mit Handlung. Linguistische Studien (z. B. Buccino et al. 2005; Boulenger et al. 2008) zeigen, dass beim Verstehen von Handlungssätzen automatisch Körperteile bzw. Hirnareale der Motorik aktiviert werden, ohne dass explizit Aufforderungen zum Handeln gegeben werden (vgl. Borghi/Cimatti 2010:766).

Graduelle Ausprägung der Verkörperlichungstheorien (weak/strong embodiment)

Grundsätzlich muss bei den EC-Thesen berücksichtigt werden, dass ihnen im Forschungsdiskurs mit graduell unterschiedlichen Überzeugungen gefolgt wird. So unterscheidet man zwischen einer schwachen und starken bis radikalen Ausprägung von Verkörperlichung (engl. „weak embodiment“, „strong embodiment“, vgl. Dove 2022:2). „Theories differ with respect to the degree of embodiment they consider relevant, and assumptions range from the proposition that the environment is part of cognition to the notion that the goal of perception is action, and that sensory-motor systems aid cognitive processes“ (Tschentscher 2017:423). Nach Lyre (2013:187) kann die graduelle Ausprägung wie folgt erklärt werden: Ausgehend von der traditionellen Auffassung kommt dem Konzept der Repräsentation für das Wesen von Kognition eine entscheidende Bedeutung zu. Früher galt: Kognitive Systeme agieren auf der einen Seite mit perzeptuellem Input und reagieren auf der anderen Seite mit motorischem Output, und zwischen beiden Seiten vermitteln Repräsentationen. EC-Ansätze führen zur Abschwächung dieser Konzeption. Die zentrale Frage ist, bis zu welchem Grad Kognition durch externe Körper- oder Umgebungsbedingungen mitgeprägt oder mitkonstituiert wird. Davon ausgehend haben sich dann mit der Zeit die graduellen Ausprägungen einer schwachen und starken Verkörperlichung entwickelt.

Die Bedeutung **starker Verkörperungstheorien (engl. „strong embodiment“)** erklärt Dove (2022:2) wie folgt: „The term [strong embodiment] refers to accounts that limit simulations to primary sensorimotor areas. What is central to a strongly embodied account of concepts is that conceptual processing involves modality-specific, lower-level experiential representations.“ Das bedeutet im Einzelnen, dass

a) Semantik nicht nur durch Handlung und Wahrnehmung konstruiert wird,
b) die funktionalen Wechselwirkungen zwischen Handlung, Wahrnehmung und Semantik erfordern, dass Bedeutung von all diesen Systemen beeinflusst wird,
c) Bedeutung ohne Verkörperung unvollständig ist,
d) verkörperte Kognition die Integration multimodaler Informationen erleichtert und
e) sowohl konkrete als auch abstrakte Konzepte durch verkörperte Kognition erklärt werden können (vgl. Pulvermüller 2013).

Perspektiven der **schwachen Verkörperlichung** (engl. **„weak embodiment“**) dagegen beziehen sich darauf, dass nur einige Teile der Semantik, wie z. B. Konzepte, auf einer symbolischen Ebene repräsentiert werden und einen eher geringen Einfluss auf Handlung und Wahrnehmung haben (vgl. z. B. Mahon 2015; Mahon/

Caramazza 2008; Pulvermüller 2013). Des Weiteren können Verbindungen zwischen Symbolen und ihren Repräsentationen rein symbolisch sein, sie können aber eben auch funktional mit Handlungs- und Wahrnehmungssystemen verbunden sein. Der Übergang zu einem umfassenderen Begriff von Verkörperung – also dem *weak embodiment* – hat klare Konsequenzen für die Einbeziehung von Sprache (detailliert siehe Abschn. 3.2 und Abschn. 5.1.5). „For one, it enables simulations of language to involve representations that are tied to language action and perception but are not contained within primary auditory, visual or motor areas. This is important because it allows for a certain degree of abstractness with respect the question of how, for example, words are represented" (Dove 2022:3). Das bedeutet, dass Wörter, Redewendungen und Sätze als multimodale Phänomene auf höherer Ebene betrachtet werden, ohne dass sie direkt Teil von verkörperten Simulationen sein müssen. Man geht also davon aus, dass die Darstellung von Konzepten grundsätzlich multimodal als auch mehrstufig ist. In neueren Arbeiten wird vor allem die Wichtigkeit der Aufgaben- und Kontextabhängigkeit, in der Konzepte erfahren bzw. vermittelt werden, hervorgehoben (z. B. Barsalou 2016:11 ff.; Casasanto/Lupyan 2015:543 f.; Connell/Lynott 2014:390 f.; León et al. 2023).

Die Perspektiven der **radikalen Verkörperlichung**, die Repräsentationen generell ablehnen, sind nach Lyre (2013:188) eher als eine Art Forschungsheuristik in philosophischen Debatten zu verstehen, als dass sie empirisch untersucht werden.

ZUSAMMENFASSUNG: Das Embodied-Cognition-Forschungsparadigma
In diesem Kapitel wurden die Grundlagen der EC erörtert, die bis zur Aristotelischen Denktradition zurückreichen, und es wurde dargelegt, dass die EC-Theorie in vielen unterschiedlichen Disziplinen Eingang gefunden hat. Es wurde darauf eingegangen, dass EC in hochaktuellen Diskursen rund um neue Technologien sowie Körperverständnisse und Sprachforschung von großer Bedeutung ist. Weiter wurden unterschiedliche im EC-Diskurs vertretene Termini und Ausprägungen sowie die zentralen 4-E-Thesen (vgl. Carney 2020; Varela et al. 2013:64–91) vorgestellt. Sie besagen, dass Kognition 1. EMBODIED, 2. EMBEDDED, 3. EXTENDED und 4. ENACTED ist. Abschließend wurde darauf eingegangen, dass im EC-Forschungsdiskurs schwachen bis starken Ausprägungen von Verkörperlichung (engl. „weak embodiment", „strong embodiment", vgl. Dove 2022:2) gefolgt wird.

EC und (Sprachen-)Lernen

3

In diesem dritten Kapitel wird zuerst auf den Begriff des *embodied learnings* eingegangen (Abschn. 3.1.1) und dann der Blick auf die Sprachdidaktik gerichtet (Abschn. 3.1.2). Es wird ausgeführt, inwiefern Didaktikprinzipien des Sprachenlehrens und -lernens wie die *Handlungsorientierung* und *Szenariendidaktik* auf *embodied-learning*-Konzepten beruhen. In Abschnitt 3.2 wird überblicksartig der Forschungsstand zum verkörperten Sprachenlernen beleuchtet.

3.1 Embodied learning und die Sprachdidaktik

3.1.1 Embodied learning

„Embodiment – the enactment of knowledge and concepts through the activity of our bodies – is a powerful force for learning" (Lindgren/Johnson-Glenberg 2013:445). In der Pädagogik und verwandten Disziplinen hat sich seit einigen Jahren der Begriff des ***embodied learning*** oder ***embodiment-based learning*** herausgebildet.

> [Embodied Learning] includes a variety of body-based techniques (i.e., gestures, imitations, simulations, sketching, and analogical mapping) (Alibali and Nathan, 2007; Weisberg and Newcombe, 2017) that hold promise for understanding the role of action and experience in early development, as well as to scaffold learning in more formal educational settings (Kontra et al., 2012) (Macrine/Fugate 2021:3).

Es kann entsprechend dem 4-E-Ansatz (vgl. Varela et al. 2013) als eine Konzeption des Wissenserwerbs definiert werden, die zum einen beschreibt, wie

I. Hoffmann, *Embodied Cognition und XR im Sprachunterricht*,
https://doi.org/10.1007/978-3-658-49658-6_3

verkörperte, eingebettete, handlungsorientierte und erweiterte Prozesse beim Lernen interagieren, und zum anderen die Notwendigkeit unterstreicht, Lernen ganzheitlich zu gestalten, indem Körper, Geist, Umwelt und Werkzeuge als Einheit gesehen werden. „Embodied learning can be broadly defined as a conception of learning where learners are holistically engaged and interwined in their social and material surroundings“ (vgl. Jusslin et al. 2022:2). Es wird z. B. davon ausgegangen, dass sich jeder Lerner in einer bestimmten Ausgangssituation bzw. Umgebung befindet und sich erst zurechtfinden muss, bevor er aktiv konkrete Aufgaben angehen und bewältigen kann, die Welt-, Fakten- und Handlungswissen voraussetzen. Nach Tamboer (2005:82), der sich für *Embodied-* und *Enacted-*These starkmacht, ergeben sich notwendige Erfahrungs- und Erkenntnisquellen erst, indem sich der Lerner in seiner Umgebung bewegt und sie erkundet. Nur so erwirbt er Wissen. Relevante Bedeutungsrelationen konstituieren sich dabei nach dem folgenden Schema (ebd.):

1. Wahrnehmen,
2. sich seine Intentionalität bewusst machen,
3. Interpretieren der entsprechenden Bewegung als Gestalt eines raum-zeitlichen Geschehens mit bestimmten Folgen und schließlich
4. Handeln.

Zum einen ist Bewegung also nötig, um Handlungserfahrungen zu machen und zu differenzieren, die die allgemeine Planungsfähigkeit zur Bewältigung von Aufgaben bedingen und damit Lernen ermöglichen. Zum anderen liegt die Bedeutung der Bewegung in der Transferleistung für den Erwerb (institutionellen) Wissens und Könnens (vgl. Wendler 2017:129). „Konstitutiv hierfür sind Differenzerfahrungen z. B. zwischen Spüren und Bewirken, Können und Nicht-Können, Ausführungs- und Idealformen, die an leiblich gebundene Handlungsbedingungen wie Zeit, Raum, Rhythmus […] usw. gebunden sind“ (Franke 2015:241). Bewegungshandlungen sind somit in ein übergeordnetes Konzept des Lernens eingebettet, das sich erst aus der Interaktion mit der Umgebung ergibt und mit Erkenntnis verbunden ist. Barsalou (2020:13) und Jusslin et al. (2022) postulieren, dass die Rolle des Körpers weit über die körperlich-motorische Aktivität hinausgeht. Sie referieren vor allem auf die Thesen der *Embedded* und *Extended Cognition*: Auch andere Modalitäten in der physischen und sozialen Umgebung spielen eine große Rolle und sind selbst wiederum auf komplexe Art und Weise mit der physischen und sozialen Umwelt verflochten.

> Embodied activity goes beyond visible, bodily activity (i.e., actual movement) to also account for inner bodily sensations, experiences, and physiological changes. Modalities and all bodily systems are responsible for generating changes in bodily states and may lead to embodied activation, engagement, and sensory experiences that are understood as "partners" in learning processes. These modalities and bodily systems connect the body with the physical and social environment (Barsalou 2020:13).

Zusammenfassend bedeutet also der Ansatz des verkörperten Lernens (*embodied learning bzw. embodiment based learning*) unter Berücksichtigung der Thesen der 4E-Kognition, dass Lernen über die Einbindung einer sichtbaren, körperlichen Aktivität (d. h. die tatsächliche Bewegung) hinausgeht und auch innere Körperempfindungen, individuelle Erfahrungen und physiologische Veränderungen in Abhängigkeit von der Umwelt berücksichtigt (Wellsby/Pexman 2014:33).

Da Lernen heutzutage meist unter Einbeziehung diverser elektronischer Medien stattfindet, sind die Thesen der *Extended* und *Enacted* Cognition besonders relevant. Durch digitale Werkzeuge werden Lernprozesse erweitert, indem sie den Zugriff auf digitale Umgebungen sowie interaktive Inhalte ermöglichen, die über die physische Realität hinausgehen (*Extended*-These). Körperliche Interaktionen (via Interfaces) sowie reales oder simuliertes Handeln und Erleben bei der Vermittlung komplexer Inhalte gewinnen immer mehr an Bedeutung (*Enacted*-These). Beim Lernen mit XR (siehe Kap. 4 Lernen mit XR: Grundlagen und Wirkungskonzepte) kommt sowohl der *Embodied*-These als auch der *Embedded*-These eine besondere Bedeutung zu. Denn durch die technologisch-bedingte Einbindung von körperlichen Bewegungen und multisensorischen Erfahrungen können Lerner sich mit oft abstrakten Inhalten multimodal beschäftigen (*Embodied*-These). Sie können zudem in neu geschaffene, speziell für den Lernprozess ausgestattete hybride oder virtuelle Umgebungen eintauchen und alle zur Verfügung stehenden Artefakte und Bedingungen für den Wissenserwerb nutzen (*Embedded*-These).

3.1.2 Prinzipien der Sprachdidaktik (4E-Sprachdidaktik)

Embodied-learning-Ansätze sind auch in der Sprachdidaktik vertreten. Die Berücksichtigung des Körpers und multimodaler Erfahrungen beim Spracherwerb sowie Überlegungen zur Lernumgebung sind nicht neu. Schon seit den 1960er-Jahren wurde mit alternativen Methoden versucht, den Körper in Sprachlernprozesse einzubinden. So fordert beispielsweise der *Total Physical Response*-Ansatz (Asher 1969) die Lerner auf, mündliche Befehle in der Zielsprache entgegenzunehmen und mit ihrem Körper auf die Befehle der Zielsprache zu reagieren (vgl. Macedonia 2019). In der Zweitspracherwerbsforschung wurde die verbale und körperliche Bedeutungsebene für die Kommunikation im Rahmen der *Interaktionshypothese* (Long 1996) aufgegriffen. Sie besagt, dass der Spracherwerb durch bedeutsame Interaktionen erleichtert wird, insbesondere wenn Sprachlerner beim Sprechen durch Rückmeldungen und Modifikationen ihrer Äußerungen unterstützt werden. Der sogenannte „social turn" verlagerte den Schwerpunkt von der individuellen Kognition als gehirngebundenes Phänomen zu einer ganzheitlichen Sichtweise von Kognition und Spracherwerb (vgl. Blair 2003; Firth/Wagner 2007, 1997). Das hatte zur Folge, dass sich in den 80er-Jahren des 19. Jahrhunderts in der Sprachdidaktik eine Verschiebung vollzogen hat, nämlich weg von formbasierten und hin zu kommunikativen bzw. sogenannten *handlungsorientierten* Ansätzen. Die Sprachlerner werden seitdem als soziale Akteure betrachtet, die in realen Situationen handeln (vgl. CEFR 2018). Sprachenlernen wird als eine situierte soziale Praxis verstanden, bei der kognitive Prozesse, die mit dem Lernen verbunden sind, unmittelbar mit dem Sprachgebrauch verwoben sind. Zwei der wichtigsten didaktischen Prinzipien sind dabei die ***Handlungsorientierung*** und die ***Szenariendidaktik***. Im Folgenden werden sie kurz erklärt und es wird aufgezeigt, inwiefern sie auf dem 4-E-Ansatz aufbauen.

Die Handlungsorientierung

Im institutionellen bzw. schulischen Sprachunterricht herrscht oft eine Kluft zwischen Theorie und Praxis und damit zwischen Wissen und Handeln. Dabei wirkt sich nicht nur die Frage, wie Sprachwissen repräsentiert ist, sondern auch die Art, wie es erworben wurde, auf die Umsetzung ins Sprachhandeln innerhalb und außerhalb des Klassenzimmers aus. Diese Kluft zwischen dem theoretischen sprachlichen Wissen und dem konkreten sprachlichen Handeln kann dann überwunden werden, wenn der Lernstoff anwendungsorientiert in aktiver, problemorientierter Weise in authentischen und variablen Umgebungen erworben wird (vgl. Gerstenmaier/Mandl 2000:18). Im Zuge dieser Erkenntnis hat sich das **Prinzip der *Handlungsorientierung*** etabliert. Auch wenn im aktuellen Bildungsdiskurs oftmals der Eindruck entsteht, es handle sich um ein neuartiges Konzept, wurde die Handlungsorientierung bereits bei Albert Camus (1942) und später im Rahmen der kommunikativen Wende und Neusprachendidaktik im Fremdsprachenunterricht der höheren Mädchenbildung im 19. Jahrhundert thematisiert (vgl. Doff 2009:34). Als Leitlinien galten damals die Orientierung der Inhalte am konkreten Nutzen, die Funktion der Grammatik als sprachliches Werkzeug für die konkrete Verwendung in Konversationen und die Orientierung der Lehrinhalte an Themen der außer- beziehungsweise nachschulischen Lebenswelt der Lerner. *Handlungsorientierung* ist grundsätzlich als „ein Unterrichtsprinzip, [zu verstehen], das bestimmte Merkmale hat, das argumentativ theoretisch begründbar ist (lernpsychologisch wie sozialisationstheoretisch) und das in verschiedenen Unterrichtszusammenhängen realisiert wird“ (Gudjons 2014:8). *Handlungsorientierung* wird genutzt, um Lernziele oder Strukturierungen im Sinne der curricularen Dimension zu definieren. Es umfasst eine Ausrichtung auf einen sprachsensiblen Fachunterricht, lässt sich über Lernfelder oder curriculare Einheiten gut an die fachlichen Curricula der Ausbildungsfächer anschließen und ist besonders im Deutsch-als-Fremdsprache-Unterricht ein etabliertes didaktisches Prinzip.

> Ein interaktiver handlungsbezogener Fremdsprachenunterricht liefert also authentische, kontextreiche Kommunikationssituationen, situiert die dafür nötigen Sprachmittel, fordert und fördert das Interesse der Schüler, spricht die emotionale Intelligenz direkt an, verlangt Flexibilität und Variation in der Kommunikation und praktiziert damit soziale Kompetenzen. Er besitzt Relevanz für die Lerner und ist damit ein authentischer Teil ihres Lebens (Bleyhl 2005; Bach/Timm 2003; Apeltauer 2010; Roche 2013:266).

Zusammenfassend ist *Handlungsorientierung* somit als eine kategoriale Bündelung für ein relativ weites Feld von didaktischen Bemühungen anzusehen, die fach- und handlungssystematische Komponenten miteinander verschränken. Sie wird einzelnen oder mehreren Unterrichtsphasen mit Blick auf die Wahl der Arbeitstechniken, der Materialien sowie der Aktions- und Sozialformen zugrunde gelegt. „Lernpsychologisch betrachtet, zeigt der Begriff *Handlungsorientierung*, dass Unterricht an primäre Erfahrungen und konkret erfahrbare Inhalte anknüpfen sollte“ (Kalkavan-Aydin 2024:710). Nach Roche (2024:652) entsteht dadurch ein kohärentes, vernetztes, verbindliches und damit berechenbares System aus Fach- und Spracherwerb. Allerdings fehlt bisher die Einigkeit über eine „umfassende Begründungstheorie auf der Grundlage moderner Handlungstheorie(n), kognitiver Lernpsychologie oder subjektorientierter Didaktik“ (Gudjons 2014:8).

Czycholl/Ebner (2006:46) führen *Handlungsorientierung* und *embodied learning* zusammen, indem sie mit der begründbaren Beziehung von Merkmalen der Lernumgebung (EMBEDDED), der Lernhandlung (ENACTED) und des aufzubauenden Wissens und Könnens argumentieren. Kernelement des handlungsorientierten Sprachunterrichts ist, Lernern die Möglichkeit zu geben, aus ihrer Umgebung heraus aktiv Sinn zu konstruieren (vgl. Bietz 2020:199; Roche 2013:266; Kalkavan-Aydin 2024:711).

> Die konkrete Erfahrung und räumliche Nähe ermöglichen ein ganzheitliches, multisensorisches Erfahren der Wirklichkeit sowie das Erfahren der Wirkung eigenen Handelns. Dieses Handeln ist sowohl ein physisches, das sprachlich benannt und

begleitet wird, als auch ein sprachliches Handeln, das sich im Dialog, durch direkte Aufforderungen und schließlich im Erzählen und Resümieren über das Erarbeitete darstellt (Hölscher 2006:18).

Sinn und Bedeutung beruhen nicht auf formaler sprachlicher Ebene, sondern darauf, dass die Lerner „am eigenen Leib" erfahren, dass und wie sie mit Sprache etwas erreichen können. Ergänzend ist daher ebenso auch die EMBODIED-These von Bedeutung.

Die Szenariendidaktik
Im Zuge einer handlungsorientierten Ausrichtung des Sprachunterrichts ergibt sich die Zielsetzung einer holistischen Unterrichtskonzeption, die schwerpunktmäßig Kommunikations- und Handlungskompetenzen vereint. Hierfür steht die Methode oder das Prinzip der *Szenariendidaktik*. Sie ist vor allem in der berufsbezogenen Deutschsprachförderung an Schulen etabliert. Eine szenariendidaktische Lernumgebung bindet die Erfahrungswelt und das interne Weltwissen der Lerner ein und schafft einen fließenden Übergang zwischen der jeweiligen sprachlichen Lern- und Anwendungssituation. Unter einem didaktischen Szenario versteht man das Schaffen einer wirklichkeitsnahen Situation beziehungsweise einer Problemkonstellation und an sie geknüpfte, aufeinander aufbauende Aufgabenstellungen in einem Lehr- beziehungsweise Anschauungsraum (vgl. Kiefer 2018:470). Ein Szenario kann als ein interaktives Geschehen mit Impulsen und Handlungsanstößen, die heutzutage oft medial ergänzt werden, aufgefasst werden. Ausschlaggebend dabei sind die Sprachanwendung und der Sprachkontakt in einer authentischen Problemsituation (vgl. Hölscher 2006:8). Ein Szenario bildet nach Piepho (2003:107) einen Rahmen mit variierenden Anlässen und Konstellationen mündlicher und schriftlicher Kommunikation als Ausdruck hermeneutischer Zugänge und Erkenntnisse. Dabei wird das Wissen nicht von der Lehrperson an die Lerner weitergereicht, sondern entsteht durch einen eigenständigen, durch Interesse geleiteten Konstruktionsprozess (vgl. Mandl et al. 2002; Roche 2024:652). Aspekte, die bei der Gestaltung eines Szenarios von Bedeutung sind, lassen sich beispielsweise mit dem Akronym SMART (vgl. Piepho 2003:108) darstellen (vgl. Abb. 3.1).

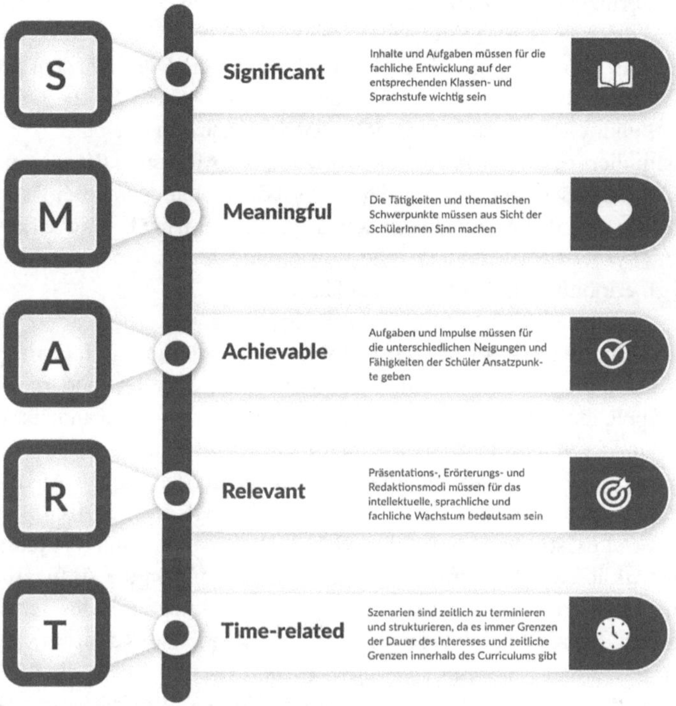

Abb. 3.1 Gestaltungsmerkmale von Szenarien (© Hoffmann nach Piepho 2003:108)

Nach Gruber et al. (2000:143) ist es dabei besonders effektiv, wenn der Lerner mit multiplen Kontexten konfrontiert wird und die Möglichkeit hat, Probleme aus unterschiedlichen Perspektiven zu betrachten, weil dadurch beim Lernen diverse Anwendungsmöglichkeiten desselben Wissens erfahren und spezielle Anwendungsbedingungen kennengelernt werden. So gilt die Prämisse: Wissen, das anwendbar sein soll, muss im Rahmen seiner kontextuellen Bezüge gesehen werden. „[U]nderstanding embodied learning requires the ability to distinguish learning as holistic, utilizing the bodily faculties fully, and thus connecting learning processes with the learner's environment“ (Jusslin et al. 2022:3). Dies kann mit der Wissensvermittlung im Rahmen von authentischen Handlungssituationen bzw. Szenarien gelingen.

Auch das Prinzip der *Szenariendidaktik* lässt sich durch den *embodied-learning*-Ansatz (bzw. die 4-Thesen) theoretisch fundieren. Hier könnte der Schwerpunkt auf die EMBEDDED- und EXTENDED-These gelegt werden. Dies lässt sich einerseits durch die zentrale Rolle authentischer Umgebungen herleiten, die die Lerninhalte erst sinnvoll und relevant machen (EMBEDDED-These). In Szenarien können sie entweder simuliert oder aber unter Zuhilfenahme von Medien und/oder durch narrative Strukturen geschaffen werden. Somit wird die Nutzung externer Ressourcen und Werkzeuge als natürlich und notwendig angesehen, um die kognitive Leistungsfähigkeit der Lerner zu erweitern und die Anwendung des Wissens in realitätsnahen Szenarien zu ermöglichen (EXTENDED-These).

Begriffseinführung „4E-Sprachdidaktik" (engl. „4E-language-learning")
Aus den Ausführungen sollte deutlich geworden sein, dass der moderne Sprachunterricht Sprachenlernen als aktives Wahrnehmen, Erfahren, Handeln, Erleben und Kommunizieren gestaltet, sodass beim Lernen selbstgesteuerte, emotional motivierende, kreative und kommunikative Prozesse in der aktiven Auseinandersetzung mit der Umwelt ermöglicht werden (vgl. Voglsinger 2016:42). Wissen wird im konstruktivistischen Sinn als individuelle Konstruktion mit direktem Bezug zur Lebenswirklichkeit der Lerner verstanden. Dabei spielen die Aktivierung von Vorkenntnissen, Korrekturen, Ausdifferenzierung und Integration für den vorwiegend selbstständigen Erkenntnisgewinn eine entscheidende Rolle (vgl. Wendler 2017:128). In Referenz auf den *embodied-learning*-Begriff sowie die 4E-Thesen wurde aufgezeigt, dass sowohl das Prinzip der *Handlungsorientierung* als auch die *Szenariendidaktik* Lernen durch Partizipation, Kontextualisierung und Interaktion fördern. Die ENACTED-These betont dabei, dass sprachliches Wissen durch Handeln und direkte Erfahrung aufgebaut wird, was beispielsweise bei Rollenspielen deutlich wird. Die EMBEDDED-These hebt die Bedeutung von authentischen Kontexten und realistischen Umgebungen hervor, während die EMBODIED-These zeigt, wie Erfahrungen „am eigenen Leib", Interaktionen und multisensorische Ansätze den Spracherwerb fördern können. Die EXTENDED-These spiegelt sich in medialen Ergänzungen, wie digitalen Anwendungen, wider.

Diese Überlegungen dienen als theoretische Basis für die Entwicklung eines Forschungsansatzes, der das Sprachenlernen im Kontext der Embodied Cognition (EC) ganzheitlich betrachtet und zugleich eine enge Verbindung zum Einsatz von XR-Technologien herstellt. Dazu wird der Begriff der „**4E-Sprachdidaktik**" bzw. des „**4E-Language-Learnings**" eingeführt. Die folgende Grafik veranschaulicht die zentralen Aspekte (vgl. Abb. 3.2). In Abschnitt 5.3 wird nochmals auf diese Systematik referiert, wenn die Themenfelder EC, Sprachenlernen und XR zusammengeführt werden.

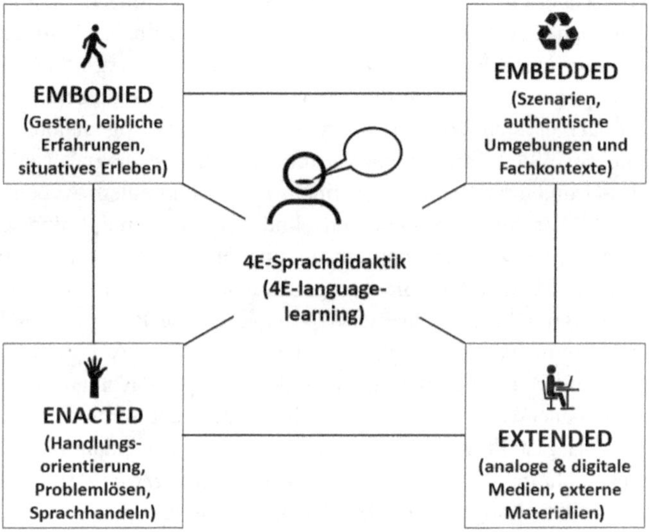

Abb. 3.2 Die 4E-Sprachdidaktik/4E-language-learning (© Hoffmann)

3.2 Forschungsstand des verkörperten Sprachenlernens (Überblick)

Streng genommen findet die EC-Forschung zum Lernen und Lehren von (Fremd-) Sprachen erst seit den 1990er-Jahren statt (vgl. Wik/Hjalmarsson 2009). Bevor nachfolgend ein Überblick über den Forschungsstand zum verkörperten Sprachenlernen gegeben wird, soll kurz auf unterschiedliche in der Forschung vertretene Auffassungen der Beziehung von Körper und Sprache eingegangen werden.

> Several recent theories propose that language plays a functional role in our concepts. Some examples are the embodied conceptual combination theory (Lynott/Connell 2010), the language and situated simulation theory (Barsalou et al. 2008), the language and associations in thinking theory (Tillas 2015) and the symbol interdependency theory (Louwerse 2011) (Dove 2022:7).

Wegweisende Theorien, die Sprache auf verkörperte Konzepte zurückführen, stammen von den Psycholinguisten Lakoff und Johnson, die ein einflussreiches Modell zum Metaphernverständnis entwickelt haben (vgl. Lakoff/Johnson 1980). Die Hauptthese lautet, dass der Verstand insofern grundlegend vom Körper bestimmt ist, als er sich bei der Begriffsbildung stets sogenannter *Bildschemata* bedient. So gibt es beispielsweise ein „Containerschema" (vgl. Johnson 1987:39), das Grundvorstellungen von einem Innen- und einem Außenraum, von Einschluss und Ausschluss definiert und bündelt. Solche morphologischen Vorstellungsschemata, so wird argumentiert, leiten sich aus physischen Erfahrungen im Umgang mit der Umwelt ab. Sie werden dann auch metaphorisch auf abstrakte nicht-physische Bereiche übertragen, wie beispielsweise Bereiche des logischen Denkens und Argumentierens (vgl. Odendahl 2020:487). Auf diesen Theorien beruhen die Kognitive Linguistik und Didaktik. Man geht davon aus, dass Sprache die wahrgenommene Welt in Form von Bildschemata repräsentiert, die wiederum als Metaphern dargestellt werden. Sprache ist demnach metaphorisch, eine verkörperte Repräsentation der Welt per se (vgl. *Embodied Hypothesis*, Evans 2012; Clausner/Croft 1999; Langacker 2008, 1999). Bislang hat die Anwendung dieser Erkenntnisse auf den Sprachunterricht zu einer wachsenden Zahl von Forschungsarbeiten geführt, die sich mit der Frage befassen, ob die Integration verkörperter Erfahrungen den Zugang zu relevanten Konzepten der Grammatik erleichtern kann (vgl. Bielak/Pawlak 2011; Jacobsen 2018; Kohl-Dietrich et al. 2016; Reif 2012; Scheller 2009; Kanaplianik 2016; Suñer/Roche 2019b; Tyler et al. 2011; Yasuda 2010). „If language is a source of embodiment, concepts should rely in part on simulations of linguistic experience" (Dove 2022:2). Die Konzepte bleiben den Lernern oft verborgen, während formale Aspekte der Grammatik überbetont werden. Im Zuge der Forschung zu Embodied Language Teaching und Learning verweisen EC-Ansätze zudem auf die besondere Bedeutung des körperlichen Ausdrucks wie Gestik oder Mimik, der beim Sprachenlernen als natürlicher, ständiger und zentraler Baustein von Kommunikation betrachtet werden muss (vgl. Sambanis/Walter 2019:7). Arbeiten von Barsalou (2008) beziehen sich auf die situative Einbettung von Kategorienlernen und begrifflichem Wissen. Begriffe seien demnach keine starren und passiven Eigenschaftskategorien, sondern situativ und kontextabhängig (vgl. Lyre 2013:191). Zudem werden (kommunikative) Erlebnisse, die in Verbindung mit Bewegung erfasst wurden und an die sensomotorischen Erfahrungen gekoppelt bleiben, besonders nachhaltig abgespeichert. „Meaning, and therefore comprehension, are conveyed physically;

they are conveyed through 'my' body, the body of a subject of perception and sensation; and they have their reason in the affective, painful and pleasurable, emotionally charged experience of a physical encounter" (Odendahl 2020:489).

Um einen systematischen Überblick über den aktuellen Forschungsstand zu EC-Ansätzen beim Sprachenlernen zu geben, soll im Folgenden die Übersichtsarbeit von Jusslin et al. (2022) vorgestellt werden. Sie untersuchen ein Korpus von insgesamt 41 empirischen Studien (erschienen zwischen 1990 und 2020), davon sind 23 qualitativ, 12 quantitativ und sechs folgen dem Mixed-Method-Verfahren. Es wurden 13 internationale wissenschaftliche Zeitschriften ausgewählt wie beispielsweise *Topics in Cognitive Science*, *Frontiers in Psychology*, *Innovation in Language Learning and Teaching* und *Studies in Second Language Acquisition.* Das Korpus wurde mithilfe der folgenden Schlagwortsuche zusammengestellt:

> "embodied learning" OR "embodied pedagog*" OR "embodied cognition" OR "embodied education" OR "embod*" OR "embodied teaching" OR "bodily learning" OR "kinaesthetic learning" OR "embodied instruction" OR "embodied practice*" OR "movement-based" OR "bodily") AND ("language education" OR "language learning" OR "language teaching" OR "language pedagog*" OR "language acquisition" OR "language development" (Jusslin et al. 2022:3)

Insgesamt umfasst die Übersichtsarbeit Studien im Kontext von Erst- (L1), Zweit- (L2) und Fremdsprachenerwerb (FS) sowie Studien, die sich auf das Lernen und Lehren von gesprochenen Sprachen (im Vergleich zu Gebärdensprachen) konzentrieren. Jusslin et al. (2022) setzen folgende drei Forschungsfragen an:

(1) Wie lassen sich verkörperte Lernansätze im Sprachunterricht in bisherigen Studien charakterisieren?
(2) Welche Art von verkörperten Lernaktivitäten sind in bisherigen Studien untersucht worden?
(3) Welche empirischen Ergebnisse zeigen die Studien, die verkörperte Lernansätze im Sprachunterricht nutzen?

Die untersuchten Arbeiten lassen sich wie folgt systematisieren (vgl. Tab. 3.1):

Jusslin et al. (2022:12) kommen zu dem Schluss, dass sich die Arbeiten entsprechend der EC-Forschungsansätze in zwei Kategorien einteilen lassen:

(1) „**embodied learning through orchestrating embodied language learning and teaching**", sprich das verkörperte Lernen durch eine gezielte Kombination des verkörperten Sprachenlernens und -lehrens,

(2) „**embodied learning in naturally occurring language learning interactions**", sprich das verkörperte Lernen bei natürlich vorkommenden Interaktionen im Sprachunterricht.

Tab. 3.1 Übersichtsarbeit EC und Sprachenlernen. (Nach Jusslin et al. 2022)

Erscheinungszeitraum	• 85 % der Studien (Anzahl 35) zwischen 2015 und 2020 veröffentlicht, • 46 % der Studien zwischen 2019 und 2020 veröffentlicht.
Sprachen	• Englisch als die am häufigsten vertretene Zielsprache, • daneben z. B. Deutsch, Französisch, Chinesisch, Schwedisch.
Bildungsstufe	• 14 Studien in der Hochschulbildung, • 11 Studien in der Primar- bzw. Elementarstufe, • sieben Studien in der Vorschule und im Kindergarten, • vier Studien in der Erwachsenenbildung, • drei Studien in der nicht-formalen Bildung und • zwei Studien in der Sekundarstufe.

(Fortsetzung)

Tab. 3.1 (Fortsetzung)

Embodied learning in L1, L2, FS	**L1-Unterricht** (sieben Studien, hauptsächlich in der Vorschule, im Kindergarten und in der Grundschule): • Lernen und Erinnern neuer Wörter und Redewendungen, • Rechtschreibung und Hörverstehen neuer Wörter, • Erkennen von Silben und Nacherzählen von Geschichtssequenzen in der richtigen Reihenfolge. **L2-Unterricht** (22 Studien, hauptsächlich in der Hochschul- und Erwachsenenbildung): • Fokus auf Wortschatzerwerb: insbesondere konkrete und abstrakte Nomen, Verben, Präpositionen, lexikalische Phrasen und spezielle Wortschatzarten (z. B. akademischer Wortschatz). • Schwerpunkt auf Aussprache (z. B. Silben, Wortbetonung und Rhythmus) und Grammatik (z. B. Adjektive, Adverbien und einfache Grammatikstrukturen) sowie Satzstrukturen (z. B. Aufforderungen und Konditionalsätze). • Sprachgebrauch bei der Durchführung bestimmter Aufgaben (z. B. Kauf von Gegenständen) sowie bei Interaktionen zwischen Lernern und Lehrkräften (z. B. beim Beantworten von Fragen und Erklärungen, Formulierungen und Korrekturen der Lehrkräfte). • Zudem: pädagogischer Ansatz durch eine verkörperte Sprachdidaktik in der Lehrkräfteausbildung. • Vereinzelt: Grundschulbereich: Problemlösung anhand von Lerner-Lehrkraft-Dialog (z. B. beim Lösen von Mathematikaufgaben). **FS-Unterricht** (12 Studien, in allen Bildungsebenen, aber vor allem im Vorschulbereich, Kindergarten und der Grundschule): • In Vorschule und Kindergarten: Fokus auf Reime, Alliteration und Wortschatz (Nomen, Adjektive, Verben). • In der Grundschule: vielfältige Bereiche wie Wortschatz, Hörverstehen von Ausdrücken aus dem Sport und von räumlichen Begriffen in Form von Sätzen und lexikalischen Einheiten. • Auf anderen Bildungsebenen: formelhafte Sprache in der nichtformalen Bildung und Leseverständnis in der Hochschulbildung.

Arbeiten der ersten Kategorie (25 Studien) vergleichen entweder unterschiedliche Lernbedingungen, um die Effekte verschiedener Methoden des verkörperten Lernens zu untersuchen, oder analysieren Arten verkörperter Sprachlernansätze in der Unterrichtspraxis (vgl. Tab. 3.2). Die zweite Kategorie umfasst 16 (qualitative) Studien, die darauf abzielen, herauszufinden, welche Aspekte der Verkörperung beim Sprachenlernen (auf natürliche Weise) einbezogen werden, beispielsweise Gesten oder verkörperte Handlungen.

Der Großteil der untersuchten Studien thematisiert Verkörperungsansätze beim Vokabellernen – und zwar über alle Bildungsstufen hinweg. Die Hauptzielgruppe waren Anfänger (Niveau A0, A1). Gesten wurden in allen Altersstufen eingesetzt und zeigten signifikante Verbesserungen beim Sprachenlernen sowohl bei Kindern als auch bei Erwachsenen. Darüber hinaus zeigen die Studien, dass der Einsatz von materiellen Objekten besonders den Spracherwerb bei Kindern stark fördert. Die Ergebnisse zeigen auch, dass verkörperte Lernansätze, die Gesten, körperliche Aktivität/Bewegungen, technologische Ressourcen und kunstbasierte Aktivitäten nutzen, emotionale und motivierende Vorteile für das Sprachenlernen haben. Verkörperte Lernansätze wie Theateraktivitäten können dazu beitragen, authentische und sinnvolle Sprachlernsituationen zu schaffen. Zusammenfassend nennen Jusslin et al. (2022:13 ff.) folgende Hauptaspekte im Hinblick darauf, inwieweit sich verkörperte Ansätze vorteilhaft ausgewirkt haben:

- Verbesserung der Sprachlernprozesse und Verbesserung der persönlichen Erfahrungen im Zusammenhang mit dem Sprachenlernen,
- Unterstützung beim Sprachenlernen,
- Förderung emotionaler und motivierender Faktoren beim Sprachenlernen,
- Schaffen authentischer und sinnvoller Situationen,
- Förderung von Mehrsprachigkeit.

Die Übersichtsarbeit zeigt die Vielfalt der körperlichen bzw. körperbezogenen Aktivitäten, die in den Sprachunterricht integriert wurden bzw. die im Sprachunterricht auf natürliche Weise vorkommen. Auch wenn die Grenzen zwischen den beiden Kategorien fließend sind, sind nach Jusslin et al. (2022:16) die vorkommenden Ansätze des verkörperten Lernens im Sprachunterricht in zwei unterschiedliche Bedeutungsebenen einzuteilen. Ihrer Feststellung nach ist Verkörperung im Sprachunterricht entweder etwas, das dem Lehr-/Lernkontext gezielt hinzugefügt wird (z. B. durch spezifische körperliche Lernaktivitäten), oder etwas, das im Sprachunterricht bereits auf natürliche Weise vorhanden ist (entsprechend der Ansicht: Sprachenlernen ist per se verkörpert). Insgesamt wird deutlich, dass die Einbeziehung von Körper-Aspekten das Potenzial hat, die Lerner zu aktivieren und Sprachlernprozesse zu fördern sowie emotionale und motivierende Faktoren beim Sprachenlernen zu unterstützen.

Tab. 3.2 Überblick über die verkörperten Lernaktivitäten mit Anzahl der Studien (Übersichtsarbeit Jusslin et al. 2022)

Kategorie 1: **Das verkörperte Lernen durch eine gezielte Kombination von verkörpertem Sprachenlernen und –lehren**	**Kategorie 2:** **Das verkörperte Lernen bei natürlich vorkommenden Interaktionen im Sprachunterricht**
• **Technologiegestützte Aktivitäten** (8): z. B. Nutzung von Kinect bei Grundschülern zum Vokabellernen (Kosmas et al. 2019); Nutzung von Second Life bei handlungsorientierten Aufgaben in fremdsprachigen Umgebungen im Avatarkörper (Lan et al. 2015, 2018); Lernen von Funktionsverbgefügen mit digitalen Grammatikanimationen (Suñer/Roche 2019b). • **Kunstbezogene Aktivitäten** (7): z. B. theaterpädagogische Methoden wie Impro-Theater im Fremd- bzw. Fachsprachenunterricht (Scally 2019; Cannon 2017) • **körperliche Aktivitäten und Bewegung** (6): z. B. körperliche Aktivitäten beim Vokabellernen bei Kindern (Toumpaniari et al. 2015) oder verkörperte Handlungen, die mit dem Erzählen von Geschichten kombiniert werden (Schmidt et al. 2019) • **Aktivitäten mit Materialien, Gesten und Bildern** (3): z. B. Vergleich zwischen Gesten und Bildern beim Vokabellernen (Andrä et al. 2020) • **Aktivitäten im Rahmen der Sprachlehrkräfteausbildung** (1): unterschiedliche körperbezogene Aufgaben in einer Unterrichtsstunde (freies Schreiben zu einem Bild, Theaterspiel, Filmen und Analysieren von Theaterbewegungen (vgl. Guerrettaz et al. 2020).	• **Gesten und verkörperte Handlungen in Unterrichtsaktivitäten** (13): z. B. von Lernern und Lehrkräften genutzte körperliche Handlungen zur Erklärung von Bedeutungen auf Wort- und Satzebene (Matsumoto 2019); Gesten der Lehrkräfte zur Erklärung von Ausspracheregeln (Smotrova 2017) und Grammatik (Majlesi 2014). • **Bewegung und kunstpädagogische Aktivitäten** (2): z. B. Schüler lernen japanische Karatebegriffe, während sie die Karatebewegungen ausführen (Hua et al. 2020). • **Gesten und materielle Hilfsmittel in Unterrichtsaktivitäten** (1): z. B. Verwendung von Gesten und Nutzung eines Gummibandes beim Aussprachetraining (Nguyen 2016).

Problematisierung

Allerdings kristallisieren sich anhand der Übersichtsarbeit auch Herausforderungen und Problemfelder heraus. Zum einen wird das verkörperte Lernen oft als eine Art Gegengewicht zu „konventionellen" Unterrichtsformen betrachtet und ausschließlich durch die Einbindung körperlicher Aktivität definiert (z. B. Ionescu/ Ilie 2018; Marian et al. 2019). Der Begriff „konventionell" ist als höchst problematisch und unscharf anzusehen. Zum anderen zeigt die Inhaltsübersicht von Jusslin et al. (2019:6–9) die unterschiedlichen Auffassungen von verkörpertem Lernen und die zahlreichen, sich teils widersprechenden, innerhalb des Embodied-Cognition-Forschungsparadigmas vertretenen Theorien. Die für die empirischen Studien genutzten Theorien zur Untersuchung des Sprachenlernens reichen von psychologischen, spielerischen und soziokulturellen über multimodale bis hin zu ethnologischen Ansätzen (was natürlich auch durch die Auswahl der Publikationsorte begründet ist). Es ist festzustellen, dass besonders bei der Einbeziehung von Sensomotorik und der Integration von Medien die Tendenz besteht, stark auf kognitive und neurowissenschaftliche Theorien zu fokussieren (siehe z. B. Bara/Kaminski 2019: Dual Coding Theory beim Halten eines Objekts und gleichzeitigem Einprägen eines Begriffs; Andrä et al. 2020: neurowissenschaftliche Theorien der Multisensorik beim Vergleich zwischen Gestik und Bildern beim Vokabellernen). Diese Art der körperlichen Einbindungen greift zwar grundlegende Prinzipien der EMBODIED-These auf, bleibt jedoch in mehreren Aspekten hinter den Erwartungen zurück, die durch die *4E-Sprachdidaktik* an ein ganzheitliches Lernen in authentischen Situationen gestellt wird. Um diese Problematik an einem Beispiel deutlich zu machen, wird im Folgenden exemplarisch auf die Forschung von Kosmas/Zaphiris (2020) referiert: Für die Studie wurde ein in Unity entwickeltes Bewegungstool mit einem 3D-Charakter (PanBoy) genutzt und mit einem Skelett-Tracking-Feature von Kinect kombiniert. Auf diese Weise konnten die Bewegungen der Probanden eins zu eins auf den 3D-Charakter übertragen werden, allerdings mussten sie sich dafür an einer vorgegebenen Stelle im Klassenraum sowie eher langsam bewegen, um eine korrekte Übertragung auf das System zu garantieren. Insgesamt 118 Schulkinder nahmen an der Studie teil. Sie sollten sich Begriffe (Vokabeln zum Thema Bewegung) einprägen, indem sie die Bewegungen des 3D-Charakters imitierten.

> The children had to follow the instructions displayed on the interactive board and imitate PanBoy's movements. There were ten different movements; each movement corresponded to one new word (action or abstract verb/noun). The children performed the movement saying the appropriate word aloud. When they were done, the children repeated the activity again. Then they watched only the movement and had to recall the corresponding word (Kosmas/Zaphiri 2020:323).

Über drei Monate hinweg fanden 30-minütige Interventionen statt. Während jeder Sitzung sahen die Schüler ein kurzes Video, ein kurzes Videosegment mit Bewegungen, Worten und Bildern, das ihnen explizite visuelle Anweisungen vermittelte, wie sie die einzelnen Bewegungen ausführen sollten. Die Themen waren beispielsweise „Ernährung“, „Mein Tagesablauf“ oder „Reisen“.

Insgesamt greift die Untersuchung zwar die EC-Annahme auf, dass (Vokabel-) Lernen nicht allein kognitiv verortet ist, sondern durch körperliche Erfahrungen unterstützt wird. Allerdings beschränken sich die Bewegungen auf vorgegebene Handlungsabfolgen, die Verkörperung auf reine Nachahmung reduzieren. Die Methode schafft keinen Raum für situatives, exploratives Handeln, bei dem Lerner die Sprache in realen Kontexten ausprobieren und anwenden könnten. Es wird nicht deutlich, worin der anwendungsorientierte Bezug zwischen der Aussprache des Wortes und der Ausübung der Körperbewegung liegt. Denn es besteht kein reales Problem oder eine konkrete Handlungsaufgabe, worin sich auch der Sinn der Sprache widerspiegeln würde. Gerade Themenfelder wie „Ernährung“ könnten in realistischen, interaktiven Szenarien (z. B. Simulation eines Einkaufs in einem Supermarkt, haptisches Auswählen von Obst etc.) vermittelt werden, um eine enge Verknüpfung zwischen Sprache und Lebenswelt zu etablieren und diese dann als Forschungsgrundlage zu nutzen. In dem beschriebenen Bewegungssetting werden weder authentische physische noch soziale Umweltressourcen genutzt, sodass die Lernumgebung künstlich und unflexibel bleibt. Es fehlt an realistischen Elementen, die einen ganzheitlichen, lebensnahen Wortschatzerwerb durch Umweltstimuli fördern.

Zusammenfassend kann festgehalten werden, dass in vielen Studien zu EC und Sprachenlernen instruktionistische Settings überwiegen, die weder mit dem natürlichen noch mit dem (konsequent) didaktisierten, gesteuerten Spracherwerb in Zusammenhang stehen. Folgende Hauptaspekte, die einen modernen Sprachunterricht ausmachen und die sich durch die 4E-Sprachdidaktik definieren lassen, werden nicht oder nicht in angemessener Form berücksichtigt:

1. Authentischer Kontext und reale Handlungssituationen,
2. Kommunikation in interaktiven Situationen mit Sinn,
3. Individualisierung (entdeckendes Lernen, Problemlösung mit Freiheiten),
4. Wissenstransfer für die Anwendung im echten Leben.

Obwohl neuro- und kognitionswissenschaftliche Untersuchungen wichtige Erkenntnisse über spezifische kognitive Mechanismen liefern können, stehen derartig angelegte Studien zum „verkörperten Sprachenlernen“ also im Widerspruch zu zentralen Aspekten der heutigen Unterrichtspraxis, die durch die 4E-Sprachdidaktik charakterisiert werden kann. In der Entwicklung von ganzheitlichen Lerntechnologien wie der XR und ihrer noch neuartigen Integration in den Sprachunterricht liegt ein bedeutendes Potenzial. Sie können sowohl der Unterrichtsforschung als auch der Unterrichtspraxis neue Impulse geben, um verstärkt die Dynamik zwischen Körper, Umwelt und sozialer Interaktion zu berücksichtigen.

ZUSAMMENFASSUNG: Ec und (Sprachen-)Lernen

In diesem EC und (Sprachen-)Lernen wurde auf den Begriff des ***embodiment-based-learnings*** bzw. ***embodied learnings*** und seine Bedeutung für das Sprachenlernen eingegangen (vgl. Abschn. 3.1). Er kann als eine Konzeption des Wissenserwerbs definiert werden, die zum einen beschreibt, wie verkörperte, eingebettete, handlungsorientierte und erweiterte Prozesse beim Lernen interagieren, und zum anderen die Notwendigkeit unterstreicht, Lernen ganzheitlich zu gestalten, indem Körper, Geist, Umwelt und Werkzeuge als Einheit gesehen werden. In diesem Zusammenhang wurden die wichtigen didaktischen Prinzipien der *Handlungsorientierung* und *Szenariendidaktik* vorgestellt. Es wurde ausgeführt, inwiefern sie auf den 4E-Thesen beruhen, und es wurde der Begriff der „***4E-Sprachdidaktik***" bzw. des „***4E-language-learnings***" geprägt (vgl. Abschn. 3.1.2). Anschließend wurde überblicksartig der Forschungsstand des verkörperten Sprachenlernens anhand der Übersichtsarbeit von Jusslin et al. (2022) präsentiert (vgl. Abschn. 3.2). Sie teilen die in den untersuchten Studien vorkommenden Ansätze des verkörperten Lernens im Sprachunterricht in zwei unterschiedliche Bedeutungsebenen ein: Verkörperung im Sprachunterricht ist erstens etwas, das dem Lehr-/Lernkontext gezielt hinzugefügt wird (d. h. z. B. durch spezifische körperliche Lernaktivitäten) oder zweitens etwas, das im Sprachunterricht bereits auf natürliche Weise vorhanden ist (entsprechend der Ansicht: Sprachenlernen ist per se verkörpert). Als positive Effekte von verkörperten Ansätzen im Sprachunterricht sind beispielsweise die Verbesserung der Sprachlernprozesse und der persönlichen Erfahrungen im Zusammenhang mit dem Sprachenlernen, die Förderung emotionaler und motivierender Faktoren sowie die Unterstützung von Mehrsprachigkeit dokumentiert. Allerdings zeigt die Übersichtsarbeit auch Problemfelder: Zum einen wird das verkörperte Lernen oft als eine Art Gegengewicht zu „konventionellen" Unterrichtsformen betrachtet und ausschließlich durch die Einbindung körperlicher Aktivität definiert. Zum anderen zeigt die Arbeit von Jusslin et al. (2019:6–9) die unterschiedlichen, teils widersprüchlichen Auffassungen von EC beim Sprachenlernen/im Sprachunterricht. Es ist festzustellen, dass besonders bei der Einbeziehung von Sensomotorik und der Integration von Medien die Tendenz besteht, stark auf kognitive und neurowissenschaftliche Theorien zu fokussieren. In diesen Fällen bleibt die Forschung bei der Untersuchung von EC im Sprachunterricht hinter den Erwartungen zurück, die durch die 4E-Sprachdidaktik an ein ganzheitliches Lernen in authentischen Situationen gestellt wird. Sie fordert eine ganzheitlichere Betrachtung von Lernen, die nicht nur den Körper und die Sinne einbezieht, sondern auch die soziale und kontextuelle Verankerung des Lernprozesses berücksichtigt.

Lernen mit XR: Grundlagen und Wirkungskonzepte

4

4.1 Terminologische und technologische Grundlagen

4.1.1 Einführung

Wie in den vorangegangenen Kapiteln dargestellt wurde, liegt in den letzten Jahren die Aufmerksamkeit im Sprachunterricht zunehmend auf Ansätzen, die den Körper einbeziehen und versuchen, sinnvolle Verbindungen zwischen körperlichen Aktivitäten und Lerninhalten herzustellen. Dieses Streben nach einem ganzheitlichen, verkörperten Sprachenlernen in authentischen Umgebungen kann in Einklang mit der Beforschung und Einführung neuer Lernmedien wie der XR gebracht werden. „[XR] technologies are well suited for facilitating embodied learning because they combine physical activity with salient and compelling representational supports“ (Lindgren/Johnson-Glenberg 2013:447). Sie funktionieren über natürliche körperliche Bewegungen (d. h. Gesten, Berührungen, Körperpositionierung) als Eingabeformen und eröffnen interaktive digitale, hybride oder virtuelle Räume. Durch sie wird eine „Verschmelzung der realen und virtuellen Welt“ möglich (vgl. Milgram/Kishino 1994). Gleichzeitig muss hervorgehoben werden, dass es sich bei XR streng genommen nicht um neue Technologien im eigentlichen Sinne handelt. Denn die meisten technischen Grundlagen wurden bereits vor oder in den 1980er-Jahren entwickelt. Der erste Prototyp eines VR-ähnlichen Systems ist sogar schon auf 1956 zu datieren (vgl. Rheingold 1991). In jüngster Zeit steigt aber in unterschiedlichen Fachbereichen sowohl das wissenschaftliche als auch das praxisbezogene Interesse an XR – besonders als Lern- und Schulungsmedien (vgl. Meyer et al. 2019; Buehler/Kohne 2020; Kaplan et al. 2021).

I. Hoffmann, *Embodied Cognition und XR im Sprachunterricht*,
https://doi.org/10.1007/978-3-658-49658-6_4

In den nachfolgenden Kapiteln wird zuerst auf den Oberbegriff XR eingegangen (Abschn. 4.1.1 und Abschn. 4.1.2), bevor die sich darunter versammelnden Technologien (AR, VR, MR) jeweils einzeln beschrieben werden (Abschn. 4.1.3 bis Abschn. 4.1.5). Anschließend werden die für XR charakteristischen Wirkungskonzepte für Lehr- und Lernprozesse vor dem Hintergrund des ganzheitlichen (Sprachen-)Lernens erörtert (Abschn. 4.2). Im fünften Kapitel (Kap. 5) wird der Forschungsstand von XR im Sprachunterricht dargestellt.

4.1.2 XR als Oberbegriff

Die wissenschaftliche Untersuchung von Potenzialen und Mehrwerten des Einsatzes von XR setzt eine klare Skizzierung der Begriffe XR, AR, VR, MR (im Folgenden ausführlich erklärt) und weiterer verwandter Termini voraus. Hier ist die Forschungsliteratur der letzten Jahre nicht immer einheitlich vorgegangen (vgl. Flavián et al. 2021; Rauschnabel et al. 2022; Auda et al. 2024). Die Diskussion um die einzelnen Termini wird ausgehend vom *Milgram-Reality-Virtuality*-Kontinuum (nach Milgram/Kishino 1994) geführt, welches eine Dichotomie zwischen Realität (*Real Environment*) und Virtualität (*Virtual Environment*) mit den Zwischenstufen *Augmented Reality (AR)* und *Augmented Virtuality (AV)* konstituiert und alle auftretenden Varianten mit dem Oberbegriff *Mixed Reality* (*MR*) betitelt (vgl. Abb. 4.1).

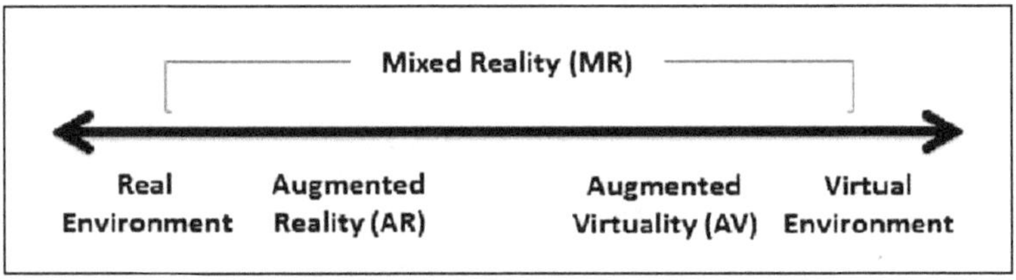

Abb. 4.1 Das Realitäts-Virtualitäts-Kontinuum (vgl. Milgram/Kishino 1994)

Es galt lange Zeit als Referenzmodell, bis der technische Fortschritt es in den letzten Jahren ermöglichte, diverse Misch- und Kombinationsformen mit unterschiedlichen Arten des Embodiments hervorzubringen, die eine Überarbeitung des Modells nahelegten. Eine Übersicht über die Beweggründe dazu, die hier nicht im Einzelnen ausformuliert werden sollen, geben Palmas/Klinker (2020:322):

> The rapid development of new technologies and the possibility of combining several technologies allow for the reproduction of the entire spectrum of sensory perception within a single system, including olfactory and gustatory simulation, free movement – achieving 6 degrees of freedom, spatial sound, thermal haptic devices – enabling an even deeper level of immersion and lastly, environmental input[...]. In this context, the need for the clarification and categorization of the technology behind each reality appears evident.

Fest steht, dass heutzutage mehrheitlich die Abkürzung „XR“ interdisziplinär als gängiger Oberbegriff für alle existierenden Realitätsformate (v. a. AR/VR/MR) genutzt wird und den ursprünglichen Oberbegriff MR ersetzt. AR und VR werden je nachdem, wie die reale Umgebung wahrgenommen wird, entsprechend untergeordnet (vgl. Abb. 4.2) (ausführlich siehe Abschn. 4.1.3 und Abschn. 4.1.4).

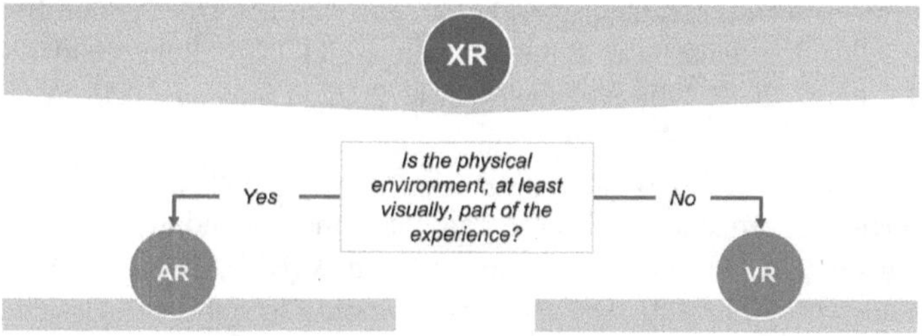

Abb. 4.2 Aktuelles Begriffsverständnis XR/AR/VR. (Gekürzte Grafik nach Rauschnabel et al. 2022:2)

Uneinigkeit herrscht allerdings bei der Überarbeitung der beiden Pole REAL und VIRTUELL, wie sie im Kontinuum von Migram/Kishino (1994) vorkommen. Schäfer (2011:90) beispielsweise stellt die Nutzererfahrung in den Mittelpunkt und plädiert für die Umbenennung der Pole in PHYSISCH (statt REAL) und VIRTUELL. „Virtuell ist nicht das Gegenteil von real, sondern [von] physisch. Virtualität spezifiziert eine gedachte oder über ihre Eigenschaften konkretisierte Entität, die zwar nicht physisch, aber doch in ihrer Funktionalität oder Wirkung vorhanden ist.“ Dieser Auffassung stehen wiederum einige Wissenschaftler aus der Disziplin der Human-Computer-Interaction (HCI) kritisch gegenüber: Denn sowohl in AR als auch in der „vollkommenen“ VR bleiben de facto physische Erfahrungen und eine physisch erlebbare Handlungslogik bestehen (vgl. Dunleavy et al. 2009:20).

> Although one could argue that VR represents virtuality on the continuum, current VR experiences do not completely immerse the user into a virtual environment and, thus, do not represent virtuality. For example, users may bump into walls or get motion sickness if the real-world and VR experiences do not align (Auda et al. 2024:4).

Der Gegensatz zwischen PHYSISCH und VIRTUELL im Zusammenhang mit XR erscheint aus kognitionswissenschaftlicher Perspektive auf den ersten Blick nicht sinnvoll. „Was virtuell und was physisch [...] sein soll, stellt keine Leitunterscheidung dar, denn es gehört beides zur Realität der Wahrnehmungen [des Nutzers]" (Kasprowicz 2019:14).

Diese Diskussion spiegelt eine tiefer zugrunde liegende Fragestellung wider: Werden bei der Kategorisierung der XR-Varianten die technologischen Systeme, die Wahrnehmungskonzepte aus Nutzersicht oder die Umgebungen selbst, in denen XR genutzt wird, unterschieden? Um eine einheitliche Terminologie zu etablieren, bezeichnet die Mehrheit der Wissenschaftscommunity XR/AR/VR/MR als ein Konzept bzw. Forschungsparadigma, das sich aus bestimmten Systemfähigkeiten, Charakteristika und Zielsetzungen ergibt (vgl. Behr et al. 2011:92; Castellanos/Pérez 2017:275; Alizadeh/Cowie 2022; Li/Wong 2022; Auda et al. 2024).

Palmas/Klinker (2020) schlagen vor, die Varianten der einzelnen Realitäten als Domänen[1] zu verstehen und diese dann auf einem Kontinuum zwischen den Polen KÖRPERLICHKEIT („Physicality)" und VIRTUALITÄT („Virtuality") einzuordnen (vgl. Abb. 4.3). Die Basistechnologie für stationäre Erweiterungen von Körperlichkeit besteht aus Desktop-Computer-Setups. Jede Art von Training, die auf einem Desktop ausgeführt wird, kann beispielsweise dieser Domäne zugeordnet werden. Die Domäne der mobilen Erweiterungen dagegen umfasst Trainingsanwendungen, die über mobile Technologien wie Laptops, Smartphones und Tablets genutzt werden. AR, MR und VR sind als weitere separate Rubriken aufgeführt und nähern sich stufenweise dem Pol VIRTUALITÄT.

---

[1] Palmas/Klinker (2020:322) sprechen von *Trainings*domänen, da sie XR in ihrem Beitrag als Technologien für industrielle Schulungen (Trainings) behandeln.

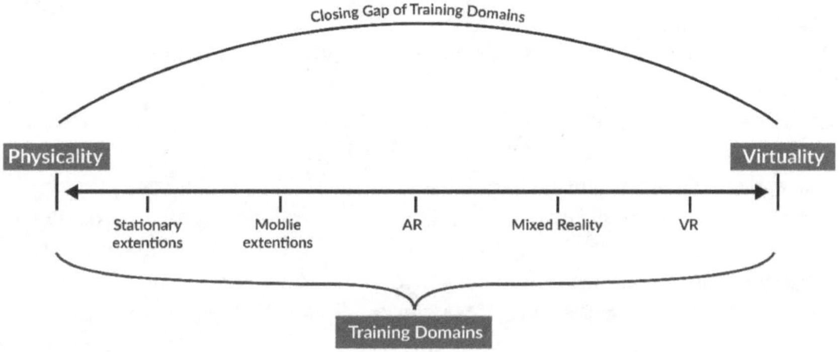

Abb. 4.3 Kontinuum der XR-Domänen (vgl. Palmas/Klinker 2020:323)

Zusammenfassend kann festgehalten werden, dass in den letzten Jahren zahlreiche Begriffe für neue Realitätsformate eingeführt und etabliert worden sind und Versuche zur theoretischen Einordnung dieser Konzepte in neuen Frameworks unternommen wurden, mit teils widersprüchlichen Definitionen und Verständnissen (detailliert: siehe Rauschnabel et al. 2022 und Auda et al. 2024).

Hinzu kommt ein weiterer terminologischer Diskussionspunkt, und zwar, ob XR zwingend die Langversion „Extended Reality“ zugesprochen werden muss. In Bezug auf AR/VR ist dies nämlich streng genommen kritisch zu sehen. Da der Begriff „extended“ (X in XR) eine erweiterte Realität beschreibt und somit also ein Synonym zu AR ist, würde er demnach rein virtuelle Umgebungen – also VR – ausschließen. Palmas/Klinker (2020:322) schlagen daher vor, das X in XR kleinzuschreiben und als Variable x für unterschiedliche Realitätsformate („xR“) zu verstehen und nicht zwingend mit „extended“ zu verbinden: „The term xR is increasingly being used and can be understood as an umbrella term for these technologies. The x […] can be interpreted as a variable for all future technologies that will be implemented under this umbrella term.“ In der Forschungsdisziplin der Human-Computer-Interaction (HCI) wird als Oberbegriff alternativ zu XR häufig der Terminus „Cross-reality Systems“ genutzt, wie neuere Publikationen zeigen, z. B. Auda et al. (2024).

ZUSAMMENFASSUNG XR

XR ist der Oberbegriff für alle existierenden und (noch entstehenden: „xR“) technologiegestützten Realitätsformate, von denen die bekanntesten AR/VR/MR sind. Dabei können die einzelnen Realitätsformate auf unterschiedliche Art kategorisiert werden: entsprechend den genutzten Technologien, entsprechend ihren Einsatzmöglichkeiten, entsprechend der körperlichen Eingebundenheit des Nutzers, entsprechend der Wahrnehmung des Nutzers oder entsprechend der Umgebungen, in denen sie Anwendung finden. „AR, VR […] are umbrella terms for a range of location, motion and information technologies that enable enhancing reality with digital resources (in the case of AR) or the creation of entirely digital environments (in the case of VR), in which users interact with information and other users“ (Bonner/Reinders 2018:34). In der HCI-Forschung wird oft als Oberbegriff „CR“ (engl. „Cross-Reality Systems“) alternativ zu XR genutzt (z. B. Auda et al. 2024).

4.1.3 Augmented Reality (AR)

Wenngleich Augmented Reality (AR) aus technischer Sicht einige Gemeinsamkeiten mit Virtual Reality (VR) hat, handelt es sich dabei aus Nutzersicht um etwas grundlegend anderes. In diesem Kapitel soll AR nur überblicksartig zur Sprache kommen, um die Unterschiede zur VR im nächsten Abschnitt erklären zu können. Ansonsten ist AR in dieser Arbeit nicht von Bedeutung.

In der bisherigen Forschung wurde AR sowohl als Konzept (Butz et al. 2022:237) als auch als Technologie (Palmas/Klinker 2020), Medium (Craig 2013; Langer 2020:39) oder Experience (Rauschnabel et al. 2022) definiert. AR beschreibt grundsätzlich die kontextbezogene Kombination von virtuellen und echten Objekten mittels IT. „[AR] cannot directly interact with the environment and it is rendered by a medium that displays both the real world and digital content simultaneously, enabling the user to experience both at the same time“ (Palmas/Klinker 2020:322). Hält man sich eng an die Übersetzung ins Deutsche, handelt es sich bei AR um eine „erweiterte“ beziehungsweise „angereicherte“ Wirklichkeit, das heißt eine durch Technik mit virtuellen Elementen ausgestattete reale Welt. AR kann als die realitätsnächste Erscheinungsform betrachtet werden, da sie dazu führt, dass die Nutzer die physische Umgebung stärker wahrnehmen als virtuelle Aspekte (vgl. Auda et al. 2024:4).

Nach der bis heute geltenden Definition von Azuma (1997) zeichnet sich AR durch folgende Merkmale in Summe aus (vgl. Brill 2009:6):

1. AR kombiniert Reales und Virtuelles.
2. AR ist interaktiv und reagiert in Echtzeit.
3. AR bietet 3D-Erlebnisse.

AR kann wie folgt genutzt werden: 1. über stationäre große Displays, die als virtuelle „Spiegel" dienen, in denen sich beispielsweise Menschen mit unterschiedlicher Kleidung sehen können, 2. über mobile Displays (Smartphone, Tablet) oder 3. über Wearables (Smart Glasses, d. h. AR-Datenbrillen wie die *Microsoft Hololens 2*[2]). An dieser Stelle muss betont werden, dass der Kostenfaktor und der zusätzliche Aufwand für Softwarelösungen bei AR-Brillen aktuell noch der breiten privaten Nutzung und dem Einsatz in Bildungsinstitutionen im Wege stehen.

Mit AR kann der Nutzer virtuelle Inhalte innerhalb kürzester Zeit abrufen und diese in seine reale Umgebung integrieren. Auf technologischer Ebene wird dies durch den „Time-to-Content"-Aspekt oder „Real-Time-Effect" ermöglicht, der die Minimierung der Zeit zur Informationsbeschaffung bezeichnet. Gemeint ist also die Zeitspanne, die der Nutzer benötigt, um seine via Endgerät angeforderten Informationen zu erhalten. Nach Buhr et al. (2013:196) ist ein System dann realtime-fähig, wenn es in vorhersehbaren Zeiträumen zuverlässig Ergebnisse nach einer bestimmten Eingabe liefern kann. Insgesamt spielt die Nutzerzentriertheit bei AR eine große Rolle. Denn die Nutzer haben die Möglichkeit, interaktiv auf die Platzierung, Perspektive und Art der augmentierten Inhalte Einfluss zu nehmen.

Im Bildungssektor stellt speziell mobile-based AR, also AR mithilfe von mobilen Endgeräten, eine vielversprechende und bereits bewährte mediale Ergänzung dar (vgl. Hedberg et al. 2018:76 f., Garzón et al. 2020). Ein Faktor ist, dass durch die Nutzung von Tablets und Smartphones – in Verbindung mit AR-Anwendungen – Lehr- und Lernorte zeit- und ortsungebunden genutzt werden können (vgl. McMahon 2014:39 f.; Zobel et al. 2018:133). In Bezug auf ein ganzheitliches berufsbezogenes Lernen scheinen AR-Technologien durchaus

[2] Produktwebseite Microsoft Hololens, online unter: https://www.microsoft.com/de-de/d/hololens-2/91pnzzznzwcp?activetab=pivot:%C3%BCbersichttab (zuletzt aufgerufen am 18.01.2025).

geeignet zu sein, auch bei weniger technikaffinen Personen ein technikbezogenes Interesse hervorzurufen und Medienkompetenzen zu schulen, die in der heutigen Berufswelt von essenzieller Bedeutung sind (vgl. Zobel et al. 2018:134). Die Bewältigung komplexer und diffiziler Aufgaben kann unterstützt werden, indem mithilfe von AR gezielte Instruktionen erfolgen und damit auftretende Blockaden im Lernfortschritt aufgelöst werden (vgl. Azuma 1997:356; Mehler-Bicher/Steiger 2011:21; Zender et al. 2018:5). Zudem belegen einschlägige Studien, dass Lehrpersonen entlastet werden, indem die Schüler mithilfe von AR selbst relevante, fachspezifische Zusatzinformationen einblenden können, die das autonome Lernen anregen, wodurch eine Motivationssteigerung stattfindet (vgl. Kerawalla et al. 2006; Shelton/Hedley 2002; Zhang et al. 2014): „AR facilitates that students immerse themselves in their tasks and make more profound and lasting connections in their knowledge framework by using diverse kinds of information“ (Castellanos/Pérez 2017:281). Allerdings gilt es in diesem Zusammenhang, eine möglicherweise kurzfristige Motivationssteigerung sowie die besondere Beeinflussung affektiver Faktoren durch Neuigkeitseffekte in Longitudinalstudien zu untersuchen (vgl. Akçayır/Akçayır 2017:8). Auch bestehen derzeit noch zahlreiche Herausforderungen, vor allem im Hinblick auf die Integration in den institutionellen Regelunterricht. „AR as tool in the classroom must fulfil a number of conditions in order to exploit its potential to the full. The focus should not be on a tool or an app, but on a didactic problem that can be solved with a tool, in this case AR“ (Moser 2008:17). Wie bei jeder Technologie, die als Lernmedium fungiert, müssen die Lehr- und Lernziele vor dem Einsatz klar definiert sein, sodass das Medium eine passgenaue Unterstützung liefern kann. Derzeit existieren zahlreiche pädagogische Zugänge (vgl. Garzón et al. 2020), die jedoch noch nicht als theoriebasierte AR-Didaktikkonzepte (für den Sprachunterricht) operationalisiert worden sind.

ZUSAMMENFASSUNG: Augmented Reality (AR)

AR ist eine Form der XR und bezeichnet eine Überlagerung bzw. Ergänzung der realen Welt durch virtuelle Elemente. Dabei bleibt die reale Welt stets im Sichtfeld des Nutzers erhalten. Um die virtuellen zusätzlichen Elemente wahrnehmen zu können, wird ein Interface benötigt, wie beispielsweise ein mobiles Endgerät mit Kamera (*mobile-based AR*) oder eine AR-Brille. AR zeichnet sich vordergründig durch die folgenden drei Charakteristika in Kombination aus: 1. AR kombiniert Reales und Virtuelles,

2. AR ist interaktiv und reagiert in Echtzeit, 3. AR bietet 3D-Erlebnisse (vgl. Azuma 1997).

4.1.4 Virtual Reality (VR)

Virtual Reality (VR) bezeichnet „[…] eine mittels Computer simulierte Wirklichkeit oder künstliche Welt, in 3D, in die Personen mithilfe technischer Geräte sowie umfangreicher Software versetzt und interaktiv eingebunden werden“ (Sherman/Craig 2003:6; Brill 2009:6). Die VR-Technologie bietet sinnlich erfahrbare 3D-Bildräume mit 360-Grad-Rundum-Sicht und Bewegungstracking, die meist gleichzeitig von mehreren Personen betreten werden können. Mit Grau (2005:70) lässt sich festhalten, dass durch VR das klassische Bild von multisensorischen, interaktiven Erfahrungsräumen abgelöst wurde. „[VR is] a medium composed of interactive computer simulations that sense the participant’s position and actions, providing synthetic feedback to one or more senses, giving the feeling of being immersed or being present in the simulation“ (Rubia/Diaz-Estrella 2013:46). Für die entsprechenden Interaktionen durch Gestik, und teils sogar durch Mimik, stehen heute vielfältige Hardware-Varianten und Scanning-Verfahren zur Verfügung, wie beispielsweise in VR-Brillen eingebaute Eyetracker. Die Vorrichtung, um Bewegung im virtuellen Raum zu erfassen, heißt „Tracker“ und der Vorgang der Messung „Tracking“ (vgl. Butz et al. 2022:240). Bei der Nutzung von VR stehen entweder drei oder sechs Freiheitsgrade („3 DoF“/„6 DoF“, *Degrees of Freedom*) zur Verfügung. 3 DOF bedeutet, dass die Perspektive des Nutzers in der virtuellen Welt durch Kopfbewegungen oder Controller-Eingaben lediglich von einer festen Stelle aus verändert werden kann. Die Bewegung der Person im Raum selbst wird in diesem Fall nicht erfasst (vgl. Gerth/Kruse 2020:152). Bei 6 DoF findet ein gleichzeitiges Tracking der Umgebung und des Nutzers statt, sodass seine Bewegungen im Raum erfasst werden. Die technischen Anforderungen sind hier deutlich höher.

VR-Systeme lassen sich in Bezug auf die genutzte Hardware in folgende drei Hauptvarianten unterteilen:

- VR über ein HMD (engl. „Head-Mounted-Display"; umgangssprachlich „VR-Brille")
- VR als Desktop-VR
- VR als CAVE

Nachfolgend werden die ersten beiden Varianten detailliert beschrieben, auf die dritte wird nur kurz eingegangen, da sie in dieser Arbeit keine Rolle spielt. Alle VR-Systeme haben ein gemeinsames Charakteristikum (vgl. Matthews et al. 2000:142): Das System und der Nutzer (*user*) stehen immer in unmittelbarer Interaktion. Seine Eingaben via Kopfbewegungen, Gesten, Controller oder Tastatur werden identifiziert und gemessen (*tracking*). Die Bewegungen werden dann in Daten umgewandelt, die in die Software bzw. ins System Eingang finden (*input*) und von ihr bzw. ihm „verstanden" und verarbeitet (*rendering*) sowie zum Display übertragen werden, worauf sich dann erneut Bilder, Darstellungen oder Handlungsaufforderungen zeigen (*output*), die der Nutzer wahrnehmen kann (*perception*) und mit denen er erneut interagieren kann. So entsteht ein homogener Zirkel aus Input und Output in Echtzeit. Die folgende schematische Abbildung macht diese Mechanismen deutlich (vgl. Abb. 4.4).

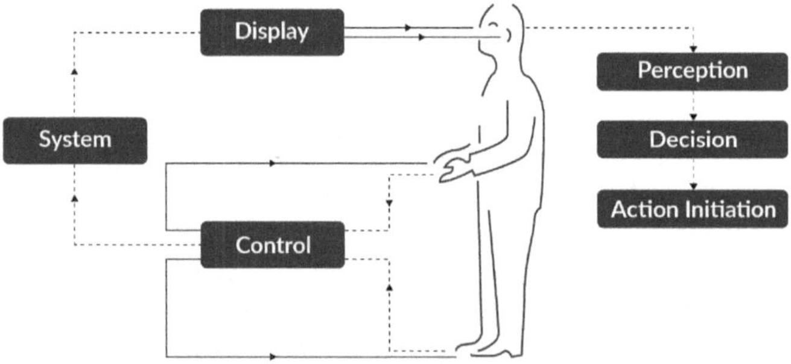

Abb. 4.4 Schematische Funktion von VR-Systemen. (© Hoffmann nach Matthews et al. 2000:142)

VR über eine VR-Brille (HMD)

Die bekannteste VR-Nutzung ist die der Head-Mounted-Displays (HMDs), umgangssprachlich „VR-Brillen" (z. B. die „Pico 4"[3] oder „Meta Quest 3"[4]). Interaktion findet mithilfe von Controllern oder zunehmend mit bestimmten Gesten und Augenbewegungen statt. VR-Brillen können entweder als Stand-Alone-Gerät betrieben werden oder nutzen die Rechenleistung eines externen Computers, in der Regel kabelgebunden. Insbesondere bei der Nutzung von VR-Brillen kann es zu kurzfristig anhaltenden Störungen wie Schwindel oder Übelkeit kommen, die sogenannte „VR-Krankheit" bzw. „VR-Sickness", „Motion Sickness" oder „Simulator Sickness". Meist wird sie durch einen gestörten Gleichgewichtssinn hervorgerufen (vgl. Engelmann 2018:35; Lappe et al. 2007:36), der sich entweder durch die Art der Software, der Hardware oder menschliche Faktoren wie Vorerkrankungen begründen lässt (vgl. Chang et al. 2020:1659: Brill 2023:5). Präventive Maßnahmen gegen die VR-Krankheit wären beispielsweise die zeitliche Begrenzung des Einsatzes von VR-Brillen, je nach didaktischer Zielsetzung und Zielgruppe, oder die individuelle Nutzung von Alternativlösungen wie beispielsweise der Desktop-VR.

VR als Desktop-VR

Desktop-VR ist eine VR-Variante, bei der die Nutzer in eine virtuelle 3D-Umgebung eintauchen, indem sie an einem herkömmlichen Desktop-Computer oder Laptop sitzen und über den Bildschirm bzw. die Tastatur und die Maus mit der Software interagieren (vgl. Butz et al. 2022:242; Chen et al. 2004:149). Sie können sich mithilfe von Eingabegeräten wie der Maus und der Tastatur umsehen, sich in drei Dimensionen bewegen, auf simulierte Weise etwas tun und Aufgaben lösen. Desktop-VR-Lernwelten sind typischerweise gamifiziert, binden Simulationen ein oder können virtuelle, vollkommen hypothetische 3D-Umgebungen darstellen (vgl. Lee/Wong 2014:50). Mit Desktop-VR haben Lerner die Möglichkeit, Abläufe der Wissenspräsentation zu gestalten und an Geschehnissen, die zu Übungszwecken dienen, realitätsnah teilzunehmen (vgl. Lee et al. 2010:1424). Da sie dabei vor einem 2D-Bildschirm sitzen, verlieren sie ihre physische Umgebung nie aus den Augen. Somit besteht ein deutlicher Vorteil, nämlich, dass das Risiko der VR-Sickness deutlich geringer ist als z. B. beim Tragen einer VR-Brille. „Due to the high cost of immersive VR systems and the inherent problems associated with them such

---

[3] Webseite der Pico 4, online unter: https://www.picoxr.com/de/products/pico4 (zuletzt aufgerufen am 09.07.2025).

[4] Webseite der Meta Quest 3, online unter: https://www.meta.com/de/quest/quest-3/ (zuletzt aufgerufen am 09.07.2025).

as simulator sickness, desktop VR provides an alternative to immersive VR systems because it retains the benefits of real time visualization and interaction within a virtual world" (Lee/Wong 2014:50). In der Forschung der Human-Computer-Interaction wird häufig betont, dass Desktop-VR keinen vergleichbaren Grad an Immersion (Gefühl des Eintauchens) wie die VR via VR-Brille bietet (vgl. Furht 2006:151). Es wird daher auch von *low-* bzw. *non-immersive* VR gesprochen. Allerdings argumentieren Wissenschaftler wie Dalgarno et al. (2002), dass Immersion in einer virtuellen Umgebung vor allem durch die Anschaulichkeit der Darstellung und das hohe Maß an Interaktion sowie an Kontrolle der Nutzer hervorgerufen wird und nicht allein durch den Aspekt, dass bei hoch-immersiver VR mit VR-Brille die reale Umgebung ausgeblendet wird. Gerade für den Lernort Schule könnte Desktop-VR eine praktische Alternative darstellen, wenn über die Integration von VR-Systemen nachgedacht wird und keine Ressourcen für VR-Headsets vorhanden sind.

VR als CAVE

Kurz soll noch auf die technisch aufwendigste VR-Variante eingegangen werden, das sogenannte „Cave Automatic Virtual Environment" (*CAVE*). Diese High-End-Lösung kommt vor allem in industriellen Kontexten, aber zunehmend auch an Universitäten zum Einsatz. Es handelt sich um einen begehbaren hoch technisierten Raum, der mit projektionsfähigen Wänden sowie einem komplexen Kamera- und Audiosystem ausgestattet ist (vgl. Abb. 4.5). „The user is surrounded by the display device and interacts with the virtual world via handheld props or voice command; in some instances, a vehicle platform positioned inside the display provides the controls" (Sherman/Craig 2003:103). Ein CAVE ist prinzipbedingt eher für einen einzigen Nutzer konzipiert, dessen Position im Raum getrackt und zur Bildberechnung verwendet wird (Butz et al. 2022:239).

CAVEs verfügen über ein großes Potenzial im Hinblick auf Illustrations- und Schulungszwecke, gerade in Bezug auf schwer zugängliche und technisch komplex aufgebaute maschinelle Umgebungen. Durch die Kombination verschiedener Arten von Hardware können voll-immersive Erlebnisse mit vollständig computersimulierter Sinnesrezeption geschaffen werden (vgl. Palmas/Klinker 2020:322). „A fully immersive VR experience is more than simply presenting content. The more a user physically interacts with a virtual world using his own body in intuitive ways, the more that user feels engaged and present in that virtual world" (Jerald 2016:43).

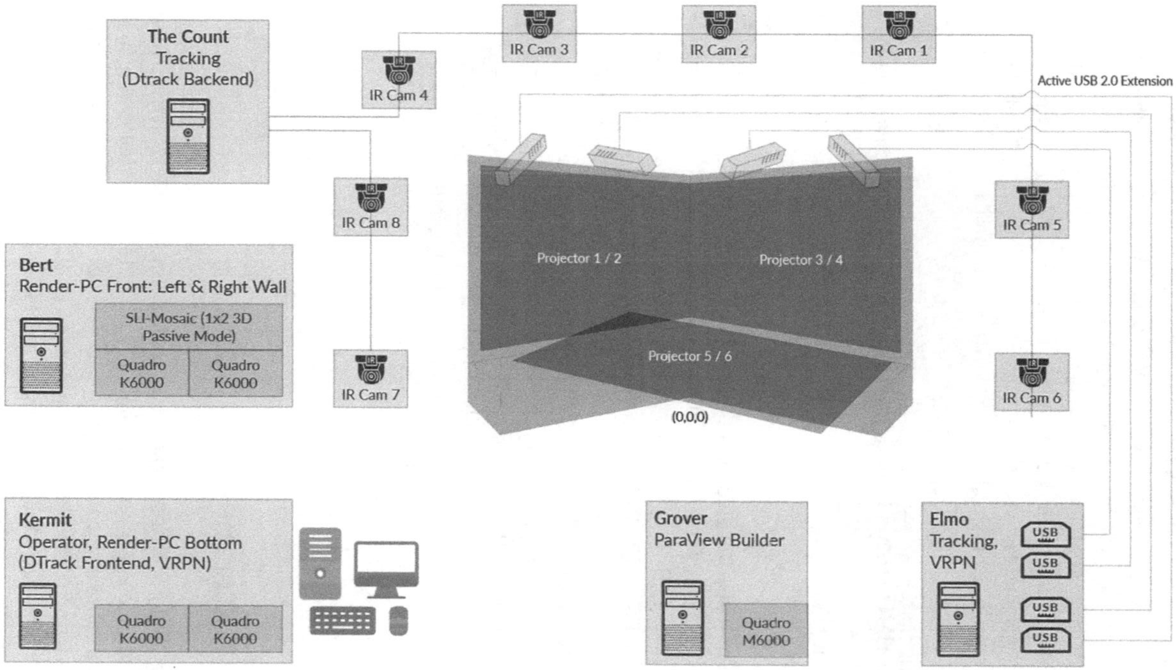

Abb. 4.5 Virtual Reality Labor (CAVE). (© Hoffmann[5])

[5] In Anlehnung an eine nicht mehr im Internet verfügbare Grafik des Lehrstuhls Medientechnik der BTU Cottbus.

ZUSAMMENFASSUNG: Virtual Reality (VR)
Die Virtual-Reality-Technologie bietet sinnlich erfahrbare 3D-Bildräume mit 360-Grad-Rundum-Sicht und Bewegungstracking. Die Nutzer als Partizipierende statt nur Rezipierende können in VR in Echtzeit proaktiv und multimodal handeln und werden gleichzeitig selbst zu einem Teil der Erfahrung beziehungsweise der virtuellen Welt. VR-Systeme lassen sich in Bezug auf die genutzte Hardware in folgende drei Hauptvarianten unterteilen:

- VR über ein HMD (engl. „Head-Mounted-Display“; umgangssprachlich „VR-Brille“)
- VR als Desktop-VR
- VR als CAVE

Alle VR-Systeme haben ein gemeinsames Charakteristikum: Sie und der Nutzer (*user*) stehen immer in unmittelbarer Interaktion. Insbesondere bei der Nutzung von VR-Brillen kann es zu kurzfristig anhaltenden Störungen wie Schwindel oder Übelkeit kommen, die sogenannte „VR-Krankheit“ bzw. „VR-Sickness“, „Motion Sickness“ oder „Simulator Sickness“. Meist wird sie durch einen gestörten Gleichgewichtssinn hervorgerufen, der sich entweder durch die Art der Software, der Hardware oder menschliche Faktoren wie Vorerkrankungen begründen lässt. In diesem Zusammenhang erscheint Desktop-VR als eine praktische Alternative, da die Nutzer hierbei vor einem 2D-Bildschirm sitzen und ihre physische Umgebung nie aus den Augen verlieren. Zudem können Kosten für die Anschaffung und Wartung von VR-Brillen umgangen werden.

4.1.5 Mixed Reality (MR)

Hält man sich eng an die wortwörtliche Übersetzung von MR ins Deutsche, führt dies erst einmal zu einer „gemischten Realität“, also einer Mischung von Realität und Virtualität. Dies ist jedoch so gut wie deckungsgleich mit Augmented Reality (AR), bei der per definitionem nach Azuma (1997) Reales und Virtuelles kombiniert werden. Palmas/Klinker (2020:322) definieren MR wie folgt: „MR is a hybrid form of xR, created by combining virtual and augmented reality. It employs an overlay of virtual content that can interact with the actual environment and therefore facilitates the interaction between realities as a result of the blending of the physical and digital world."

Sichtet man die Forschungsliteratur unter dem Stichwort „Mixed Reality", ist festzustellen, dass viele weitere Aspekte eine Rolle spielen und der Begriff MR nicht einheitlich verwendet wird. Wie in Abschn. 4.1.2 bereits erwähnt wurde, galt Mixed Reality (MR) in Anlehnung an das Realitäts-Virtualitäts-Kontinuum nach Milgram/Kishino (1994:1328) ursprünglich als Oberbegriff für alle technologischen Varianten zwischen den beiden Polen der Realität und Virtualität. „Milgram's taxonomy [...] presents mixed reality as a continuum between real and virtual environments, with augmented reality displays near the real end and augmented virtuality displays near the virtual end" (Borst/Volz 2005:680). Auch wenn sich XR als neuer Oberbegriff für AR und VR-Varianten etabliert hat, existiert der Terminus MR weiterhin. Es ist zu beobachten, dass er in manchen Arbeiten entweder immer noch statt XR als Oberbegriff für AR/VR benutzt wird, oder je nach Hard- und Software speziell für den entsprechenden Anwendungsfall neu definiert wird: entweder mit Fokus auf die sinnliche Nutzererfahrung (diese Definition unterscheidet sich je nach Publikation), oder MR wird allgemein als eine Art Gruppenbezeichnung für unterschiedliche technologische Lösungen verstanden, die Reales und Virtuelles miteinander verknüpfen. In einigen Forschungsarbeiten wird zusätzlich die Art des Feedbacks unterschieden, ob dieses beispielsweise nur visuell oder visuell-haptisch (engl. „visuo-haptic") gegeben wird. „Some researchers describe the use of passive haptics with purely virtual visuals as a form of mixed reality, since a real object is experienced haptically while a virtual object is experienced visually" (Borst/Volz 2005:680).

Schematisch lässt sich die Verwendung des Terminus MR in der Forschungsliteratur der letzten Jahre bis 2024 also wie folgt darstellen:

a) ***MR = XR*** (als Dachbegriff für AR/VR-Kontinuum) (z. B. Hochberg et al. 2017; Guo 2015; Auda et al. 2024)
b) ***MR = spezifischer Anwendungsfall mit Fokus auf die sinnliche Nutzererfahrung*** (z. B. „haptic MR" (vgl. Borst/Volz 2005), „visuo-haptic MR" (vgl. Sandor et al. 2007), „MR objects" (vgl. Hoffman 1998) oder „haptic augmented reality" (vgl. Lindeman et al. 1999)
c) ***MR = Terminus für die Verknüpfung von Realem und Virtuellem durch Technologie („hybrid" im weitesten Sinne)*** nach einer ausführlichen Diskussion

unterschiedlicher Definitionen von MR (z. B. Rouse et al. 2015; Aguayo/Eames 2023; Jiang et al. 2023; Auda et al. 2024)

Es zeigen sich also unterschiedliche Arten, MR zu definieren, aber als zentrale Gemeinsamkeit kann die Verbindung zwischen realen Elementen (Objekten, Geräten, Figuren) und virtuellen Äquivalenten aufgefasst werden. „MR combines the real and virtual worlds, with physical and digital objects co-existing and interacting in real-time“ (Allcoat et al. 2021:795). Anwendungsfälle zeigen, dass MR typischerweise darauf abzielt, es Nutzern zu ermöglichen, an realen Objekten, Maschinen oder Geräten zu hantieren und gleichzeitig ihre Wirkungsweisen (anhand virtueller Entsprechungen) in virtuellen Szenarien sichtbar zu machen. Dies kann beispielsweise bei Gefahrentrainings von Vorteil sein, wo Ernstfälle visualisiert werden können, ohne dass dabei personelle und materielle Ressourcen real zu Schaden kommen. Im Mittelpunkt von MR-Settings stehen immer der Körper und die Handlungen des Nutzers. „Embodied interaction design in mixed reality environments can promote the learning of experiential and tacit types of knowledge through digital immersion and simulation, which may be difficult to access through traditional methods of teaching and learning“ (Taheri/Aguayo 2021:366).

In dieser Arbeit wird den **Definitionsarten b)** und **c)** gefolgt, d. h., MR wird entsprechend dem spezifischen Anwendungsfall definiert, der in der Studie untersucht wird, und Reales und Virtuelles werden wie folgt kombiniert: MR fungiert als ein hybrides technologiegestütztes System, das virtuelle Elemente mit realen Objekten verbindet und visuell-haptisch funktioniert. Genauer handelt es sich um ein MR-System, bei dem durch Sensoren und Tracker, die am realen Objekt angebracht sind, eine Überbrückung und Verbindung zwischen Realität und Virtualität in Echtzeit stattfinden kann. Schematisch kann die Funktion eines derartigen visuell-haptischen MR-Systems folgendermaßen dargestellt werden (vgl. Abb. 4.6):

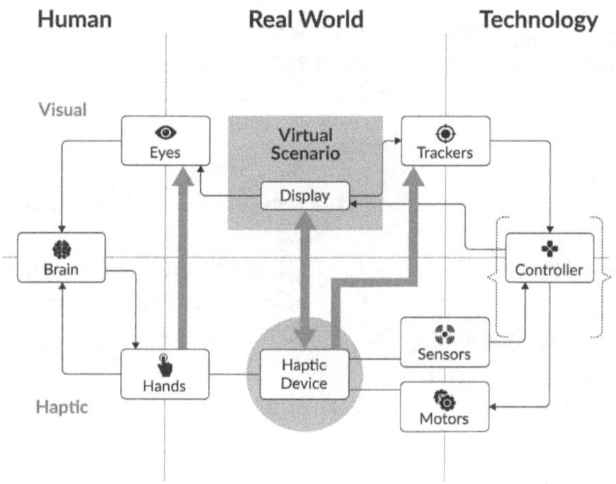

Abb. 4.6 Schema eines (visuell-haptischen) MR-Systems. (© Hoffmann, nach Sandor et al. 2007:32)

Die Pfeile zeigen den Daten- bzw. Informationsfluss. In dem hier dargestellten Fall ist das Objekt („Haptic Device") mit Sensoren, Motoren und Trackern ausgestattet und mit einem Display gekoppelt. Das Haptic Device kann ein reales Objekt sein, wie eine Maschine oder ein Werkzeug, und ist nicht gleichzusetzen mit den (fakultativ zusätzlich nutzbaren, aber in diesem Anwendungsfall nicht verwendeten) Controllern. Die virtuelle Umgebung („Virtual Scenario") wird über ein sich ebenfalls in der Realität befindendes Display (PC und Beamer) generiert. Weitere Endgeräte werden nicht benötigt. Konkret heißt das also: Der Nutzer befindet sich im realen Raum und hält ein reales Objekt in seinen Händen, das mit seinem virtuellen Äquivalent auf dem Beamerbild über Laser, Sensoren und Tracker verbunden ist: Auf dem Beamerbild ist eine virtuelle Umgebung/ein Szenario, zu sehen. Sobald der Nutzer das Objekt im realen Raum beispielsweise nach links bewegt, bewegt sich zeitgleich auch das virtuelle Abbild in die entsprechende Richtung. Welcher konkrete MR-Anwendungsfall mit welchem Apparatus in der Studie getestet wird, ist in Abschn. 7.1.2 nachzulesen.

ZUSAMMENFASSUNG: Mixed Reality (MR)

Die Definition von Mixed Reality (MR) ist in der Forschungsliteratur nicht einheitlich. Schematisch kann die Verwendung des Terminus MR wie folgt dargestellt werden:

a) **MR = XR** (Dachbegriff für AR/VR-Kontinuum) (z. B. Hochberg et al. 2017; Guo 2015; Auda et al. 2024)
b) **MR = spezifischer Anwendungsfall mit Fokus auf die sinnliche Nutzererfahrung** (z. B. „haptic MR" (vgl. Borst/Volz 2005), „visuo-haptic MR" (vgl. Sandor et al. 2007), „MR objects" (Hoffman 1998) oder „haptic augmented reality" (Lindeman et al. 1999))
c) **MR = allg. Terminus für die Verknüpfung von Realem und Virtuellem durch Technologie** (im Sinne von „hybrid") (z. B. Rouse et al. 2015; Aguayo/Eames 2023; Jiang et al. 2023; Auda et al. 2024)

Insgesamt kann festgehalten werden, dass sich MR im Gegensatz zu AR nicht durch eine Überlagerung oder Anreicherung der Realität durch digitale/virtuelle Elemente auszeichnet, sondern durch eine Kombination realer und virtueller Elemente, die gegenseitig voneinander abhängen. Typischerweise zielt MR darauf ab, es Nutzern zu ermöglichen, an realen Objekten, Maschinen oder Geräten zu hantieren und gleichzeitig ihre Wirkungsweisen (anhand virtueller Entsprechungen) in virtuellen Szenarien sichtbar zu machen. Das kann beispielsweise bei Gefahrentrainings von Vorteil sein. In dieser Arbeit soll MR entsprechend dem spezifischen Anwendungsfall definiert werden, der in der Studie untersucht wird. Reales und Virtuelles werden kombiniert, indem ein hybrides MR-System virtuelle Elemente mit realen Objekten verbindet und visuell-haptisch funktioniert.

4.2 Für Lehr- und Lernprozesse relevante XR-Wirkungskonzepte

Bestimmte Eigenschaften und Konzepte, die für XR charakteristisch sind, greifen die Anforderungen der modernen 4E-Sprachdidaktik auf und sprechen für eine Einführung von XR als Lernmedien in den Sprachunterricht. In der einschlägigen Forschungsliteratur werden in diesem Zusammenhang vordringlich folgende

Konzepte thematisiert: ***Immersion*** und ***Präsenz*** (siehe Abschn. 4.2.1), ***Interaktion, Interaktivität*** und ***Multimodalität*** (siehe Abschn. 4.2.2), ***Gamification*** (siehe Abschn. 4.2.3), ***Narration*** (siehe Abschn. 4.2.4), ***Involviertheit (Flow)*** und ***Identifikation*** (siehe Abschn. 4.2.5) sowie ***Illusion*** (siehe Abschn. 4.2.6). Im Folgenden werden diese Konzepte erklärt und voneinander abgegrenzt. Dabei wird jeweils auf ihre Bedeutung für Lehr- und Lernkontexte eingegangen.

4.2.1 Immersion und Präsenz

Immersion

Immersion leitet sich vom Lateinischen „immersio" beziehungsweise „immergere" ab und lässt sich mit „Ein-" oder „Untertauchen" übersetzen (vgl. Mühlhoff/Schütz 2019:232). *Immersion* kann also allgemein als der Akt des Eintauchens in eine (künstliche, virtuelle oder fiktive) Welt verstanden werden. Der Immersionsbegriff ist in vielen verschiedenen Disziplinen verbreitet und reicht vom konkreten leiblichen Eintauchen bis zum eher imaginären Eintauchen in ein Medium oder in einen Sachverhalt. Innerhalb der Medienwissenschaft steht im Zentrum dieser Metapher des Eintauchens die Verringerung von Distanz zwischen elektronischem Medium und Rezipient. Beispielsweise geht es bei virtuellen Räumen um die leibliche Neuverortung des Nutzers (vgl. Glaubitz/Schröter 2009:284; Ryan 2001:103; Schweinitz 2006:136 ff.). Das bedeutet, dass sich die Nutzer gleichzeitig am Rezeptionsort (HIER, z. B. im Klassenzimmer oder daheim) und in der digital-virtuellen Realität (DORT, z. B. im alten Ägypten oder in der Ausbildungsstätte) befinden und somit eine kognitive und physische Doppelrolle einnehmen. Das ist eine Neuerung im Vergleich zur Rezeption zweidimensionaler Medien, bei der sich Medium und Rezipient beide auf demselben Punkt des zeitlich-räumlichen Koordinatensystems verorten lassen. Mit XR (vor allem in VR und mithilfe von AR) ist es Nutzern nun möglich, digitale Bildräume zu betreten, zu (be-)greifen und gleichzeitig Teil des Geschehens und vom medialen Raum geradezu „einverleibt" zu werden.

> Der Immersionsbegriff kann nicht mehr allein aus einer bildästhetischen und bildtechnischen Ebene erschlossen werden. Er involviert vielmehr den Vollzug neuer Körper-Umwelt-Grenzen, die das Virtuelle und das Physische nicht mehr als dichotome Kategorien begreifen lassen, sondern ihre Verschränkungen in den Körperhaltungen, in den routinierten Bewegungsabläufen und nicht zuletzt in den Aussagen über das Körperliche und das Leibliche zum Ausdruck bringen (Kasprowicz 2019:14).

Die Medienwissenschaft stützt sich bei der Definition des Begriffs stark auf die Literaturwissenschaft, die *Immersion* als Teil des Rezeptionsprozesses dem ästhetischen Erleben zuordnet, wie es beispielsweise beim Eintauchen in ein spannendes Buch der Fall ist (vgl. Lange 2019:56 f.). Mit der Zeit bildeten sich verfeinerte Unterdefinitionen heraus. Ryan (2001) beispielsweise unterteilt immersives Erleben in drei Unterkategorien: „spatial immersion“ (Reaktion auf die Umgebung), „temporal immersion“ (Reaktion auf die Handlung) und „emotional immersion“ (Reaktion auf die Charaktere). In diesem Zusammenhang kommt weiteren Konzepten wie der **Narration** (*storytelling*) und der **Illusion** eine tragende Bedeutung zu. Diese Begriffe werden in Abschn. 4.2.4 und Abschn. 4.2.6 erklärt.

An dieser Stelle soll erwähnt werden, dass über die genaue Definition von *Immersion* in Bezug auf neuartige Medien noch weitgehend Uneinigkeit herrscht. Insbesondere ist umstritten, welche medialen Umstände *Immersion* begünstigen und wie viele Varianten von *Immersion* existieren (vgl. Freyermuth 2015:167). Hier zeigt sich beispielhaft die wachsende Forderung, die kognitiven Neurowissenschaften in die Immersionsforschung beziehungsweise die Rezeptionsforschung einzubeziehen, um auf diese Weise Erkenntnisse über die neuronale Verarbeitung zu erhalten und den Prozess der Rezeption bzw. Immersion transparenter zu machen (vgl. Yurt 2019:60).

Insgesamt sind bisher innerhalb des Diskurses zu *Immersion* vor allem zwei Ansätze zu unterscheiden (vgl. Zender et al. 2018:3): Auf der einen Seite steht eine technologisch geprägte Definition, das heißt eine *perzeptuelle Immersion*, die durch mediale Techniken und Ästhetiken bedingt ist. Beispielsweise sehen Slater/Wilbur (1997:603) *Immersion* als eine objektive Beschreibung der Systemeigenschaften wie Blickwinkel und Bildschirmauflösung an, die Umfang und Qualität der Sinnesreizungen quantifizieren. Auf der anderen Seite stehen Definitionen, die stark von der individuellen Nutzererfahrung ausgehen. Diese *imaginative Immersion* basiert auf mental-kognitiven Modellen der Nutzer und wird u. a. besonders durch narrative Verfahren evoziert (vgl. Kasprowicz 2019:18).

> Immersion is the sensation of being in an environment. Within this concept, two different aspects can be considered: mental immersion and physical immersion. The first concept refers to the feeling of being involved in the experience. Even a book or a film can induce this feeling. The second concept comes from VR. We talk about physical or sensory immersion when a system replaces or augments the stimulus to the participant's senses (Rubia/Diaz-Estrella 2013:48).

Zusammenfassend spielen also beim Schärfen des Immersionsbegriffs stets kognitive, affektive und synästhetische Aspekte eine Rolle (vgl. Voss 2008:70 f.). In Anlehnung an Bilandzic (2013:273 f.), Dörner/Steinicke (2013:46), Lange

(2019:56 f.), Kasprowicz (2019:16), Slater (2018:431 f.) und Engelmann (2018:22) könnte folgende Definition von *Immersion* im XR-Kontext vorgenommen werden:

> ***Immersion*** *beschreibt den durch eine Situation, Umgebung oder grafische Darstellung hervorgerufenen Grad des Eintauchens, welcher das Bewusstsein der Nutzer für das Medium selbst in gradueller Abstufung in den Hintergrund treten lässt, sodass die künstlich erschaffene (computergenerierte) Umgebung als real beziehungsweise als Realität empfunden wird. Damit dies erreicht wird, müssen Prozesse des Adaptierens, der Angleichung, des Verwischens von Konturen und der Entdifferenzierung zwischen dem Eingetauchten und dem Umgebenden stattfinden. Das Eintauchen ist bedingt durch objektive, quantifizierbare Stimuli, sprich multimodale Stimulationen der menschlichen Wahrnehmung, und Narration. Immersion fungiert zum einen als Motivator, indem sie zu einer wiederholten XR-Nutzung führt, da angenehme, genussvolle und fesselnde Gefühle empfunden werden. Zum anderen ist sie als Mediator anzusehen, da sie nachhaltige Auswirkungen auf Wissen und Einstellungen haben kann.*

In Bezug auf die einzelnen XR-Varianten ist festzustellen, dass zum einen bei VR mit VR-Brille tendenziell ein höherer Grad an *Immersion* vorherrscht als beispielsweise bei Desktop-VR. Denn sie tauchen durch die VR-Brille vollständig in die Virtualität ein, wogegen ihnen bei der Nutzung des Computers der Blick auf die reale Welt stets erhalten bleibt. Insgesamt ist *Immersion* ein Schlüsselbegriff im Diskurs rund um XR und wird besonders bei VR-Varianten diskutiert. Zahlreiche Studien legen nahe, dass in ihr das Hauptpotenzial von XR (und besonders VR) als Lernmedium liegt. „The immersion proved rapid learning success in understanding, retaining learned knowledge and efficiency“ (Yurt 2019:26). Auch im Sprachlehr- und -lernkontext besteht das Desiderat, voll- bzw. hoch-immersive Varianten (sprich VR mit VR-Brille) zu beforschen. „Current literature on VR for language learning is focusing mainly on non- or semi-immersive VR. Thus, more research is needed on fully immersive systems that are currently available which can provide a richer and more efficient learning experience“ (Parmaxi 2020:9).

Präsenz

Während *Immersion* das Eintauchen in ein Medium bedeutet, bezeichnet *Präsenz* das Empfinden, in einer (computergenerierten bzw. virtuellen) Welt anwesend zu sein. *Präsenz* wird definiert als ein subjektives Phänomen, nämlich das Gefühl, sich tatsächlich an einem Ort zu befinden und Teil einer Handlung zu sein (vgl. Butz et al. 2022:247; Witmer/Singer 1998:225). Im Gegensatz zu *Immersion*, die sich leicht quantitativ erfassen lässt, ist die Messung des Präsenzempfindens nur im Rahmen von qualitativen Nutzungsstudien möglich (Gerth/Kruse 2020:147). Ein etabliertes

Evaluationsinstrument ist zum Beispiel der „igroup presence questionnaire (IPQ)[6]“, ein validierter Fragebogen mit 14 Fragen, der das Gefühl von *Präsenz* einmal übergreifend sowie entlang der drei Dimensionen *räumliche Präsenz*, *Involviertheit* und *Realitätsurteil* misst (Butz et al. 2022:247). Bei der *räumlichen Präsenz* herrscht der Grundgedanke vor, der Rezipient erschließe sich „eine virtuelle Umgebung durch die darin möglichen Handlungen, etwa die eigene Bewegung im virtuellen Raum, das Anfassen von Objekten und Interaktionen mit anderen Akteuren“ (Bilandzic 2013:276). Dem steht der Begriff *soziale Präsenz* gegenüber, der nach Zender et al. (2018:3) den Sachverhalt beschreibt, dass ein Kommunikationspartner als eine natürliche Person über ein Medium wahrgenommen wird.

In XR-Umgebungen ist *Präsenz* dann erreicht, wenn die Nutzer sich in der computergenerierten bzw. virtuellen Umgebung sozusagen „befinden“, sich zum Zeitpunkt der Nutzung dort verortet fühlen und sich wie in der realen Welt verhalten (vgl. Dörner/Steinicke 2013:46). Oftmals wird bei der Nutzung von XR davon ausgegangen, dass im Zustand der *Präsenz* das Bewusstsein der medialen Vermittlung vollkommen verschwindet. Das heißt, dass zum Beispiel bei einer plausiblen und logisch programmierten VR-Anwendung die VR-Brille selbst überhaupt nicht mehr wahrgenommen wird und stattdessen das Gezeigte oder Erlebte ganz im Fokus ist. Wirth/Hofer (2008:159) relativieren allerdings diese Auffassung: Präsenzerleben bedeute, die Rezeption der Inhalte werde zwar gewissermaßen überwältigend erfahren, sodass das Bewusstsein der übermittelnden Technologie eher in den Hintergrund trete, aber es verschwinde nie ganz. Für diese Hypothese spricht auch, dass in einer Studie zu VR die Nutzer beispielsweise während der Nutzung von hoch-immersiver VR auf entsprechende kritische Zwischenfragen stets angaben, im vollen Bewusstsein zu sein, sich in einer computerbasierten und nicht in der realen Welt zu befinden (vgl. Lombard/Ditton 1997:10). Von großer Bedeutung scheinen also die Aufmerksamkeit und ihre gezielte Steuerung (Stichwort: „automatische und kontrollierte Aufmerksamkeitsfokussierung“, vgl. Wirth/Hofer 2008:163) sowie der Wille zu sein, sich auf ein virtuelles Geschehen einzulassen. Relevante Aspekte hierfür sind neben Bild und Ton die *Interaktion* (siehe Abschn. 4.2.2) und *Narration* (siehe Abschn. 4.2.4). Sie bilden zentrale Bausteine für eine umfassende theoretische und methodologische Fassung von Phänomenen wie der *Präsenz* innerhalb der modernen Medientechnologie (vgl. Murray 2001; Ryan 2001). „Designing Virtual Experience aspects such as the context, the contents, and the manner in which the action occurs has a huge importance to make the user forget about the real world and

[6] Items des „igroup presence questionnaire“ (IPQ) auf Deutsch, online unter: http://www.igroup.org/pq/ipq/download.php#German (zuletzt aufgerufen am 09.07.2025).

helps him/her to be fully involved in the Virtual Environment" (Rubia/Diaz-Estrella 2013:51).

Bedeutung der Konzepte *Immersion* und *Präsenz* für Lehr- und Lernkontexte
Wie im zweiten Kapitel (Kap. 2) ausgeführt wurde, ist die Voraussetzung für alle Lernprozesse die Erfahrungsbildung. Dabei hängt individuelle Erfahrung immer von der jeweiligen Umgebung des Menschen ab. Gleichzeitig wirkt er aktiv auf seine Umgebung ein, bewegt sich in ihr und gestaltet sie. Die Bedeutung von authentischen Umgebungen bzw. dem Eintauchen in für den Wissenserwerb geschaffene Umwelten ist in der Sprach- und Kulturvermittlung unumstritten und das Konzept der *Immersion* schon lange bekannt: „Immersion refers to the extensive exposure of a person, for instance, to a foreign culture or language environment for the purpose of learning. In this case, immersion addresses a way of deep bodily and mental involvement up to the point of absorption and amalgamation aimed at transforming the individual" (Mühlhoff/Schütz 2019:232). In der angewandten Linguistik und Sprachdidaktik wird Immersion vorrangig mit dem sogenannten „Sprachbad" (nach Leisen 2010) im Kontext des *sprachsensiblen Fachunterrichts* in Verbindung gebracht. Man versteht darunter, dass im Unterricht die zu lernende Sprache zur Umgangs- und Arbeitssprache wird. Die Lerner sind somit von einem different strukturierten Medium – in diesem Fall von einem Sprachraum – umgeben, tauchen gänzlich in die fremde Sprache und Kultur ein (*Immersion*), beginnen dadurch, die neuen fremdsprachlichen Strukturen ganz automatisch zu adaptieren, und versuchen, sich in dieser Umgebung zu verorten (*Präsenz*). Dies erleichtert den Lernprozess deutlich und führt erwiesenermaßen zu schnelleren Lernfortschritten (vgl. Hochscherf et al. 2011:11; nach Leisen 2010). Betrachtet man Immersion und Präsenz im Zusammenhang mit der 4E-Sprachdidaktik, kommt der EMBODIED- und EMBEDDED-These eine besondere Bedeutung zu. Durch immersive Hard- und Software werden neue Umgebungen für die Lerner geschaffen, in die sie sich begeben können (z. B. VR-Brille und interaktive VR-Anwendungen) bzw. die multimodal bedienbar sind (EMBODIED) und die für spezielle Lernziele ausgestattet sind (EMBEDDED). Sie ermöglichen es den Lernern, eigene sprachliche Erfahrungen mit Sinn zu machen (z. B. durch die Simulation authentischer Dialoge in landestypischen Situationen).

ZUSAMMENFASSUNG: Immersion und Präsenz

1. ***Immersion*** beschreibt nach Bilandzic (2013:273 f.), Dörner/Steinicke (2013:46), Lange (2019:56 f.), Kasprowicz (2019:16) und Engelmann (2018:22) den durch eine Situation, Umgebung oder grafische Darstellung hervorgerufenen Grad des Eintauchens. Das Übertragungsmedium selbst tritt dabei in den Hintergrund. Künstlich erschaffene (computergenerierte) XR-Umgebungen können daher als real beziehungsweise als Realität empfunden werden. Das Eintauchen ist bedingt durch objektive, quantifizierbare Stimuli, sprich multimodale Stimulationen der menschlichen Wahrnehmung. In der angewandten Linguistik und Sprachdidaktik versteht man unter *Immersion*, dass im Unterricht die zu erlernende Sprache zur Umgangs- und Arbeitssprache wird, z. B. im sprachsensiblen Fachunterricht. Die Lerner werden von einem neuen Sprach- (und Kultur-)Raum umgeben und können darin eintauchen.
2. Unter ***Präsenz*** versteht man das Empfinden, in einer (computergenerierten bzw. virtuellen) Welt anwesend zu sein. ***Präsenz*** wird definiert als ein subjektives Gefühl, sich tatsächlich an einem Ort (in der computergenerierten bzw. virtuellen Umgebung) zu befinden und Teil davon zu sein (vgl. Butz et al. 2022:247; Witmer/Singer 1998:225). Ein etabliertes Messinstrument zur Evaluierung von Präsenz ist der „igroup presence questionnaire (IPQ)".

Für die Anforderungen der 4E-Sprachdidaktik ist von einem besonderen Potenzial von XR durch *Immersion* und *Präsenz* auszugehen. Authentische Umgebungen mit möglichst realen Handlungsmöglichkeiten spielen eine zentrale Rolle in der Sprach- und Kulturvermittlung. Das Konzept der Immersion, häufig als „Sprachbad" bezeichnet (vgl. Leisen 2010), ist dort bereits seit Langem bekannt.

In Bezug auf **die 4E-Sprachdidaktik** kommt der **EMBODIED**- und **EMBEDDED**-These **eine besondere Bedeutung** zu. Durch immersive Hard- und Software werden neue Umgebungen für die Lerner geschaffen, in die sie sich begeben können bzw. die multimodal bedienbar sind (EMBODIED) und die für spezielle Lernziele ausgestattet sind (EMBEDDED). Sie ermöglichen es den Lernern, individuelle sprachliche Erfahrungen mit Sinn zu machen.

4.2.2 Interaktion, Interaktivität und Multimodalität

Zuerst wird eine Abgrenzung zwischen den Begriffen *Interaktion* und *Interaktivität* vorgenommen, bevor das Konzept *Multimodalität* beschrieben und zur Bedeutung der drei Konzepte für XR als Lernmedien im Gefüge der 4E-Sprachdidaktik übergeleitet wird.

Interaktion

In der einschlägigen Forschungsliteratur herrscht bisher keine Übereinstimmung hinsichtlich einer trennscharfen Unterscheidung der Begriffe *Interaktivität* und *Interaktion* (vgl. Lübcke 2010:87). Zudem trägt der schnelle technische Fortschritt maßgeblich zur terminologischen Unschärfe bei. Fest steht, dass *Interaktion* die grundlegende Fähigkeit des Menschen bezeichnet, sich mit etwas „auseinanderzusetzen" (vgl. Rostásy/Sievers 2018:217). Sie ist immer in einer bestimmten Weise situiert, das heißt, sie findet unter bestimmten raum-zeitlichen Bedingungen statt, die wiederum bestimmte dinglich-körperliche und kommunikativ-semiotische Möglichkeiten eröffnen oder beschränken (vgl. Marx/Schmidt 2019:9). In der Sozialwissenschaft bezeichnet *Interaktion* zudem das wechselseitig handelnde aufeinander Einwirken zweier Subjekte, wobei Handeln stets ein zielgerichtetes Verhalten meint und kommunikative Akte einschließt (vgl. Niegemann et al. 2008:293 f.). Seitdem auch digitale Medien Funktionen menschlicher Kommunikation übernehmen können – wie KI-gestützte Chatbots oder automatisierte Kundenhotlines –, hat die Definition eine Erweiterung erfahren. *Interaktion* wird nun allgemeiner gefasst und als eine Wechselbeziehung oder Wechselwirkung zwischen zwei oder mehreren Elementen verstanden, die nicht mehr unbedingt menschlicher Natur sein müssen. Die beteiligten Interaktionspartner können Instanzen, Stoffe, Variablen oder eben auch Personen sein (vgl. Marx/Schmidt 2019:3). Mit Rostásy/Sievers (2018:217) lässt sich festhalten,

1. dass Interaktion prinzipiell in jeder Form von Kommunikation existiert: Dialog ist Interaktion, Spiel ist Interaktion und auch die Auseinandersetzung mit Objekten und Installationen ist Interaktion (z. B., wenn eine Person ein Kunstobjekt betrachtet und interpretiert).
2. dass technisch-gestützte Interaktion ein Hilfsmittel, eine Strategie oder Methode ist, um die Auseinandersetzung und den Dialog mit einem Inhalt, einem System oder einer Person anzuregen oder zu vereinfachen.

Nach Butz et al. (2022:244) sind die wichtigsten Interaktionstypen in digitalen bzw. virtuellen Umgebungen folgende: die ***Navigation*** der Nutzer (Umherlaufen und Bewegen mittels der zur Verfügung stehenden Eingabegeräte wie Maus oder Controller) und die *Selektion* von Objekten (durch Anklicken, eine Kopfbewegung oder eine spezielle Geste) sowie deren *Manipulation* (Veränderung der Farbe, des Ortes, der Größe eines Objekts). Diese technisch-realisierten Interaktionstypen können wiederum dem überdachenden Konzept der *Motorik* untergeordnet werden. Die menschliche Motorik ist der wichtigste Kanal zur Steuerung interaktiver Systeme bzw. erst mit ihrer Hilfe kann eine Mensch-Maschine-Interaktion überhaupt stattfinden. Dass es in der Motorik immer eine Wechselbeziehung zwischen Geschwindigkeit und Genauigkeit gibt, soll nur am Rande erwähnt werden. Dabei gilt: Interaktionseigenschaften wie *langsam* oder *schnell* werden assoziiert mit Bedeutungen wie *vorsichtig* oder *selbstbewusst* und prägen so den wahrgenommenen Charakter einer Interaktion und letztlich das gesamte Nutzungserlebnis (vgl. Diefenbach/Hassenzahl 2017:123). Dies ist besonders bei der Entwicklung von Hardware und Software sowie bei der Gestaltung der Benutzerschnittstellen relevant. Denn die Art und Weise, wie Menschen typischerweise Bewegungen situationsbezogen ausüben, hat konkrete Auswirkungen auf ihre Gestaltung (vgl. Butz et al. 2022:49). In diesem Zusammenhang sind weitere Themenbereiche wie *User-Design* und *Usability* (vgl. ebd. 118, 170) von Bedeutung, auf die jedoch aufgrund des begrenzten Umfangs dieser Arbeit nicht näher eingegangen werden soll.

Interaktivität

Der Begriff der *Interaktivität* wird vor allem im Kontext medial vermittelter Kommunikation angewandt und ist dort insbesondere seit den 1980er-Jahren mit dem Aufkommen neuer „interaktiver" Dienste, Medien oder Technologien etabliert (vgl. Lübcke 2010:85; Leggewie/Bieber 2004:7). In der Kommunikationsforschung wird *Interaktivität* weitestgehend als Mechanismus oder Konzept verstanden, das medienunabhängig ist und in unterschiedlichen Ausprägungen vorkommen kann. Dabei ist *Interaktivität* für die inhärente Dynamik eines kommunikativen Geschehens – d. h. eine längere Abfolge von aufeinander bezogenen Mitteilungen von Sender(n) zu Empfänger(n) – verantwortlich, indem sie den sozialen Zusammenhalt fördert und durch dieses Prinzip der sozialen Kohäsion für dauerhafte Beteiligung und damit für eine Stabilisierung in einem sozialen System sorgt (vgl. Rafaeli 1988:117 f.; McMillan 2000). Im Zuge des technologischen Fortschrittes und der aufkommenden Mensch-Maschine-Kommunikation wird diese Definition interdisziplinär, aber, vor allem im HCI-Fachbereich, kritisch diskutiert. Eine wichtige Zielsetzung bei der Programmierung eines Interfaces zu einer Software ist es, die Schnittstelle zum technischen System möglichst „interaktiv" zu gestalten, um die Nutzer nicht einer starren Programmstruktur zu unterwerfen, sondern das Verhalten des Programms individuell an ihre Bedürfnisse anzupassen. Hier besteht die Gefahr der Überschneidung der Termini *Interaktion* und *Interaktivität* (beides im Englischen meist: „interaction“). Beispielsweise finden bei der Bedienung eines Mes-senger-Dienstes am Mobiltelefon sowohl *Interaktion* auf zwei Bedeutungsebenen als auch *Interaktivität* statt: Die kommunizierende Person übt zum einen menschlich-soziale *Interaktion* mit ihrem Gesprächspartner aus (Mensch-Mensch-Kommunikation), zum anderen betreibt sie technische *Interaktivität*, indem sie das Interface ihrer Mobiltelefon-App durch Tippen auf der Tastatur bedient (Mensch-Maschine-Kommunikation/-Interaktion). Gleichzeitig herrscht aber auch das Konzept der *Interaktivität* vor, nämlich als kohärente Abfolge aufeinander bezogener Mitteilungen zwischen den beiden kommunizierenden Personen.

> Die zunehmende Verwachsung vormals getrennter, […] benachbarter „Medienformate“ zu immer komplexer strukturierten „Medienumgebungen“ bleibt nicht ohne Folgen für die Disposition gesellschaftlicher Kommunikation. Die Besonderheit der Trennung von „realem“ und „kommunikativem“ Körper fügt sich in dieses Bild […]. Die Berührungsfläche von Raum und Körper, das *Interface,* erhält ein besonderes Gewicht. Diese Kontaktschwellen zwischen Mensch, Medium und Maschine regeln offenbar maßgeblich die Wahrnehmung von „Interaktivität“ (Leggewie/Bieber 2004:14).

Daraus ergibt sich ein weiterer Aspekt im Diskurs um *Interaktivität*, nämlich, dass viele heutzutage als „interaktiv“ bezeichneten Unterrichtsmaterialien und Medien nicht per se *interaktiv* sind, sondern vielmehr kommunikative Prozesse (*Interaktionen*) ermöglichen, welche zu einer länger anhaltenden *Interaktivität* führen können (vgl. Höflich 1995:519; Lübcke 2010:85).

Diese Analysen und Überlegungen münden in eine Vielzahl von Bemühungen, das Konzept *Interaktivität* im Medienkontext immer wieder neu zu definieren. Goertz (2004:108 ff.) schlägt beispielsweise ein mehrdimensionales Kontinuum zur Kategorisierung von Medien vor, das durch folgende Faktoren bestimmt ist:

- Grad der Selektionsmöglichkeiten,
- Grad der Modifikationsmöglichkeiten,
- Größe des Selektions- und Modifikationsangebots,
- Grad der Linearität/Nicht-Linearität.

Dabei soll gelten: Je höher die Ausprägung eines Faktors, desto größer die *Interaktivität*. Nach diesem Schema wäre beispielsweise das Unterrichtsmedium Buch oder Film am linken Ende des Kontinuums anzuordnen, während sich VR-Welten mit freien Weg-Entscheidungsmöglichkeiten, realisiert durch reales Herumgehen im realen Raum (Bsp. im CAVE), am rechten Ende des Kontinuums befinden würden.

Derartige Versuche, Medien und vor allem XR-Technologien nach Kriterien einzuordnen, die bereits im Vorhinein festgelegt wurden, sind allerdings stark umstritten. Denn zum einen beschreibt das Konzept der *Interaktivität*, wie bereits erwähnt, streng genommen immer nur ein Potenzial, sagt jedoch nichts über die tatsächliche Partizipation bzw. die real-stattfindenden *Interaktionen* der Nutzer aus. Medien bzw. Technologien sind nicht per se *interaktiv*. Zum anderen handelt es sich bei XR stets um ein komplexes Zusammenspiel zwischen Hardware und der jeweiligen Anwendung, und zusätzlich beeinflussen die zur Verfügung stehenden Endgeräte die Art der *Interaktion* stark.

Auf *Interaktivität*, speziell bei der Nutzung von XR-Anwendungen, soll daher kurz noch gesondert eingegangen werden. Wie bereits erwähnt, sind in XR die Rezipienten gleichzeitig Akteure, indem ihnen eine direkte Interaktion mit der virtuellen Umgebung oder virtuellen Objekten ermöglicht wird (vgl. Engelmann 2018:22). In einer augmentierten oder virtuellen Lernumgebung sind die Lerner bei einer Aufgabe beispielsweise mit einem bestimmten Objekt oder einer Situation konfrontiert und müssen beobachten, reflektieren und abstrahieren, um anschließend aktiv zu experimentieren, also zu handeln, und eine Lösung herbeizuführen (vgl. Yurt 2019:30). Allerdings wird streng genommen niemals eine direkte *Interaktion* mit den Objekten vollzogen, sondern es handelt sich stets nur um die Simulation einer tatsächlichen Handlung, die über die entsprechenden Eingabegeräte oder Nutzeroberflächen realisiert wird (vgl. König 2011:192). Auch bei einer sprachlichen *Interaktion* in soziale VR-Umgebungen, wie auf der kollaborativen VR-Plattform *Engage*,[7] wird die Stimme des Sprechers über zwei Mikrofonschnittstellen (die des Senders und die des Empfängers) hinweg übertragen und somit findet die mündliche Interaktion nicht direkt statt. Zudem können die Interaktionsmöglichkeiten in digitalen bzw. virtuellen Umgebungen seitens der Programmierung *natürlich* oder *übernatürlich* gestaltet sein, also entweder den Interaktionsfähigkeiten der Menschen im wahren Leben entsprechen oder diese übersteigen bzw. ins Abstrakte verändert worden sein. Dies ist oft bei Spieleumgebungen der Fall, z. B., wenn die Protagonisten mit Superkräften ausgestattet sind, die in der realen Welt nicht existieren. Insgesamt bieten XR-Anwendungen heutzutage ein dreidimensional-optisches, audiovisuelles und oftmals sogar haptisches Erleben. „[T]angibles are used to combine the benefits of concrete manipulation with digital technologies to enhance interaction experiences. Tangibles are digitally augmented objects used as input devices to trigger digital effects on a display surface“ (O'Malley/Fraser 2004). *Motorik* und *Sensorik* sind dabei Schlüsselkonzepte und Voraussetzungen für die

[7] Kollaborative VR-Plattform *Engage*, abrufbar unter: https://engagevr.io/ (zuletzt aufgerufen am 09.07.2025).

Realisierung der ***Multimodalität,*** der aus technologischer Sicht mittlerweile auf vielfältige Weise nachgekommen werden kann. Dieses Konzept steht im folgenden Abschnitt im Mittelpunkt.

Multimodalität

Multimodalität wird als eine weitere hervorstechende Stärke von XR betrachtet. In Abgrenzung zur *Multimedialität* (also die Kombination unterschiedlicher Medien wie Ton, Bild, Text) ist damit gemeint, dass Informationen gleichzeitig in verschiedenen Modalitäten präsentiert werden, wie es beispielsweise bei der audiovisuellen Darbietung von Informationen erfolgt (vgl. Suñer/Roche 2019a:19). Die Art und Weise, wie die Informationen präsentiert werden, ist ausschlaggebend für ihre Verarbeitung im Gedächtnis und kann positiv beeinflusst werden (siehe „Designprinzipien" und „Multimedia-Theorien", z. B. „kognitive Theorie des multimedialen Lernens" nach Mayer 2005, 2009).

Die Benutzer-Schnittstellen von allen neueren Technologien, die *Interaktivität* ermöglichen, sind meist multimodal gestaltet. Dabei kommt der *Sensorik* als Grundlage der Mensch-Technik-Interaktion eine große Bedeutung zu. *Sensorik* beschreibt die Fähigkeit einer Technologie, menschliche Handlungen zu erkennen – sei es Sprache, Bewegung oder Berührung (vgl. Rostásy/Sievers 2018:243). Man unterscheidet entsprechend den Modalitäten zwischen taktilen, visuellen und auditiven Sensoriken, sprich der Berührungssensorik, der Kamerasensorik und dem Mikrofon. Wie in Abschn. 4.1 erwähnt wird, ist die Besonderheit von XR, dass unterschiedliche Modalitäten auf innovative Weise miteinander kombiniert werden können. Beispielsweise vereint MR als ein hybrides technologiegestütztes System virtuelle Elemente mit realen Objekten, und so kann der Nutzer Inhalte gleichzeitig visuell und haptisch erleben. Die physische Interaktion steht im Vordergrund, erlaubt aber parallel dazu auditive und visuelle Informationen durch Laptop und Beamer. Somit wird eine multimodale Auseinandersetzung mit den Inhalten ermöglicht.

Bedeutung der Konzepte Interaktion, Interaktivität und Multimodalität für Lehr- und Lernkontexte

XR-Technologien hängen in ihrer Funktion gänzlich von den Nutzern und ihren Handlungen ab. Sie eröffnen neue Räume für Handlungen, für Erfindungen, für Handhabungen von Gegenständen und für Interaktionen aller Art (vgl. Rieger et al. 2020:2). Die Darbietung von Informationen in verschiedenen Modalitäten wird für Lehr- und Lernprozesse als enorm wichtig angesehen, da erwiesenermaßen durch Berücksichtigung bestimmter Modalitätsprinzipien (vgl. Mayer 2009) das Arbeitsgedächtnis gezielt unterstützt und auf diese Weise das Lernen erleichtert werden kann. Eine Vielzahl von Forschungsarbeiten konnte zeigen, dass die sinnvolle Kombination von Multimodalität und Räumlichkeit Lernmehrwerte mit sich bringt. Sipe/Pathman (2021) untersuchten beispielsweise in einer Studie mit fünf- bis siebenjährigen Kindern die Beziehung zwischen dem semantischen und dem episodischen Gedächtnis. Die Kinder führten während der Studie verschiedene Aktivitäten aus, die entweder zum jeweiligen räumlich-situativen Kontext passten (z. B. das Sortieren von Post in einer Postfiliale) oder mit diesem nicht in Beziehung standen (z. B. das Sortieren von Post in einem Lebensmittelgeschäft). Die Befunde zeigen, dass die Erinnerungsleistung räumlich-situativer, d. h. episodischer, Merkmale besser war, wenn die Kinder eine zum Kontext passende Aktivität ausführten. Sipe/Pathman (2021:282) betonen auf Grundlage der Ergebnisse, dass die „Passung" – d. h. die Kohärenz semantischer und episodischer Merkmale einer Situation – die Lernleistung positiv beeinflusst, da relevante Informationen so elaborierter in Gedächtnisstrukturen eingebettet werden. Hier wird deutlich, dass die Lernförderlichkeit immersiver Medien im Sinne einer kombinierten Darstellung und Verarbeitung semantischer und räumlich-situativer Inhalte vermutlich davon abhängt, wie kohärent Lernumgebung und Lerninhalt sind. Diese Annahme entspricht dem von Mayer (2020) formulierten Kohärenzprinzip: Multimediales Lernen ist effektiver, wenn unnötige Details visueller oder verbaler Darstellungen vermieden werden („seductive details"). Im Umkehrschluss bedeutet das, dass optimalerweise ausschließlich essenzielle Informationen eingeschlossen werden sollen. Besteht keine (kohärente) Beziehung zwischen multiplen Repräsentationen, so sind sie nicht essenziell. Wie sich inhaltliche Kohärenz bestimmen lässt bzw. wie sie von Lernern geformt wird, bleibt im Rahmen der Forschung zum multimedialen Lernen bisher eher vage (vgl. Brünken et al. 2004). Vermutlich liegt das auch daran, dass die inhaltliche Kohärenz stark davon abhängt, welche Lernziele für eine medial gestützte Lernsituation definiert werden (vgl. Hartmann/Bannert 2022:379 f.). Die vielseitigen multimodalen Interaktionsmöglichkeiten stellen einen bedeutenden Faktor dar, der einerseits die immersive Erfahrung, also das Gefühl des Eintauchens in das Geschehen, sowie andererseits das Präsenzerleben, also das Gefühl, „vor Ort zu sein", steigern kann. Mit der fortschreitenden Entwicklung der XR-Technologie steigen sowohl der Grad der Natürlichkeit der Interaktion als auch die Realitätsnähe der Erfahrungen (vgl. Gerth/Kruse 2020:148). Die Ausführungen zeigen, dass der Diskurs um Interaktion und Multimodalität in XR wahrnehmungspsychologische Befunde, Wissen zur Verhaltenssteuerung auf sensomotorischer technologischer Ebene, aber auch eine Auseinandersetzung mit Interaktion und Interaktivität auf der Bedeutungsebene umfasst. Zusammenfassend lässt sich festhalten, dass technologisch realisierte *Interaktion, Interaktivität* und *Multimodalität* menschliche Handlungsweisen aus der Alltagswelt aufgreifen und in digitale bzw. virtuelle Umgebungen transferieren. Diese Tatsache führt zurück zum Diskurs rund um Kognition und Embodiment. Betrachtet man die Konzepte der *Interaktion*, *Interaktivität* und *Multimodalität* im Zusammenhang mit der 4E-Sprachdidaktik, kommt der EMBODIED- und ENACTED-These eine besondere Bedeutung zu. Mithilfe von XR-Anwendungen können Lerner multimodal mit der geschaffenen Lernwelt und den sich darin befindenden Objekten bzw. Personen interagieren, was auch emotionales Erleben unterstützt. Dabei findet Lernen technologisch bedingt grundsätzlich unter Einbindung des Körpers (EMBODIED) und damit handlungsorientiert statt (ENACTED). Dadurch kann die Gestaltung eines praxisnahen Sprachunterrichts mit individueller Auseinandersetzung mit dem Lernstoff unterstützt werden.

ZUSAMMENFASSUNG: Interaktion, Interaktivität, Multimodalität

Seitdem digitale Medien Funktionen menschlicher Kommunikation „übernehmen" bzw. simulieren können (z. B. KI-gestützte Chatbots), versteht man unter ***Interaktion*** eine Wechselbeziehung oder Wechselwirkung zwischen zwei oder mehreren Elementen, die Instanzen, Systeme oder Personen sein können (vgl. Marx/Schmidt 2019:3). Mit Rostásy/Sievers (2018:217) lässt sich festhalten,

1. dass Interaktion prinzipiell in jeder Form von Kommunikation existiert: Dialog ist Interaktion, Spiel ist Interaktion und auch die Auseinandersetzung mit Objekten und Installationen ist Interaktion (z. B., wenn eine Person ein Kunstobjekt betrachtet und interpretiert).
2. dass technisch-gestützte Interaktion ein Hilfsmittel, eine Strategie oder Methode ist, um die Auseinandersetzung und den Dialog mit einem Inhalt, einem System oder einer Person anzuregen oder zu vereinfachen.

Der Begriff der ***Interaktivität*** wird vor allem im Kontext medial vermittelter Kommunikation angewandt und ist dort insbesondere seit den 1980er-Jahren mit dem Aufkommen neuer „interaktiver" Dienste, Medien oder Technologien etabliert (vgl. Lübcke 2010:85; Leggewie/Bieber 2004:7). Im Zuge des technologischen Fortschritts und der aufkommenden Mensch-Maschine-Kommunikation wird diese Definition interdisziplinär, aber vor allem im HCI-Fachbereich, kritisch diskutiert. Eine wichtige Zielsetzung bei der Programmierung eines Interfaces zu einer Software ist, die Schnittstelle zum technischen System möglichst „interaktiv" zu gestalten, um die Nutzer nicht einer starren Programmstruktur zu unterwerfen, sondern das Verhalten des Programmes individuell auf ihre Bedürfnisse anzupassen. Hier ist eine Überschneidung der Termini *Interaktion* und *Interaktivität* zu beobachten (beides im Englischen meist: „interaction").

Unter ***Multimodalität*** versteht man den Sachverhalt, dass Informationen gleichzeitig in verschiedenen Modalitäten präsentiert werden. Das heißt, dass beispielsweise bei der audiovisuellen Darbietung von Informationen sowohl Ton als auch Bild oder Text zum Tragen kommen (vgl. Suñer/Roche 2019a:19). Die Art und Weise der Präsentation der Informationen ist ausschlaggebend für ihre Verarbeitung im Gedächtnis und kann positiv beeinflusst werden (siehe „Designprinzipien" und „Multimedia-Theorien", z. B. „kognitive Theorie des multimedialen Lernens" nach Mayer 2005, 2009).

Bei der Nutzung von XR in Lehr- und Lernkontexten sind ***Interaktion***, ***Interaktivität*** und ***Multimodalität*** als Schlüsselkonzepte anzusehen. XR-Technologien hängen in ihrer Funktion gänzlich von den Nutzern und ihren Handlungen ab. Betrachtet man die Konzepte in **Zusammenhang mit der 4E-Sprachdidaktik,** kommt der **EMBODIED- und ENACTED-These** eine **besondere Bedeutung** zu. In XR können (und müssen) die Lerner technologisch-bedingt multimodal mit der geschaffenen Lernwelt und den sich darin befindenden Objekten bzw. Personen sprachlich interagieren (ENACTED). Sie sind dabei in ihrer Körperlichkeit ganz ins Geschehen eingebunden, was auch emotionales Erleben unterstützt (EMBODIED).

4.2.3 Gamification

Unter dem Begriff „Gamification" oder „Gamifizierung" versteht man die Anreicherung von nicht-spielerischen Kontexten mit Elementen, die sich am Design von Videospielen orientieren, mit dem Ziel, das Engagement der Nutzer zu steigern (vgl. Deterding et al. 2011:2425).

> Gamification is related to gameful experiences [and] gamefulness, and it integrates the game elements, mechanisms, and principles that lead to games being fun, challenging,

> interesting, and engrossing into contexts that are not related to games to improve end-users' engagement, motivation, and experience (Lampropoulos/Kinshuk 2024:1650).

Ein Hauptanwendungsbereich für Gamification ist die Aus- und Weiterbildung, wo spielerische Ansätze seit Beginn der pädagogischen Forschung vertreten sind (vgl. Hallet et al. 2020; Klippel 1980; Kleppin 1980). In den letzten Jahren haben sich beim edukativen Einsatz digitaler Spielformate neben „Gamification" weitere Begriffe wie „Game-based Learning" (als Lernansatz in der Psychologie und Pädagogik) und „Edutainment" (als Methode in der Produktentwicklung, im Marketing und in der Medienbranche) herausgebildet (vgl. Korn et al. 2022; Prensky 2007; Freyermuth et al. 2013; Zielinski et al. 2017). Alle drei Begriffe beschreiben den Sachverhalt, dass Lernprozesse durch spielerische Elemente oder Spiele – meistens digitaler Art – unterstützt werden. Dabei ist das Erlernen von Fähigkeiten und Fertigkeiten das erklärte Ziel (vgl. Egenfeldt-Nielsen et al. 2011:10). Im angelsächsischen Raum wird zwischen „play" und „game" unterschieden – entsprechend dem Vorhandensein von Regeln (*game*) oder dem Fehlen von Regeln (*play*) (vgl. Menner 2019:32, nach Oerter 2007:8). Abzugrenzen von dem Begriff der *Gamification* sind die *Serious Games*, also die digitalen Lernspiele selbst. „[..G]amification only uses game elements without constituting a full game itself. The application of the game elements is not limited to digital media nor is linked to any particular technology or any particular design practice" (Francisco-Aparicio et al. 2013:114). In der aktuellen Forschungsliteratur ist immer häufiger der Begriff der „gamified virtual reality environments", also der gamifizierten virtuellen Umgebungen, zu finden (vgl. Lampropoulos/Kinshuk 2024:1752). Dadurch wird ein unmittelbarer Zusammenhang zwischen Gamification und XR-Technologien (in diesem Fall VR) hergestellt. Denn sie beruhen auf gemeinsamen pädagogischen bzw. psychologischen Konzepten, und so kann die Wirksamkeit von XR in der Bildung durch die Kombination mit Gamification weiter gesteigert werden (vgl. Kapp 2012; Simões et al. 2013).

Bedeutung des Konzepts *Gamification* für Lehr- und Lernkontexte

Zahlreiche Studien haben gezeigt, dass gamifizierte Umgebungen Lernen mit Sinn ermöglichen (vgl. Fan et al. 2015), die Motivation und das Engagement der Lerner steigern (Alsawaier 2018; Buckley/Doyle 2014) und ihre Emotionen positiv beeinflussen (vgl. López-Faican/Jaen 2020), sie positive Einstellungen und Verhaltensweisen in Bezug auf die Inhalte bewirken können (vgl. Kiili 2005), das Denken in höheren Kategorien fördern (vgl. Crocco et al. 2016) sowie einen positiven Effekt auf die Lernergebnisse haben (vgl. Pinto et al. 2021). In der beruflichen Bildung sind sowohl das Prinzip der Gamification als auch die Nutzung von Serious Games etabliert, da man über die motivierenden Faktoren der spielerischen Tätigkeit und die dadurch erfahrbare Selbstbestimmung eine erhöhte Bereitschaft zur Beschäftigung mit komplexen Fachinhalten bei den Lernern erzielen kann (vgl. Deci/Ryan 1993:233; Niegemann et al. 2008:360 f.). Speziell mit gamifizierter VR können soziale Interaktion, Zusammenarbeit, Zufriedenheit und positive Verhaltensweisen gesteigert und Möglichkeiten für effektives kollaboratives Lernen geschaffen werden (vgl. Hamari/Koivisto 2015; Pozo-Sánchez et al. 2022). Dabei ist hervorzuheben, dass die Potenziale der Verbindung von Spiel, Lehrstoff und Digitalität vor allem auf der multimedialen Leistungsfähigkeit der jeweiligen technischen Systeme basieren. Bisher waren es meist der Computer oder das Smartphone; heute können es hybride oder virtuelle Räume, kombiniert mit narrativen Elementen sein (*storytelling,* siehe Abschn. 4.2.4), durch die die Lerner verstärkt emotional angesprochen werden (vgl. Sykes/Brown 2003), was wiederum den Wissenserwerb intensiviert und den Lernprozess beschleunigt (vgl. Kocher 2007).

Betrachtet man das Konzept der *Gamification* im Zusammenhang mit der 4E-Sprachdidaktik, kann man zu dem Schluss kommen, dass sowohl die EMBEDDED- als auch die ENACTED- und EXTENDED-These eine besondere Bedeutung haben. Spielerische Ansätze sind schon lange im Sprachunterricht etabliert. Sie betten den Lehrstoff in realitätsnahe Kontexte ein (EMBEDDED), was durch Herausforderungen, Problemstellungen und Szenarien in *Gamification*-Ansätzen erreicht wird. Wird der Lehrstoff in XR dargeboten, haben die Lerner die Möglichkeit, sprachliche Fähigkeiten in praxisnahen Situationen realistisch zu erproben (ENACTED). Indem durch XR diverse Tools und Artefakte einbezogen werden können, wird eine erweiterte Lernerfahrung auf multisensorischer, individueller Ebene möglich, die einen Transfer des Lernstoffs auf das echte Leben begünstigt (EXTENDED).

ZUSAMMENFASSUNG: Gamification

Unter dem Begriff ***Gamification*** oder ***Gamifizierung*** ist die Anreicherung von nicht-spielerischen Kontexten mit Elementen zu verstehen, die sich am Design von Videospielen orientieren (vgl. Deterding et al. 2011:2425). Hauptziel ist es, Lernprozesse durch spielerische (digitale) Elemente zu unterstützen. Verwandte Begriffe sind „Game-based Learning“ (als Lernansatz in der Psychologie und Pädagogik) und „Edutainment“ (als Methode in der Produktentwicklung, im Marketing und in der Medienbranche). Ein Hauptanwendungsbereich für Gamification ist die Aus- und Weiterbildung, wo spielerische Ansätze seit Beginn der pädagogischen Forschung vertreten sind (vgl. Hallet et al. 2020; Klippel 1980; Kleppin 1980). In der aktuellen Forschungsliteratur ist der Begriff der „gamified virtual reality environments“ zu finden (vgl. Lampropoulos/Kinshuk 2024:1752). Mit gamifizierter VR können soziale Interaktion, Zusammenarbeit, Zufriedenheit und positive Verhaltensweisen gesteigert und Möglichkeiten für effektives kollaboratives Lernen geschaffen werden (vgl. Hamari/Koivisto 2015; Pozo-Sánchez et al. 2022). Hervorzuheben ist, dass die Potenziale der Verbindung von Spiel, Lehrstoff und Digitalität vor allem auf der multimedialen Leistungsfähigkeit der jeweiligen technischen Systeme basieren.

Betrachtet man das Konzept der ***Gamification*** im Zusammenhang mit der **4E-Sprachdidaktik**, kommt sowohl der **EMBEDDED-** als auch **ENACTED-** und **EXTENDED**-These eine **besondere Bedeutung** zu. Spielerische Ansätze sind schon lange im Sprachunterricht etabliert. Sie betten den Lehrstoff in realitätsnahe Kontexte ein (EMBEDDED), was durch Herausforderungen, Problemstellungen und Szenarien in Gamification-Ansätzen erreicht wird. Wird der Lernstoff in XR dargeboten, haben die Lerner die Möglichkeit, sprachliche Fähigkeiten in praxisnahen Situationen realistisch zu erproben (ENACTED). Indem durch XR diverse Tools und Artefakte einbezogen werden können, wird eine erweiterte Lernerfahrung auf multisensorischer, individueller Ebene möglich, die einen Transfer des Lernstoffs auf das echte Leben begünstigt (EXTENDED).

4.2.4 Narration (*storytelling*)

Narration ist eine Strategie, die von jeher dazu genutzt wurde, Wissen zu konservieren und weiterzugeben. *Narrative* sind sinnstiftende Erzählungen, die sich in der Regel auf einen bestimmten Kulturkreis beziehen und einem zeitlichen Wandel unterliegen (vgl. Palmas/Niermann 2021:17). Somit ermöglichen uns Geschichten das Teilhaben am Erleben anderer und darüber hinaus auch an Gesellschaft und Kultur. Diese Geschichten sind nicht unpersönlich, sondern knüpfen an dieselben Prozesse an, die auch unser direktes Erleben bestimmen. Somit evozieren sie Identifikation, Empathie und Teilhabe. Die Darbietung der Inhalte erfolgt nicht als Aufzählung von reinem Faktenwissen, sondern rückt eher die Handhabung von Fakten, sozialen Erkenntnissen, Aktions- und Reaktionsmustern in den Mittelpunkt und erleichtert es den Menschen durch eine stetige Kontextgebundenheit, das neu erlangte Wissen in ihre eigene Umgebung zu transferieren (vgl. Rostásy/Sievers 2018:256). Geschichten stellen damit auch ein sogenanntes „Embodied Knowledge" dar (ebd.). „Why storytelling offers itself a tool for imparting knowledge is therefore very obvious: it belongs to the basic equipment of every human being and is automatically applied" (Fuchs 2009:111). *Narration* (engl. *storytelling)* ist ein Konzept, das bei vielen digitalen Anwendungen zum Tragen kommt. In Anlehnung an Computerspiele nutzen auch immer mehr moderne Lern- und Trainingsanwendungen erzählende und zugleich sinnstiftende Geschichten, um die Lerner „zu fesseln" (vgl. McIntosh 2010). XR-Anwendungen bieten im Hinblick auf die Gestaltung von *Narration,* im Vergleich zu herkömmlichen (unidirektionalen) Medien, ein besonderes Potenzial. Sie ermöglichen es, sachliche Inhalte in facettenreichen, dynamischen und interaktiven Umgebungen darzustellen und Geschehnisse entweder in einer festgelegten Reihenfolge oder in einem offenen Format zu präsentieren und direkt erlebbar zu machen. Durch die gesteigerten Interaktionsmöglichkeiten, die XR-Technologien den Nutzern bieten, räumen sie ihnen zudem bis zu einem bestimmten Grad Freiheiten in der Beeinflussung der Narrationsstränge ein. So kann die Komplexität einer Erzählung von den verwendeten narrativen Mechanismen oder Pfaden abhängen, die die Nutzer auswählen (vgl. Arnaldi et al. 2018:22). Einen Überblick über Erzählweisen, die heutzutage in XR-Trainings genutzt werden können, geben Palmas/Niermann (2021:18 ff.):

- Die *lineare* Erzählweise:
  Die Handlung verläuft meist sequenziell von Schlüsselpunkt zu Schlüsselpunkt und folgt dabei einem linearen Pfad von einem Ausgangspunkt bis hin zu einem bestimmten Ziel. Typischerweise beginnt die Geschichte bei einer Einleitung, in der ein Problem vorgestellt wird. Dies wird im Hauptteil noch verstärkt und im Schluss aufgelöst.
- Die *nicht-lineare* Erzählweise:
  - *Open World*: Die Nutzer interagieren in einer offenen Erlebniswelt, in der diverse Erzählungen frei verfügbar verteilt sind. Die Reihenfolge des Erlebens kann von den Nutzern selbst bestimmt werden.
  - *Branching Narrative:* Die Erzählstruktur kann einem Baumdiagramm folgen, wobei durch jede Verzweigung ein neues mögliches Ende für die Erzählung entsteht. Diese Option ist im Hinblick auf die Programmierung sehr aufwendig und kostenintensiv. Andererseits kann der Lerneffekt durch

die Vielfalt an Alternativen maximiert werden, da realitätsnahe Bedingungen geschaffen werden. Denn auch im echten Leben gibt es meist verschiedene Möglichkeiten, ein Problem zu lösen.

- *Parallel Narrative*: Diese Art stellt eine Alternative zur vorher genannten dar. Sie ermöglicht es den Nutzern, bis zu einem gewissen Grad Einfluss auf den Verlauf der Erzählung zu nehmen; die Erzählung hat aber festgelegte Schlüsselmomente und läuft immer auf dasselbe Ende hinaus.
- *Emergent Gameplay* ist eine in Lernanwendungen noch wenig verbreitete Erzählkonzeption. Hier werden nur Rahmenbedingungen festgelegt, und das Regelwerk für Handlungen bieten die Interaktionsmöglichkeiten. Das Narrativ ergibt sich aus den einzelnen Entscheidungen der Nutzer.

Bei all diesen Narrationsarten ist hervorzuheben, dass das digitale Storytelling über die durch Erzählelemente evozierte Neu-Lokalisierung hinausgeht. Neben der Möglichkeit, als Nutzer selbst Narrative zu konstruieren oder narrativen Erzählsträngen handelnd zu folgen, kann narratives Erleben schon allein durch die Identifikation mit einem Charakter stattfinden. Das ist im virtuellen Raum beispielsweise bei der Nutzung von Avataren der Fall. Mittlerweile gibt es meist die Möglichkeit, zu Beginn eines Spiels oder einer VR-Anwendung seinen Avatar optisch zu gestalten. Bereits das kann als narratives Element angesehen werden, das Identifikation auslöst. Je nach Geschichte, Lernzweck oder Zielgruppe können weitere narrative Bedingungen geschaffen werden, welche die Innenwelt von Figuren beleuchten und Emotionen in bestimmten Situationen aufzeigen und sogar „fühlbar" machen (vgl. Lange 2019:68). Hier mündet das Konzept der Narration in das der *Identifikation* (siehe Abschn. 4.2.5) und *Illusion* (siehe Abschn. 4.2.6).

Bedeutung des Konzepts der *Narration* (*storytelling*) für Lehr- und Lernkontexte

„Narrative sind eine Grundkomponente des menschlichen Denkens" (Palmas/Niermann 2021:17). Erwiesenermaßen beeinflusst die klassische Narration Faktoren, die für das Lernen wichtig sind, wie Motivation, Interesse sowie Emotion, und generiert dadurch Identifikation und Involviertheit (vgl. Reinmann 2005; Rostásy/Sievers 2018:260). Narrative Elemente – sei es innerhalb einer medialen Anwendung oder als didaktische Einbettung von Lerninhalten – sind schon lange im Unterricht verbreitet, sodass bereits mehrere Begriffe für dieses methodische Vorgehen existieren: der sogenannte „Storyline Approach" (vgl. Kocher 2020:132) oder die „Storyline-Methode" (vgl. Schultz-Steinbach 2000:128). Man versteht darunter ein multifunktionales Modell, das effizientes Lernen auf kognitiver, emotionaler, sozialer, methodischer sowie psycho-motorischer Ebene ermöglicht und somit den Bedürfnissen von heterogenen Lerngruppen in vielfacher Weise gerecht zu werden verspricht. Zu den zentralen Merkmalen gehören eine narrative Rahmenhandlung (*storyline*) mit Charakteren, ein zeitlicher und räumlicher Rahmen (*setting*) sowie problematische Ereignisse oder Aufgaben (*incidents*), die es zu lösen gilt (ebd.). In diesem Zusammenhang hat sich in der Fremdsprachendidaktik das Lernen in (problembasierten) Szenarien (Szenariendidaktik) als handlungsorientierte Methodik etabliert, die durch narrative Elemente nachhaltiges, ganzheitliches, kontextbezogenes und dadurch sinnerfülltes Fremdsprachenlernen fördert (siehe Abschn. 3.2). Auch aus dem Teilbereich der Textualität, und hier vor allem im Zusammenhang mit Hypertexten, sind narrative Pfade zum Zwecke der Fragmentierung von Informationen, die das Textverständnis schulen sollen, bekannt. Durch die vordergründige „Unvollständigkeit" von Hypertexten können die Lerner dazu ermuntert werden, einen Sachverhalt puzzleartig zu konstruieren (vgl. Roche/Suñer 2017:194).

Die Erzählung als Unterrichtsmittel bzw. die Gestaltung von (digitalen) Narrationsstrukturen kann viele positive Begleiteffekte mit sich bringen und kreative, auf andere Bereiche übertragbare Kompetenzen schulen.

> Digital stories require students to create storyboards, story maps, scripts, story tables, media lists, and other planning products that have wide application. They require students to engage in what those in the creative content world call "the media production process", a process that can be applied to any endeavor that involves creating, editing, and sharing original work (Ohler 2015:35).

Bei den meisten XR-Anwendungen (vor allem bei VR) ist Narration mittlerweile ein unverzichtbares und zentrales Element, das Lernen auf vielschichtige Weise unterstützt, indem es Vorwissen und den Erwerb von neuem Wissen vereint. „Stories are necessary to be able to combine the rational and the emotional. In the course of learning processes, the brain always tries to fall back on existing knowledge and to establish links between old and new knowledge" (Yurt 2019:13). Im Zusammenhang mit der 4E-Sprachdidaktik kommt der ENACTED- und EXTENDED-These eine besondere Bedeutung zu. Narrative Elemente beeinflussen das Handeln der Lerner in XR, indem sie reale Handlungsanlässe schaffen oder ihre Entscheidungen gezielt in eine bestimmte Richtung lenken (ENACTED). In XR stehen diverse mediale Elemente und Funktionen (Pfadstrukturen, Trial-error-Testsysteme, Avatare) zur Verfügung, um Narration zu schaffen (EXTENDED).

ZUSAMMENFASSUNG: Narration (Storytelling)
Narration (engl. ***storytelling***) ist ein Konzept, das bei vielen digitalen Anwendungen zum Tragen kommt. In Anlehnung an Computerspiele nutzen immer mehr moderne Lern- und Trainingsanwendungen erzählende und zugleich sinnstiftende Geschichten, um die Lerner „zu fesseln" (vgl. McIntosh 2010). XR-Anwendungen bieten bei der Gestaltung von *Narration*, im Vergleich zu herkömmlichen (unidirektionalen) Medien, ein besonderes Potenzial. Sie ermöglichen es, sachliche Inhalte in facettenreichen, dynamischen und interaktiven Umgebungen darzustellen und Geschehnisse entweder in einer festgelegten Reihenfolge oder in einem offenen Format zu präsentieren und erlebbar zu machen. Durch die gesteigerten Interaktionsmöglichkeiten, die XR-Technologien den Nutzern bieten, räumen sie ihnen zudem bis zu einem bestimmten Grad Freiheiten in der Beeinflussung der Narrationsstränge ein. Narrative Elemente – sei es innerhalb einer medialen Anwendung oder im Zuge ihrer didaktischen Einbettung – sind schon lange im Unterricht verbreitet und werden unter dem „Storyline Approach" (vgl. Kocher 2020:132) und der „Storyline-Methode" (vgl. Schultz-Steinbach 2000:128) zusammengefasst. Man versteht darunter ein multifunktionales Modell, das effizientes Lernen auf kognitiver, emotionaler, sozialer, methodischer sowie psycho-motorischer Ebene ermöglicht und somit den Bedürfnissen von heterogenen Lerngruppen in vielfacher Weise gerecht zu werden verspricht.

Betrachtet man das Konzept der ***Narration*** im Zusammenhang mit der **4E-Sprachdidaktik**, kommt der **ENACTED**- und **EXTENDED**-These eine besondere Bedeutung zu. Narrative Elemente beeinflussen das Handeln der Lerner in XR, indem sie reale Handlungsanlässe schaffen oder ihre Entscheidungen gezielt in eine bestimmte Richtung lenken (ENACTED). In XR stehen diverse mediale Elemente und Funktionen (Pfadstrukturen, Trial-error-Testsysteme, Avatare) zur Verfügung, um Narration zu schaffen (EXTENDED).

4.2.5 Involviertheit (*Flow*) und Identifikation

Involviertheit (engl. *involvement*) bezeichnet ein unmittelbares, nicht-distanziertes Erleben mit starker emotionaler Beteiligung (vgl. Appel/Koch 2002:150). Wie in den vorigen Kapiteln beschrieben, können mittels XR die affektiven Faktoren der Nutzer durch multimodale Reize und durch Narration hervorgerufen werden, sodass sie verstärkt in ein (virtuelles) Geschehen eingebunden werden. Figurative Schicksale und Leitfiguren, die durch das Geschehen führen, können zusätzlich dafür sorgen, dass sich die Nutzer nicht nur angesprochen, sondern eingebunden, also involviert fühlen. Sie identifizieren sich mit dem, was ein Charakter bzw. ihr Avatar erfährt. Bekannt ist dieser Aspekt der *Identifikation* vor allem aus der Gaming-Branche. In einem Videospiel gibt es meist einen Ausgangspunkt und mehrere festgelegte Ziele, die man mit seiner Protagonisten-Figur nur erreicht, wenn man bestimmte Hürden überwunden hat. Verunglückt die Protagonisten-Figur oder wird sie verletzt, fühlt sich die spielende Person in ihrem Sein geschwächt und inhärent „betroffen". „Identification could be described as 'feeling like' or as creating the illusion to 'become' a key person within a computer game's universe; it is argued to be an essential element of game enjoyment" (Hefner et al. 2007:40). Mit diesem Gefühl des Betroffenseins geht oft der Zustand einher, dass Personen völlig in einer Aktivität aufgehen, zielorientiert in Bezug auf ihre Aktivitäten und vom Erfolg ihrer Handlungen überzeugt sind und einen bestimmten mentalen Zustand der „Versunkenheit" erreichen, der sich durch ein subjektives Gefühl von Kontrolle, Freude, Konzentration, Neugier und durch einen hohen Grad an Wahrnehmungskompetenz ihrer Möglichkeiten und Fähigkeiten auszeichnet. Dieser Zustand wird als ***Flow*** oder ***Flow-Erleben*** be-zeichnet. „Flow is a state in which an individual is completely immersed in an activity without reflective self-consciousness but with a deep sense of control" (Engeser/Schiepe-Tiska 2012:1). In XR-Umgebungen sind für den Zustand des *Flows* hauptsächlich die Konzepte der *Immersion* und *Präsenz* Voraussetzung, aber auch narrative Strukturen, die wiederum für eine gesteigerte *Involviertheit* sorgen (vgl. Mühlhoff/Schütz 2019:236).

Eine der bekanntesten Theorien zu *Flow* und zum *Flow-Erleben*, die im Folgenden kurz dargestellt werden soll, geht auf Csikszentmihályi (1975) zurück. Sie ist schon lange Jahre wegweisend in der Spieleentwicklung, wird aber mittlerweile verstärkt auch im Bereich der Arbeitspsychologie und Didaktik genutzt. Sie betont sowohl die Passung von Mensch und Aufgabe als auch den wichtigen Aspekt, dass es sich beim *Flow-Erleben* immer um einen temporär anhaltenden und stark dynamischen Zustand handelt, der von zwei anderen Zuständen (*Beunruhigung* und *Langeweile*) eingerahmt wird und unter bestimmten Umständen in den einen oder anderen Zustand übergehen kann (vgl. Abb. 4.7).

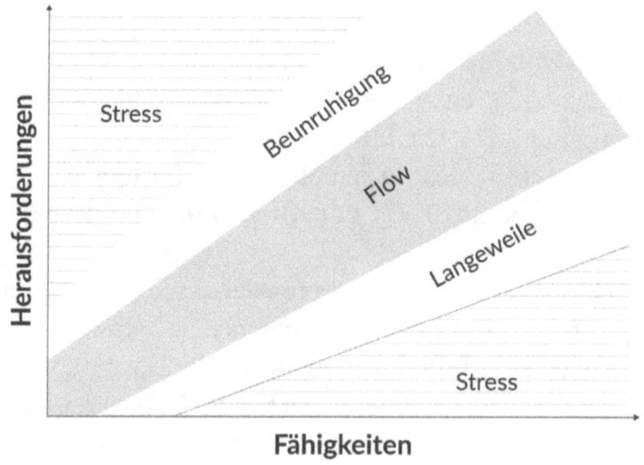

Abb. 4.7 Modell der Flow-Theorie nach Csikszentmihályi 1975. (© Hoffmann)

Gute Spiele sind beispielsweise so konzipiert, dass im Spielverlauf mit den Fähigkeiten der spielenden Person auch die Anforderungen steigen, und zwar so weit, dass es ihr gerade noch gelingt, weiterzukommen. Das Meistern einer herausfordernden, aber fairen Spielsituation wird als vollbrachte Leistung erlebt und löst so in der spielenden Person positive Emotionen aus, sodass sie weiterspielen möchte. Diesen temporären, vom Individuum abhängigen Zustand zwischen Unterforderung und Überforderung, zwischen Langeweile und Beunruhigung bezeichnet man als *Flow* (vgl. Marr 2010:41).

Bedeutung der Konzepte *Involviertheit* (*Flow*) und *Identifikation* für Lehr- und Lernkontexte

Die ***Flow-Theorie*** nach Csikszentmihályi (1975) ist für Lehr- und Lernkontexte von besonderer Bedeutung, da sie besagt, dass bei der Konzeption von Aufgaben eine Passung zwischen Anforderung und Fähigkeit gegeben sein beziehungsweise diese immer wieder aufs Neue hergestellt werden muss, um eine intrinsische Lernmotivation zu generieren und aufrechtzuerhalten (vgl. Lange 2019:68).

> Just as we cannot step in the same river twice, we cannot enjoy the same activity with the same intensity more than once. To continue providing optimal experiences, flow activities must constantly be *re-created.* It is this fact that makes the flow model a developmental model. [The] disequilibrium between the processes of assimilation and accommodation is inevitable and needs to be continually addressed (Csikszentmihályi 2014:34).

Ein gewisses Maß an Fehlversuchen hilft den Lernern zum einen, aus ihren Erfahrungen zu lernen, lehrt sie, mit Rückschlägen umzugehen, und ermöglicht es ihnen zum anderen, das eigene Verhalten zu optimieren (vgl. Juul 2005:18 f.; Palmas/Niermann 2021:15). Gleichzeitig stellt sich ein Glücksgefühl ein und das Selbstbewusstsein wächst, wenn eine herausfordernde Aufgabe richtig gelöst worden ist (vgl. Bedenk 2010:50). Für XR-gestützte Lernumgebungen ergibt sich daraus:

1. dass von einem hohen Potenzial auszugehen ist, aufgrund der Tatsache, dass sie sich besonders gut dafür eignen, eine breite Aufgabenvielfalt bereitzustellen, die auf den Kenntnisstand unterschiedlicher Zielgruppen ausgelegt ist und zu bewältigende Herausforderungen bietet, die fordern, aber nicht überfordern. Integrierte Prüfungssysteme sowie eine automatisierte Beschränkung von Aufgabenversuchen können in dieser Hinsicht für Transparenz bzw. individuelle Adaption und Motivation sorgen (siehe 2. Punkt). Bei der gemeinsamen Erstellung bzw. der Nutzung von XR-Lern-umgebungen im Unterricht sollte es in Anlehnung an Csikszentmihályi (1975) Ziel sein, dass die Lerner die gewünschten Tätigkeiten mit einer intrinsischen Motivation ausführen, die in der Handlung selbst begründet liegen.
2. XR-gestützte Lernumgebungen haben den Vorteil, dass zu jedem beliebigen Zeitpunkt der Bearbeitung sofortiges Feedback erfolgen kann (z. B. durch Punkteskalen, Symbole oder Farbmarkierungen), klare Zielsetzungen kommuniziert werden können (z. B. durch aufrufbare To-do-Listen oder Audio-Einblendungen) sowie Hilfestellungen je nach Bedarf in Anspruch genommen werden können (z. B. durch einen virtuellen Trainer oder ein Hilfemenü). Auf diese unterschiedlichen multimedialen und multimodalen Arten kann das *Flow*-Erleben beim Lernen mit XR auf vielfältigen Ebenen gefördert und einer frühen Frustration vorgebeugt werden (vgl. Csikszentmihályi et al. 2005:598 f.).
3. Der Flow-Zustand kann unmittelbar in Langeweile übergehen. Das sollte beim länger andauernden bzw. beim häufigen Einsatz von XR im Klassenzimmer mitgedacht werden. Die Technologien können anfänglich durch den Neuigkeitseffekt zu einer hohen intrinsischen Motivation führen, die mit der Zeit abflacht (vgl. Li et al. 2015). Unter anderem deshalb besteht das dringende Forschungsdesiderat nach Longitudinalstudien (siehe Abschn. 5.1.6).

Viele der heutzutage genutzten XR-Trainingsanwendungen machen sich das Konzept der Identifikation bei schwer zu vermittelnden, theoretischen Themen zunutze, indem sie Inhalte „am eigenen Leib" erfahrbar machen (vgl. Lange 2019:68). Durch mediale Darstellungen und technische Aspekte wird gezielt eine Reihe von physiologischen und psychologischen Reaktionen ausgelöst, die meist mit einer Art von

Involviertheit und möglichst einem Flow-Erleben einhergehen. Interaktionsmöglichkeiten, narrative Elemente und der emotionale Gehalt steigern diese Effekte noch. Slater/Sánchez-Vives (2016) untersuchten beispielsweise VR-Studien zu den Themen Proxemik mit Fokus auf soziale Distanz, Diskriminierung, Autoritarismus bzw. Unterdrückung und Gewalterfahrung. Es zeigte sich, dass die Perspektive der ersten Person (1PP) das Präsenzerleben und damit die *Identifikation* mit dem Avatar-Protagonisten verstärkt. Weitere Studien (z. B. Banakou et al. 2016) konnten zudem belegen, dass sich die Selbstwahrnehmung der Nutzer über die Zeit der Simulation hinaus nachhaltig verändert hat. Das direkte Erleben dürfte aufgrund einer kognitiven Mehrfachcodierung der eingehenden Informationen unterschiedlicher Modalitäten zu einer stärkeren Verankerung im Gedächtnis und damit zu einem höheren Lernerfolg führen (vgl. Gerth/Kruse 2020:167).

Betrachtet man die Konzepte der *Involviertheit* und *Identifikation* im Zusammenhang mit der 4E-Sprachdidaktik, kommt der EMBODIED- und EMBEDDED-These eine besondere Bedeutung zu. Indem die Lerner durch XR in reale Sprachanwendungssituationen eingebunden werden und sich ins Geschehen involviert fühlen (EMBODIED), bauen sie eine tiefere Verbindung zur Sprache und ihrer Anwendung auf. Damit Identifikation mit den Lerninhalten stattfinden kann, sind realitätsnahe, für die Lerner bedeutungsvolle Kontexte nötig, in denen sie ihre gewonnenen sprachlichen Kompetenzen erproben und anwenden können (EMBEDDED).

ZUSAMMENFASSUNG: Involviertheit (Flow) und Identifikation

Involviertheit (engl. *involvement*) bezeichnet ein unmittelbares, nicht-distanziertes Erleben mit starker emotionaler Beteiligung (vgl. Appel/Koch 2002:150). Figurative Schicksale und Leitfiguren können dafür sorgen, dass sich Mediennutzer, Gamer oder XR-Anwender nicht nur angesprochen, sondern eingebunden, also involviert fühlen. Sie identifizieren sich mit dem, was ein Charakter bzw. ihr Avatar erfährt. Dieser Aspekt der ***Identifikation***, also das Gefühl des Betroffenseins, geht oft mit dem Zustand einher, dass Personen völlig in ihrer Aktivität aufgehen, zielorientiert in Bezug auf ihre Handlungen und vom Erfolg ihres Tuns überzeugt sind sowie einen bestimmten mentalen Zustand der „Versunkenheit" erreichen, der sich durch ein subjektives Gefühl von Kontrolle, Freude, Konzentration, Neugier und einen hohen Grad an Wahrnehmungskompetenz ihrer Möglichkeiten und Fähigkeiten auszeichnet. Dieser Zustand wird als ***Flow*** oder

Flow-Erleben bezeichnet (vgl. Csikszentmihályi 1975; Engeser/Schiepe-Tiska 2012:1). Beim Lernen muss eine Passung zwischen Anforderung und Fähigkeit gegeben sein beziehungsweise muss diese immer wieder aufs Neue hergestellt werden, um eine intrinsische Lernmotivation zu generieren und aufrechtzuerhalten (vgl. Lange 2019:68). XR-Technologien bringen in dieser Hinsicht unterschiedliche Vorteile mit sich: Mit ihnen ist es möglich, eine breite Aufgabenvielfalt bereitzustellen, die auf den Kenntnisstand unterschiedlicher Zielgruppen ausgelegt ist und zu bewältigende, ggf. adaptive Herausforderungen bietet, die fordern, aber nicht überfordern. Integrierte Prüfungssysteme sowie eine automatisierte Beschränkung von Aufgabenversuchen können dabei für Transparenz bzw. individuelle Anpassung und Motivation sorgen. Zu beachten ist, dass der Flow-Zustand unmittelbar in Langeweile übergehen kann. Für den Einsatz von XR als Lernmedien gilt es daher, zu berücksichtigen, dass sich möglicherweise anfangs durch den Neuigkeitseffekt eine hohe intrinsische Motivation bei den Lernern einstellen kann, die mit der Zeit abflacht (vgl. Li et al. 2015). Betrachtet man die Konzepte der ***Involviertheit und Identifikation*** im Zusammenhang mit der **4E-Sprachdidaktik**, kommt der **EMBODIED**- und **EMBEDDED**-These eine besondere Bedeutung zu. Indem die Lerner durch XR in reale Sprachanwendungssituationen eingebunden werden und sich ins Geschehen involviert fühlen (EMBODIED), bauen sie eine tiefere Verbindung zur Sprache und ihrer Anwendung auf. Damit Identifikation mit den Lerninhalten stattfinden kann, sind realitätsnahe, für die Lerner bedeutungsvolle Kontexte nötig, in denen sie ihre gewonnenen sprachlichen Kompetenzen erproben und anwenden können (EMBEDDED).

4.2.6 Illusion

Illusion hängt eng mit den Konzepten *Immersion* und *Präsenz*, aber auch *Identifikation* zusammen. Während *Immersion* das Eintauchen in ein Medium bedeutet und *Präsenz* das Gefühl, an einem Ort bzw. in einer computerbasierten/virtuellen Welt anwesend zu sein, bezeichnet *Illusion* das Bewusstsein, eine neue (computerbasierte/virtuelle) Welt überhaupt als eine Welt zu begreifen, in die eingetaucht werden kann (*Ortsillusion*) und in der reale Handlungen mit ihren Konsequenzen, die man aus dem echten Leben kennt, möglich sind

(*Plausibilitätsillusion*) (vgl. Dörner et al. 2013:18). Es handelt sich bei diesem Phänomen aber keinesfalls um einen Wahrnehmungsdefekt oder eine kognitive Störung (wie z. B. bei Halluzinationen), sondern um eine bewusste Entscheidung der Menschen, sich im Zusammenhang mit Mediennutzung auf eine simulierte Welt einzulassen, auf welche Art auch immer, und diese als Handlungsraum wahrzunehmen. Sie kommt zustande, indem die Nutzer die sensorischen Informationen eines Mediums durch imaginative beziehungsweise kognitive Tätigkeiten in eine neue (computerbasierte/virtuelle) Realität übersetzen, ergänzen und dort nutzbar machen (vgl. Hochscherf et al. 2011:14). In diesem Zusammenhang soll kurz auf den „Uncanny-Valley Effekt" (vgl. Palmas/Niermann 2021:7) eingegangen werden. Er bezieht sich auf eine Akzeptanzlücke bei Betrachtern von digitalen Avataren in VR. Man könnte davon ausgehen, dass die *Illusion* am höchsten ist, wenn der Avatar maximal menschenähnlich ist. Das hat sich bisher jedoch als falsch erwiesen (vgl. Shin et al. 2019:107): Je näher der Avatar einer fotorealistischen Abbildung kommt, desto höher wird zwar erst einmal der Akzeptanzwert, jedoch fällt er augenblicklich ab, wenn er eine bestimmte Schwelle überschreitet, das *Uncanny-Valley*. An diesem Punkt entwickelt die betrachtende Person so hohe Erwartungen an den Realismus der Darstellung, dass bereits minimale Unstimmigkeiten zu einem erst recht verstärkten Illusionsbruch führen. Aus diesem Beispiel wird ersichtlich, dass die Illusion der Nutzer durch technisch bedingte Qualitätsdefizite oder beschränkte Interaktionsmöglichkeiten zerstört werden kann. „Durchbricht die mediale Machart die Subtilität der technischen Vermittlung, lenkt sie die Aufmerksamkeit des Rezipienten zu stark auf das Wie des Dargestellten und nicht mehr auf das Dargestellte selbst" (Lange 2019:61 f.). Neuere Arbeiten plädieren allerdings dafür, den Uncanny-Valley-Effekt im Zuge des technischen Fortschritts, aber auch im Hinblick auf sozial-emotionale Aspekte, die Avatare mit sich bringen, detailliert zu beforschen (siehe z. B. Diel/Lewis 2024; Gutuleac et al. 2023).

Bedeutung des Konzepts *Illusion* für Lehr- und Lernkontexte

Illusion ist ein weiterer Schlüsselbegriff im Diskurs um XR als Lehr- und Lerntechnologien. Grundsätzlich ist ein sinnvoller Grad an technisch ermöglichter visueller *Illusion* stark abhängig von den Anwendungsfällen – beispielsweise ist bei Schulungen zur Bedienung von komplexen technischen Geräten eine hohe optische Genauigkeit der Darstellungen in XR erforderlich, während die Abbildung von Details in einem Spiel oder einer Marketing-Anwendung meist nicht von entscheidender Bedeutung ist. Die wahrnehmungspsychologische „Akzeptanz" von in XR dargestellten Inhalten beruht grundsätzlich auf der menschlichen Fähigkeit der Imagination, also dem Vorstellungsvermögen. Diese Imagination wird schon jahrhundertelang im Unterricht adressiert, wenn man beispielsweise an analoge handlungsorientierte Methoden wie Rollenspiele, Planspiele oder Verkleidungsaktivitäten denkt. Meist sind sie mit hohem Aufwand verbunden und erreichen nicht den hohen Grad an Illusion, den XR-Technologien evozieren können.

Betrachtet man das Konzept der *Illusion* im Zusammenhang mit der 4E-Sprachdidaktik, kommt der EXTENDED und EMBODIED-These eine besondere Bedeutung zu. Die Sprachlerner nutzen die durch XR dargebotenen sensorischen Informationen und verbinden sie mit kognitiven Tätigkeiten (EXTENDED). Sie lassen sich auf die Inhalte ein, bewegen sich und handeln über die Grenzen des Virtuellen und Realen hinweg (EMBODIED). Dadurch besteht die Möglichkeit, Sprachunterricht anschaulicher und realitätsnaher zu gestalten, und das mit weniger physischen Ressourcen. Zudem werden flexiblere, individualisierte Formen des Wissenserwerbs geschaffen.

ZUSAMMENFASSUNG: Illusion

Unter ***Illusion*** versteht man die bewusste Entscheidung eines Menschen, sich auf eine simulierte Welt einzulassen (Fantasiewelt, VR-Welt, Spieleumgebung) und diese als Handlungsraum wahrzunehmen. Diese wahrnehmungspsychologische „Akzeptanz" beruht grundsätzlich auf der menschlichen Fähigkeit der Imagination. Bei der Nutzung von XR kommt Illusion zustande, indem die Nutzer die sensorischen Informationen des Mediums durch imaginative beziehungsweise kognitive Tätigkeiten in die neue (computerbasierte bzw. virtuelle) Realität übersetzen, ergänzen und nutzbar machen (vgl. Hochscherf et al. 2011:14). Bei XR-Lernanwendungen ist Illusion von großer Bedeutung. Beispielsweise ist es erwiesen, dass in VR eine körperliche Identifikation mit Avataren stattfinden kann. Die Probanden verhalten sich unter bestimmten Bedingungen in Experimenten so, als würde ihr eigener Körper berührt und nicht der Avatar (oder eine andere Person) (vgl. Ehrsson 2007; Lenggenhager et al. 2007, nach Weber 2017:214).

In Bezug auf die **4E-Sprachdidaktik** kommt beim Konzept der ***Illusion*** der **EMBODIED-** und **EMBEDDED-**These eine besondere Bedeutung zu. Die Sprachlerner nutzen die durch XR dargebotenen sensorischen Informationen und verbinden sie mit kognitiven Tätigkeiten (EXTENDED). Sie lassen sich auf die Inhalte ein, bewegen sich und handeln über die Grenzen des Virtuellen und Realen hinweg (EMBODIED). Dadurch besteht die

Möglichkeit, Sprachunterricht anschaulicher und realitätsnaher zu gestalten, und das mit weniger physischen Ressourcen. Zudem werden flexiblere, individualisierte Formen des Wissenserwerbs geschaffen.

GESAMTZUSAMMENFASSUNG: Für Lehr- und Lernkontexte relevante XR-Wirkungskonzepte

In diesem Teilkapitel 4.2 wurde auf die Konzepte der ***Immersion*** und ***Präsenz*** (Abschn. 4.2.1), ***Interaktion, Interaktivität*** und ***Multimodalität*** (Abschn. 4.2.2), ***Gamification*** (Abschn. 4.2.3), ***Narration*** (Abschn. 4.2.4), ***Involviertheit (Flow)*** und ***Identifikation*** (Abschn. 4.2.5) sowie ***Illusion*** (Abschn. 4.2.6) eingegangen und ihre Relevanz für Lehr- und Lernkontexte dargestellt. Zusammenfassend lässt sich festhalten, dass Lerner computerbasierte bzw. virtuelle Orte als realitätsnah empfinden, wenn Handlungsstränge oder Umgebungsstrukturen ähnlich wie die des wahren Lebens – oder zumindest an die dort vorherrschenden Gesetze angepasst – sind und wenn Geschehnisse und multimodale Effekte kohärent aufeinander aufbauen und sich ergänzen. Sie fühlen sich dann eingebunden, vor Ort anwesend und betrachten ihre Handlungen als sinnvolle Aktionen einer logisch aufgebauten, ggf. durch narrative Elemente unterstützten Handlungskette. Sie identifizieren sich mit ihrem Avatar/dem Protagonisten oder agieren selbst als handelnde Person, am besten aus der First-Person-Perspektive. Aufgaben, wie beispielsweise ein Problem lösen, sollten an die Kenntnisse der Lerner angepasst sein und sie in ihrer Lebenswelt abholen. In XR-Umgebungen machen Lerner eigene Erfahrungen und spüren simulierte Konsequenzen. Um Frustration vorzubeugen und ein Flow-Erleben zu evozieren, sollten die gestellten Aufgaben sie weder über- noch unterfordern. Alle genannten Faktoren können den Wissenserwerb unterstützen und erleichtern. Forschungsbefunde zur Medien-, Usability- und Lehr-Lern-Forschung belegen, dass weniger das gewählte Medium bzw. die gewählte Technologie, sondern vielmehr die räumliche Präsenz, das Flow-Erleben, die kontextuelle und situationsbezogene Einbindung des Lehr-Lern-Arrangements sowie das didaktische Design für den Lernprozess effektrelevant sind (vgl. Rey 2009; Zinn et al. 2016). Vor diesem Hintergrund ist es wichtiger denn je, zum einen für eine adäquate Medienkompetenz bei den Nutzern zu sorgen und zum anderen die wachsende immersive Wirkung von Medien für didaktische Anwendungsfälle fruchtbar zu machen und stetig kritisch zu evaluieren. Diese Fragestellungen können wiederum nicht von nur einem Fach oder einer Disziplin beantwortet werden, sondern müssen interdisziplinär behandelt werden (vgl. Rieger et al. 2020:7).

Bei allen XR-Wirkungskonzepten wurde auf die 4E-Sprachdidaktik referiert und auf die jeweiligen EC-Thesen hingewiesen, die von besonderer Bedeutung für einen ganzheitlichen Sprachunterricht sind. Daraus sollte der inhärente Zusammenhang zwischen XR, EC und der modernen Sprachdidaktik deutlich geworden sein (siehe detailliert Abschn. 5.3).

5 XR im Sprachunterricht: Forschungsstand und Status quo

In diesem Kapitel wird ein Überblick über den aktuellen Forschungsstand weltweit zum XR-gestützten Sprachenlernen bzw. zum Einsatz von XR im Sprachunterricht gegeben. Hierzu wird eine Übersichtsarbeit (engl. Scoping Review) durchgeführt (Abschn. 5.1). Danach wird der Status quo von XR als Bildungstechnologien im Sprachunterricht in Deutschland im Jahr 2021 aufgezeigt, indem die Ergebnisse einer explorativen Onlinebefragung von Sprachlehrkräften vorgestellt werden (Abschn. 5.2). In Abschn. 5.3 werden die Felder EC – Sprachunterricht – XR zusammengeführt, indem zuerst ein kurzer Überblick mit Referenz auf 4E gegeben wird (Abschn. 5.3.1), dann werden Prinzipien und Leitlinien für die Gestaltung von XR-Sprachlehr-/-lernangeboten vorgestellt (Abschn. 5.3.2) und anschließend die Forschungshypothesen gebildet (Abschn. 5.3.3).

I. Hoffmann, *Embodied Cognition und XR im Sprachunterricht*,
https://doi.org/10.1007/978-3-658-49658-6_5

5.1 Scoping Review: Forschungsstand von XR (VR/MR) im Sprachunterricht weltweit

Ziel dieses Kapitels ist es, einen umfassenden deskriptiven Überblick über den aktuellen weltweiten Forschungsstand zum Einsatz von XR im Sprachunterricht, mit besonderem Fokus auf VR und MR, zu gewinnen. Dabei soll vorab angemerkt werden, dass die in Abschn. 3.2 hervorgehobene Problematik der vorwiegend instruktionistischen Ausrichtung der Studien hier in verstärkter Form transparent wird. Dieser Aspekt wird in Abschn. 5.3 nochmals detailliert aufgegriffen.

Zu diesem Zweck wurde ein Scoping Review mit einem Korpus von insgesamt 14 ausgewählten Übersichtsarbeiten (engl. „systematic reviews“ bzw. „meta reviews“) durchgeführt. Diese Art des Reviews ermöglicht es, Forschungstendenzen zu erfassen, Informationen und Studienergebnisse zu konkreten Themenfeldern zu präsentieren und Forschungslücken zu erkennen. „Der Wert von Scoping Reviews für die evidenzbasierte Praxis liegt in der Untersuchung eines breiteren Bereichs, um Lücken im Wissensbestand zu identifizieren, Schlüsselkonzepte zu klären und über die Arten von Evidenz zu berichten, die für die Praxis relevant sind“ (Elm et al. 2019:2). Der Scoping Review ist eine etablierte methodische Herangehensweise in der Disziplin der Human-Computer-Interaction und vielen weiteren Disziplinen. Ein Scoping Review folgt einem systematischen Prozess der Literaturrecherche, -auswahl und -synthese, wobei klare methodische Schritte definiert sind, um die Transparenz und Reproduzierbarkeit der Ergebnisse zu gewährleisten (vgl. Webber et al. 2023:3). Die Definition eines konkreten Zeitraums bei der Durchführung von Scoping Reviews ist von entscheidender Bedeutung, um die Relevanz und Aktualität der erfassten Literatur zu gewährleisten sowie die Transparenz und Reproduzierbarkeit des Forschungsprozesses sicherzustellen. Außerdem ermöglicht es ein klar definierter Zeitraum, potenzielle Verzerrungen oder Veränderungen im Forschungsfeld, die sich im Laufe der Zeit ergeben, zu berücksichtigen.

Für diesen Scoping Review, der systematische Übersichtsarbeiten als Datengrundlage nutzt, wurde der Zeitraum 2015 bis 2024 definiert. Hintergrund ist, dass zum einen das Jahr 2016 als Jahr der VR für den Consumer-Markt (durch den Launch der VR-Brille „Oculus Rift") und zum anderen pandemische Entwicklungen berücksichtigt werden sollen. Die Recherche erstreckte sich von Januar 2023 bis Mitte Februar 2024 und wurde innerhalb der Datenbanken *IEEE Xplore*[1] und *Google Scholar*[2] durchgeführt. Die Suchbegriffe, die ausdrücklich alle gemeinsam im Titel vorkommen sollten, lauten jeweils:

a) „VIRTUAL REALITY" (ODER „VR") UND „LANGUAGE" UND „REVIEW"
b) „MIXED REALITY" (ODER "MR") UND „LANGUAGE" UND „REVIEW"
c) „XR" UND „LANGUAGE" UND „REVIEW"

Bei *IEEE Xplore* sind Mitte Februar 2024 insgesamt nach allen drei Suchanfragen – a, b und c – nur drei Ergebnisse zu finden (Yu et al. 2022; Peixoto et al. 2021 und Li et al. 2021). Aus diesem Grund wurde zusätzlich *Google Scholar* miteinbezogen. Dort sind insgesamt 22 Ergebnisse für die Suche a) mit VIRTUAL REALITY und drei weitere Ergebnisse für dieselbe Suche a) mit VR gefunden worden. Auffallend ist zum einen, dass im definierten Zeitraum keine Reviews existieren, die XR im Titel tragen (Fall c). Zum anderen brachte die Suchanfrage b) für MIXED REALITY nur ein Ergebnis hervor (Li/Wong 2021), und für MR wurden nur zwei Ergebnisse gefunden (darunter Shen et al. 2023), wobei eines davon direkt aussortiert werden konnte, da MR nicht für *Mixed Reality* stand, sondern für ein Radiologieverfahren aus der Medizin. Zusätzlich wurde noch ein Meta-Review hinzugezogen (Huang et al. 2021), der nicht aus der Datenbanksuche stammt, aber als thematisch relevant angesehen wird und auf den sich viele der selektierten Arbeiten berufen. So ergibt sich eine finale Auswahl von insgesamt 14 Übersichtsarbeiten. Der Auswahlprozess ist dem nachfolgenden Flussdiagramm zu entnehmen (vgl. Abb. 5.1).

[1] Datenbank IEEE Xplore, online unter: https://ieeexplore.ieee.org/search/advanced (zuletzt aufgerufen am 25.11.2024).

[2] Google Scholar, online unter: https://scholar.google.de/ (zuletzt aufgerufen am 25.11.2024).

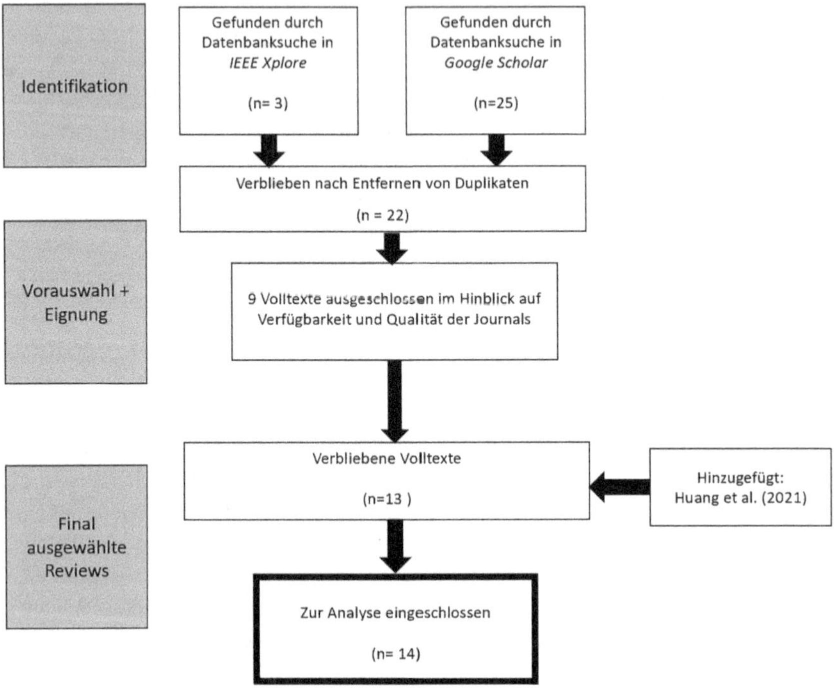

Abb. 5.1 Flussdiagramm der Studienauswahl (Scoping Review)

Die nachfolgende Tabelle (Tab. 5.1) bietet die Möglichkeit, die Inhalte der 14 ausgewählten Übersichtsarbeiten auf einen Blick zu erfassen und die unterschiedlichen Schwerpunkte zu vergleichen. Zudem kann man erkennen, dass der abgedeckte Forschungszeitraum der Arbeiten die Jahre 2004–2022 vollständig umfasst.

Tab. 5.1 Kernaspekte der analysierten Übersichtsarbeiten (Scoping Review)

Kurztitel	Untersuchter Zeitraum und Korpus	Schwerpunkt/Zielsetzung	Schlagwortsuche der Studie	Literatursuche
Jayes et al. (2022): VR in Malaysian English as a second language learning.	2011–2021 13 Publikationen	• Verwendete VR-Technologie und Dauer der Bildungsaktivitäten und Sprachlernsettings im malaysischen ESL-Kontext • Vor- und Nachteile des Einsatzes von VR als Lehrmittel im malaysischen ESL-Klassenzimmer • Perspektiven bzgl. des pädagogisch-didaktischen Einsatzes von VR	„Virtual Reality" OR „VR" OR „Virtual Reality Technology" OR „VR Technology" OR „Virtual Reality Environment" OR „Virtual Environment" OR „VR Environment" OR „Virtual Classroom" OR „Virtual Class" OR „Augmented Reality" OR „AR" „English as A Second Language" OR „ESL" OR „English as A Second Language Learning" OR „ESL Learning" „Malaysian classroom" OR „Malaysian primary classroom" OR „Malaysian secondary classroom" OR „Malaysian school" OR „Malaysian primary school" OR „Malaysian se-condary school"	*Google Scholar*
Bahari (2022): Affordances and challenges of teaching language skills by VR: A systemic review.	2010–2020 75 Studien	Nutzung von VR kategorisiert nach Sprachkompetenzen	„Challenges of L2 learning by VR", „affordances of L2 learning by VR", „L2 reading by VR", „L2 writing by VR", „L2 listening by VR", and „L2 speaking by VR"	*Wiley, ERIC, Sage, EBSCO, Taylor* und *Francis (Tandf), Web of science (WOS)* und *Emerald*

(Fortsetzung)

Tab. 5.1 (Fortsetzung)

Kurztitel	Untersuchter Zeitraum und Korpus	Schwerpunkt/Zielsetzung	Schlagwortsuche der Studie	Literatursuche
Yu et al. (2022): A Review of VR in Language Learning.	2011–2020 67 empirische Studien	• Aktueller Forschungsstand • Wichtigste Forschungsthemen • Leitende Theorien für die Unterrichtsgestaltung mit VR • Vorteile und Herausforderungen	Keine Schlagwortsuche Themenbezogene Suche (siehe „Schwerpunkt/Zielsetzung“)	International: *Computer Assisted Language Learning (CALL), Computers & Education (C&E), ReCALL, Language Learning & Technology (LLT), System, and CALICO Journal* Chinesisch: *Modern Educational Technology (MET), China Educational Technology (CET), Technology Enhanced Foreign Language Education (TEFLE), Open Education Research (OER), Distance Education in China (DEC) and e-Education Research (e-ER)*
Alizadeh/Cowie (2022): Language learning and virtual reality:	2020–2022+ 5 frühere Übersichtsarbeiten 24 Publikationen (5 Übersichtsarbeiten, 19 Studien)	• Auswirkungen von VR auf psychologische und emotionale Zustände von Sprachlernern • Effekte von VR auf Sprachlernergebnisse	Begriffe im Zusammenhang mit VR, WebVR und ihren Varianten sowie mit dem Sprachenlernen in der K-12- und Hochschulbildung	*Web of Science, Scopus* und *ERIC*

(Fortsetzung)

Tab. 5.1 (Fortsetzung)

Kurztitel	Untersuchter Zeitraum und Korpus	Schwerpunkt/Zielsetzung	Schlagwortsuche der Studie	Literatursuche
Peixoto et al. (2021): Immersive Virtual Reality for Foreign Language Education: A PRISMA Systematic Review.	Kein Zeitraum definiert 30 Publikationen	Identifikation von Merkmalen, Lehrmethoden, Technologien und Forschungsbedarf zur immersiven virtuellen Realität für den Fremd- und Zweitsprachenunterricht	(„Virtual Reality“ OR „VR“ OR „Virtual Worlds“ OR „Virtual Environments“ OR „3D“) AND („Immersion“ OR „Immersive“ OR „HMD“ OR „CAVE“ OR „Head mounted display“ OR „360“) AND („Second Language“ OR „Foreign Language“ OR „English“ OR „Language“)	Scopus, Web of Science, ACM Digital Library, Mary Ann Liebert, EEE Xplorer und SpringerLink
Huang et al. (2021): A systemic review of AR and VR enhanced language learning.	2011–2020 32 Studien	• Art und Weise, wie AR- oder VR-Tools in das Sprachenlernen integriert werden • Hauptnutzer von AR- und VR-Technologien • Wichtigste Forschungsergebnisse • Gründe, warum AR- und VR-Tools bei der Förderung des Sprachenlernens effektiv sind • Auswirkungen/ Perspektiven	(„AR“ OR „augmented reality“ OR „augmenting reality“ OR VR OR „virtual reality“) AND (language OR English) AND („learn“ OR „teach“ OR communicat* OR educat*)	*Education Resources Information Center (ERIC)* und *Social Sciences Citation Index (SSCI);* *Web of Science (WOS)*

(Fortsetzung)

Tab. 5.1 (Fortsetzung)

Kurztitel	Untersuchter Zeitraum und Korpus	Schwerpunkt/Zielsetzung	Schlagwortsuche der Studie	Literatursuche
Li/Wong (2021): A literature review of AR/VR/MR in language learning.	2004–2018 111 Studien	• Trends bei der Verwendung von AR/VR/MR beim Sprachenlernen • Vertretene Länder, Lerner-Zielgruppen und Geräte • Bisher untersuchte Bereiche/Themen des Sprachenlernens • Forschungsbedarf für zukünftige Arbeiten Einteilung in drei Perioden: I. 2004–2008 II. 2009–2013 III. 2014–2018	(„virtual reality“ OR „augmented reality“ OR „mixed reality“) AND ‘language learning’	Hauptsächlich aus: *Web-of-Science* und *Scopus*
Pinto et al. (2021): Foreign Language Learning Gamification Using VR	2004–2013 32 Studien	• Gamification beim Erlernen einer Fremdsprache (mit VR/AR)	„Virtual Reality“ OR „Augmented Reality“ OR „VR“ or „AR“, AND „Second Language“ OR „Foreign Language“ OR „English“ OR „Language“, AND „Gamification“ OR „Games“	*ACM, IEEE Xplore, Mary Ann Liebert, Scopus, Wiley* und *Web of Science*

(Fortsetzung)

Tab. 5.1 (Fortsetzung)

Kurztitel	**Untersuchter Zeitraum und Korpus**	**Schwerpunkt/Zielsetzung**	**Schlagwortsuche der Studie**	**Literatursuche**
Li et al. (2021): VR n Foreign Language Learning:	Nicht festgelegt, aber Referenzen ab 2009 >20 Studien	• Analyse der Anwendung von VR beim Fremdsprachenlernen • Darstellung der Ergebnisse anhand der Dimensionen Hören, Sprechen, Schreiben, Zielkultur und kommunikative Kompetenz	Schlüsselwörter: u. a. „virtual reality“ und „foreign language learning“	*EBSCOhost* und *CNKI* + 1 Masterarbeit zur automatischen Spracherkennung im Englischen FSU
Parmaxi (2020): VR in language learning: A systematic review and implications for research and practice.	2015–2018 26 Publikationen	• Verwendete Technologien, Sprachlernsettings und Dauer der Bildungsaktivitäten • Chancen und Grenzen des Einsatzes von VR als Lernmedium im Sprachunterricht • Zukünftige Forschungsrichtungen in Bezug auf den Einsatz von VR im Unterricht	(„Virtual Environment“ OR „immersive environment“ OR „Virtual Reality Learning Environment“ OR „Virtual Reality Environment“ OR „virtual world“ „VR“ OR „VRLE“ OR „virtual classroom“ OR „virtual class“) („language learning“ OR „computer assisted language learning“ OR „technology-enhanced language learning“ OR „language learning“ OR „language courses“ OR „language classroom“)	17 Zeitschriften, darunter z. B.: *Computers & Education, British Journal of Educational Technology, Journal of Computer Assisted Learning, IEEE Transactions on Learning Technologies, ReCALL, Computer Assisted Language Learning*

(Fortsetzung)

Tab. 5.1 (Fortsetzung)

Kurztitel	Untersuchter Zeitraum und Korpus	Schwerpunkt/Zielsetzung	Schlagwortsuche der Studie	Literatursuche
Zheng et al. (2022): Review of the application of virtual reality in language education	2010–2020 69 Volltexte (empirische Studien)	• Allgemeine Publikationstrends • Forschungsmethoden • Forschungsschwerpunkte • Vorteile und Herausforderungen des VR-gestützten Sprachunterrichts	(1) 3D virtual/interactive learning environments, VR, virtual worlds, virtual characters, avatars and Second Life (2) foreign language (e. g., English, French), language teaching (teachers), language learning (learners), language education and computer-assisted language learning	12 chinesische und internationale Fachzeitschriften <u>International:</u> • *Language Learning & Technology (LLT), The Journal of EUROCALL (ReCALL), Computer Assisted Language Learning (CALL), System and CALICO Journal (CALICO)* <u>Chinesisch:</u> • *Modern Educational Technology (MET), China Educational Technology (CET), Technology Enhanced Foreign Language Education (TEFLE), Open Education Research (OER), Distance Education in China (DEC) and e-Education Research (e-ER)*

(Fortsetzung)

Tab. 5.1 (Fortsetzung)

Kurztitel	Untersuchter Zeitraum und Korpus	Schwerpunkt/Zielsetzung	Schlagwortsuche der Studie	Literatursuche
Shen et al. (2023): Outcomes of VR, AR and MR Technologies in K-12 Language Education	2012–2022 53 Arbeiten	Auf Grundlage der Bloom'schen Klassifizierungstheorie der Unterrichtsziele, (kognitive Ziele, affektive Ziele und Verhaltensziele) werden die Ergebnisse zusammengefasst und anhand dieser drei Dimensionen analysiert, um die Funktion von VR, AR und MR in der K-12-Sprachausbildung zu ermitteln.	(virtual reality ODER VR ODER augmented reality ODER AR ODER mixed reality ODER MR) AND („language education" ODER „language teaching" ODER „language learning" im Abstract) UND („primary school" ODER „elementary school" ODER „primary education" ODER „high school" or „k-12" im Abstract)	Keine Angabe
Liu (2023): A systematic review of the use of VR in teaching Chinese as a foreign language in teaching Chinese as a foreign language		• Überblick über den spezifischen Einsatz von VR im TCFL (Unterricht von Chinesisch als Fremdsprache) • Auswirkungen von VR auf das Sprachenlernen	„VR", „virtual reality", UND „Chinese language"	*Scopus* und *Web of Science*

(Fortsetzung)

Tab. 5.1 (Fortsetzung)

Kurztitel	Untersuchter Zeitraum und Korpus	Schwerpunkt/Zielsetzung	Schlagwortsuche der Studie	Literatursuche
Hua/Wang (2023): VR-assisted language learning: A follow-up review.	2018–2022 38 empirische Studien	• Welche aktuelle Forschungstendenzen gibt es zu VR-unterstütztem Sprachenlernen? • Welches sind die Vor- und Nachteile von VR-unterstütztem Sprachenlernen?	„virtual reality“ UND „language learning“, wobei für „virtual reality“ auch verwandte Begriffe gesucht wurden wie „virtual exchange“, „virtual communication“, „virtual world“, „immersive environment“, „virtual environment“, und „virtual classroom“ Und für „language learning“: verwandte Begriffe wie „second language (L2) learning“ „heritage language learning“ „computer-assisted language learning“, „technology-enhanced language learning“, „language teaching“, „language education“, „language classroom“ und „language courses“ Daneben wurden auch sprachspezifische Begriffe hinzugefügt, wie „vocabulary“, „writing“, „reading“, „listening“, „speaking“, „speech“ und „pronunciation“.	15 Fachzeitschriften und Konferenzpublikationen, darunter z. B.: *Australasian Journal of Educational Technology, British Journal of Educational Technology, Journal of Educational Technology & Society, Language, Learning & Technology, ReCALL*

Anhand dieses Literaturkorpus sollen mit dem Scoping Review im Einzelnen nachstehende Themenfelder herausgearbeitet werden (vgl. Abb. 5.2):

I. Stärken und Effekte von XR im Sprachunterricht
II. Herausforderungen und Probleme, die beim XR-Einsatz bestehen bzw. vorgekommen sind
III. Pädagogisch-didaktische Theorien, Modelle und Konzepte, die den Einsatz von XR geleitet haben bzw. beim XR-Einsatz eine Rolle gespielt haben
IV. Erwähnte Bezüge zum Embodied-Cognition-Forschungsfeld
V. Forschungslücken und -desiderate

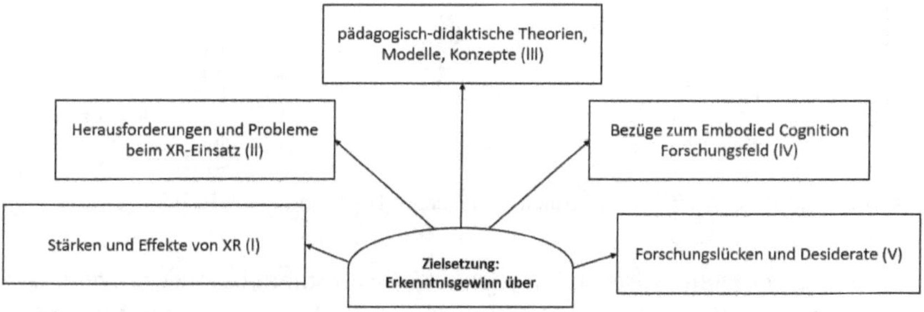

Abb. 5.2 Zielsetzungen des Scoping Reviews

5.1.1 Allgemeine Forschungstendenzen und Problemaufriss der uneinheitlichen Definitionen von XR

Bevor der erste Themenbereich **„Stärken und Effekte von XR (I)“** (siehe Abschn. 5.1.2) vorgestellt wird, soll zum einen ein kurzer Überblick über die allgemeinen Forschungstendenzen gegeben werden. Zum anderen soll auf die uneinheitlichen Definitionen von XR-Formaten in den Übersichtsarbeiten hingewiesen werden und es folgt eine Darlegung, wie in den weiteren Ausführungen damit umgegangen wird.

Allgemeine Forschungstendenzen
Als grundlegende Tendenz kann festgehalten werden, dass die **Anzahl der Studien** zum XR-gestützten Sprachunterricht seit Beginn der 2000er-Jahre weltweit einen deutlichen Zuwachs erfahren hat (vgl. Yu et al. 2022; Li/Wong 2021; Hua/Wang 2023). Die nachfolgende Abbildung aus der Studie von Li/Wong (2021), die internationale Datenbanken wie *Scopus* und *Web of Science* durchsucht und 111 Studien zwischen 2004 und 2018 ausgewertet haben, visualisiert diese Tendenz (vgl. Abb. 5.3).

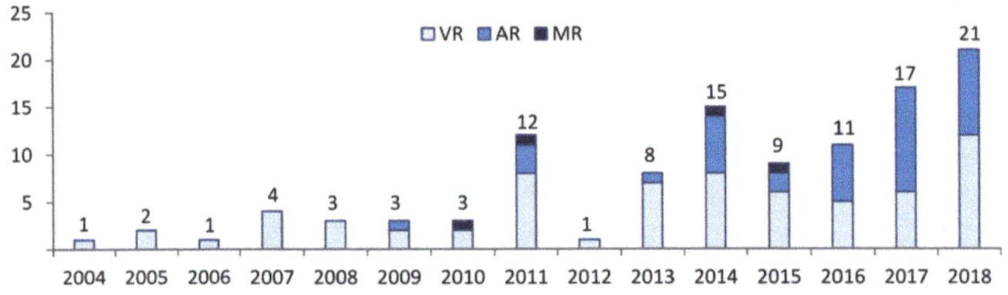

Abb. 5.3 Anzahl der XR-Publikationen nach Jahren (Li/Wong 2021:168)

Der Folgezeitraum zwischen 2018 und 2023 ist insofern besonders interessant, als er genau die Jahre der Covid-19-Pandemie einschließt. In diesem Zusammenhang machen Hua/Wang (2023) beispielsweise auf einen Publikationsrückgang im Jahr 2021 aufmerksam. Im Jahr 2022 ist erneut ein Anstieg zu beobachten. Sie werteten 38 empirische Studien zu VR und virtuellen Räumen im Sprachunterricht aus internationalen Fachzeitschriften und Konferenzbänden des Zeitraums 2018 bis 2022 aus (vgl. Abb. 5.4). An dieser Stelle soll angemerkt werden, dass die Pandemie je nach Disziplin und Land oder Region eine höhere Publikationsrate mit sich gebracht hat, wogegen in anderen Disziplinen oder an anderen Orten ein Publikationsrückgang zu verzeichnen ist. Zudem müssen immer Verzögerungen zwischen der Einreichung eines Beitrags und seiner Veröffentlichung je nach Zeitschrift bedacht werden. Daher bleiben Deutungen im Kontext Covid-19 bei Übersichtsarbeiten oft aus.

Liu (2023) beispielsweise widmet sich dem Forschungsbereich des VR-gestützten Chinesischunterrichts in Asien (vgl. Abb. 5.5). Insgesamt ist das Forschungsinteresse am VR-gestützten Chinesischunterricht in den Jahren zwischen 2010 und 2015 gleichbleibend niedrig (eine Publikation), im Jahr 2019 und 2021 dokumentieren sie zwei Publikationen und im Jahr 2022 steigt die Publikationsanzahl auf vier. Liu (2023) lässt diese Entwicklung unkommentiert.

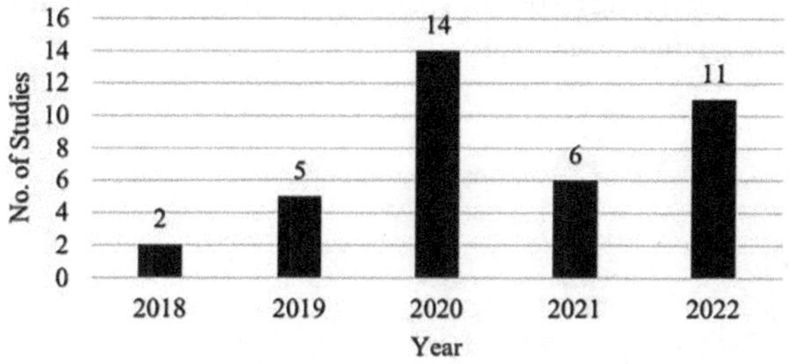

Abb. 5.4 Studien zwischen 2018 und 2022 (Hua/Wang 2023:3)

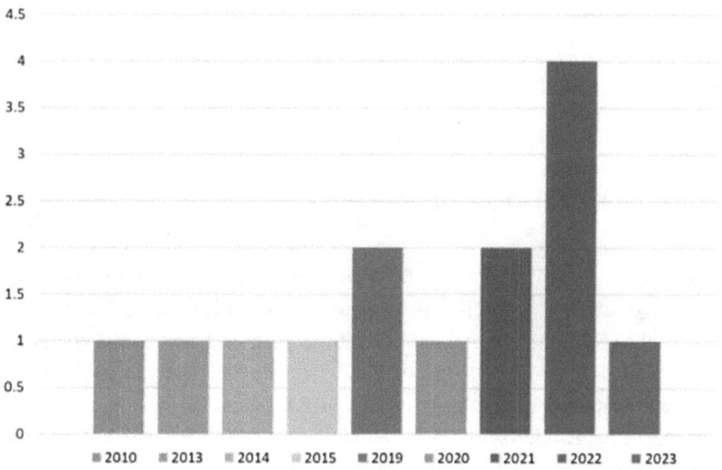

Abb. 5.5 Publikationen zum VR-gestützten Chinesisch-Unterricht von 2010–2023 (Liu 2023:9)

Eine weitere weltweite Forschungstendenz zeigt sich im Hinblick auf die untersuchte **Zielsprache** der Publikationen zu XR und virtuellen Räumen im Sprachunterricht: Englisch ist mit großem Abstand am häufigsten vertreten (vgl. Pinto et al. 2021; Alizadeh/Cowie 2022; Parmaxi 2020; Zheng et al. 2022).

Pinto et al. (2021) beispielsweise werteten 32 Studien zum Thema Gamification beim Erlernen einer Fremdsprache (mit VR/AR) des Zeitraums 2004 bis 2013 aus.

Wie die folgende Abbildung (Abb. 5.6) zeigt, ist hier Englisch eindeutiger Vorreiter, gefolgt von Deutsch und Chinesisch.

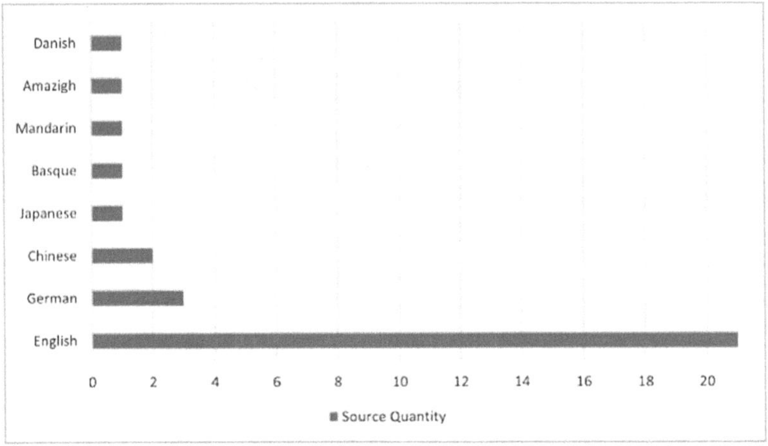

Abb. 5.6 Untersuchte Zielsprachen (Pinto et al. 2021:9)

Auch Zheng et al. (2022), die über 50 Artikel aus internationalen Zeitschriften des Zeitraums 2010–2020 untersucht haben, kamen zu dem Ergebnis, dass Englisch die meistuntersuchte Sprache ist, gefolgt von Chinesisch und Spanisch (vgl. Abb. 5.7). Der Unterschied zu Pinto et al. (2021:9) – neben dem anders gewählten Zeitraum und dem Bezug zu Zeitschriften (International Journals) statt explizit zu Zielsprachen – kann auch darin begründet sein, dass Zheng et al. (2022) sich auf VR und virtuelle 3D-Umgebungen konzentrierten und daher bei den Schlüsselbegriffen nicht auch „Augmented Reality" bzw. „AR" mit in die Literatursuche integriert hatten.

Im Hinblick auf die vorrangig vertretenen, untersuchten **Zielgruppen** ist festzustellen, dass drei Probandengruppen seit den 2000er-Jahren dominant sind: Hochschulstudierende (engl. „higher education", „tertiary education"), Grundschulkinder (engl. „primary education", „elementary education") sowie Schüler zwischen elf und 18 Jahren aus weiterführenden Schulen (engl. „secondary education") (vgl. LI/Wong 2021; Peixoto et al. 2021; Pinto et al. 2021 und Zheng et al. 2022). Li/Wong (2021) visualisieren beispielsweise die vertretenen Zielgruppen aus 111 ausgewerteten internationalen Studien entsprechend den drei eingeteilten Zeiträumen 2004–2008, 2009–2013 und 2014–2018 (vgl. Abb. 5.8).

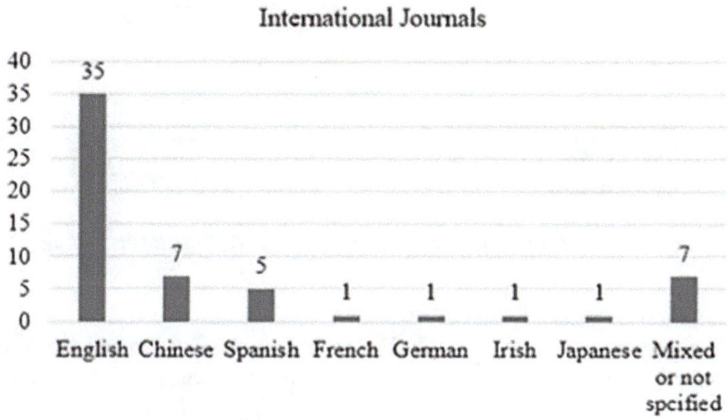

Abb. 5.7 Untersuchte Zielsprachen (Zheng et al. 2022:309)

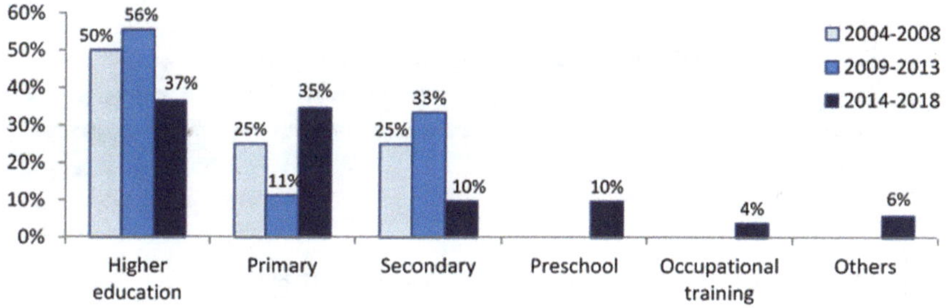

Abb. 5.8 Vertretene Bildungsstufen in den Studien 2004 bis 2018 (LI/Wong 2021:170)

Auffallend ist, dass sich seit 2014 auch neue **Zielgruppen bzw. Einsatzbereiche** herausgebildet haben, wie Kindergarten und Vorschule (engl. „preschool"), sowie vereinzelt auch die betriebliche bzw. berufliche Aus-, Fort und Weiterbildung (engl. „occupational training"). Peixoto et al. (2021:48956), die sich auf VR und virtuelle 3D-Räume im Sprachunterricht konzentrieren, kommen zu ähnlichen Ergebnissen. Interessant ist, dass sich in der Gegenüberstellung von Studien in internationalen Zeitschriften versus in chinesischen Zeitschriften nach Zheng et al. (2022) herausstellt, dass in China die Zielgruppe der Grundschüler stärker vertreten ist als der Schüler von weiterführenden Schulen (vgl. Abb. 5.9).

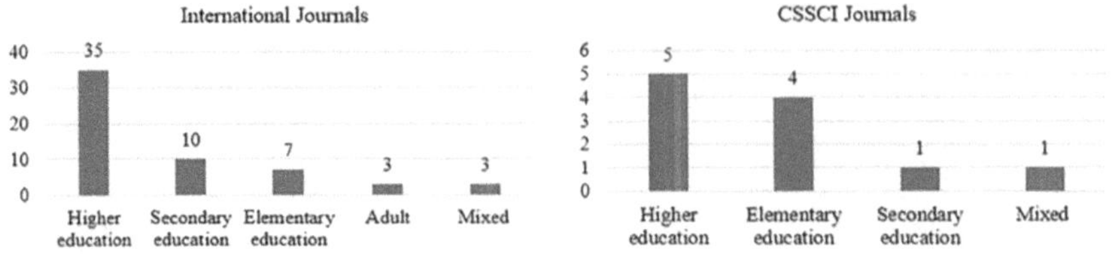

Abb. 5.9 Verteilung der Zielgruppen im internationalen und chinesischen Vergleich (Zheng et al. 2022:308)

Gleichzeitig kann mit Pinto et al. (2021:9) festgehalten werden, dass in den Jahren von 2004–2013 international eher die Zielgruppe der Grundschüler dominierte, aber in auffallend vielen Arbeiten die Zielgruppen auch gar nicht definiert worden sind (vgl. Abb. 5.10).

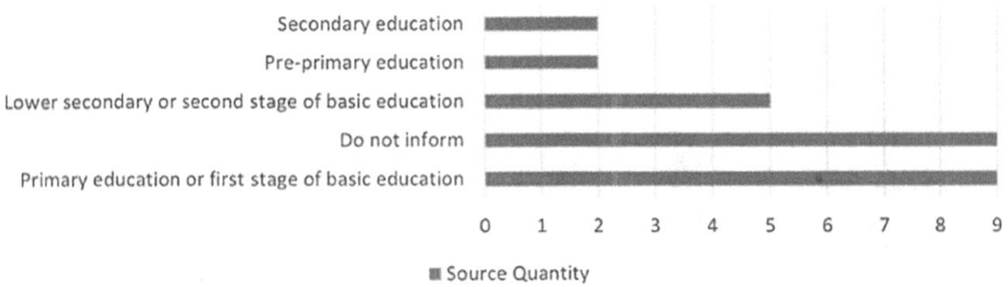

Abb. 5.10 Verteilung der Zielgruppen in den Studien 2004 bis 2013 (vgl. Pinto et al. 2021:9)

Aus diesen beiden Feststellungen (Zheng et al. 2022 und Pinto et al. 2021) kann abgeleitet werden, dass sich erst im Laufe der Zeit, ungefähr ab 2014, die Zielgruppe der Studierenden als am stärksten vertretene Gruppe herausgebildet hat. Diese Tendenz könnte damit begründet werden, dass zuerst eher spielerische, experimentelle Ansätze im Kontext XR verfolgt worden sind, bevor dann 2012 mit dem Erscheinen der VR-Brille *Oculus Rift* eine neue Ära der virtuellen Realität begonnen und die Forschung, Entwicklung sowie das wissenschaftliche Interesse exponentiell vorangetrieben hat (vgl. Statista Overview VR 2024[3]).

[3] Statista Overview: VR – Überblick über VR-Statistiken, online unter: https://de.statista.com/themen/2534/virtual-reality/#topicOverview (zuletzt aufgerufen am 17.02.2024).

Als **Fazit zu den allgemeinem Forschungstendenzen** kann festgehalten werden, dass

- seit etwa 2016 weltweit das wissenschaftliche Interesse am Einsatz von XR im Sprachunterricht wächst und die Anzahl der Publikationen steigt (mit Ausnahme eines kurzen, möglicherweise pandemiebedingten Einbruchs ab 2020),
- Englisch durchgängig die weltweit dominante Zielsprache in den Studien zum XR-gestützten Sprachunterricht ist und
- die Hauptzielgruppen Hochschulstudierende sowie Grundschüler und Schüler weiterführender Schulen sind.

Problemaufriss der uneinheitlichen Definitionen von XR

Bevor nun auf die einzelnen Themenbereiche und Zielsetzungen des durchgeführten Scoping Reviews detailliert eingegangen wird, soll an dieser Stelle dringend noch auf das uneinheitliche Verständnis von XR hingewiesen werden. Wie bereits erwähnt, ergab die Suche nach „XR“ und „language learning“ und „review“ keine Treffer in den Datenbanken. Eine Erklärung könnte sein, dass der Begriff „XR“ als Sammelbegriff für AR, VR und MR sich erst 2022 etabliert hat (vgl. Rauschnabel et al. 2022). Zuvor galt (und gilt teilweise immer noch) das *Reality-Virtuality-Kontinuum* von Milgram/Kishino (1994) als Referenz zur Einordnung von AR- bzw. VR-Formaten und der Sammelbegriff lautete „Mixed Reality“ (MR) (siehe Abschn. 4.1.2).

Für nachfolgende Ausführungen ist der Spalte „Schlagwortsuche der Studie“ im Korpus des Scoping Review (siehe Tab. 5.2) besondere Aufmerksamkeit zu schenken. Nur zwei der 14 ausgewählten Übersichtsarbeiten beziehen in ihre Datenbanksuche explizit die Schlüsselwörter „Mixed Reality“ bzw. „MR“ ein, nämlich Shen et al. (2023) und Li/Wong (2021). Die Suchanfragen der anderen Übersichtsarbeiten zielen alle auf AR/VR-Formate ab. Bei näherer Betrachtung fällt auf, dass sich sowohl die jeweiligen Suchbegriffe als auch die im Text vorgenommenen Definitionen maßgeblich unterscheiden. Allein in Bezug auf VR beispielsweise sind die folgenden Termini vertreten: „Virtual Reality“, „Virtual Reality Technology“, „VR Technology“, „Virtual Reality Environment“, „Virtual Environment“, „VR Environment“, „Virtual Classroom“, „Virtual Class“ sowie „Web-VR“, „Desktop-VR“ „HMD“ und „CAVE“.

Bei der Lektüre der einzelnen Übersichtsarbeiten lässt sich feststellen, dass teils explizit Definitionen zu VR/AR/MR vorgenommen werden (vgl. Shen 2023; Jayes et al. 2022:295 f.; Li et al. 2021:305 f.; Hua/Wang 2023:4; Parmaxi 2020:6; Peixoto 2021:48952) oder anderenfalls auf frühere Arbeiten oder Fallbeispiele referiert wird, die Beschreibungen zu XR-Varianten enthalten (vgl. Alizadeh/Cowie 2022; Li/Wong 2021:173; Bahari 2022:164; Huang et al. 2021; Liu 2023:11; Zhen et al. 2022; Pinto et al. 2021:2).

VR wird insgesamt am häufigsten definiert und dabei zeigen sich extreme Abweichungen sowie Verschmelzungen mit AR, MR und sogar XR. Wie aus der nachfolgenden Tabelle (vgl. Tab. 5.2) ersichtlich wird, ist unter anderem auffällig, dass manche Übersichtsarbeiten (vgl. Pinto et al. 2021:2; Jayes et al. 2022:295 f.) von VR-Systemen bzw. VR-Varianten sprechen und dann AR bzw. MR und HMDs oder CAVES als Unterkategorien nennen oder sogar die Kombination von VR und KI als dritte Variante neben unterschiedlicher VR-Hardware aufführen (vgl. Li et al. 2021:305 f.).

Mit vorangegangenen Ausführungen soll auf die unterschiedlichen Definitionen von XR-Varianten hingewiesen und diese Tatsache problematisiert werden. Die Uneinheitlichkeit regt aber auch gleichzeitig Überlegungen zum weiteren Umgang mit den Begriffen XR, VR und MR an.

In dieser Arbeit wird, wie ausführlich in Abschn. 4.1.2 beschrieben, weiterhin dem aktuell mehrheitlich geltenden Verständnis von XR als Oberbegriff für AR-, VR- und MR-Formate gefolgt. Da 1. alle Übersichtsarbeiten VR-Umgebungen bzw. VR-Systeme und vereinzelt auch explizit MR neben weiteren Technologien thematisieren und da 2. dieser Scoping Review im Hinblick auf die empirische Studie darauf abzielt, Erkenntnisse vor allem zu VR (mit Fokus auf Desktop-VR und voll-immersiver VR via HMDs) sowie MR zu gewinnen, wird im Folgenden in den Analysekategorien I bis V von XR gesprochen und bei der Nennung von empirischen Studien darauf geachtet, dass ausschließlich Studien zu Desktop-VR oder voll-immersiver VR via HMDs und (visuell-haptischer) MR herangezogen werden.

Tab. 5.2 Uneinheitliche Definitionen von VR (im Korpus des Scoping Reviews)

Übersichtsarbeit	Vorgenommene Definition von VR
Hua/Wang (2023:4)	• **High-Immersion-VR-Umgebungen/VR-Technologie** (aber auch Studien zu AR erhalten, z. B. Chen et al. (2022) • **Low-Immersion-VR-Umgebungen/VR-Technologie** • **VR-Lernplattformen** (z. B. Erstellung von 360°-Videos und Hochladen auf öffentlichen/kommerziellen Plattformen, Second Life, Mondly, House of Languages) oder spezifischere VR-Plattformen (meist entwickelte Anwendungen aus Forschungsfeld)
Li et al. (2021:305 f.)	Es gibt **drei Arten von VR-Technologien** für das Fremdsprachenlernen: • Die **erste Art** bezieht sich auf die **Maus, die Tastatur oder das Smartphone**. • Die **zweite Art** bezieht sich auf Geräte mit einem **am Kopf zu tragenden Display (Head Mounted Display, HMD)** zur Erkundung oder Navigation in der virtuellen Welt. • Der **dritte Typ** basiert auf **der Kombination von VR und Technologien der künstlichen Intelligenz**.
Parmaxi (2020:6)	**Drei verschiedene Arten** von **VR-Technologien/VR-Systemen** (vgl. Ma/Zheng 2011): • Ein **nicht-immersives VR-System** umfasst ein auf einem **Desktop-Computer** basierendes grafisches **3D-System**, das es dem Benutzer ermöglicht, die virtuelle Umgebung mithilfe einer Tastatur, einer Maus und eines kleinen Computerbildschirms zu durchlaufen. • Ein **semi-immersives System** ist ein fortgeschrittenes System, bei dem eine **grafische Darstellung auf einen großen Bildschirm projiziert wird** (teils mit integrierter Gestik-Erkennung für natürliche Interaktionen) • Ein **voll-immersives, am Kopf zu tragendes System**, bei dem die Sicht des Benutzers vollständig abgedeckt wird, wodurch ein Gefühl der **vollständigen Immersion** entsteht.

(Fortsetzung)

Tab. 5.2 (Fortsetzung)

Übersichtsarbeit	Vorgenommene Definition von VR
Peixoto (2021:48952)	**VR-Systeme lassen sich in drei Hauptkategorien** einteilen: • **Nicht-immersive VR:** auch **als Desktop-VR** bezeichnet, ist das am wenigsten immersive und kostengünstigste der VR-Systeme, versetzt den Benutzer in die dreidimensionale virtuelle Umgebung und ermöglicht Interaktion, allerdings nur mithilfe einer herkömmlichen grafischen Workstation mit Monitor, Tastatur und Maus. • **Semi-immersive VR:** versucht, ein **hohes Maß an Immersion** beizubehalten und gleichzeitig die **Einfachheit und den Komfort der Desktop-VR zu bewahren** oder ein **physisches Modell** zu verwenden. • **Immersive VR**: Immersive VR (iVR) ist oft am teuersten und bietet den **höchsten Grad an Immersion.**
Shen (2023:273 f.)	• **Definition von VR:** VR ist eine **virtuelle 3D-Welt**, durch die die Benutzer **visuelle Simulationen** erhalten, die es ihnen ermöglichen, sich in der Umgebung zurechtzufinden. • **Definition von AR:** AR ist eine **dreidimensionale (3D)-Technologie**, die **digitale Daten in der realen Umgebung anzeigt**. Diese Umgebung basiert auf der AR-Technologie, „which allows users to engage organically with virtual subjects" (Shen 2023: 273). • **Definition von MR:** Die **Erweiterung der virtuellen Einheit zwischen AR und VR** ist MR. **MR ist eine Kombination aus beiden, die die Möglichkeit bietet, physisch mit virtuellen Objekten in der realen Welt zu interagieren**. Dadurch, dass **der gesamte Körper sowohl mit realen als auch mit virtuellen Aspekten kombiniert werden kann**, unterscheidet sich MR von AR, da bei AR die digitalen Objekte einfach über die tatsächliche Umgebung gelegt werden. MR ist leistungsfähiger und teurer in der Verarbeitung als AR und VR, da es die Möglichkeit bietet, „to interact with digital overlays in the real environment" (Shen 2023:273).

(Fortsetzung)

Tab. 5.2 (Fortsetzung)

Übersichtsarbeit	Vorgenommene Definition von VR
Jayes et al. (2022:295 f.)	**Fünf verschiedene Formen von VR** (nach Georgiev et al. 2021): • **Nicht-immersive VR:** ist die häufigste Form der VR, bei der die Erfahrung über Desktops, Laptops, Tablets und Smartphones in Form einer computersimulierten Umgebung gemacht wird. Die Nutzer sind sich bewusst, dass sie sich in der „realen Welt" befinden. • **Vollständig immersive VR:** ist eine Art von VR, bei der die Nutzer mithilfe von HMDs vollständig in die virtuelle Welt eintauchen. • **Augmented Reality (AR):** ist eine Art von Realität, bei der die Schüler **Bilder von computergenerierten visuellen Reizen über die reale Welt gelegt bekommen.** • **Mixed Reality (MR):** ist eine **Form der AR,** bei der eine **Interaktion zwischen virtuellen und realen Elementen möglich ist,** sodass der Nutzer die Kontrolle über virtuelle und reale Objekte hat. • Die **erweiterte Realität (XR)** ist ein allgemeiner **Begriff, der sich auf AR, VR und MR sowie auf die noch zu entwickelnden Technologien** bezieht.
Pinto et al. (2021:2)	Technologien, die als **VR-Lösungen (VR-basierte Technologien)** angesehen werden können, da sie den Nutzer in eine virtuelle Welt eintauchen lassen können: • **CAVE, Cave Automatic Virtual Environments:** ein System, das als ein immersiver Raum definiert werden kann, dessen Wände, Decke und Boden den Spieler mit projizierten Bildern umgeben. • **Video-Capture Virtual Reality**: ein System, das durch den Einsatz von Videokameras in Verbindung mit Computertechnologie ein höheres Maß an Immersion bietet. • **Desktop oder Desktop-VR:** die Verwendung einer animierten und interaktiven virtuellen 3D-Welt, die auf einen Desktop-Bildschirm zurückgreift, ohne ein Head-Mounted Display. • **Augmented Reality (AR)**: bei der der Benutzer die reale Welt wahrnehmen und mit ihr interagieren kann, aber virtuelle Objekte und Informationen sehen kann, die er ohne diese Technologie nicht nutzen könnte. • **Head-Mounted Display (HMD):** das von den Benutzern getragen wird und es ihnen ermöglicht, mit der virtuellen Umgebung zu interagieren und sich so zu fühlen, als wären sie ein Teil von ihr.

Als **FAZIT zum Problemaufriss uneinheitlicher Definitionen von XR** kann also festgehalten werden:

1. VR wird insgesamt am häufigsten definiert. Dabei zeigen sich extreme Abweichungen sowohl zwischen den Übersichtsarbeiten im Vergleich als auch Verschmelzungen von VR mit AR und MR (beispielsweise werden AR bzw. MR, HMDs, CAVES und VR in Kombination mit KI als VR-Varianten genannt).
2. In dieser Arbeit gelten weiterhin und durchgängig die in Abschn. 4.1 ausgeführten Definitionen (XR als Oberbegriff für AR, VR, MR).
3. In der nachfolgenden Inhaltsübersicht des Scoping Reviews wird überblicksartig von XR gesprochen.
4. Von Interesse für diese Arbeit sind im Hinblick auf die empirische Studie ausschließlich Arbeiten zu voll-immersiver VR mit HMDs, zu Desktop-VR und zu (visuell-haptischer) MR. Aus diesem Grund wird meistens die Abkürzung XR/VR benutzt.

5.1.2 Stärken und Effekte von XR im Sprachunterricht (I)

Insgesamt verfolgen sieben der 14 ausgewählten Übersichtsarbeiten das explizite Ziel, Stärken, Potenziale und Effekte des Einsatzes von XR bzw. von virtuellen Umgebungen beim Fremdsprachenlernen zu identifizieren und anhand empirischer Studien zu belegen. Zusammenfassend zeigen die Untersuchungen, dass XR/VR einzigartige Lernerfahrungen im Bereich Sprachenlernen ermöglicht, die über herkömmliche Angebote hinausgehen und von den Lernern mehrheitlich positiv angenommen werden.

> First, the immersive and interactive nature of VR provides a unique and engaging learning experience. It offers a stimulating and interactive learning environment that can increase students' motivation to learn. VR provides opportunities for collaborative learning, enabling students to work together and learn from each other. Second, the immersive nature of VR allows students to interact with the learning content. VR has been found to enhance language learning retention by providing an interactive and engaging learning environment. Third, the use of VR offers students a positive technological experience (Liu 2023:15).

Nach Liu (2023), Shen et al. (2023), Zhen et al. (2022), Li et al. (2021), Huang et al. (2021), Peixoto et al. (2021), Bahari (2022) und Parmaxi (2020) werden die in Kapitel 4 Lernen mit XR: Grundlagen und Wirkungskonzepteausführlich beschriebenen, nachfolgend dargestellten Stärken bzw. Effekte von XR/VR in Sprachlehr- und -lernkontexten als Schlüsselfaktoren definiert (vgl. Tab. 5.3).

Tab. 5.3 Schlüsselfaktoren und Stärken von XR/VR (im Korpus des Scoping Review)

Schlüsselfaktoren	Stärken/Effekte
• Immersion • Interaktion • Multimodalität und Multimedialität und • Gamifizierung (Gamification)	• Verbesserung der Sprachkompetenzen (v. a. Mündlichkeit) • Förderung der Freude und Lernmotivation • Abbau von Ängsten • Förderung des Kulturverständnisses • Förderung der „21 century skills"/„Future skills"

Der Scoping Review zeigt, dass in vielen analysierten Übersichtsarbeiten die **Immersion** als besonders förderlich für den Wortschatzerwerb (und die Mündlichkeit) hervorgehoben (z. B. Bahari 2022, Zheng et al. 2022:314 f., Li et al. 2021:306) und mit einer Steigerung der Motivation sowie dem Empfinden von Spaß und Freude bei den Lernern in Zusammenhang gebracht wird (z. B. Huang et al. 2021:11). Der Einsatz von VR zum gezielten Schaffen von Immersion wird als besonders geeignet und vorteilhaft bezeichnet (vgl. Peixoto et al. 2021:48953). Im direkten Zusammenhang stehen die **Multimodaliät und Multimedialität**. In XR/VR-Umgebungen können multimediale Inhalte integriert und adaptiert werden, wodurch sich der Grad der Immersion für die Nutzer erheblich erhöht, und zwar insbesondere auf der Ebene der visuellen Wahrnehmung (Peixoto et al. 2021:48952).

> When virtual characters, speech recognition, chatbots and other technologies enter the virtual reality technology assisted foreign language learning environments, the effectiveness of language learning will be greatly improved. The benefits of large-scale multiplayer online interaction, chatbots, scenario navigation, and shared virtual scenarios enable foreign language learning to occur anytime, any-where in a fully immersive authentic real-world environment. In this way, foreign language learning effectiveness can go much further than in the traditional classrooms (Li et al. 2021:306).

Ein weiterer, in den Übersichtsarbeiten häufig thematisierter Faktor ist die **Interaktion.** Sowohl die visuell-haptische Live-Interaktion mit der XR-Software über reale Eingabegeräte, die Interaktion mit virtuellen Objekten und Charakteren zur Verringerung der Lernerangst als auch die mündliche Interaktion in kollaborativen VR-Räumen über räumliche, zeitliche und kulturelle Grenzen hinweg werden als vorteilhaft hervorgehoben (vgl. Bahari 2022, Pinto et al. 2021, Li et al. 2021, Peixoto et al. 2021). „Humans are able to learn through interaction. Interaction was a crucial element in language learning since learners practice the language they learnt through interaction with others" (Huang et al. 2021:11 f.).

Des Weiteren wird in den Arbeiten immer wieder auf den Schlüsselfaktor der **Gamifizierung (Gamification)** referiert, also spielerische Elemente und Methoden bzw. spielerisch gestaltete Umgebungen. Als Leitreferenz soll hier die Übersichtsarbeit von Pinto et al. (2022) angeführt werden, die Fremdsprachenlernen und Gamification basierend auf dem Einsatz von VR untersucht haben. Sie kommen zu dem Schluss, dass Gamification-Techniken in XR dazu führen, dass die Beteiligung und Eingebundenheit sowie Aufmerksamkeit der Lerner gefördert werden. Sie werten Studien aus, die Gamification via AR, Desktop-VR, voll-immersiver VR und CAVEs in den Sprachunterricht integrieren, und dokumentieren durchwegs positive Ergebnisse.

> The very process of engaging students, motivating actions, coming up with solutions to specific learning obstacles, the significant levels of interaction, the entertaining aspects of storytelling, the constant feedback, among others, are the very features of this new approach to a second language learning, which corresponds to the very reality as lived by today's students (Mattar 2015:216, in Pinto et al. 2022:13).

Im Folgenden wird anhand einiger ausgewählter empirischer Studien der Forschungsstand entlang der Stärken und Effekte „**Verbesserung der Sprachkompetenzen**" (Abschn. 5.1.2.1), „**Förderung der Freude und Lernmotivation und Abbau von Ängsten**" (Abschn. 5.1.2.2) sowie „**Förderung des Kulturverständnisses**" (Abschn. 5.1.2.3) und „**Förderung der 21st century skills/future skills**" (Abschn. 5.1.2.4) dargestellt.

5.1.2.1 Verbesserung der Sprachkompetenzen (Wortschatz und Sprechen)

Die folgende Grafik aus der Übersichtsarbeit zu VR von Zheng et al. (2022:315) gibt einen Überblick über die in Verbindung mit VR empirisch untersuchten Fertigkeiten im Sprachunterricht von 2010–2020. Sie zeigt, dass neben „overall proficiency", also ganzheitlichen, unspezifisch-sprachlichen Kompetenzen, vor allem das Sprechen („speaking") und Behalten von Wortschatz („vocabulary retention") untersucht worden sind (vgl. Abb. 5.11).

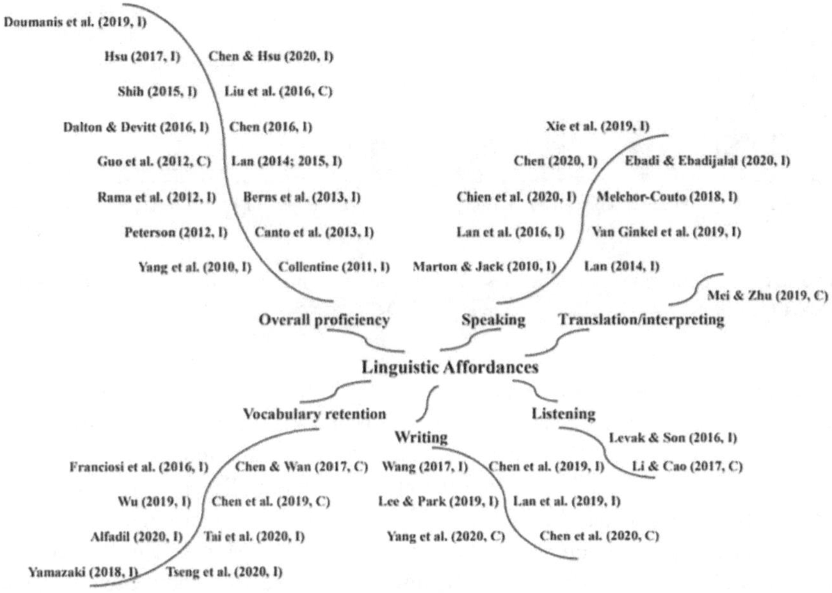

Abb. 5.11 Studien zu Vorteilen von VR für das Training von Sprachkompetenzen. (Nach Zheng et al. 2022:315)

Ähnliche Tendenzen zeigt auch die Untersuchung von Li/Wong (2021), die die untersuchten 111 Publikationen zu AR/VR/MR in drei Zeitperioden eingeteilt haben, um die Veränderungen zwischen 2004 und 2018 zu visualisieren (vgl. Abb. 5.12). Es ist zu erkennen, dass der Bereich des Vokabellernens („Vocabulary") erst in jüngerer Zeit zugenommen hat (2014–2018), während insgesamt in allen Perioden das Sprechen („Speaking") vorrangig untersucht worden ist.

Auch wenn beide Übersichtarbeiten zu ähnlichen Ergebnissen kommen, ist zu beachten, dass Li/Wong (2021) Publikationen zu AR/VR/MR in ihren Korpus aufgenommen haben, während Zheng et al. (2022) ausschließlich Artikel zu virtuellen Welten (VR-Varianten und die Software Second Life) in ihre Untersuchung integriert haben. Zudem muss bedacht werden, dass Vokabellernen bzw. Wortschatzerwerb oft mit Sprachproduktion einhergeht und dadurch nicht immer eine klare Trennung besteht. Konkret sollen im Folgenden exemplarisch einige **Studien zum Vokabellernen** und **zur Fertigkeit Sprechen** vorgestellt werden.

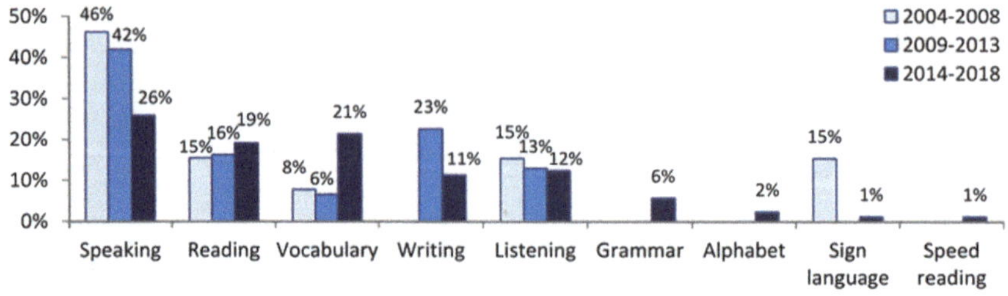

Abb. 5.12 Untersuchte Bereiche des Sprachenlernens im zeitlichen Verlauf (Li/Wong 2021:171)

Vokabellernen/Wortschatzerwerb

Ebert et al. (2016) beispielsweise führten eine pilotierende Vergleichsstudie zu einem voll-immersiven VR-System namens „Ogma" durch, indem sie den Wortschatzerwerb des Schwedischen in VR mit der „herkömmlichen" Unterrichtsmethode verglichen und das Verfahren eine Woche später wiederholten. In beiden Fällen wurden den Teilnehmern zehn schwedische Wörter vorgelegt, die sie lernen sollten. Nach dem ersten Treatment absolvierten beide Gruppen einen Test, bei dem sie aufgelistete englische Wörter erhielten und die entsprechenden schwedischen Wörter schreiben und aussprechen sollten. Für jedes Wort wurden sowohl die Schreibweise als auch die Aussprache mit „richtig", „fast richtig" und „falsch" sowie mit entsprechenden Punktzahlen bewertet. Die Ergebnisse zeigen, dass die herkömmliche Methode zu einer besseren Behaltensleistung (höhere Punktzahl) unmittelbar nach dem ersten Treatment führte. Jedoch konnte auch festgestellt werden, dass die prozentuale Behaltensleistung der schwedischen Wörter in VR eine Woche später signifikant höher war als bei der „herkömmlichen" Methode. Zudem wurden in einer abschließenden Nutzerbefragung die Effektivität der VR-Methode und ihr Spaßfaktor signifikant höher bewertet.

Weitere empirische Studien wie die von Lawrence/Ahmed (2020), Alfadil (2020) und Tai et al. (2020) untersuchen ebenfalls den L2-Wortschatzerwerb bzw. das L2-Vokabeltraining in VR. Sie kommen zu dem Schluss, dass VR den Wortschatzerwerb fördert und die Sprachkenntnisse von L2-Lernern durch den angereicherten Input der immersiven Umgebungen verbessert und sie in verkörperte kognitive Prozesse einbindet. Dass dies nicht nur durch voll-immersive VR-Software und HMDs, sondern auch mit einer technologisch weniger aufwendigen Lösung wie mobile-based VR und verfügbaren Apps erreicht werden kann, zeigen z. B. Alfadil (2020) und Tai et al. (2020). Alfadil (2020) nutzte für die VR-Testgruppe eine VR-App namens

„House of Languages“ sowie ein Samsung-Gear, also ein Cardboard, in das man sein Smartphone einlegen kann. Die App ermöglichte es der VR-Nutzergruppe, mit 3D-Objekten passend zum neuen Wortschatz in einer immersiven Umgebung spielerisch zu interagieren, die Objekte von allen Seiten zu betrachten und kleine Quizze oder Spiele zu den Wörtern in den virtuellen Welten zu absolvieren. Die Kontrollgruppe lernte „auf herkömmliche Weise“: im Klassenzimmer mit Buch, Arbeitsblättern und in Form von Frontalunterricht. Beide Gruppen hatten dieselbe Lehrkraft, an die sie bereits gewöhnt waren, und der Versuchszeitraum umfasste 12 Tage. Die VR-Gruppe war täglich insgesamt rund 40 Minuten mit VR beschäftigt (pro Schüler allerdings nur fünf bis acht Minuten, während die anderen auf ihr VR-Erlebnis warteten). Die Testgruppen bestanden aus männlichen L2-Englischlernern in Saudi-Arabien. Mithilfe eines Pre- und Post-Vokabeltests wurde bei beiden Gruppen der Wortschatzerwerb im Vergleich gemessen. Der T-Test im Posttest zeigte, dass die VR-Gruppe einen signifikant höheren Wortschatzerwerb verzeichnete. Alfadil (2020:9) begründet das Ergebnis damit, dass die Schüler in VR direkt in thematisch relevante Umgebungen versetzt worden sind: „With a dramatic tour of a virtual zoo [...] students were psychologically transported to that location. The students seemed engaged the whole time as their behaviors and discussion were on task with the expected learning activity. [...I]t was *through learning it by living it.*“

Tai et al. (2020) führten ebenfalls ein mobile-based VR-Experiment mit Cardboard durch und kamen zu derselben Erkenntnis, nämlich dass ein Mehrwert von VR darin liegt, dass die Nutzer die Möglichkeit haben, in immersive Welten vollkommen einzutauchen, und dadurch das Gefühl haben, „dort“ zu sein, teilzunehmen und sich durch Navigation und Interaktion situativ unmittelbar mit Sprache auseinanderzusetzen. Sie nutzten die kommerzielle Sprachlernapp „Mondly-VR“ und untersuchten das Vokabellernen bei Lernern von Englisch als Fremdsprache in einer Vergleichsstudie mit insgesamt 49 Siebtklässlern aus Taiwan. Interessant ist, dass die Kontrollgruppe nicht nach einer „herkömmlichen“ Lernmethode lernte, sondern rezeptiv die VR-Erlebnisse der VR-Probanden (Experimentalgruppe) beobachtete. Dies wurde dadurch ermöglicht, dass das VR-Bild der VR-Smartphone-Nutzergruppe jeweils über den PC übertragen wurde, und auf diese Weise hatte die Kontrollgruppe ein externes passives VR-Erlebnis, indem sie lediglich zusah und zuhörte. Um das Vokabellernen der Teilnehmer zu bewerten, wurden ein Vokabeltest, ein Wahrnehmungsfragebogen sowie Interviews eingesetzt. Die Ergebnisse zeigten, dass der Wortschatzerwerb bei der VR-Nutzergruppe höher war als bei der Kontrollgruppe. Die VR-App kontextualisierte das Vokabellernen, indem sie virtuelle authentische Umgebungen mit multimodaler Unterstützung bereitstellte und das Engagement der Lerner durch Echtzeit-Interaktivität und Feedback verbesserte. Bei der Kontrollgruppe gab es geteilte Meinungen. Einige Teilnehmer gaben an, dass das Walkthrough-Video das Vokabellernen erleichtert habe, indem es die Wortbedeutung und den Gebrauch im Kontext vermittelte. Andere äußerten, dass es ihnen an Interaktivität gemangelt habe und ihre Aufmerksamkeit leicht abgelenkt worden sei sowie dass sie es auf Dauer etwas langweilig gefunden hätten. Immersion sollte optimalerweise also mit Partizipation durch Interaktion einhergehen. „Immersion and presence directly relate to the experience of participation and learning gains in virtual environments“ (Shen et al. 2023:276, nach Liaw 2019:40). Dies bestätigen auch weitere empirische Studien wie beispielsweise diejenige von Ou Yang et al. (2020) und Lan (2014), die sich vorrangig mit VR und der Förderung von Kommunikationskompetenz beschäftigt haben.

Fertigkeit Sprechen/kommunikative Kompetenz

Ou Yang et al. (2020) untersuchten in einer Studie mit 72 Neuntklässlern einer Junior High School in Taiwan die Auswirkungen eines VR-Systems („high-immersion 3D-VR System Virtual Reality Life English, VRLE“) auf die Kommunikationskompetenz und die akademischen Leistungen im Fach Englisch als Fremdsprache. Ziel der Studie war es, eine Lernumgebung zu schaffen, in der die Schüler authentische Konversationen auf Englisch üben konnten. Die Inhalte bildeten Alltagsgespräche ab, darunter Reservierungen in Hotels und Restaurants, der Kauf von Spielzeug, die Frage nach dem Weg und die Bestellung einer Mahlzeit. Ein VR-Szenario stellte zum Beispiel einen Spielzeugladen dar und die Schüler wurden aufgefordert, ein ihnen zugewiesenes Spielzeug zu kaufen, indem sie mit dem virtuellen Verkäufer sprechen mussten. Es handelte sich um programmierte Unity-Umgebungen, und als Hardware dienten VR-Headsets mit Ganzkörper-Tracking (*HTC Vive* und *Kinect*). Die Aussagen der virtuellen Ansprechpersonen wurden zuvor von Englisch-Muttersprachlern eingesprochen, um einen hohen Grad an Authentizität zu erzielen. Alle Schüler erlebten die VR-Umgebung, es gab keine Kontrollgruppe. Die VRLE bot zwei Modi, einen mit und einen ohne Untertitel. Die Lernenden erlebten zunächst den Modus mit Untertiteln und dann den Modus ohne Untertitel. Jede Aufgabe bzw. jedes Szenario dauerte etwa 15 Minuten. Insgesamt umfasste der Testzeitraum vier Wochen, also erlebte jeder Schüler die VRLE etwa eine Stunde lang. Die Evaluation erfolgte im Mixed-Method-Verfahren mit Pre- und Posttest sowie Fragebogen und Interviews. Sie ergab zum einen, dass die Nutzung von VRLE die Kommunikationskompetenz der Studierenden verbesserte: Die Ergebnisse zeigten signifikante Unterschiede in der Entwicklung der kommunikativen Fähigkeiten der Lernenden vor und nach dem Einsatz des VRLE-Systems. Zum anderen ergab die Evaluation, dass sich die Schüler in den Englisch-als-Fremdsprache-Umgebungen präsent und in die Kontexte eingebunden fühlten. Des Weiteren zeigten sie insgesamt eine positive Einstellung gegenüber der Lernerfahrung. „Their responses highlighted their perceptions about the VRLE system in terms of realness, engagement, perspectives on caption assistance, and system recommendations“ (Ou Yang et al. 2020:42).

Lan (2014) kam ebenso zu dem Schluss, dass der VR-unterstützte Unterricht bessere mündliche Leistungen und eine aktivere Haltung gegenüber der zu lernenden Sprache (in diesem Fall Mandarin) bewirkte. Er führte in Taiwan in einem zweistufigen Design eine Vergleichsstudie mit 20 Chinesischlernern aus Übersee durch: Die Schüler der Versuchsgruppe nahmen als Avatare in der virtuellen Welt von Second Life (SL) am Unterricht teil, die sie am PC bedienten, während die Kontrollgruppe die Sprache in einem herkömmlichen Klassenzimmer lernte. Das Treatment bestand aus zwei thematischen Einheiten und dauerte insgesamt zwei Wochen lang, wobei eine Einheit pro Woche jeweils eine Stunde in Anspruch nahm. Beide Gruppen wurden von derselben Lehrkraft unterrichtet, lernten denselben Stoff und führten dieselben Aktivitäten aus. Der einzige Unterschied zwischen ihnen war die Lernumgebung. Alle Unterrichtsprozesse in beiden Gruppen wurden aufgezeichnet und analysiert, um die Unterschiede in den Gesprächen im Klassenzimmer während der Lektionen vergleichen zu können. Außerdem wurde die teilnehmende Lehrkraft gebeten, nach jeder Unterrichtsstunde ihre Reflexion über ihren Unterricht aufzuschreiben. Jede Lerneinheit bestand aus zwei Teilen: 1. Training der Grundfertigkeiten und 2. Ausführung der Aufgaben. Für das Training der Grundfertigkeiten wurden den Schülern neue Wörter und Satzmuster in Mandarin vorgestellt, dann wurden ihnen Übungsaufgaben zugewiesen, die sie als Einzelpersonen oder in der Gruppe ausführen sollten. Während der Ausführung der Aufgaben nahm die Lehrkraft die Rolle Tutors ein, der den Schülern in Echtzeit bei Bedarf Hilfestellungen gab. Zum Beispiel lernten die Schüler in der ersten Einheit zunächst die Gerichte und Speisen kennen, die in einem Restaurant serviert werden, dann arbeiteten sie in Gruppen, zunächst in kleinen Dreier- oder Vierergruppen, um zu diskutieren, welche Kombinationen ihr Restaurant anbieten sollte. Anschließend spielten sie in Rollenspielen abwechselnd die Rolle von Kunden und Restaurantbesitzern, um zu üben, wie man Essen bestellt und Serviceleistungen in einem Restaurant anbietet. Es konnte festgestellt werden, dass der Prozentsatz der Schüler, die sich unterhielten, in der virtuellen SL-Welt wesentlich höher war als im herkömmlichen Klassenzimmer. „The dialog taking place in SL is more effective and successful than the dialog in the conventional classroom, because students are immediately engaged in the real-life-like setting“ (Lan 2014:41). In einem zweiten Teil der Studie untersuchte Lan (2014) bei einer weiteren Gruppe von 24 Mandarinlernern aus Übersee die messbaren Auswirkungen des Einsatzes der virtuellen SL-Welt auf die mündliche Performanz (Sprachkompetenz). Der Zeitraum des Treatments umfasste insgesamt sechs Wochen, eine Stunde pro Woche. Die Lerner wurden in Fünfergruppen eingeteilt und ihnen wurden Aufgaben zugewiesen. Sie sollten ein Geschenk für einen Freund im Supermarkt kaufen und ihn dann besuchen. In einem Pre- und Posttest-Verfahren sowie mithilfe eines Fragebogens wurde der Zuwachs der mündlichen Performance (Sprachfertigkeit) gemessen. Die Chinesischlerner aus Übersee erzielten signifikante Verbesserungen, nachdem sie SL als Lernumgebung für Mandarin nutzten. Außerdem war die Standardabweichung beim Posttest kleiner als beim Vortest, was darauf hindeutet, dass die virtuelle SL-Umgebung der Binnendifferenzierung der Sprachkompetenz zwischen den Lernenden positiv entgegenwirkte.

Xie et al. (2019) setzten die kostengünstige Variante der mobile-based VR ein, und zwar, um bei Chinesisch-L2-Studierenden die mündliche Kompetenz zu trainieren und dabei die Effekte von VR zu messen. Durch VR wurden zeitgleich die visuellen und motorischen Kanäle aktiviert. Die Lerner konnten durch die immersiven VR-Umgebungen die Inhalte stets im Kontext verstehen und es zeigte sich, dass die Studierenden dadurch ein tieferes und umfassenderes Verständnis der Inhalte erlangten sowie ihre Sprachproduktion flüssiger war. Dies bestätigen auch weitere Studien wie Wang/Feng (2017) und Yamazaki (2018), die Kommunikationstraining in offenen VR-Welten (sogenannten „Open-Simulator-Worlds“) durchführten und beobachteten, dass durch VR insbesondere die produktiven mündlichen Fähigkeiten von L2-Lernerm stärker gefördert wurden als die rezeptiven Fähigkeiten.

Fazit: Verbesserung der Sprachkompetenzen (Wortschatz und Sprechen)
Insgesamt kann als Zwischenfazit festgehalten werden, dass sich VR als lernförderlich im Bereich des Wortschatzerwerbs und der mündlichen Performanz (Sprachkompetenz) erwiesen hat, wobei ein Haupterfolgsfaktor in der Immersion, aber auch der Partizipation durch Interaktion liegt. Folgende Aspekte müssen dabei aber einschränkend hervorgehoben werden:

- Erstens ist nach Alizadeh/Cowie (2022:53) zu beobachten, dass VR zwar aufgrund ihrer multimodalen und immersiven Natur äußerst hilfreich sein kann, um den kurzfristigen Wortschatzerwerb zu unterstützen, jedoch liefern die meisten Arbeiten keine Belege dafür, dass auch längerfristig nachhaltige, sprachliche Mehrwerte erzielt werden können. Die Posttests wurden direkt im Anschluss an die Unterrichtseinheiten bzw. den definierten Zeitraum des Treatments durchgeführt und erfassen somit nicht den Aspekt der Nachhaltigkeit. Vielmehr werden oftmals reine Experimente durchgeführt, bei denen keine didaktische Einbettung der Technologie oder Inhalte stattfindet (z. B. Ebert et al. 2016).

- Zweitens ist auffallend, dass einige Studien (z. B. Ebert et al. 2016 und Alfadil 2020) einen Vergleich zwischen der immersiven VR-Methode und dem „herkömmlichen“, gleichbedeutend mit „nicht-medialen“ Unterricht vornehmen und Immersion als Schlüsselfaktor bezeichnen. Dies ist kritisch zu bewerten, da die positive Einstellung der Lerngruppe gegenüber VR darauf zurückgeführt werden kann, dass im „normalen“ Unterricht gar keine Mediennutzung stattfindet.
- Drittens kommt in keiner der Studien zur Sprache, ob eine intrinsische Motivation bei den Lernern besteht, überhaupt zu kommunizieren, und zu welchen Themen sie dies tun möchten. Sprachdidaktische Prinzipien wie Handlungsorientierung und authentische Kommunikationsanlässe mit Relevanz für die jeweiligen Zielgruppen bleiben weitgehend unberücksichtigt (siehe z. B. Ou Yang et al. (2020): Neuntklässler sollten Hotelreservierungen durchführen, oder Ebert et al. 2016: Vokabellernen nach Listen ohne jegliche kontextuelle Einbettung).
- Viertens zeigen Studien, wie beispielsweise die von Ou Yang et al. (2020) im Vergleich mit Lan (2014), dass sich sowohl beim Einsatz von voll-immersiven HMDs mit Ganzkörpertracking, unter Verwendung von programmierten Unity-VR-Umgebungen, als auch beim Einsatz von Desktop-VR mit Second Life eine signifikante Verbesserung der mündlichen Performanz (Sprachkompetenz) eingestellt hat. Der Grad der Immersion unterscheidet sich bei diesen beiden Studien extrem, sodass Immersion per se nicht explizit als maßgeblicher Erfolgsfaktor definiert werden kann bzw. es zeigt sich dadurch, dass Vergleichsstudien zum Grad der Immersion notwendig sind (siehe Abschn. 5.1.6).

5.1.2.2 Förderung der Freude und Lernmotivation sowie Abbau von Ängsten

Dass XR- und besonders VR-Anwendungen bei den Lernenden im Sprachunterricht Freude und Motivation fördern und steigern, wird in so gut wie allen Übersichtsarbeiten betont (vgl. z. B. Yu et al. 2022:216; Zheng et al. 2022:314 f.; Huang et al. 2021:15 f.; Peixoto et al. 2021:48953; Li et al. 2021:302; Pinto et al. 2021:13; Hua/Wang 2023:5). Des Weiteren belegen einige Studien, dass VR durch das Schaffen einer angenehmen, ggf. spielerischen Atmosphäre und durch die Möglichkeit, Avatare zu nutzen, das Potenzial hat, Ängste beim Sprachenlernen abzubauen (vgl. Alizadeh/Cowie 2022:53; Jayes et al. 2022:272 f.; Huang et al. 2021:9; Hua/Wang 2023:5).

Die Untersuchung von Shen et al. (2023) soll als Einstiegsreferenz herangezogen werden. „There is a consensus that AR, VR, and MR enhance learners' enjoyment, stimulate their curiosity, and increase motivation" (ebd. 275). Sie analysieren die Zielsetzungen, die 53 Publikationen zwischen 2012 und 2022 zugrunde liegen, indem sie die untersuchten Artikel basierend auf der Bloomschen Lernzieltaxonomie (1972) nach kognitiven Zielen, affektiven Zielen und Verhaltenszielen in Kategorien einteilen. Sie fassen jeweils die Ergebnisse zusammen und versuchen, anhand dieser drei Dimensionen zu ermitteln, welche Funktion der Einsatz von VR, AR und MR in der K-12-Sprachausbildung in den Publikationen erfüllt. Dabei entspricht K-12 dem primären und sekundären Bildungsbereich, also der Zeit vom Kindergarten bis zum 12. Schuljahr.

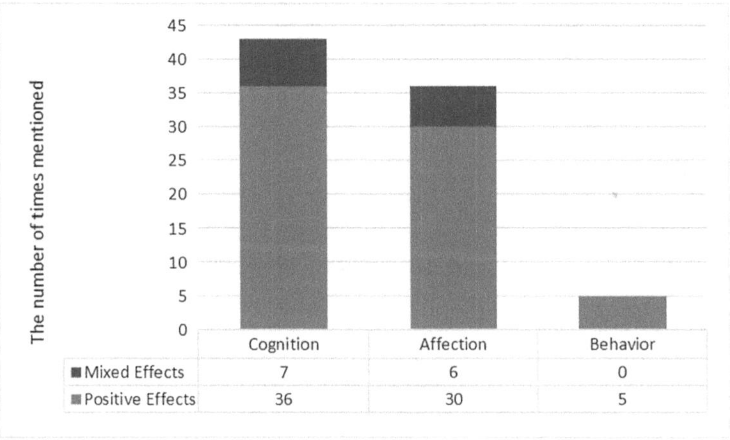

Abb. 5.13 Übersicht: Ziele und Effekte der Untersuchungen (Shen 2023:274)

Insgesamt setzen 36 Arbeiten kognitive Ziele (mit gemischten Ergebnissen) und 30 Arbeiten affektive Ziele (mit gemischten Ergebnissen), während fünf Arbeiten auf eine Verbesserung des Verhaltens (Behavior) abzielen (vgl. Abb. 5.13). Letztere zeigen ausschließlich positive Ergebnisse. Dass alle drei Kategorien speziell beim Sprachenlernen eine tragende Rolle spielen, begründen Wu et al. (2013:47) in ihrer Übersichtsarbeit (zu AR in der Bildung): Im wirklichen Leben, wo Sprache ausgeübt wird, treten kognitive, affektive und verhaltensbezogene Aspekte oft gleichzeitig auf. Genauso ist es im Unterricht: Wenn Schüler beispielsweise schreiben (Verhalten), denken sie gleichzeitig nach (kognitive Komponente), während sie emotionale Empfindungen in Zusammenhang mit der Aufgabe, mit den Inhalten und der Sozialform entwickeln (affektive Komponente).

Shen et al. (2023:276) nennen als großen Vorteil und vorrangigen Grund für das Hervorrufen von Freude beim Lernen durch XR, dass virtuelle oder teils virtuelle Welten und Objekte den Schülern Erfahrungen bieten, die die reale Welt nicht bereitstellt. Dabei werden Möglichkeiten für forschendes Lernen geschaffen, indem XR-Umgebungen die Fähigkeit der Lerner, selbst zu handeln und zu probieren sowie nur bei Bedarf Hilfe in Anspruch zu nehmen, in den Mittelpunkt rücken. Es wird nicht von den Lernern verlangt, etwas Vorgefertigtes nachzusprechen oder nachzuahmen, sondern ihre Kreativität wird angesprochen. Viele empirische Studien liefern Hinweise darauf, dass die Formulierung von sinnvollen Aufgaben dabei ein Schlüssel zum Erzeugen von Interesse und Motivation bei den Schülern und damit zum Lernerfolg ist. „Task-based learning approach would be integrated with VR since VR technology was able to simulate real-life scenarios. It created more opportunities for students to use the target language in daily life, which fostered meaning-oriented use of the language“ (Huang et al. 2021:15).

O´brien/Levy (2008) untersuchten beispielsweise, wie VR-Lernumgebungen das DaF-Lernen bei College-Studierenden beeinflussten. 42 kanadische College-Studierende im ersten Semester nahmen an einer Unterrichtseinheit zu Befehlsformen (Imperativ) im Deutschen teil. Sie spielten ein Spiel in einer VR-Welt, bei dem sie lernten, wie man Anweisungen befolgt, um einen entführten Mann zu finden und ihm zu helfen. Ergebnisse von Fragebögen und Interviews zeigten u. a., dass sich die Teilnehmer für die VR-Lernumgebung interessierten, dass sie das Gefühl hatten, im Spiel präsent und damit handlungsfähig zu sein, dass sich das Hörverständnis und die Aussprache deutlich verbessert hatten und dass durch VR das Bewusstsein für die Zielkultur gestärkt worden war, was mit anderen mediengestützten Aufgabensettings nicht erreicht werden konnte.

Als weitere Beispielstudie mit hohem Innovationsgrad, die Freude und Lernmotivation bei Sprachlernern in virtuellen Welten bestätigt, kann die Fokusgruppen-Untersuchung von Meri-Yilan (2019) herangezogen werden. Sie nutzte das VR-basierte Sprachlernprogramm „ImmerseMe“, das eine 3D-Umgebung mit über 500 Szenarien bietet. Es ist mit dem Sprachassistenzssystem „ELSA“ kombiniert, das die Aussprache und Intonation der Nutzer bewertet und direkt Feedback gibt. Meri-Yilan (2019) testete fünf türkische Englischlerner. Der Zeitraum des Treatments umfasste zwei Wochen und jeder Teilnehmer führte insgesamt zweimal 30 Minuten lang Übungen in Englisch und einer anderen Sprache aus. Auf der Grundlage von Beobachtungen und Interviews zeigte sich, dass die

Lernmotivation und das Selbstvertrauen der getesteten Lerner maßgeblich gesteigert wurden und sie Freude an den Lernaktivitäten hatten. „This study showed that the more they used ImmerseMe, the more they felt comfortable in speaking and had fun with the activities and focused on not only improving speaking skills but also travelling in an immersive 3D environment“ (Meri-Yilan 2019:16).

Dass nicht nur Freude und Lernmotivation durch virtuelle Welten hervorgerufen werden können, sondern ihr Einsatz sogar zum Abbau von Ängsten führen kann, legen empirische Studien beispielsweise von Garcia et al. (2019), Reitz et al. (2016), Lawrence/Ahmed (2020) und Xie et al. (2019) nahe. Schlüsselfaktoren scheinen dabei neben der Nutzung von voll-immersiven HMDs auch die Nutzung von Avataren und generell Gamification-Elemente zu sein. An dieser Stelle soll erneut auf die Übersichtsarbeit von Pinto et al. (2021) verwiesen werden, die 32 Publikationen zwischen 2004 und 2013 im Hinblick auf Gamification und XR (nicht nur VR) beim Sprachenlernen untersucht haben. Sie kommen zu dem Schluss, dass der Sprachunterricht generell von Gamifizierung profitieren kann und sich als leistungsstarkes didaktisch-pädagogisches Instrument für die Entwicklung von sprachlichen Bildungsangeboten eignet. Mehr als die Hälfte der untersuchten Publikationen (z. B. Rosser et al. 2007; Hassani et al. 2020; Krassmann et al. 2020) spiegelt ausschließlich positive Ergebnisse zur Nutzung von Gamification zum Sprachenlernen wider. Hier muss hervorgehoben werden, dass die meisten der analysierten Arbeiten AR nutzen, gefolgt von Desktop-VR, und dass die am häufigsten untersuchte Zielgruppe die schulische Primar- und Sekundarstufe ist. Hier kann man annehmen, dass die Probanden aufgrund ihres Alters Spielen gegenüber grundsätzlich positiv eingestellt sind.

Eine Beispielstudie, die voll-immersive VR mit HMDs evaluiert, ist die von Garcia et al. (2019). Sie testeten in einer Fokusgruppen-Studie einen Prototyp eines Such-Finde-Spiels in VR, um seine Potenziale für das Erlernen einer Fremdsprache (Spanisch) zu evaluieren. Die Fokusgruppe setzte sich aus vier Teilnehmern zwischen 18 und 24 Jahren zusammen und nutzte die VR-Brille *Oculus Rift* mit Controllern. Drei der vier Personen hatten bereits Erfahrung sowohl mit Videospielen als auch mit VR. Die Teilnehmer füllten einen Vorab-Fragebogen aus, wobei sie Vorerfahrungen und Metadaten angaben. Dann erkundeten sie nacheinander einzeln die VR-Umgebung – jeweils zehn Minuten lang –, und wurden gegen Ende des Treatments auf Spanisch aufgefordert, nach bestimmten Objekten in der virtuellen Welt zu suchen. Anschließend wurden sie interviewt und zu ihren Erfahrungen befragt. Alle Teilnehmer äußerten, dass sie grundsätzlich weiter daran interessiert seien, eine virtuelle Umgebung zu nutzen, um eine Fremdsprache zu lernen. Zudem erwähnten die Befragten häufig, dass ihnen das Sprachenlernen in der virtuellen Realität mehr Spaß gemacht habe als traditionelle Lernmethoden. Die Teilnehmer gaben an, Freude und Motivation empfunden zu haben, und zwar aufgrund des spielerischen Charakters und der Immersion.

> Remarks regarding the environment included that this method of learning was "almost like playing a game" and that they could "study longer without taking a break". Participants also expressed that they believed learning while immersed in a virtual environment helped them to better remember the names of the objects since they were able to interact with them (Garcia et al. 2019:159).

Einschränkend muss erwähnt werden, dass einige Teilnehmer den Wunsch nach einer komplexeren Umgebung äußerten, um schwierigerer Wörter zu lernen, und zudem wünschten sich manche eine realistischere Gestaltung der Umgebung.

Die bereits beschriebene Studie von Xie et al. (2019), die mobile-based VR via Cardboards bei Chinesisch-Studierenden einsetzten, berichtet von einer Minderung der Angst bei den Teilnehmern im Hinblick auf das freie Sprechen und nutzt den Begriff der „foreign language anxiety" (FLA). „FLA has been a well-recognized and widely studied issue hindering the mastery of any foreign language (MacIntyre and Gardner 1989; Marcos-Llinás and Garau 2009). One of the major research focuses was about the FLA associated with authentic communication (Wesely 2013)" (Xie et al. 2019:255). Zwei Hauptfaktoren bei der Nutzung von VR scheinen eine Rolle gespielt zu haben: Zum einen gaben die Teilnehmer an, dass sie weniger Bedenken beim Halten von Präsentationen hatten, weil sie das Gefühl hatten, das Publikum konzentriere sich mehr auf die Inhalte der VR-Welt am gestreamten Beamerbild, als seine volle Aufmerksamkeit auf die Sprecher zu richten. Zweitens trugen die textuellen Informationen der Google-Expeditions-Software dazu bei, dass die Teilnehmer nicht lange über vollkommen eigenes Vokabular nachdenken mussten, sondern einige Ausdrücke und Bezeichnungen von Sehenswürdigkeiten übernehmen konnten, was wiederum zu mehr Sicherheit führte. Die VR-Umgebung hat somit als Impulsgeber fungiert.

Weitere Studien, wie z. B. von Lawrence/Ahmed (2020), weisen explizit auf die Verringerung von Angst beim Fremdsprachenlernen durch Gamification hin. Sie heben beispielsweise besonders die Bedeutung von virtuellen Avataren hervor. Aufgrund der Anonymität der Avatare ist es den Lernern scheinbar weniger unangenehm, Fehler zu machen, als dies im traditionellen Klassenzimmer der Fall wäre. Nach Yu et al. (2022) können Avatare helfen, die Selbstwirksamkeit im Sprachlernprozess zu verbessern und den Mut zum Sich-sprachlich-Ausprobieren zu stärken. Ähnliches stellt Chung (2011) in seiner quasi-experimentellen Vergleichsstudie beim Einsatz von VR im Unterricht von Englisch als Fremdsprache fest, nämlich dass die VR-Umgebung (Second Life, SL) bei den Studierenden zu einer höheren Bereitschaft zur Teilnahme am Unterricht führte und für eine höhere Motivation zum autonomen Lernen verantwortlich war. Auch er hebt dabei besonders die virtuellen Charaktere der Avatare hervor, die nachweislich die Aufmerksamkeit der Lerner erregten und zu besseren Leistungen sowohl im Vokabellernen als auch auf dem Gebiet der Grammatik sowie sogar beim Leseverstehen geführt haben. „Interactions with virtual characters allowed students to immerse into an English learning environment, where they would gain more confidence and a sense of achievement through scenario associations in the virtual reality, ultimately reaching the objective of autonomous learning" (Chung 2011:31). Die Testpersonen waren Studierende im ersten Jahr, die einen Englischkurs belegt hatten. Sie wurden in eine Experimental- und eine Kontrollgruppe mit jeweils 34 Teilnehmern eingeteilt und von derselben Lehrkraft unterrichtet. Beide Gruppen lernten mit denselben Materialien, allerdings begab sich die Experimentalgruppe online am PC in die virtuelle Second-Life-Welt und nutzte Avatare, um zu kommunizieren. Die Kontrollgruppe lernte im normalen Klassenzimmer. Bei dieser Studie muss einschränkend erwähnt werden, dass nicht explizit erklärt wird, ob das Programm Second Life als voll-immersive VR- oder Desktop-VR-Variante genutzt wurde, und keine Angaben zur Dauer und dem genauen inhaltlichen Ablauf des Treatments gemacht werden. Zudem sind die Avatare höchstwahrscheinlich nicht alleine ausschlaggebend für eine besserer Lernleistung, sondern die gesamte virtuelle Welt hat zu einer gesteigerten Aufmerksamkeit der Lerner geführt. Des Weiteren scheint ein starker technologischer Neuigkeitseffekt vorzuherrschen, der vor einer Integration von VR ins Curriculum und damit der Einführung von VR als standardisierte Lehr-/Lernmethode berücksichtigt bzw. mit einer Longitudinalstudie evaluiert werden müsste.

Fazit: Förderung der Freude und Lernmotivation sowie Abbau von Ängsten

Als Zwischenfazit lässt sich festhalten, dass der Einsatz von XR/VR-Formaten von der Mehrheit der Fremdsprachenlerner positiv aufgenommen worden ist, dass besonders VR und Gamification bei ihnen Freude und Motivation in Hinblick auf die vermittelten Inhalte bzw. trainierten Kompetenzen ausgelöst haben und dass Ängste, z. B. vor Präsentationen im Plenum oder vor Blockaden im Zusammenhang mit Wortschatz, minimiert werden konnten. VR führte zu einer Steigerung des emotionalen und des handlungsorientierten Engagements der Lerner, da durch spielerische

Elemente gezielt eine angenehme bzw. authentische Umgebung geschaffen werden konnte und somit die Lerner mit realitätsnahen Szenarien und Aufgaben unterstützt werden konnten. Die Nutzung von voll-immersiven HMDs hat sich insgesamt als effektstärkend herausgestellt. In den meisten Studien, die Gamification-Elemente integriert hatten, wurde auf die Variante der Desktop-VR zurückgegriffen. Bei vielen Untersuchungen scheint ein starker technologischer Neuigkeitseffekt vorzuherrschen, der nicht weiter evaluiert wurde.

5.1.2.3 Förderung des Kulturverständnisses

Ein Großteil der Übersichtsarbeiten des Scoping Reviews thematisiert den besonderen Wert von XR/VR für die Förderung der kulturellen Bewusstheit und Kompetenz sowie des interkulturellen Verständnisses und der interkulturellen Kommunikation (z. B. Shen et al. 2023:274 f.; Hua/Wang 2023:4; Bahari 2022:165; Alizadeh/Cowie 2022:50; Li et al. 2021:305; Peixoto et al. 2021:48958; Zheng et al. 2022:322). Virtuelle Umgebungen bieten die Freiheit und die Möglichkeit, reale Gegebenheiten und Orte von kultureller Bedeutung nachzubilden, in die der Lerner „eintauchen" kann, ohne beispielsweise die Kosten für eine Bildungsreise aufbringen zu müssen. Die Nutzer können Kultur erleben, indem sie Lieder hören, mit der Zielsprache in Kontakt kommen, die Umgebung erkunden und mit Personen aus der entsprechenden Kultur interagieren (vgl. Peixoto et al. 2021:48958). An dieser Stelle muss kritisch angemerkt werden, dass in jeder Arbeit eingangs ein umfassender Kulturbegriff definiert werden müsste, um XR/VR explizit als Mittel zur Förderung des Kulturverständnisses überhaupt evaluieren zu können. Dies erfolgt in den seltensten Fällen oder wenn, dann stark verkürzt.

Cheng et al. (2017) nutzten und evaluierten eine immersive mobile-VR-Anwendung als Lehrmethode zur Vermittlung der kulturell verankerten japanischen Grußformel der Verbeugung. Sie passten ein 3D-Videospiel zum Erlernen der japanischen Sprache so an, dass es in der virtuellen Realität mit der *Oculus Rift* gespielt werden konnte. Sie untersuchten, ob die VR-Technologie genutzt werden kann, um verkörperte kulturelle Interaktionen am Beispiel der japanischen Verbeugung zu lernen. Hierzu führten sie eine formative Nutzerstudie mit 68 Teilnehmern durch. Die Ergebnisse zeigen, dass die VR-Anwendung den Lernern beibrachte, wie und wann sie sich verbeugen sollten, und dass das Gefühl der Teilnehmer, in die japanische Kultur eingebunden zu sein, erhöht wurde. Sie empfehlen, VR als Lehrmedium für kulturell relevante physische Interaktionen zu nutzen.

In der Studie von Li et al. (2020) wurde vor dem Hintergrund der steigenden Zahl an ethnischen Minderheiten in China der Einsatz von VR speziell zur Förderung der interkulturellen Sensibilität von Jugendlichen in Hongkong evaluiert. Die Probandengruppe setzte sich aus 67 Personen (36 Jungen und 31 Mädchen im Durchschnittsalter von sieben Jahren) zusammen. Es wurden insgesamt drei verschiedene VR-Lernszenarien mit Gamification-Elementen erstellt, die Ansichten zu Ehe und Familie, religiöse Überzeugungen und Sprachbarrieren thematisierten. Die Probanden durchliefen die Szenarien zunächst unter Nutzung einer Google Cardboard (mobile-based VR-Brille) jeweils einzeln, dann folgte eine gemeinsame Nachbesprechung, die sowohl die Inhalte zusammenfasste als auch weitere Informationen zu ethnischen Minderheiten ergänzte und in der die Teilnehmer dazu ermutigt wurden, im wahren Leben mehr mit Angehörigen der ethnischen Minderheiten zu kommunizieren, um deren Herausforderungen besser verstehen zu können. Die Testung erfolgte im Pre- und Posttest-Verfahren, und zwar, indem der standardisierte Fragebogen „ISS-Questionnaire“ nach Chen/ Starosta (1996) zur Messung der interkulturellen Sensibilität genutzt wurde sowie ein weiterer Fragebogen (angelehnt an die „Instructional Material Motivation Scale“ (IMMS) nach Keller (2009) zum Einsatz kam, der die Motivation der Probanden und den Spaßfaktor des VR-Erlebens evaluierte. Die Ergebnisse zeigten, dass die interkulturelle Sensibilität der Teilnehmer nach der VR-Sitzung insgesamt verbessert wurde. Insbesondere dokumentierten die Messungen gemäß dem ISS-Questionnaire eine Zunahme des Vertrauens in eine gelungene Interaktion. Dies deutet darauf hin, dass die von den Teilnehmern empfundene Motivation durch die VR-Lerninhalte positiv zur Steigerung der interkulturellen Sensibilität beigetragen hat. Einschränkend kommen Lin et al. (2020:633) zu dem Schluss, dass ggf. das Empfinden eines hohen Grades an Spaß und Begeisterung während der VR-Nutzung die Lernergebnisse negativ beeinflussen könnte, und weisen darauf hin, dass dieser Aspekt noch genauer untersucht werden müsse: „[...W]hen the participants were enjoying the virtual reality contents, they often got too excited to pay enough attention to the educational element embedded in the scenes.“

In weiteren Studien wie von Liaw (2019), der Social-VR zur Förderung der interkulturellen Kompetenz bei chinesischen Lernern von Englisch als Fremdsprache evaluiert hat, wird von einem positiven Effekt von VR für die interkulturelle Kommunikation berichtet. Die Untersuchungen basieren auf Umfragen, Videoaufzeichnungen und mündlichen Berichten. Liaw (2019:53) hebt das Potenzial der offenen sozialen virtuellen Welten hervor, in denen authentische Gespräche mit Muttersprachlern aus aller Welt möglich sind, weist aber gleichzeitig darauf hin, dass der Transfer der in VR erworbenen interkulturellen Kompetenzen in Face-to-Face-Situationen des echten Lebens noch untersucht werden müsse.

Fazit: Förderung des Kulturverständnisses
Insgesamt lässt sich festhalten, dass XR/VR vielfältige Potenziale zur Förderung des interkulturellen Verständnisses und der interkulturellen Kommunikation bietet und dass bestimmte interkulturelle Kompetenzen mit VR nachweislich verbessert werden konnten. „VR, for instance, can create authentic contexts that help learners establish improved awareness and understanding of the target language community and culture and takes them a step further to negotiate their identity and maintain their motivation, thus facilitating self-regulation and goal achievement in the learning process" (Alizadeh/Cowie 2022:50, nach Oyserman et al. 2017). Eine große Stärke von offenen virtuellen Welten scheint zu sein, dass sie neuartige Medienräume bieten, in denen Fremdsprachenlerner in simulierten Umgebungen ohne zeitliche und räumliche Beschränkungen mit Menschen aus der ganzen Welt sprechen, zusammenarbeiten und interagieren können.

Einschränkend muss hervorgehoben werden, dass in den genannten Studien keine Gegenüberstellung zwischen Experimental- und Kontrollgruppe erfolgt ist, sondern meistens nur eine Nutzergruppe im Vor- und Nachtest evaluiert wurde. Dadurch können keine Aussagen darüber getroffen werden, welche Faktoren in VR bzw. Merkmale von VR die Förderung der interkulturellen Kompetenz bewirkt haben. Des Weiteren gaben Li et al. (2020) kritisch zu bedenken, dass die Begeisterung für VR möglicherweise die Lerner von den (ernstzunehmenden und kulturell anspruchsvollen) Inhalten ablenken könnte. Genauso wie bei der Förderung von Sprachkompetenzen, wären auch im Bereich kulturelles Lernen Longitudinalstudien und größere Probandengruppen in vergleichenden Test-Settings sinnvoll, um Aufschluss über die nachhaltige Wirkung und die für einen Kenntniszuwachs verantwortlichen Effekte von VR zu geben. Mit Parmaxi (2020:5, nach Shih 2015:410) kann festgehalten werden, dass ein dringender Bedarf an Vergleichsstudien zu Ähnlichkeiten und Unterschieden zwischen virtuellen und realen kulturellen Erfahrungen besteht.

5.1.2.4 Förderung der „21st century skills"/„Future skills"

Einige Übersichtsarbeiten im Korpus des Scoping Reviews (vgl. Zheng et al. 2022:317; Parmaxi 2020:5; Bahari 2022:165) weisen darauf hin, dass neben den genannten Stärken von XR/VR für das Fremdsprachenlernen auch gleichzeitig die sogenannten „Future Skills", also Fähigkeiten, die im 21. Jahrhundert und in der Zukunft gefragt sind (engl. „21st century skills"), gefördert werden konnten. Zuerst soll in einem kurzen Exkurs geklärt werden, welche Kompetenzen dazu zählen und welche Veränderungen auf die Bildung und damit auf den Sprachunterricht zukommen.

Exkurs: Future skills (und XR/VR)

Zu diesem Zweck wird auf den im Jahr 2020 von der Bertelsmann Stiftung und weiteren Stiftungen herausgegebenen „OECD Lernkompass 2030" referiert, der die deutschsprachige Ausgabe des offiziellen „OECD Learning Compass 2030"[4] darstellt. Im Vorwort sind die aktuell und zukünftig relevanten Kompetenzen und Bildungsziele kompakt nachzulesen:

> In der Zukunft wird es darum gehen, die künstliche Intelligenz von Computern mit den kognitiven, sozialen und emotionalen Fähigkeiten und Werten von Menschen zu verknüpfen. Es werden unsere Vorstellungskraft, unser Bewusstsein und unser Verantwortungsgefühl sein, die uns helfen werden, Technologien zu nutzen, um die Welt zum Besseren zu gestalten. Erfolg in der Bildung heißt heute nicht nur Sprache, Mathematik oder Geschichte, sondern ebenso **Identität, Handlungsfähigkeit und Sinnhaftigkeit**. Es geht darum, **Neugier und Wissensdurst** zu wecken, den Intellekt für Neues zu öffnen. Es geht um **Mitgefühl**, darum, die Herzen zu öffnen, und es geht um Mut, um die **Fähigkeit, unsere kognitiven, sozialen und emotionalen Ressourcen zu mobilisieren** (OECD 2020:7, ergänzt durch eigene Hervorhebungen).

Perspektivisch werden also weniger Fachinhalte gefragt sein (die nach und nach durch KI bereitgestellt werden), sondern vielmehr Identität, Handlungsfähigkeit und Sinnhaftigkeit, die durchaus im Einklang mit den Bestrebungen der modernen Sprachdidaktik stehen (siehe Abschn. 3.1). Auch die soziale und emotionale Komponente ist explizit genannt und muss gerade in Zeiten der Mensch-Technik-Interaktion gezielt unterstützt werden. Diese Bestrebungen, die in der Zukunft der Aus-, Fort- und Weiterbildung von immer größerer Bedeutung sein werden, sind vor dem Hintergrund der veränderten Anforderungen in unserer modernen (Arbeits-)Welt zu sehen. Statistiken zeigen, dass manuelle und kognitive Routineaufgaben seit 1960 abgenommen haben, während nicht routinemäßige

[4] The OECD Learning Compass 2030, abrufbar unter: https://www.oecd.org/en/data/tools/oecd-learning-compass-2030.html (zuletzt aufgerufen am 09.07.2025).

analytische Aufgaben sowie nicht routinemäßige interpersonelle Aufgaben stark zugenommen haben (vgl. OECD 2020:10).

Zusammengefasst bedeutet das, dass spontanes, ggf. kollaboratives Handeln an Relevanz gewinnt und das Treffen von situationsbezogenen, sinnvollen Entscheidungen, basierend auf stets aktuellem Wissen, höchst relevant ist (Schlagwort: „lifelong learning"), während thematisch bezogenes Fachwissen in den Hintergrund rückt. So unterscheidet der „OECD Lernkompass 2030" drei Arten von (Future-)Skills (OECD 2020:70):

1. **kognitive und metakognitive Skills,** zu denen kritisches Denken, kreatives Denken, Lernen zu lernen und Selbstregulierung gehören;
2. **soziale und emotionale Skills**, zu denen Empathie, Selbstwirksamkeit, Verantwortung und Zusammenarbeit gehören;
3. **praktische und physische Skills,** zu denen auch der Umgang mit neuen Informations- und Kommunikationstechnologien gehört.

Diese Kompetenzen müssen in schulischen bzw. beruflichen Kontexten gezielt eingeübt und trainiert werden. Hierfür stehen bereits zahlreiche elektronische Medien zur Verfügung, aber besonders XR/VR kann dabei eine neue Schlüsselrolle einnehmen. „[XR/VR] is able to provide a near-authentic contextualized environment while also allowing for meaningful language engagement and promoting learner-centered approaches. In turn, this activates intrinsic motivation to lifelong language learning" (Ou Yang et al. 2020:45). Besonders deutlich wird das große Potenzial von XR, wenn man einen Blick auf die „Schlüsselkompetenzen" wirft, die im OECD-Lernkompass für ein erfolgreiches Leben und eine gut funktionierende Gesellschaft als notwendig erachtet werden (vgl. OECD 2020:18): 1. Die interaktive Anwendung von Medien und Mitteln, also die Fähigkeiten zur interaktiven Anwendung von Sprache, Wissen und Technologien; 2. das Interagieren in heterogenen Gruppen, also die Fähigkeit, tragfähige Beziehungen zu unterhalten, die Kompetenzen der Zusammenarbeit und Konfliktlösung und 3. die Fähigkeit des eigenständigen Handelns, die Gestaltung persönlicher Projekte und die Wahrnehmung von Rechten und Bedürfnissen.

Durch den Einsatz von XR werden als Begleiteffekt moderne Medienkompetenzen vermittelt. Denn XR sind per definitionem interaktive Technologien, die den Körper und das Denken des Menschen einbinden und sowohl Mensch-Maschine- als auch ggf. Mensch-Mensch-Interaktion, beispielsweise in kollaborativen VR-Räumen, ermöglichen. Dadurch kann eine Zusammenarbeit über zeitliche und räumliche Grenzen hinweg stattfinden und es können unterschiedliche Kulturen technisch unterstützt in den Dialog miteinander treten. Ebenso kann XR das eigenständige Handeln fördern, indem im konstruktivistischen Sinne individuelle Lösungen für spontan auftretende Problemsituationen gefunden werden müssen. Dass durch den Einsatz von XR diese und weitere „21st century Skills“ oder „Future Skills“ gefördert werden können, zeigen einige Übersichtsarbeiten des Scoping Reviews anhand empirischer Studien auf. Einen Überblick über die Untersuchung von VR im Hinblick auf diese Zukunftskompetenzen bietet folgende Grafik (vgl. Abb. 5.14) aus der Übersichtsarbeit von Zheng et al. (2022:316).

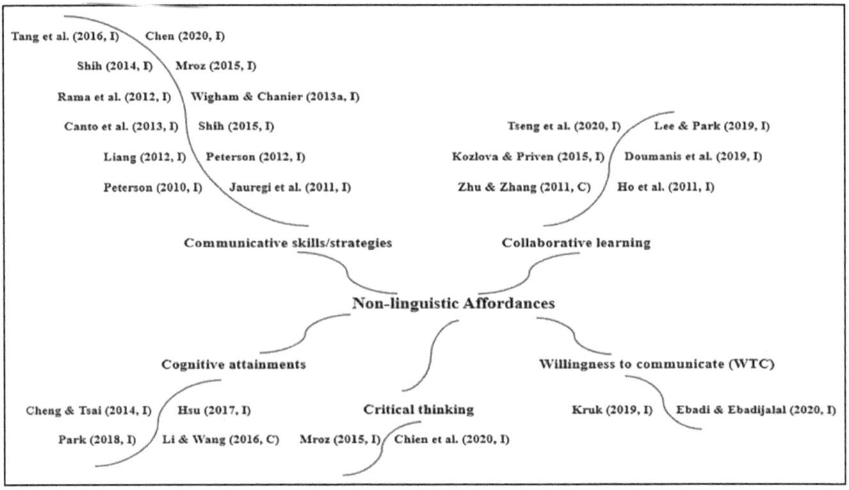

Abb. 5.14 Studien: VR zum Training weiterführender Kompetenzen (Zheng et al. 2022:316)

Kritisch anzumerken ist, dass die Kompetenzen als „nicht-sprachlich“ (engl. „non-linguistic“) bezeichnet werden. Kommunikative Strategien und kritisches Denken sind Voraussetzung für eine gelungene Sprachpraxis und ein relevanter Teil davon. Daher sollte man eher von „weiterführenden“ Kompetenzen sprechen.

Mroz (2015) beispielsweise untersucht in einer explorativen VR-Studie nach dem Mixed-Method-Verfahren die Entstehung des kritischen Denkens in der Fremdsprache Französisch anhand einer Fokusgruppe von fünf Studierenden. Als Forschungsgrundlage werden soziokulturelle und ökologische Theorien vereint, um Argumentationsstrategien in der Fremdsprache besser transparent machen und nachverfolgen zu können. „By aligning with SCT and the ecological perspective, we hypothesized that L2 negotiation and co-construction of meaning was rather an example of a learning process" (Mroz 2015:530). Sie kommt zu dem Ergebnis, dass der Einsatz einer kollaborativen virtuellen Umgebung, in der die Lerner in der Zielsprache kommunizieren und Probleme lösen mussten, zu sprachlichen Fortschritten geführt und das kritische Denkvermögen gesteigert hat. Auch weitere empirische Studien, wie beispielsweise diejenigen von Sun et al. (2018) oder Park (2018), zeigen, dass VR das kritische Denken der Lerner gefördert und die kognitive Verarbeitung und Bedeutungsbildung erleichtert sowie die kognitiven Fähigkeiten insgesamt verbessert hat. Sun et al. (2018) untersuchten die Entwicklungen von „higher level competences" bei Grundschülern beim Einsatz von sphärischer videobasierter 360°-VR. Park (2018) evaluierte VR als Medium im Fachsprachenunterricht von Luftfahrt-Englisch. Die Analyse der mündlichen Berichte der Testteilnehmer aus simulierten Rückrufen zeigt, dass während der Durchführung virtueller interaktiver Aufgaben für das Aviation English Assessment verschiedene kognitive, metakognitive und kommunikative Strategien zum Einsatz kamen. Insgesamt wurde eine positive Beziehung zwischen der Gesamtzahl der eingesetzten kognitiven und metakognitiven Strategien und den Testergebnissen festgestellt. Hauptfaktor war nach Park (2018) die erlebte Authentizität, die durch die immersive Umgebung in Kombination mit den simulierten Aufgaben erzielt werden konnte. Insgesamt wird ein Aspekt in den Arbeiten immer wieder als besonders vorteilhaft hervorgehoben: das Potenzial von XR (insbesondere VR), Zugang zu Orten und Situationen zu eröffnen, die in einem traditionellen Klassenzimmer nicht erkundet werden können. Dies ist ein Befund, der aktuell und zukünftig im fach- und berufssprachlichen Diskurs von zunehmender Bedeutung sein kann.

Fazit: Förderung der „21st century skills"/„Future skills"

Heutzutage sind in der modernen Lern- und Arbeitswelt neue Kompetenzen, die sogenannten „21st century skills" oder „future skills", gefragt. Laut dem „OECD Lernkompass 2030" (2020:70) sind das vor allem

1. kognitive und metakognitive Skills, zu denen kritisches Denken, kreatives Denken, Lernen zu lernen und Selbstregulierung gehören;
2. soziale und emotionale Skills, zu denen Empathie, Selbstwirksamkeit, Verantwortung und Zusammenarbeit gehören;
3. praktische und physische Skills, zu denen auch der Umgang mit neuen Informations- und Kommunikationstechnologien gehört.

In diesem Zusammenhang lässt sich festhalten, dass der Einsatz von XR/VR im Fremdsprachenunterricht nicht nur sprachliche Fähigkeiten verbessert, sondern auch dazu beiträgt, wichtige weiterführende Kompetenzen zu fördern. Studien zeigen, dass der Einsatz von XR/VR das kritische Denken, kommunikative Strategien, kollaboratives Arbeiten, Medienkompetenzen und andere heutzutage gefragte, fächerübergreifende Fertigkeiten und Kenntnisse stärkt. Die Authentizität und die Möglichkeit, in virtuellen oder teils-virtuellen Umgebungen zu interagieren, bieten den Lernern dabei ein realitätsnahes Lernumfeld.

GESAMTZUSAMMENFASSUNG: Stärken und Effekte von XR im Sprachunterricht (I)

Wie die vorangegangenen Ausführungen zeigen, weisen die Übersichtsarbeiten im Korpus des Scoping Reviews alle auf ähnliche Stärken und Effekte von XR/VR hin. Vorrangig sind folgende zu nennen:

1. **Verbesserung der Sprachkompetenzen (Wortschatz und Kommunikation)**
   VR-Welten zeigen sich als besonders lernförderlich im Bereich des Wortschatzerwerbs und der mündlichen Performanz (Sprachkompetenz), wobei ein Haupterfolgsfaktor in der Immersion und aktiven Partizipation liegt. Einschränkend muss erwähnt werden, dass es keine Studien zur Nachhaltigkeit und damit zum längerfristigen, sprachlichen Mehrwert gibt. Die Posttests wurden meist direkt im Anschluss an die Unterrichtseinheiten bzw. den definierten Zeitraum des Treatments durchgeführt. Auch dass Immersion als Schlüsselfaktor bezeichnet wird, müsste spezifisch evaluiert werden, da sich die Grade der Immersion innerhalb der einzelnen Studien stark voneinander unterscheiden und doch zu

ähnlich positiven Ergebnissen führen. Zudem wird der technologische Neuigkeitseffekt meist unzureichend berücksichtigt.

2. **Förderung der Freude und Lernmotivation**
   Der Einsatz von XR/VR-Formaten wurde von der Mehrheit der Fremdsprachenlerner durchwegs positiv aufgenommen. Studien belegen, dass bei den Lernern Freude und Motivation in Hinblick auf die vermittelten Inhalte bzw. trainierten Kompetenzen ausgelöst worden sind und dass Ängste, z. B. vor Präsentationen im Plenum oder vor Blockaden im Zusammenhang mit Wortschatz, minimiert werden konnten. Daneben führte XR/VR zu einer Steigerung des emotionalen und des handlungsorientierten Engagements der Lerner, da durch spielerische Elemente gezielt eine anregende bzw. authentische Umgebung geschaffen werden kann.
3. **Förderung des Kulturverständnisses**
   Insgesamt bietet XR/VR vielfältige Potenziale zur Förderung des interkulturellen Verständnisses und der interkulturellen Kommunikation. Studien belegen, dass diese Kompetenzen mit VR nachweislich verbessert werden konnten. Einschränkend muss erwähnt werden, dass in diesen Arbeiten der Kulturbegriff entweder nur selten oder stark verkürzt definiert wird. Zudem findet in den meisten Studien keine Gegenüberstellung zwischen Experimental- und Kontrollgruppe statt, sondern meistens wird nur eine Nutzergruppe im Vor- und Nachtest evaluiert. Dadurch können keine Aussagen darüber getroffen werden, welche Faktoren in VR bzw. Merkmale von VR die Förderung der interkulturellen Kompetenz bewirkt haben. Eine große Stärke von VR im Kontext Kultur und Sprache ist, dass durch ihren Einsatz neuartige Medienräume geschaffen werden können, in denen Fremdsprachenlerner in simulierten Umgebungen ohne zeitliche und räumliche Beschränkungen mit Menschen aus der ganzen Welt sprechen, zusammenarbeiten und interagieren können.
4. **Förderung der „21st century skills"/„Future Skills"**
   Studien haben gezeigt, dass der Einsatz von XR/VR im Sprachunterricht dazu beiträgt, kognitive und metakognitive Skills, soziale und emotionale Skills sowie praktische und physische Skills zu schulen. Vor dem Hintergrund der sich verändernden Lern- und Arbeitswelt, in der Identität, Handlungsfähigkeit und Sinnhaftigkeit noch vor Fachwissen gefragt

sind, kann XR/VR einen wertvollen Beitrag in der Aus-, Fort- und Weiterbildung leisten, um wichtige Zukunftskompetenzen zu fördern.

5.1.3 Herausforderungen und Probleme beim Einsatz von XR im Sprachunterricht (II)

In diesem Abschnitt werden Herausforderungen und Probleme thematisiert, die sich beim Einsatz von XR (mit Fokus auf VR/MR) im Sprachunterricht gezeigt haben. Die sich daraus ergebenden Forschungsdesiderate werden in Abschn. 5.1.6 genauer behandelt. Insgesamt können nach Pinto et al. (2021), Yu et al. (2022), Li/Wong (2021), Jayes et al. (2022:271), Huang (2021:175 f.) und Zheng et al. (2022) drei Problemfelder definiert werden:

- **Technologiebedingte Herausforderungen**
- **Nutzungsspezifische körperlich-kognitive Störungen**
- **Pädagogisch-didaktische Herausforderungen**

Technologiebedingte Herausforderungen
Dass es grundsätzlich beim Einsatz von elektronischen Medien zu Technikproblemen kommen kann, muss nicht eigens erwähnt werden. Da bei XR allerdings die Partizipation des Nutzers durch Interaktion mit dem System im Vordergrund steht, können Vorkommnisse wie eine instabile Internetverbindung sowie Interaktionsprobleme mit der Benutzeroberfläche große Unzufriedenheit und sogar kurzzeitig auftretende gesundheitliche Störungen wie die VR-Sickness auslösen (Pinto et al. 2021:12). Zudem wirken sich derartige Störungen meist negativ auf die Lernerfahrung aus (vgl. Yu et al. 2022:216). LI/Wong (2021) weisen auch darauf hin, dass die Nutzung von HMDs oftmals mit einer schlechten Tiefenwahrnehmung oder generell optischen Problemen einhergeht – bedingt durch die Software oder kostengünstige Alternativen wie die Cardboards.

Ein weiterer Aspekt, der besonders für Sprachlehr- und -lernkontexte gilt, ist, dass die XR/VR-Technologie für viele Nutzer neu ist. Nach Huang et al. (2021) könne es daher gehäuft zu Aufmerksamkeitsstörungen kommen. Das heißt, die Lerner konzentrieren sich eher auf die innovativ gestaltete Umgebung und die Optik der virtuellen Inhalte als auf den eigentlichen Stoff. Dadurch seien die Lehrkräfte besonders gefragt, die Aufmerksamkeit der Schüler wieder auf die Lerninhalte zu lenken. Gleichzeitig weisen Li et al. (2015) darauf hin, dass die Motivation der Lerner abnehmen kann, wenn die Technologie öfters genutzt wird bzw. etabliert ist. So ist von Anfang an mitzudenken, dass die Technologie allein kein Garant für positive Auswirkungen auf die Lernergebnisse ist und erst recht kein Garant für nachhaltige Lernmotivation. Insgesamt sollte man daher bereits bei der Gestaltung des XR-Technologieeinsatzes und der Lerninhalte gezielt Faktoren der Aufmerksamkeitssteuerung berücksichtigen, die das Interesse und die Konzentration der Lerner aufrechterhalten. Hier wird die Wichtigkeit der didaktischen Einbettung deutlich, die im nächsten Kapitel (Abschn. 5.1.4) thematisiert wird. Aktuell besteht zudem das Problem, dass es bisher noch kaum kommerzielle Angebote an XR-Software gibt, die speziell zum Sprachenlernen entwickelt worden sind (vgl. Jayes et al. 2022:272). Dies führe zusammen mit einer fehlenden technischen Ausstattung und einem unzureichenden technischen Support häufig dazu, dass Lehrkräfte sich gegen die Nutzung von XR entscheiden (vgl. Bahari 2022:165).

Nutzungsspezifische körperlich-kognitive Störungen

Auf die sogenannte „VR-Sickness", also auftretende Übelkeit und Schwindel bei der Nutzung von VR, wurde bereits in Kapitel 4.1.4 detailliert eingegangen. Auffallend ist, dass sie nur in wenigen Übersichtsarbeiten thematisiert wird: „Negative sides of [...] VR, specifically for the learning of a foreign/second language, are not usually reported so further investigation is needed to state major negative factors of its usage" (vgl. Pinto et al. 2021:13). Empirische Studien von Cheng et al. (2017) oder Anderson et al. (2008) zeigten, dass das längere Spielen von gamifizierten VR-Anwendungen zu Kopfschmerzen und Überanstrengung der Augen führte. Dabei scheint das körperliche Unwohlsein sowohl bei schwach- als auch hoch-immersiver VR aufzutreten. Cheng et al. (2017) setzten ein 3D-Videospiel auf voll-immersive Weise via *Oculus Rift* zum interkulturellen Training in Japan ein, Anderson et al. (2008) untersuchten anhand eines 3D-Videospiels für den PC, inwiefern dieses das Hörverständnis in Englisch als Fremdsprache verbessern könnte. In diesen Fällen lässt sich vermuten, dass die Bedienungsmodalitäten eine VR-Sickness begünstigt haben. Da Cheng et al. (2017) die typische Verbeugung zur japanischen Begrüßung körperlich messbar abbilden wollte und auch keine freie Bewegung im Raum aufgrund von Platzgründen ermöglicht werden sollte, wurde 1. das Head-Tracking der Oculus Rift so eingestellt, dass erkannt wurde, ob sich der Nutzer tatsächlich verbeugt, und 2. erfolgte die Navigation über eine PC-Tastatur. Gerade die Kombination daraus, physisch am PC zu sitzen, aber in VR mit seinem Avatar zu laufen, steigerte wahrscheinlich das Risiko für Übelkeit und Unwohlsein. Alizadeh/Cowie (2022:2) weisen des Weiteren auf einen dokumentierten Fall in Taiwan hin, wo Englischlerner im Grundschulalter bei der Nutzung von VR Unwohlsein und sogar

Angst empfunden haben (vgl. Wu/Hung 2022). Mehrere Faktoren könnten eine Rolle gespielt haben: 1. Die Testgruppe hatte noch keine Erfahrung mit VR. 2. Die verwendete VR-Anwendung „Cospaces“ war nicht interaktiv gestaltet, sondern bestand ausschließlich aus zu beobachtenden Kommunikationsszenen in 360 Grad. Somit konnten die Lerner nicht partizipieren, sondern nur rezipieren. 3. Die kommunikativen Aktivitäten der Lerner fanden nicht in der VR-Welt selbst statt, sondern wurden anschließend an die Betrachtungen ins reale Klassenzimmer ausgelagert. „Some students also expressed discomfort when using VR, saying that wearing the VR headset and watching the virtual scenes for too long caused them headache and dizziness“ (Wu 2022:1562).

Pädagogisch-didaktische Herausforderungen

Neben technologischen und nutzungsspezifischen Problemen wurden auch Herausforderungen pädagogisch-didaktischer Art festgestellt. Nach Li/Wong (2021) zeigt sich beim Einsatz von XR-Formaten ein potenzieller Konflikt zwischen der herkömmlichen lehrerzentrierten, auf die Vermittlung ausgerichteten Unterrichtsweise und der schülerzentrierten, explorativen Natur von XR-/VR-Umgebungen. Sie stellten fest, dass lediglich 9 % der untersuchten XR/VR-Publikationen die Perspektive der Lehrkräfte angemessen berücksichtigen. Die vorhandenen Evaluationen konzentrieren sich hauptsächlich auf das selbstgesteuerte Lernen der Schüler, Lehrkräfte greifen dabei nur selten ein. Huang et al. (2021) fügen hinzu, dass die Schüler mit ihren eigenen Geräten lernten und die Lehrkräfte währenddessen nur begrenzte Eingriffsmöglichkeiten hätten. Daher sei es für die Lehrkräfte schwierig, den Lernprozess jedes Schülers zu überwachen, was wiederum zu Schwierigkeiten beim Klassenmanagement führen könne. Insgesamt bedarf es weiterer empirischer Untersuchungen, um die angemessene Rolle von Lehrkräften bei XR/VR-Aktivitäten und vor allem die didaktische Einbettung für XR-/VR-Anwendungen in den Unterricht zu klären. Daneben muss auch die Didaktik innerhalb einer Software viel stärker beleuchtet werden. Beides sind Grundvoraussetzungen für die effektive Implementierung in Sprachunterrichts-Settings. „[R]easonable instructional design is still the fundamental condition for VR to promote the effectiveness of language teaching. As suggested by prior research (Chen/Kent 2020), technical issues or poor instructional design may hinder the flow of virtual class management and also dampen the students’ motivation due to frustration“ (Yu et al. 2022:216).

Yu et al. (2022:216) weisen zudem darauf hin, dass die Komplexität der Aufgabendesigns in XR/VR neue Anforderungen an die Kompetenz der Sprachlehrkräfte stellt, die sowohl zeitlich als auch finanziell mitgedacht werden müssen – zumindest anfangs, wenn die Technologie neu eingeführt wird. Diesen Aspekt erwähnen auch Huang et al. (2021:15) und fügen hinzu, dass in einigen Studien auf Schülerseite berichtet wurde, die Interaktion mit der VR-Technologie habe zu viel Zeit gekostet, sodass Lernaufgaben nicht rechtzeitig hätten abgeschlossen werden können. Zum Beispiel berichteten Lehrkräfte in einer Studie von Chen et al. (2020) zum durch Google Earth VR unterstützten Schreiben, dass es eine Herausforderung dargestellt hätte, den Einsatz von VR in der Klasse reibungslos zu organisieren. Denn erstens hätte es einen hohen Zeitaufwand mit sich gebracht, die Schüler mit der Bedienung der VR-Ausrüstung vertraut zu machen, und zweitens sei es schwierig gewesen, dafür zu sorgen, dass alle gleichzeitig in die virtuelle Umgebung eintauchen, um dort Aufgaben zu erledigen. „The final challenge reported by the reviewed studies focuses on the extra effort that language teachers have to make, such as designing learning tasks, managing in-class activities and interacting with learners during their spare time" (Zheng 2022:323). An dieser Stelle soll kritisch angemerkt werden, dass die Studie von Chen et al. (2020) weniger ein technikbezogenes Problem darstellt, sondern vielmehr die Bedeutung der didaktischen Einbettung und Unterrichtskonzeption beim Medieneinsatz unterstreicht. Denn die Bedienung von *Google Earth VR* war vor der Anwendung umfangreich eingeführt und erklärt worden, somit waren die Schüler mit der technischen Nutzung vertraut. Es scheint also im Unterrichtsverlauf selbst zu wenig Zeit für das entdeckende Lernen in VR eingeplant worden zu sein. Die anfängliche Entdeckungsfreude sollte auf jeden Fall berücksichtigt werden, da die Möglichkeit, etwas zu erkunden, selbstständig zu agieren und sich frei nach Interesse zu bewegen, eine der Hauptstärken von XR/VR ist und zu zusätzlichem Interesse und Motivation bei den Lernern führen kann.

GESAMTZUSAMMENFASSUNG: Herausforderungen und Probleme beim Einsatz von XR im Sprachunterricht (II)

Insgesamt können nach Pinto et al. (2021), Yu et al. (2022), Li/Wong (2021), Jayes et al. (2022), Huang (2021), Bahari (2022) und Zheng et al. (2022) drei Problemfelder definiert werden:

1. **Technologiebedingte Herausforderungen:** Das sind vor allem auftretende Neuigkeitseffekte und die Gefahr der Abnahme der Aufmerksamkeit bei zunehmender Etablierung der XR/VR-Technologien, mögliche technische Störungen, bedingt durch beispielsweise eine instabile Internetverbindung, eine geringe Verfügbarkeit von didaktisierter XR/VR-Software speziell für das Sprachenlernen und der fehlende technische

Support, der oftmals in einem sprachlich ausgerichteten Arbeitsumfeld vorherrscht.

2. **Nutzungsspezifische körperlich-kognitive Störungen:** Hierzu zählen die VR-Sickness und die Gefahr der kognitiven Überlastung sowie vereinzelt Angstempfinden bei fehlenden Interaktionsmöglichkeiten und der dadurch bedingten fehlenden Partizipation.
3. **Pädagogisch-didaktische Herausforderungen:** Darunter fallen die bisher ungeklärte Rolle der Lehrkräfte bei der Nutzung einer stark lernerzentrierten Technologie sowie ein verhältnismäßig hoher zeitlicher, finanzieller und organisatorischer Aufwand (besonders auf der Seite der Lehrkräfte) – vor allem bei der anfänglichen Integration von XR/VR in das Klassenzimmer.

5.1.4 Pädagogisch-didaktische Theorien, Modelle, Konzepte (III)

Im Folgenden wird auf die pädagogisch-didaktischen Konzepte eingegangen, die in bisherigen Studien erwähnt wurden und nach denen XR/VR bisher in den Sprachunterricht integriert worden ist. Zuvor soll nochmals angemerkt werden, dass in sehr wenigen Studien explizit auf theoretische Grundlagen der Didaktik eingegangen und in den meisten Arbeiten eher ein experimenteller, technologisch-evaluierender Ansatz mit einer eher geringen Anzahl an Probanden verfolgt wird. „Besides the limitation of a small sample, some studies were made based on observations (Chen 2016; Rankin et al. 2008; Kongmee et al. 2011; Garcia et al. 2019) being, in this way, exploratory, and the results are only suggestive and not confirmed" (Pinto et al. 2021:15). Das zeigt beispielsweise die Übersichtsarbeit von Yu et al. (2022) sehr deutlich, die als Einstiegsreferenz herangezogen werden soll. Die Autoren werteten 67 empirische Studien aus internationalen und chinesischen Zeitschriften aus, die zwischen 2011 und 2020 erschienen waren, und kamen zu dem Ergebnis, dass nur in 21 Studien theoretische Konzepte bzw. Modelle angeführt werden, auf denen dann das Untersuchungsdesign beruht (Yu et al. (2022:216). Fünf Artikel basieren auf soziokulturellen Theorien. Rama et al. (2012) beispielsweise heben in ihrer Arbeit (zur Integration von *World of Warcraft* in den Spanischunterricht) die spezifischen soziokulturellen Kontexte hervor, die durch virtuelle Welten geschaffen werden und somit das Sprachniveau und das Gemeinschaftsgefühl der Lerner erhöhen können. In vier Artikeln werden konstruktivistische Theorien[5] sowie die Engagement-Theorie nach Kearsley/Shneiderman (1998) erwähnt. Die Engagement-Theorie basiert auf der Idee, erfolgreiche kollaborative Teams zu schaffen, die gemeinsam an Projekten arbeiten, die auch außerhalb des Klassenzimmers Relevanz haben. Im Mittelpunkt stehen die drei Komponenten „Relate-Create-Donate", die implizieren, dass Lernaktivitäten erstens in einem Gruppenkontext stattfinden (d. h. in kollaborativen Teams), zweitens projektbasiert sind und drittens einen authentischen Charakter haben. Des Weiteren finden auch andere Theorien wie die Skripttheorie (Springer 1997) und die Theorie(n) der verkörperten Kognition in chinesischen Artikeln Anwendung (vgl. Yu et al. 2022:216). Hervorgehoben werden muss auch, dass selbst wenn Theorien oder Modelle als Referenz genannt werden, die didaktische Einbettung selbst selten durchgängig daran ausgerichtet wird.

Die nachfolgende Grafik aus der Übersichtsarbeit von Li/Wong (2021), die 111 Studien aus den Datenbanken *Web of Science* und *Scopus* ausgewertet haben, zeigt aufschlussreiche Ergebnisse im Hinblick auf die Formate der Arbeiten (vgl. Abb. 5.15).

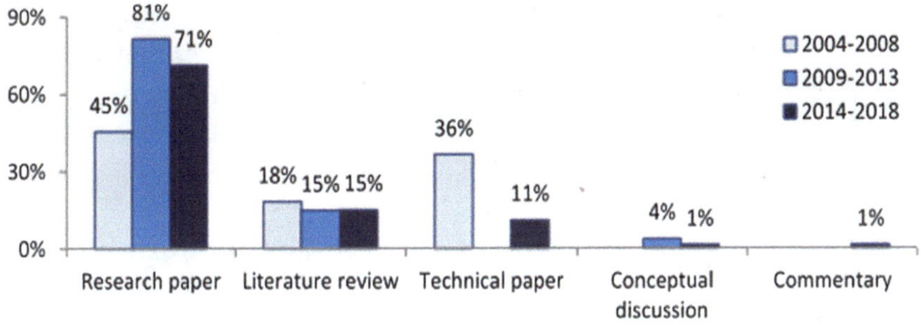

Abb. 5.15 Kategorien von Forschungsarbeiten 2004 bis 2018 (Li/Wong 2021:169)

Es wird deutlich, dass die größte Kategorie Forschungsarbeiten umfasst, die über empirische Experimente und praktische Evaluationen berichten (engl. „Research Paper"), gefolgt von Literaturübersichten (engl. „Literature Review") und Fachbeiträgen, in denen theoretische Rahmenbedingungen vorgestellt werden (engl. „Technical Paper"). Dabei ist auffallend, dass Publikationen zu theoretischen Rahmenbedingungen vor allem im Zeitraum 2004 bis 2008 erschienen

[5] Hier in der deutschen Übersetzung wurde „constructivist thepry" in den Plural gesetzt, da die konstruktivistische Lerntheorie aus mehreren Leitprinzipien besteht, die im Laufe der Jahre modernisiert wurden (vgl. Piaget 1999).

sind und danach keinen vergleichbaren Aufschwung mehr erfahren haben. Einige wenige Arbeiten sind der konzeptionellen Diskussion (engl. „Conceptual discussion“) und Kommentierung (engl. „Commentary“) gewidmet. Insgesamt ist der Grafik auch zu entnehmen, dass der prozentuale Anteil der empirischen Forschungsarbeiten in der zweiten und dritten Zeitperiode (also 2009 bis 2013 und 2014 bis 2018) besonders hoch ist. Dies deckt sich mit dem international steigenden Forschungsinteresse an XR/VR im Zusammenhang mit dem Sprachenlernen.

GESAMTZUSAMMENFASSUNG: Pädagogisch-didaktische Theorien, Modelle, Konzepte (III)

Insgesamt ist bisher in wenigen Publikationen zu empirischen Studien explizit auf theoretische Grundlagen der Didaktik eingegangen worden und in den meisten Arbeiten wurde eher ein experimenteller, technologisch-evaluierender Ansatz verfolgt. Nach Yu et al. (2022), die 67 empirische Studien aus internationalen und chinesischen Zeitschriften, erschienen zwischen 2011 und 2020, ausgewertet haben, sind folgende Theorien vertreten: soziokulturelle Ansätze, konstruktivistische Theorien sowie die Engagement-Theorie nach Kearsley/Shneiderman (1998). Auch die Embodied-Cognition-Theorie findet in einer Studie Anwendung.

5.1.5 Bezüge zum Embodied-Cognition-Forschungsfeld

Trotz dieses eher geringen Theoriebezugs in den Publikationen zeigt sich bei genauer Analyse der Literatur des Scoping Reviews, dass in mehr als der Hälfte aller Übersichtsarbeiten dennoch Bezüge zum Embodied Cognition (EC)-Forschungsfeld erkennbar sind oder diese explizit gefordert werden (vgl. Bahari 2022; Alizadeh/Cowie 2022; Huang et al. 2021; Peixoto et al. 2021; Parmaxi 2020; Zheng et al. 2022; Yu et al. 2022; Shen et al. 2023). Um transparent zu machen, in welchen Zusammenhang die XR/VR-Technologie und EC-Theorien in den Übersichtsarbeiten gesetzt wurden, sind in der nachfolgenden Tabelle entsprechende Textstellen zu finden, die explizite Verweise auf EC enthalten (vgl. Tab. 5.4). Dazu wurde das Literaturkorpus des Scoping Reviews nach den Schlagworten „body“, „mind“, „kinesthetic“, „embodied“, „embodied cognition“ und „embodied learning“ durchsucht.

Tab. 5.4 Literaturverweise auf das EC-Forschungsfeld (im Korpus des Scoping Reviews)

Verweise auf das EC-Forschungsfeld
Bahari (2022): • „VR affordances reportedly engage learners in **user-embodied** cognitive processes (Shin, 2017) and enriched input (Ebert et al., 2016; Lau/Lee 2015).“ (Bahari 2022: 165) • „**Embodied conversational agents (27 %):** Lan et al. (2018a, 2018b) explored the **effects of embodied learning types** on listening comprehension in terms of **3D avatar versus real body** and confirmed the affordance of 3D avatars in developing learners' listening performance.“ (Bahari 2022: 168) • „Hassani et al. (2013) reported the **affordance of embodied conversational agents** in developing listening and speaking skills.“ (Bahari 2022: 168) • „The main pedagogical implication of their finding (Lan et al. 2018) lies **in the priority and efficacy of 3D virtual avatar as an embodied learning type over non-embodied learning type** that can be used by teachers to develop listening performance of the learners. The findings were in keeping with previous **studies that supported embodied cognition in language learning/teaching (Macedonia and Knösche, 2011; Willems and Casasanto, 2011).**“ (Bahari 2022: 168). • „Theoretical implications: **The CALL scholars are recommended to approach the topic of embodied cognition by contextualizing user-embodied cognitive processes by technology-based tools and affordances (e.g., embodied games, embodied peers, etc.)** to ensure the success of the VR programs for developing L2 receptive and productive skills. Drawing on the reviewed articles, further studies are recommended to **integrate physical and mental learning processes** […] in VR environments.“ (Kolb, 2015)
Parmaxi (2020): • „A more sophisticated virtual reality system was also employed by Vázquez, Xia, Aikawa, and Maes (2018) and included a **kinesthetic language learning platform** for virtual reality that leveraged the **connection between body and mind to enhance second language vocabulary acquisition** (1/26 manuscripts).“ (Parmaxi 2020: 6) • „**Kinesthetic virtual reality:** Vázquez, Xia, Aikawa, and Maes (2018) suggest additional research on kinesthetic language learning in virtual reality that can positively impact language education.“ (Parmaxi 2020: 10)
Zheng et al. (2022:320): „**Based on the theory of embodied cognition**, Li and Wang (2016) designed an online virtual English learning community in a primary school. It changed the traditional online learning environment, **highlighted the embodiment of learning methods**, provided diversified online learning methods and constructed a **new situational online learning method**, which facilitated better language learning.“

(Fortsetzung)

Tab. 5.4 (Fortsetzung)

Verweise auf das EC-Forschungsfeld
Yu et al. (2022:216): „According to Kearsley and Shneiderman [8], there are three principles in engagement theory for promoting learners´ involvement in VR-supported language learning settings, including "Relate", "Create" and "Donate". In the study of Chen and her colleagues [9], they applied the above-mentioned three basic principles to the curriculum design of expository writing with virtual reality to further facilitate participants' engagement. Likewise, a few theories are shown in domestic articles, such as script theory **and embodied cognition theory.**"
Shen et al. (2023:273): „By allowing **the complete body to be combined with both real and virtual aspects,** MR differs from AR, which simply superimposes digital items onto the actual environment."

Wie die vorangegangene Übersicht zeigt, wird in einigen Arbeiten auf den Zusammenhang zwischen Körper und Denken hingewiesen, z. B. im Rahmen des kinästhetischen multisensorischen Erlebens, bei der verkörperten Interaktion mit der XR-Technologie sowie im Hinblick auf Raum- und Zeitaspekte. In Abschnitt 5.3 wird nochmals ausführlich auf diese Zusammenhänge eingegangen.

GESAMTZUSAMMENFASSUNG: Bezüge zum Embodied-Cognition-Forschungsfeld (IV)

In mehr als der Hälfte aller Übersichtsarbeiten im Korpus des Scoping Reviews lassen sich Bezüge zum Embodied Cognition (EC)-Forschungsfeld finden (vgl. Bahari 2022; Alizadeh/Cowie 2022; Huang et al. (2021); Peixoto et al. 2021; Parmaxi 2020; Zheng et al. 2022; Yu et al. 2022; Shen et al. 2023). Die Schlagwortsuche nach den Begriffen „body", „mind", „kinesthetic", „embodied", „embodied cognition" und „embodied learning" macht die Verweise auf das EC-Forschungsfeld transparent. Die Textstellen unterstreichen die Bedeutung der verkörperten Kognition im Kontext XR und zeigen vielfältige Forschungsansätze auf.

5.1.6 Forschungslücken und Desiderate (V)

In diesem Unterkapitel werden zunächst Forschungslücken genannt, die in den Übersichtsarbeiten des Scoping Reviews dokumentiert sind. Danach wird sowohl auf bestehende Desiderate in der Forschung als auch auf die Entwicklung und Integration von XR/VR im Sprachunterricht eingegangen.

Forschungslücken

Die Forschung zu XR/VR im Sprachunterricht weist mehrere einschlägige Lücken auf, die weitere Untersuchungen und eine theoretische Vertiefung erfordern.

1. Als große Schwäche werden die fehlende theoretische Fundierung des Einsatzes von XR/VR im Sprachunterricht bzw. die fehlenden Referenzen auf pädagogische Rahmenwerke und Modelle bezeichnet (z. B. Pinto et al. 2021:15; Yu et al. 2022:217). Die vorhandenen Studien geben kaum Begründungen für die genaue Art und Weise der Gestaltung von Aufgaben. So herrscht ein dringender Bedarf an Arbeiten, die theoretische Grundlagen für pädagogische Entscheidungen schaffen (vgl. Bahari 2022:180).
2. Nach Peixoto et al. (2021:48960) und Pinto et al. (2022:16) liegt eine weitere Forschungslücke in Vergleichsstudien zwischen unterschiedlichen XR-Technologien. „[…I]t is needed to carry studies comparing technologies so the researchers can have a scientific foundation to determine what they should use on their experiences/investigation and why the chosen technology is the more indicated one“ (Pinto et al. 2021:16). Wie bereits ausgeführt, untersuchen bisherige Studien die Effekte des XR/VR-Einsatzes beim Sprachenlernen meist explorativ anhand von Fokusgruppen oder stellen den XR/VR-gestützten Sprachunterricht dem „traditionellen“ gegenüber, ohne dass dabei immer genau definiert wird, was unter „traditionell“ verstanden wird. „Studies also stated that ‘x’ solution is better than ‘x’ traditional way. However, in some cases, it is never made a statistical and objective comparison and the ‘x’ traditional way is not evaluated too“ (Pinto et al. 2021:15). Vergleichsstudien mit unterschiedlichen XR-Varianten könnten zukünftig Aufschluss darüber geben, welche Effekte die jeweilige XR-Technologie bei verschiedenen Vergleichsgruppen hat.
3. Park (2018) sieht beispielsweise eine damit zusammenhängende weitere Forschungslücke im Mangel an Studien zum Einsatz von XR in berufs- und fachsprachlichen Bereichen wie z. B. Englisch für die Luftfahrt oder Englisch für akademische Zwecke. Hier würden Sprache, Fach und Technologie gleichwertig aufeinandertreffen, sodass ein interdisziplinärer Ansatz notwendig wäre. „Such as the cooperation among the researchers in e-learning, second language

acquisition, and neuroscience research, is also suggested in order to gain knowledge from different perspectives to uncover the effects of virtual interaction on humans' learning.“ (Lan et al. 2018)

4. Zudem mangelt es an Studien, die die multisensorischen Möglichkeiten von XR, mit besonderem Augenmerk auf Haptik, berücksichtigen (vgl. Vázquez et al. 2018, Alizadeh/Cowie 2022:3). Hier könnte MR (neben AR) besonders an Bedeutung gewinnen. Derartige Studien könnten das Interesse und die Beteiligung der Lerner gezielt verbessern und zu einer erhöhten Aufmerksamkeit und damit gesteigerten Lernleistung führen (vgl. Tan et al. 2016).
5. Ein weiteres Defizit besteht nach Bahari (2022:180) im Ungleichgewicht der Erforschung unterschiedlicher Sprachfertigkeiten. Während das VR-unterstützte Hörverständnis, Vokabellernen und Sprechen ausgiebig untersucht worden sind, besteht ein Mangel an Forschung zum XR/VR-gestützten Lesen und Schreiben. Dies führt zu einer Inkonsistenz in den Erkenntnissen über die Effektivität von XR-Technologien für die sprachlichen Fertigkeiten generell und erfordert dringend weitere Untersuchungen.
6. Hua/Wang (2023:11) stellen außerdem fest, dass sich die Mehrheit der Studien auf den L2-Spracherwerb beziehen. In der heutigen Zeit der heterogenen Lerngruppen und besonderen Förderung von Mehrsprachigkeit bestehe die Notwendigkeit, nicht nur das L2-Lernen, sondern auch die Auswirkungen von XR auf das Erlernen weiterer Sprachen zu untersuchen und mehrsprachige Phänomene zu berücksichtigen. Liu (2023:18) fordert zudem, mehr heterogene bzw. diverse Gruppen mit großen Probandenzahlen in Studien zu untersuchen.
7. Eine weitere Forschungslücke besteht in der Evaluierung länger andauernder Treatments, Longitudinalstudien und experimenteller Studien mit verzögerten Posttests (vgl. Hua/Wang 2023:11; Alizadeh/Cowie 2022:3; Liu 2023:19). Sie sind dringend erforderlich, um die längerfristigen Auswirkungen von XR-Technologien auf das Sprachlernen zu erfassen und den möglicherweise veränderten Umgang der Lerner mit den XR-Technologien sowie ihre Einstellungen gegenüber XR im zeitlichen Verlauf zu evaluieren.

Fazit: Forschungslücken

In den Übersichtsarbeiten des Scoping Reviews werden folgende Forschungslücken explizit definiert. Es besteht ein Mangel

- an Arbeiten, die den Einsatz von XR in Sprachlehr- und -lernkontexten theoretisch fundieren und Begründungen für die Art und Weise der Gestaltung von Aufgaben in XR-Lernsettings liefern,
- an Vergleichsstudien zwischen unterschiedlichen XR-Technologien (bisher v. a. Vergleiche mit „traditionellem" Sprachunterricht),
- an Studien zum Einsatz von XR in berufs- und fachsprachlichen Bereichen wie z. B. Englisch für die Luftfahrt,
- an Studien, die die multisensorischen Möglichkeiten von XR, mit besonderem Augenmerk auf Haptik, einbeziehen und evaluieren,
- an der Erforschung unterschiedlicher Sprachfertigkeiten, z. B. zum XR-gestützten Lesen und Schreiben,
- an Arbeiten, die die Effekte von XR auf das Erlernen weiterer Sprachen untersuchen und mehrsprachige Phänomene berücksichtigen,
- an Evaluierungen mit länger andauernden Treatments in Form von Longitudinalstudien und experimentellen Studien mit verzögerten Posttests.

Forschungsdesiderate

In so gut wie allen Übersichtsarbeiten des Scoping Reviews werden explizit Forschungsdesiderate formuliert, die sich größtenteils aus den bereits genannten Forschungslücken ergeben, aber auch darüber hinausgehen. In Bezug auf die fehlende theoretische Fundierung des XR-Einsatzes im Sprachunterricht schlägt Parmaxi (2020:11) vor, in Zukunft den wissenschaftlichen Fokus auf die Art der Aufgabenstellung zu legen und hier vor allem ein realitätsnahes Aufgabendesign zugrunde zu legen („real-life task design"). Reale Aufgaben in einer virtuellen Welt würden eine authentische Sprachverwendung in lebensnahen Situationen ermöglichen, in denen die Sprachlernenden die Sprache wirklich gebrauchen müssen, anstatt mechanische Lückenfüller-Aktivitäten durchzuführen (vgl. Park 2018:199). Dabei gilt, sowohl rezeptive als auch produktive Fähigkeiten gleichermaßen zu schulen (vgl. Bahari 2022:179). Dies ist auch zukünftig für den Bereich Prüfen und Testen in und mithilfe von XR-Umgebungen relevant. Dem Mangel an XR-Vergleichsstudien und der fehlenden Berücksichtigung multimodaler Faktoren könnte nach Huang et al. (2021:15), Li et al. (2021:305), Pinto et al. (2021:16), Jayes et al. (2022:273) und Bahari (2022:179) insofern begegnet werden, dass zum einen der Forschungsbereich der Embodied Cognition als theoretische Fundierung für weitere Untersuchungen dient und zum anderen genau evaluiert wird, welche Rolle Immersion und Präsenz bei der Nutzung von XR-Technologien spielen. Hierfür müssten in zukünftigen Studien die Dauer der Treatments und die Größe der Stichprobe erweitert werden, sodass quantitative Ergebnisse vorliegen, um längerfristige Auswirkungen von XR auf den Lernprozess zu verstehen. Ebenfalls wäre es wünschenswert, weniger erforschte Bereiche wie die Fertigkeiten Schreiben und Lesen, aber auch Fachsprachen und den Erwerb von 21st Century Skills sowie das kulturelle Bewusstsein in die Forschung miteinzubeziehen (vgl. Parmaxi 2020:11). Darüber hinaus rufen Pinto et al. (2021:16) die Forschungsgemeinschaft auf, erstens vorhandene Erkenntnisse in die zukünftige Forschung einzubeziehen und zweitens die XR-Termini einheitlich zu gebrauchen. Denn die bestehende Uneinheitlichkeit stellt eine Herausforderung bei der Literaturrecherche und dadurch eine Verzerrung des Forschungsstands dar. Sie weisen auch darauf hin, dass XR-Technologien den Sprachunterricht zwar generell unterstützen und bereichern können, jedoch am besten unter Einbeziehung bewährter Lernmethoden evaluiert und eingesetzt werden sollten. „[I]t is only possible to recommend using technologies to support second language learning and not entirely replace traditional approaches“ (Pinto et al. 2021:16). Hier kommt der didaktischen Einbettung eine essenzielle Bedeutung zu. Es müssen explizite Bezüge zu etablierten, holistischen Didaktikmodellen wie der Handlungsorientierung, Szenariendidaktik etc. hergestellt werden, die Sprachenlernen in anwendungsorientierte und lebensrelevante Kontexte rücken. Ein weiterer Aspekt wird sehr häufig angesprochen: Künftige Studien sollten genauer untersuchen, welche spezifischen Faktoren zur positiven XR-Wahrnehmung bei den Nutzern und damit auch zu gesteigerten Lernergebnissen beitragen. Nach Huang et al. (2021) und Hua/Wang (2023) muss quantitativ untersucht werden, wie Lerner das XR-gestützte Sprachenlernen wahrnehmen und bewerten. Einzelne Faktoren wie Zufriedenheit, Spaß, Motivation, aber auch Immersion und Präsenzempfinden sollten bei der weiteren Forschung separat voneinander gemessen werden. Dieses Wissen könnte dazu beitragen, XR-Formate besser an die Bedürfnisse bestimmter Zielgruppen der Sprachlerner anzupassen. Hierfür ist es nach Li et al. (2021:303) essenziell, zuverlässige und valide Bewertungsinstrumente zu nutzen bzw. zu entwickeln.

Insgesamt ist es also im Hinblick auf die sinnvolle, effektive und nachhaltige Integration von XR als Lernmedien in den Sprachunterricht erforderlich, XR-Formate mit Strategien, kognitiven Prozessen, Bedürfnissen und Praktiken der Lerner zusammenzubringen. Um dies gewährleisten zu können und einen didaktisierten, effektiven XR-gestützten Sprachunterricht zu etablieren, ist langfristig eine interdisziplinäre Zusammenarbeit zwischen Sprachlehrkräften und Experten für XR-Technologien notwendig (vgl. Li et al. 2021:306; Parmaxi 2020:9).

Fazit: Forschungsdesiderate

In so gut wie allen Übersichtarbeiten des Scoping Reviews werden Forschungsdesiderate formuliert. Sie ergeben sich aus den aufgelisteten Forschungslücken, umfassen aber auch weitere Implikationen.

- In Zukunft soll der wissenschaftliche Fokus auf die Art der Aufgabengestaltung, Vermittlung und Nutzung der Bedeutungsinhalte gelegt werden. Die Empfehlung dabei lautet, realitätsnahe Aufgaben („real-life task design") zur authentischen Sprachverwendung in lebensnahen Situationen mit der Förderung von rezeptiven und produktiven Fähigkeiten zu formulieren, wie es in Modellen der Handlungsorientierung und Szenariendidaktik gefordert wird (vgl. Abschn. 3.1).
- Der Forschungsbereich der Embodied Cognition kann als theoretische Fundierung für weitere Untersuchungen dienen und helfen, zu evaluieren, welche Rolle Immersion und Präsenz bei der Nutzung von XR-Technologien spielen.
- Die Dauer der Treatments sollte erhöht und die Probandengruppen sollten zur Gewinnung von quantitativen Ergebnissen vergrößert werden.
- Bisher weniger erforschte Bereiche wie die Fertigkeiten Schreiben und Lesen, der Fachsprachenunterricht, der Erwerb von 21st Century Skills und kulturelles Bewusstsein sollten in den zukünftigen Studien berücksichtigt werden.
- Vorhandene Erkenntnisse über die zukünftige Forschung sollten genutzt und XR-Termini müssen vereinheitlicht werden, um zu vermeiden, dass die Literaturrecherche erschwert und dadurch der Forschungsstand verzerrt wird.
- Es bedarf genauerer Untersuchungen, welche spezifischen Faktoren zur positiven XR-Wahrnehmung bei den Lernern und zu verbesserten Lernergebnissen beitragen.
- Quantitative Untersuchungen sind notwendig, um belastbare Ergebnisse dazu zu erhalten, wie Lerner den XR-gestützten Spracherwerb wahrnehmen und bewerten (Faktoren wie Zufriedenheit, Spaß, Motivation, Immersion und Präsenz müssen mithilfe von zuverlässigen und validen Bewertungsinstrumenten gemessen werden).
- Als generelle Zielsetzung gilt, XR-Formate mit Strategien, kognitiven Prozessen, Bedürfnissen und Praktiken der Lerner zusammenzubringen.

- Langfristig besteht die dringende Notwendigkeit einer interdisziplinären Zusammenarbeit zwischen Sprachlehrkräften und Experten für XR-Technologien.

Desiderate bezüglich der Entwicklung und Integration in den Sprachunterricht

Ein Desiderat, das in vielen Forschungsarbeiten erwähnt wird und sich an die XR-Technikbranche richtet, ist die Entwicklung kostengünstiger und nutzerfreundlicher Hardware und Software, die speziell das Sprachenlernen unterstützen und Didaktisierungen beinhalten. Beispielsweise könnten entsprechende VR-Lernplattformen so aufgebaut sein, dass sie mehrere Sprachen abdecken und ggf. Material für ganze Sprachkurse bereitstellen und somit jeweils größere Zielgruppen an Sprachlernern bedienen (vgl. Hua/Wang 2023:11). Ein innovativer Ansatz, der auf Entwicklerseite reflektiert werden könnte, wäre des Weiteren, XR/VR-Gestaltungsprinzipien zu erarbeiten, die einen barrierefreien Zugang bzw. eine erleichterte Bedienung für Menschen mit körperlichen und/oder kognitiven Einschränkungen ermöglichen (vgl. Lan et al. 2018). Der Fokus zukünftiger XR-Anwendungen könnte in diesem Zusammenhang auf der Eignung für Personen mit sonderpädagogischem Förderbedarf liegen, indem personalisierte Umgebungen bereitgestellt werden und Pädagogen darin unterstützt werden, den Bedürfnissen ihrer Schüler gerecht zu werden (vgl. Mangina et al. 2018). Entsprechend der bisherigen Forschung, die Immersion als wichtigsten Faktor für die Akzeptanz von virtuellen Inhalten auf Lernerseite eruiert hat (vgl. Barrett et al. 2021), sollte – vor allem bei der Entwicklung von VR-Angeboten – auf eine gute Immersion im Sinne einer hohen optischen Qualität und Störungsfreiheit geachtet werden, um die Lerner besser in die Lernaktivitäten einzubinden und Aufmerksamkeitsstörungen bzw. VR-Sickness zu vermeiden. Weiter kann nach Parmaxi (2020) festgehalten werden, dass die Einbindung von XR in die Praxis des Sprachunterrichts enorm wichtig ist, um weitere Erkenntnisse über die Vorteile und Effekte sowie Probleme und Herausforderungen von XR im realen Klassenzimmer zu gewinnen. Hierfür müssen entsprechende Endgeräte zur Verfügung gestellt werden und es muss für die zugehörige technische Infrastruktur, aber auch eine entsprechende Didaktik (z. B. in Form von ergänzend aufbereitetem Material) gesorgt werden (Bahari 2022:179). Dieses Desiderat richtet sich explizit an Pädagogen, Institutsleiter und politische Entscheider, die für die Voraussetzungen und Möglichkeiten zur Testung und Evaluation sorgen müssen (Huang et al. 2021:15). Weiterführend erwähnen Li/Wong (2021:176), dass man verstärkt in Lehrplänen verankerte, sprachliche Inhalte und XR-Formate zusammenbringen müsste.

Fazit: Desiderate bezüglich Entwicklung und Integration in den Sprachunterricht
Um die technologische Entwicklung sowie die Umsetzung eines XR-gestützten Sprachunterrichts voranzutreiben, sollten Entwickler sowie Pädagogen, Institutsleiter und politische Entscheider in Bezug auf folgende Aspekte aktiv werden:

- Entwicklung kostengünstiger und nutzerfreundlicher Hardware und Software, die speziell das Sprachenlernen unterstützen,
- Erarbeitung von XR-Gestaltungsprinzipien, die einen barrierefreien Zugang bzw. eine erleichterte Bedienung für Menschen mit körperlichen und/oder kognitiven Einschränkungen ermöglichen (unter Berücksichtigung von Personen mit sonderpädagogischem Bedarf),
- Schaffen eines hohen Immersionsgrades durch Interaktivität bei der Entwicklung neuer XR-Sprachangebote, da Immersion als ein Schlüsselfaktor für den Lernerfolg gilt (allerdings unter Berücksichtigung bereits evaluierter Einschränkungen wie VR-Sickness etc.),
- verstärkte Einbindung von XR in die Praxis des Sprachunterrichts, um weitere Erkenntnisse über die Vorteile und Effekte sowie Probleme und Herausforderungen von XR im realen Klassenzimmer zu gewinnen (Bereitstellung von Endgeräten, didaktisch aufbereitetem ergänzendem Material und der zugehörigen technischen Infrastruktur),
- gezieltes Zusammenbringen von lehrplangemäßen sprachlichen Inhalten und XR-Formaten.

GESAMTZUSAMMENFASSUNG: Forschungslücken und Desiderate (V)
In diesem Unterkapitel wurden Forschungslücken aufgezeigt und bestehende Forschungsdesiderate sowie Implikationen für die technologische Entwicklung von XR-Formaten und ihre Integration in den Sprachunterricht thematisiert. Zusammenfassend kann festgehalten werden, dass der theoretischen Fundierung des XR-Einsatzes beim Sprachenlernen mehr

Aufmerksamkeit geschenkt werden muss. Ein Zugang kann hier die Forschungslinie der Embodied Cognition sein, die Aufschluss über Immersion und Präsenz geben kann sowie sich als Basis für XR-Vergleichsstudien eignet. Zukünftig müssen größere Stichproben untersucht werden, um quantitative Ergebnisse zur XR-Erfahrung der Lerner zu erhalten. Faktoren wie Freude, Motivation, Immersion und Präsenzempfinden sind hier von besonderem Interesse, um die Entwicklung und den Einsatz von XR zielgerichteter an entsprechende Lernergruppen anpassen zu können. Die Durchführung von Longitudinalstudien und von experimentellen Untersuchungen mit verzögerten Posttests wäre wünschenswert. Weiter wird dringend empfohlen, bisherige Erkenntnisse aus der XR-Forschung zu berücksichtigen und darauf aufzubauen. Dies erfolgt bisher noch nicht durchgängig. Zudem sollte sich die XR-Forschungsgemeinschaft auf gemeinsame Termini der Technologien festlegen, um zur besseren Transparenz beizutragen. Ein weiteres Desiderat ist, bisher wenig erforschte Bereiche zu untersuchen wie beispielsweise XR für den Fachsprachenunterricht. Im Hinblick auf die technische Entwicklung sollten kostengünstigere, benutzerfreundlichere XR-Technologien speziell für den Sprachunterricht geschaffen werden. Man könnte Material zur Verfügung stellen, das an Curricula oder Lehrwerke angelehnt ist und ggf. unterschiedliche Sprachen abdeckt, didaktisiert ist oder didaktisches Zusatzmaterial bietet. Um weitere Erkenntnisse über die Vorteile und Effekte sowie Probleme und Herausforderungen von XR im realen Klassenzimmer zu gewinnen, ist es dringend notwendig, XR in der Praxis des Sprachunterrichts zu evaluieren (detailliert siehe Abschnitt 5.3). Damit einher geht die Bereitstellung von Endgeräten, der zugehörigen technischen Infrastruktur sowie von didaktisch aufbereiteten (ergänzenden) Materialien. Hier sind sowohl Pädagogen als auch Institutsleiter und politische Entscheider gefragt, die für diese Voraussetzungen des wissenschaftlichen Erkenntnisgewinns sorgen müssen. Insgesamt besteht langfristig eine dringende Notwendigkeit der interdisziplinären Zusammenarbeit zwischen Sprachlehrkräften und Experten für XR-Technologien, um XR-Formate mit Strategien, kognitiven Prozessen, Bedürfnissen und Praktiken der Lerner, aber auch etablierten Lernmethoden gewinnbringend zusammenzuführen.

5.2 XR als Bildungstechnologien im Sprachunterricht in Deutschland

Im Folgenden soll der Blick auf den Status quo von XR als Bildungstechnologien im (Sprach-)Unterricht in Deutschland gerichtet werden. Die Realität ist, dass nur ein geringes Angebot von XR-Angeboten zum Deutschlernen bzw. deutschsprachigen XR-Anwendungen verfügbar ist. Lehrwerksverlage in Deutschland gehen bei der Entwicklung und Bereitstellung von XR-Lösungen zögerlich vor. Viele Lehrpersonen haben Bedenken, virtuelle Lernanwendungen im Unterricht einzusetzen, da sie Veränderungen im Gesamtkonzept des Unterrichts mit sich bringen, die noch nicht hinreichend dokumentiert sind (vgl. Tschanz/Baerlocher 2022:290). In einer Bitkom-Studie (Bitkom Research 2023:21) wurden Nutzer von VR-Brillen gefragt, für welche Inhalte sie VR bereits genutzt haben. Bildungs- und Lernprojekte sind mit nur 13 %, der berufliche Kontext ist mit 8 % vertreten. Insgesamt steht hierzulande der Einsatz von XR generell für Bildungszwecke – und vor allem für den Sprachunterricht – noch am Anfang. Dennoch ist sowohl aufgrund der global wachsenden Forschung als auch aufgrund jüngster bildungspolitischer Entscheidungen davon auszugehen, dass XR nach und nach in den (Sprach-)Unterricht in Deutschland Einzug halten und ihn hinsichtlich technischer, pädagogisch-didaktischer und affektiver Faktoren Schritt für Schritt nachhaltig verändern wird (vgl. Schweiger et al. 2022:11 f.). KI und die wachsende Bedeutung von Future Skills könnten einen zusätzlichen Anstoß für den verstärkten Einsatz von XR als Bildungstechnologie bzw. für eine gesteigerte Entwicklung deutschsprachiger XR-Lernangebote geben. Im Folgenden sollen exemplarisch ein neuer XR-Ausbildungsberuf in Deutschland sowie eine Initiative zu XR im schulischen Bereich in Bayern vorgestellt werden, bevor anschließend die Ergebnisse einer im Jahr 2021 durchgeführten explorativen Onlinebefragung bei Sprachlehrkräften in Deutschland präsentiert werden.

Neuer Ausbildungsberuf „der/die Gestalter/-in für immersive Medien"

Im August 2023 hat Deutschland einen neuen dreijährigen dualen Ausbildungsberuf eingeführt: „der/die Gestalter/-in für immersive Medien". Unter „immersiven Medien" werden dabei alle Technologien und Produkte zusammengefasst, deren Nutzung virtuelle Umgebungen und digitale Elemente erlebbar machen und es ermöglichen, sie als real wahrzunehmen (BIBB 2023). Auf der offiziellen Webseite zum neuen Ausbildungsberuf ist nachzulesen, dass der steigende Bedarf an Fachkräften zur Entwicklung immersiver XR-Welten nicht mehr gedeckt werden konnte und dass das der Grund für die Etablierung dieses neuen Berufs war.

> Die Einsatzmöglichkeiten immersiver Medien haben sich seit den 2010er-Jahren erheblich erweitert. Hard- und Software wurden anwendungsfreundlicher. AR-, VR- und MR-Anwendungen halten in immer mehr Branchen Einzug. Experten gingen daher davon aus, dass der Bedarf an qualifiziertem Personal in diesem Bereich ebenfalls steigen wird. Eine nach Berufsbildungsgesetz geregelte Qualifizierung fehlte bislang jedoch. Die Erstellung und Gestaltung immersiver Medien erfolgte daher bislang vielfach durch Quereinsteiger; zum Teil haben private Bildungsdienstleister versucht, den Qualifizierungsbedarf zu decken. Beides reichte nicht aus, um den Bedarf an Fachkräften zu decken.[6]

Zu den Kernkompetenzen neben dem Programmieren zählen das Erstellen von Prototypen, das Arbeiten in interdisziplinären, multikulturellen und dezentralen Teams, die Beratung von Kunden sowie die Berücksichtigung von ökonomischen, ökologischen und sozialen Gesichtspunkten und das Einhalten von rechtlichen und ethischen Grundlagen bei der Erstellung von XR-Umgebungen. Der neue Ausbildungsberuf steht im Einklang mit dem Forschungsdesiderat, eine direkte Verbindung zu schaffen, zwischen Softwareentwicklern und Anwendern bzw. der geforderten interdisziplinären Zusammenarbeit (vgl. Redondo et al. 2020; Yeh/Lan 2018). Es ist anzunehmen, dass er die Weiterentwicklung deutschsprachiger XR-Lernanwendungen positiv beeinflussen und steigern wird.

Initiative „XRXplorer School" in Bayern

Die Initiative „XRXplorer School"[7] ist ein vom *XR HUB Bavaria*[8] ins Leben gerufenes Projekt, das den Einsatz von XR speziell an Schulen in Bayern fördert. Der *XR HUB Bavaria* ist eine Einrichtung zur Stärkung des Digitalstandorts Bayern und wird vom Bayerischen Staatsministerium für Digitales an drei Standorten (München, Nürnberg und Würzburg) gefördert. Mit dem Projekt „XRXplorer School" soll es Kindern und Jugendlichen ermöglicht werden, in Schulen mit XR-Technologien zu lernen. Dabei geht es ausdrücklich nicht darum, traditionelle Lehrmethoden zu ersetzen, sondern vielmehr soll erreicht werden, dass XR-Technologien gezielt dort eingesetzt werden, wo sie einen Mehrwert bieten und den Unterricht bereichern können. Die Initiative startete am 23. September 2022 bei einer Veranstaltung an der Grund- und Mittelschule in Höhenkirchen Siegertsbrunn. Sie hatte zum Ziel, auf

[6] Detaillierte Informationen zum Ausbildungsberuf sind online zu finden, unter: https://gestaltung-immersiv.de/ (zuletzt aufgerufen am 18.11.2024).

[7] Webseite der Initiative „XRXplorer School", abrufbar unter: https://xrxplorerschool.de/ (zuletzt aufgerufen am 09.07.2025).

[8] Webseite des *XR HUB Bavaria*, abrufbar unter: https://xrhub-bavaria.de/ (zuletzt aufgerufen am 09.07.2025).

die Herausforderungen der Digitalisierung hinzuweisen, mit denen Schulen heutzutage, und besonders in der postpandemischen Zeit, konfrontiert sind. Probleme im Zusammenhang mit dem Internetzugang, dem Einsatz von Tablets und mit anderen digitalen Technologien waren und sind an der Tagesordnung. Wie die Leiterin des *XR Hub Bavaria* per E-Mail auf Nachfrage mitteilte[9], wurde festgestellt, dass sich aus diesen Gründen bisher nur wenige Schulen mit XR-Technologien befasst hatten. Die Integration von XR beruhe ausschließlich auf dem Engagement einzelner Lehrkräfte in ihrer Freizeit und erfolge explorativ. Mit der Initiative „XRXplorer School" ist ein Netzwerk aufgebaut worden, in dem zum einen Schulen, Projekte und genutzte XR-Anwendungen auf einer Webseite sichtbar gemacht und somit Möglichkeiten zum Austausch geschaffen werden. Veröffentlichte Videomitschnitte bei Besuchen an „XRXplorer"-Schulen dokumentieren das mehrheitlich positive Feedback von Schülern zu den für sie neuartigen Lernansätzen. Zum anderen wird erreicht, dass aktive medienpädagogische Berater sowie Lehrkräfte, die sich für die Integration von XR-Technologien engagieren, gewürdigt werden. Die Initiative verfolgt somit das übergeordnete Ziel, die Integration von XR-Technologien an Schulen voranzutreiben und den Unterricht dadurch nachhaltig zu verbessern.

Ergebnisse einer explorativen Onlinebefragung von Sprachlehrkräften in Deutschland (2021)

Ende April 2021 wurde am Institut für Deutsch als Fremdsprache der LMU München im Rahmen einer Pilotstudie eine Onlinebefragung zum Thema „Augmented und Virtual Reality im Sprachunterricht"[10] durchgeführt. Es wurde ein Onlinefragebogen mit dem Befragungstool SoSci Survey erstellt, der insgesamt zwölf Fragen zu AR/VR enthielt und einige persönliche Angaben erhob. Per Mail wurde er mit der Bitte um interne Weiterleitung an universitäre Sprachzentren, Sprachschulen, Schulen und berufliche Fort- und Weiterbildungszentren an verschiedenen Standorten in Deutschland verschickt. **Insgesamt 140 Lehrkräfte** sendeten den vollständig ausgefüllten Fragebogen zurück. Die Studie hatte die übergeordnete Zielsetzung, Informationen zu folgenden Aspekten einzuholen:

a) Kenntnisse, Erfahrungswerte und Nutzungsbereitschaft der Lehrkräfte bezüglich AR/VR,
b) Potenziale und Herausforderungen von AR/VR für den Sprachunterricht,

[9] E-Mailantwort von Frau Silke Schmidt (Head of XR HUB Bavaria München) auf Bitte um Informationen zur Initiative „Xplorer School", erhalten am 12.02.2024.

[10] Die Pilotstudie war bereits als Teil der Doktorarbeit geplant. In der Befragung wurden bewusst die Termini AR/VR gewählt, da XR zum damaligen Zeitpunkt außerhalb von Expertenkreisen noch kein gängiger Begriff war.

c) Einschätzungen zur Integration von AR/VR im Sprachunterricht der Zukunft,
d) persönliche Wünsche bezüglich einer Einführung von AR/VR als Bildungstechnologien.

Die Stichprobe liefert einen Hinweis darauf, dass die vielfältigen Potenziale von AR/VR der Mehrheit der Sprachlehrkräfte in Deutschland noch nicht bekannt sind, vereinzelt Nutzererfahrungen gemacht wurden und generell Interesse an einem Wissenserwerb zum Thema AR/VR besteht. Im Folgenden werden ausgewählte Ergebnisse in Auszügen präsentiert (vgl. Hoffmann 2023b).

Die am meisten **vertretene Unterrichtssprache** der befragten Lehrkräfte ist Deutsch mit 105 Nennungen, gefolgt von Englisch mit 36 Nennungen und Französisch mit 12 Nennungen (vgl. Abb. 5.16). Dies könnte damit erklärt werden, dass erstens der Fragebogen ausschließlich auf Deutsch zur Verfügung stand und zweitens sowohl an Sprachschulen als auch an beruflichen Aus-, Fort- und Weiterbildungszentren in Deutschland die Sprache Deutsch generell die am meisten unterrichtete Sprache ist.

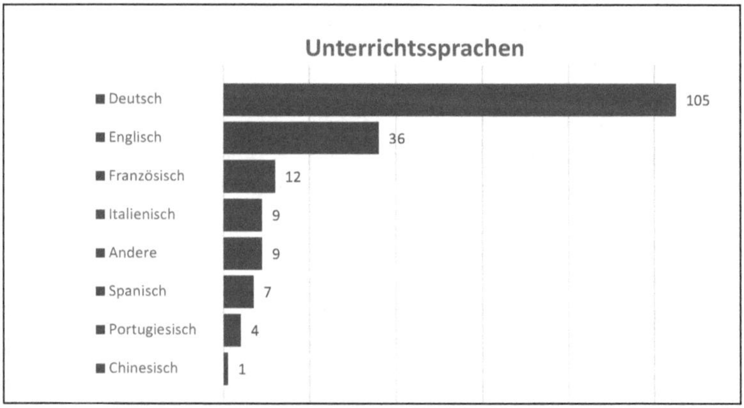

Abb. 5.16 Vertretene Unterrichtssprachen (Befragung Sprachlehrkräfte)

Wie die nachfolgende Abbildung (vgl. Abb. 5.17) zeigt, waren alle zur Verfügung stehenden **Altersgruppen** vertreten. Es dominierten die 31-41-Jährigen mit 48 teilnehmenden Lehrkräften sowie die 42-52-Jährigen mit 40 Personen.

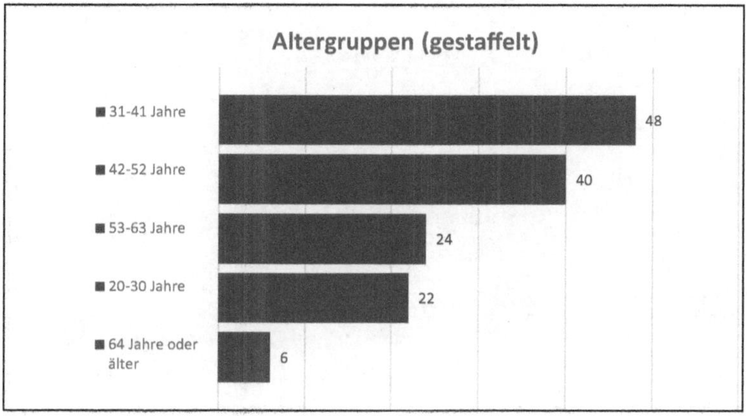

Abb. 5.17 Vertretene Altersgruppen (Befragung Sprachlehrkräfte)

Die Lehrkräfte wurden als Erstes zu ihren **Kenntnissen zu AR und VR** (mittels zwei separater Fragen) befragt. Sie konnten dabei jeweils auf einer Likertskala mit gerader Skalierung folgende Antwortmöglichkeiten auswählen:

- *Ich habe noch nie etwas von AR/VR gehört.*
- *Ich habe schon öfter von AR/VR gehört, weiß aber nichts Genaueres.*
- *Ich weiß, was unter AR/VR zu verstehen ist.*
- *Meine Kenntnisse zu AR/VR sind umfangreich.*

Die Ergebnisse dokumentieren, dass die Mehrheit der Lehrkräfte weiß, was unter AR/VR zu verstehen ist („Definition bekannt") oder bereits von AR/VR gehört hat. Sieben Personen geben sogar an, sie hätten umfangreiche Kenntnisse zu VR, und elf Personen geben an, sie hätten umfangreiche Kenntnisse zu AR (vgl. Abb. 5.18 und Abb. 5.19).

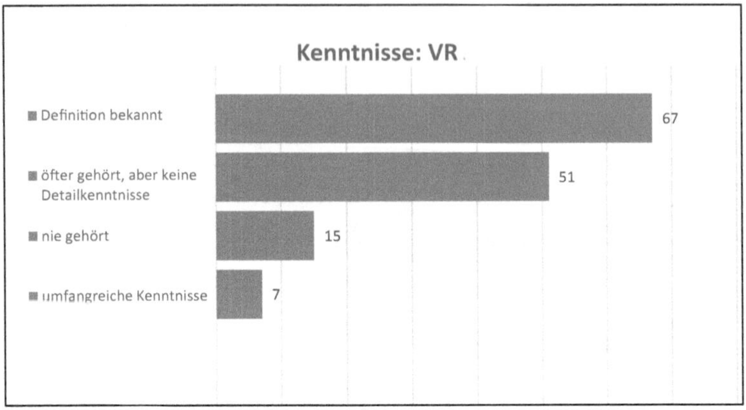

Abb. 5.18 Kenntnisse zu VR (Befragung Sprachlehrkräfte)

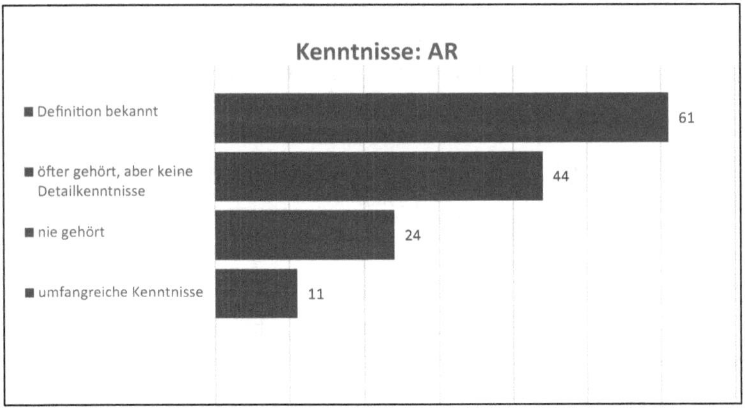

Abb. 5.19 Kenntnisse zu AR (Befragung Sprachlehrkräfte)

Gleichzeitig zeigen die Antworten auf die sich daran anschließende Frage nach **den praktischen Erfahrungswerten mit AR/VR**, dass es im Hinblick auf die Praxiserfahrung anders aussieht (vgl. Abb. 5.20 und Abb. 5.21). Es gab drei Antwortmöglichkeiten (in zwei separaten Fragen zu AR bzw. VR, hier der Einfachheit gemeinsam dargestellt):

- *Ich verfüge über keinerlei Erfahrungswerte.*
- *Ich habe AR/VR bereits getestet.*
- *Ich habe AR/VR bereits im Unterricht eingesetzt oder setze es ein.*

Die Mehrheit der Lehrkräfte gibt an, über keine praktischen Erfahrungswerte mit AR (86 von 140) bzw. VR (84 von 140) zu verfügen. Rund die doppelte Anzahl von Lehrkräften hat bereits AR (24 von 140) im Vergleich zu VR (11 von 140) im Unterricht eingesetzt oder setzt AR aktuell (Stand 2021) ein. Es ist davon auszugehen, dass dies an der Verfügbarkeit der Endgeräte liegt. Denn für den Einsatz von AR reichen das Smartphone und bestimmte Apps aus, für echte immersive VR benötigt man eine VR-Brille oder die günstige Alternative des Cardboards, die extra angeschafft werden müssten.

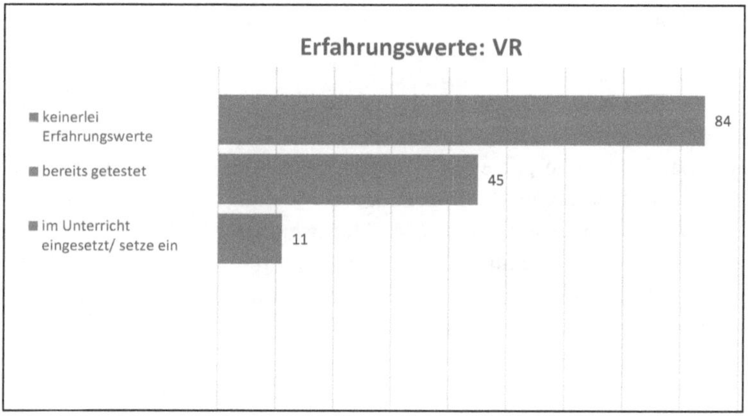

Abb. 5.20 Erfahrungswerte mit VR (Befragung Sprachlehrkräfte)

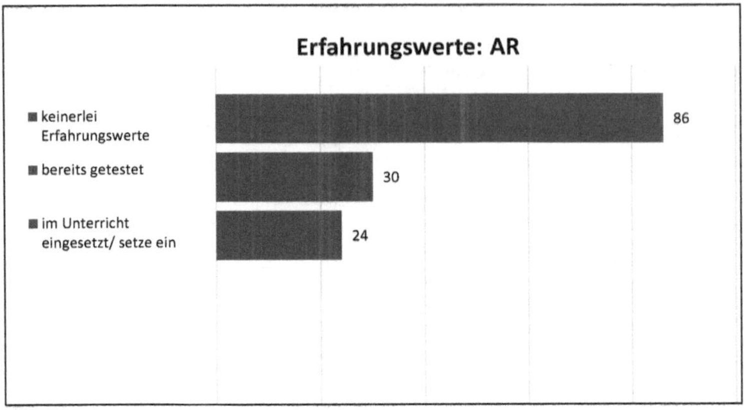

Abb. 5.21 Erfahrungswerte mit AR (Befragung Sprachlehrkräfte)

Eine weitere Frage zielte darauf ab, die Bedeutsamkeit der in der Forschungsliteratur am meisten genannten **Potenziale von AR/VR** für den Sprachunterricht aus Sicht der Lehrkräfte bewerten zu lassen (vgl. Abb. 5.22). Die Fragestellung lautete: „Die größten Potenziale liegen meiner Meinung nach vor allem in/im …". Sie konnten entsprechende Potenziale in Mehrfachauswahl ankreuzen – mindestens eine und maximal elf Nennungen. „Motivieren" führt mit 112 von 140 Nennungen die Spitze der Statistik an. Mit 98 Nennungen wird die Ergänzung der Präsenzlehre durch AR/VR angesehen. Interessant ist, dass dagegen der Ersatz der Präsenzlehre die wenigsten Nennungen insgesamt hat, nämlich nur acht von 140. Den dritten Platz belegen gemeinsam „das entdeckende Lernen im Sinne des Konstruktivismus" und „das Schaffen von authentischen Lernwelten". Mit einem größeren Abstand folgt dann das verkörperte Lernen mit 59 Nennungen. Diese Einschätzung kann vor dem Hintergrund der wenigen Erfahrung der Lehrkräfte mit AR/VR zu Recht kritisch hinterfragt werden. Die Fragestellung erfüllte vordergründig das Ziel, Einschätzungen zu Bedarfen aufzuzeigen, die ggf. mit herkömmlichen Medien nicht ausreichend adressiert werden können.

Des Weiteren wurden die Lehrkräfte um ihre Einschätzung zu **bestehenden** Herausforderungen bezüglich AR/VR gebeten (vgl. Abb. 5.23). Sie sollten die Hauptherausforderungen ankreuzen (Mehrfachantwort möglich) und konnten zudem in einem Freitextfeld weitere Herausforderungen eintragen.

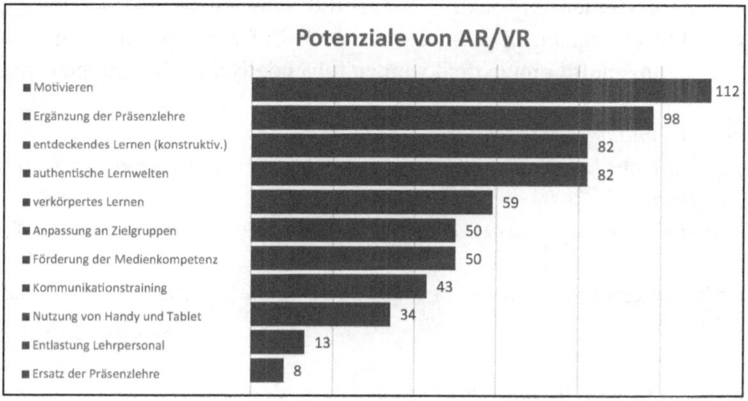

Abb. 5.22 Potenziale von AR/VR im Sprachunterricht (Befragung Sprachlehrkräfte)

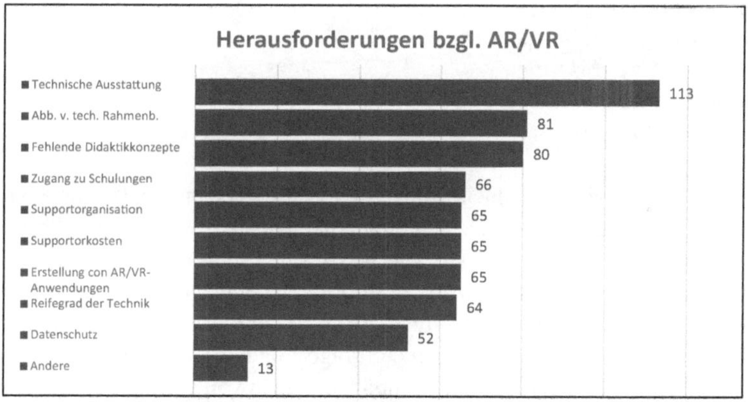

Abb. 5.23 Herausforderungen bzgl. AR/VR im Sprachunterricht (Befragung Sprachlehrkräfte)

Als die mit Abstand größte Herausforderung wird die technische Ausstattung angesehen (113 Nennungen). Im Zusammenhang mit der vorangegangenen Frage nach Potenzialen und der Auswahlmöglichkeit „Nutzung von Handy und Tablet", die nur 34 Nennungen erhält, wird deutlich, dass mobile-based AR-Anwendungen wohl eher unbekannt sind. Als weitere große Herausforderungen werden beinahe gleichwertig die Abhängigkeit von technischen Rahmenbedingungen (81

Nennungen) und fehlende Didaktikkonzepte (80 Nennungen) gewertet. Der Datenschutz steht insgesamt an vorletzter Stelle – nach fünf weiteren ähnlich gewerteten Herausforderungen. Im Freitextfeld wurden folgende Herausforderungen ergänzt:

- *Akzeptanz und nachvollziehbarer Mehrwert*
- *Bereitschaft der Lehrkräfte, sich darauf einzulassen und AR/VR in den Unterricht zu integrieren*
- *Bildungseinrichtungen keine attraktiven Kunden für Firmen – fehlende Kooperationen*
- *Einarbeitungszeit für Lehrkräfte – wie immer unbezahlt, neben vielen anderen Aufgaben*
- *Interesse von Lehrkräften*
- *Willen der Lehrkräfte, VR/AR zu nutzen*
- *Kosten-Nutzen-Verhältnis*
- *Langsamkeit der Bildungspolitik, fehlende finanzielle Mittel*
- *Mangelnde Bereitschaft an Hochschulen zur Übernahme der Kosten; Abwälzen auf Lehrbeauftragte*
- *Medienkompetenz der Lehrkräfte*
- *Schulung der Lehrkräfte*
- *Skepsis der Lehrenden*
- *Zu großer Aufwand*

Abschließend wurden die teilnehmenden Lehrkräfte gebeten, die **für sie wichtigsten Wünsche** aus sechs vorgegebenen Möglichkeiten auszuwählen (vgl. Abb. 5.24). Mehrfachantworten waren zulässig. Die Auswertung dieser Antworten zeigt, dass die Mehrheit grundsätzlich Interesse an Informationsangeboten und dem Kennenlernen von Praxisbeispielen rund um AR/VR hat. Hier muss berücksichtigt werden, dass die Lehrpersonen, die an der Onlineumfrage teilgenommen haben, zu einer eher medienaffinen Personengruppe zählen und wohl auch von vornherein ein gewisses Interesse für die Thematik mitbringen.

Der Wunsch nach einem Praxisworkshop wurde 84-mal geäußert, 77 Personen gaben an, sich für weitere Informationen zu Potenzialen von AR/VR in der Bildung zu interessieren. Nur 33 von 140 Befragten stimmten zu, dass sie auf eine Integration von AR/VR in den Bildungsalltag hoffen, was allerdings vor dem Hintergrund der ausbaufähigen Kenntnisse und eher geringen Erfahrungswerte ebenfalls relativiert betrachtet werden muss. Insgesamt zeigten sich die teilnehmenden Lehrkräfte aufgeschlossen, AR/VR besser kennenzulernen.

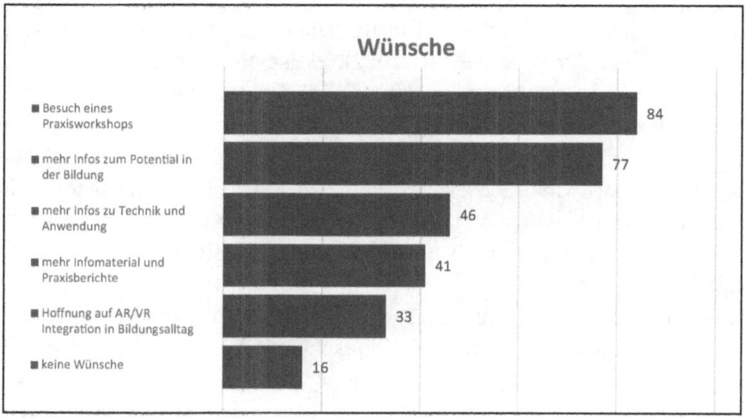

Abb. 5.24 Wünsche bzgl. AR/VR im Sprachunterricht (Befragung Sprachlehrkräfte)

An dieser Stelle soll nochmals explizit hervorgehoben werden, dass die Umfrage keinen repräsentativen Charakter hat, da sie nur einen Stichprobenumfang von 140 Sprachlehrkräften hat. Dennoch liegt ihr Wert darin, dass sie Daten aus dem für Umfragen eher schwer zugänglichen institutionellen Bereich der Schulen, Sprachschulen, universitären Sprachzentren und beruflichen Aus-, Fort- und Weiterbildungszentren bezieht und den Status quo zu AR/VR im zweiten Pandemiejahr 2021 widerspiegelt. Bis Januar 2025 wurde keine vergleichbare weitere explorative Studie oder repräsentative Befragung der speziellen Zielgruppe der Sprachlehrkräfte in Deutschland durchgeführt, was ihre Einzigartigkeit unterstreicht, aber auch die Notwendigkeit deutlich macht, in naher Zukunft weitere Erhebungen mit größeren Probandengruppen von Sprachlehrkräften durchzuführen.

GESAMTZUSAMMENFASSUNG: XR als Bildungstechnologien im (Sprach-) Unterricht in Deutschland – Status quo und Ergebnisse einer explorativen Onlinebefragung von Sprachlehrkräften (2021)
Insgesamt kann festgehalten werden, dass XR-Angebote zum Deutschlernen bzw. deutschsprachige XR-Anwendungen in Deutschland nur in geringem Umfang verfügbar sind. Unterschiedliche Entwicklungen legen allerdings die Annahme nahe, dass XR in naher Zukunft verstärkt in den

Sprachunterricht in Deutschland Einzug halten und ihn tiefgreifend verändern wird (vgl. Schweiger et al. 2022). Beispielsweise könnten KI und die wachsende Bedeutung von Future Skills einen zusätzlichen Anstoß geben. Auch die Etablierung des im Jahr 2023 eingeführten neuen dualen Ausbildungsberufs „der/die Gestalter-/in für immersive Medien" lässt eine Weiterentwicklung deutschsprachiger XR-Angebote vermuten. Einzelne Initiativen wie beispielsweise das Projekt „XRXplorer School" in Bayern verfolgen zudem das Ziel, XR als effektive Bildungstechnologie an Schulen zu etablieren.

Die vorgestellte, im Jahr 2021 durchgeführte, explorative Onlinebefragung von Sprachlehrkräften in Deutschland zeigt, dass die Mehrheit der befragten Lehrkräfte weiß, was unter AR/VR zu verstehen ist oder zumindest einmal von AR/VR gehört hat. Insgesamt haben mehr Personen praktische Erfahrungen mit AR gemacht als mit VR (Stand 2021). Als größtes Potenzial von AR/VR wird das Motivieren der Lerner eingestuft; aber auch die Ergänzung der Präsenzlehre, das entdeckende Lernen und die Schaffung von authentischen Lernwelten werden als vorteilhaft angesehen. Als größte Herausforderungen dominieren die fehlende technische Ausstattung und die nötigen Rahmenbedingungen. Der Datenschutz hat in dieser Befragung keine große Rolle als Herausforderung gespielt.

5.3 Zusammenführung der Felder EC, Sprachunterricht und XR

5.3.1 4E, Sprachenlernen und XR

Sowohl der Forschungsstand zu verkörpertem Sprachenlernen (siehe Abschn. 3.2) als auch der Scoping Review (siehe Abschn. 5.1) haben gezeigt, dass in den Arbeiten 1. Verkörperung als ein im Sprachunterricht natürlich vorkommendes Phänomen angenommen wird oder dass 2. Verkörperung durch bestimmte Bewegungseinheiten oder Artefakte (z. B. Objekte oder digitale interaktive Medien) dem Sprachunterricht hinzugefügt wird. Letzteres ist bei der Integration von XR der Fall. Es wurde dargestellt, dass oftmals die konzeptionelle Verbindung zwischen den Inhalten, den Lernern und den eingesetzten Medien fehlt sowie die Komplexität der aus vielen unterschiedlichen Komponenten bestehenden Praxis des Sprachunterrichts in der Forschung nicht ausreichend berücksichtigt wird.

XR muss synergetischer mit dem (Sprach-)Unterricht und seinen Inhalten sowie Methoden verbunden und beforscht werden. Die in Kapitel 2.2 vorgestellten 4E-Thesen der EC bieten dafür eine theoretische Grundlage. Obwohl die 4E-Thesen die Basis des EC-Forschungsparadigmas sind, finden sie in der Lernforschung zu VR/XR derzeit (noch) keine explizite Berücksichtigung (vgl. McGowin et al. 2022:68).

> There is the need to examine the integration of 4E concepts [...] examining a combination of multiple Es. This could simply be integration of embodied and enactive, or extended and embedded cognition within a study, or some combination across a series of studies using the same learning context (ebd.:69).

Diese Berücksichtigung der 4E-Thesen (oder einer getroffenen Auswahl) kann bei der Integration von XR in den (Sprach-)Unterricht auf zwei Arten geschehen:

1. XR-Technologien werden in ein bestehendes Didaktikkonzept oder curriculare Einheiten eingefügt und übernehmen dort eine bestimmte Funktion, die durch andere Medien nicht erfüllt werden kann (z. B. empathisches Kommunikationstraining mit einem Demenzkranken in einer Unterrichtseinheit zum Umgang mit Demenz in einem Deutsch-Pflege-Berufssprachkurs; haptisches Bedienen eines Feuerlöschers in einem berufsschulischen Sicherheitstraining im Kontext Arbeitssicherheit im Betrieb etc.). An welcher Stelle sie integriert werden sollen, ergibt sich aus der Unterrichtsprogression (Stichwort: Modell der vollständigen Handlung, Szenariendidaktik).
2. XR-Anwendungen sind selbst didaktisiert, d. h., die Software beruht auf (sprach-)didaktischen Prinzipien (wie in dieser Arbeit, siehe Abschn. 6.2) oder es werden zusammen mit einer XR-Software (und ggf. Hardware) zugehörige, didaktische Materialien zur Verfügung gestellt[11], die wiederum ins Unterrichtskonzept eingefügt werden müssten.

Im Folgenden werden überblicksartig die Verbindungen von EC, XR und dem Sprachunterricht entlang der 4E-Thesen zusammenfassend dargestellt:

[11] Ein Beispiel wäre das Berufsorientierungsprogramm „Dein erster Tag“, siehe: https://www.deinerstertag.de/schulen/paedagogisches-material/ (zuletzt aufgerufen am 09.07.2025).

EMBODIED-Aspekte

Die *Embodied*-These lässt sich zum einen auf die gewählte XR-Technologie bzw. Hardware und den Grad der körperlichen Einbindung beziehen. Der Ausdruck „kinesthetic virtual reality“ und die damit verbundene Forderung nach einer gesteigerten Integration von Haptik nach Vázquez et al. (2018) verdeutlicht beispielsweise das Streben nach der gesteigerten Einbindung des menschlichen Körpers und mehrerer Sinne gleichzeitig beim Sprachenlernen. Die *Embodied*-These kann aber auch in Bezug auf die Lerninhalte herangezogen werden. Vergleichsstudien wie die von Lan et al. (2018), die die Auswirkungen verkörperter Lerntypen auf das Hörverstehen mittels 3D-Avatare im Vergleich zu realen Körpern untersuchten, stärken beispielsweise die Annahme, dass die verkörperte Kognition beim Sprachenlernen unterstützend wirkt. Die *Embodied*-These ist unter anderem bei der Ausgestaltung von Körpern/Avataren, der Art und Weise der Bewegung, der Wahl des Blickfeldes und allen Aspekten der Interaktionsgestaltung wesentlich.

EMBEDDED-Aspekte

Die *Embedded*-These kann als essenziell bei der Erforschung von XR im Sprachunterricht angesehen werden. Mit XR werden neue immersive oder hybride Medienräume geschaffen, die Orte simulieren und das Erleben von Umständen und Situationen ermöglichen. Der Sprachunterricht selbst hat zum Ziel, dass die Lerner in neue Umgebungen in Form von Sprach- und Kulturräumen eintauchen. Didaktische Methoden wie die Handlungsorientierung oder Szenariendidaktik heben die Wichtigkeit korrekter sprachlicher Ausdrücke in authentischen Situationen mit echten Konsequenzen hervor. Durch XR können Umgebungen in kurzer Zeit verfügbar gemacht bzw. ausgestattet werden. Dies ist besonders von Vorteil, wenn bestimmte Orte gar nicht oder nur schwer zugänglich sind. In der vorgestellten Studie von Park (2018) werden beispielsweise die Potenziale von VR für das Fachsprachentraining von Luftfahrt-Englisch evaluiert. Bisher war es nicht möglich, reale Umstände und gegebene spontane Zwischenfälle zu simulieren, und so blieb das Fachsprachentraining stets theoretisch. Dadurch, dass die Sprachlerner in die VR-Umgebung „eingebettet“ sind, kann die Dringlichkeit der sprachlichen Korrektheit nachvollziehbarer gemacht und dadurch der Lernerfolg deutlich gesteigert werden (vgl. Parmaxi 2020).

ENACTED-Aspekte

Die *Enacted*-These spiegelt sich in Arbeiten wider, die einen aufgabenbasierten bzw. konstruktivistischen Ansatz beim XR-gestützten Sprachunterricht empfehlen (vgl. Huang et al. 2021). Wie bereits dargelegt, liegt die große Stärke von XR darin, dass die Lerner selbst entdecken und handeln sowie selbstständig Erfahrungen (am eigenen Leib) machen und daraus Sinn generieren können. XR fördert somit den sinnorientierten Gebrauch der Zielsprache im täglichen Leben, ggf. verbunden mit Interaktionen an realen Objekten und der Ausführung von simulierten Handlungen. Die Lerner partizipieren und rezipieren nicht nur – im Gegenteil: Studien wie die von Tai et al. (2020) zeigen, dass VR-Umgebungen, die ausschließlich rezeptiv eingesetzt werden, bei den Lernern zu Irritation und Unzufriedenheit führen. Die *Enacted*-These kann also herangezogen werden, um Didaktik in XR-Umgebungen zu gestalten, die Lerner in ihren Handlungen zu beobachten, Änderungen der Umgebung mit Änderungen der Handlungen in Bezug zu setzen, Prinzipien wie *learning by doing* zu ermöglichen etc.

EXTENDED-Aspekte:

Die *Extended*-These lässt sich grundlegend auf die Nutzung von XR als mediale Ergänzung im Sprachunterricht beziehen. Sie stellen Technologien dar, die das Sprachenlernen im Hinblick auf Raum und Zeit erweitern bzw. ergänzen. Der moderne XR-gestützte Sprachunterricht kann weiterhin im herkömmlichen Klassenzimmer stattfinden, aber mit virtuellen Objekten und Personen angereichert sein (MR und AR), er kann aber auch in vollkommen neuen, bisher unerreichbaren oder nicht vorhandenen virtuellen Umgebungen abgehalten werden, ohne dass sich die Lerner und die Lehrkraft an einem Ort befinden müssen (Social-VR, kollaborative VR).

5.3.2 Leitlinien für die Gestaltung und Beforschung von XR-gestützten Sprachlehr-/-lernarrangements

a) Konzeptuelle Leitlinien

Nach Kyselo (2013:198 ff.) ergeben sich aus den 4E-Thesen (besonders aus der *Enacted*-These) folgende Prinzipien der Kognition: **Autonomie**, **Sense-Making**, **Erfahrung**, **Embodiment** und **Emergenz**. Sie eignen sich dazu, enaktive Methoden theoretisch zu fundieren (ebd.), und können unmittelbar in die Gestaltung von Lehr- und Lernarrangements eines XR-gestützten Sprachunterrichts einfließen:

Autonomie
„Kognitive Systeme sind in zweifacher Hinsicht autonom: zum einen im Hinblick auf die Herstellung ihrer systemischen Identität, zum anderen aber auch in Bezug auf ihre Interaktionen mit der Umwelt" (Kyselo 2013:198). Diese Autonomie bedeutet nicht, dass sie unabhängig von der Umwelt sind. Sie sind vielmehr strukturell mit der Umwelt gekoppelt: Interaktionen mit der Umwelt stoßen Veränderungen an (vgl. Maturana/Varela 1987). Die Handlungsorientierung und Szenariendidaktik kommen diesen Forderungen nach: Die Sprachenlerner werden als autonome Individuen mit Vorwissen angesehen, die eigene Entscheidungen mit „am eigenen Leib" spürbaren Konsequenzen treffen, und machen Erfahrungen, durch die sie Wissen erwerben. Ansätze wie Gamification (mit mehreren Pfadstrukturen) oder Projektarbeit sind Methoden, die dies berücksichtigen und durch XR zunehmend an Bedeutung gewinnen.

Sense-Making
Die Annahme lautet, dass Sinn nicht einfach in der Welt vorhanden ist, sondern erst von einem kognitiven System (vom Sprachlerner) aus Faktoren der Umwelt generiert wird (vgl. Kyselo 2013:198). Der Lernumgebung sowie allen sich darin befindenden Artefakten, Aufgaben und Anreizen kommt eine große Bedeutung zu, damit die Lerner Sinn in ihrem Tun erkennen. Übertragen auf den Sprachunterricht heißt das, dass Lerner Bedeutungen und Zusammenhänge (möglichst autonom) konstruieren und Verbindungen zu ihrem Vorwissen sowie ihrer Lebenswelt herstellen können. Authentische Kommunikations- und Handlungssituationen sowie kontextualisierte Aufgaben („real-life-tasks") fördern diesen Prozess des Sense-Makings. XR-Technologien bieten dabei in vielerlei Hinsicht Unterstützung. Beispielsweise ermöglicht es VR, Gefahrenszenarien mit realen Konsequenzen zu simulieren, die sonst abstrakt bleiben würden. Dies führt dazu, dass der Sinn von präventiven Maßnahmen oder eingeübten Sprachstrukturen am Telefon erst beim Notruf in seiner vollen Tragweite deutlich wird. MR-Lösungen bieten zudem noch multisensorische Erfahrungen, die das aktive Konstruieren von Sinn haptisch unterstützen. Zudem kann XR personalisierte und adaptive Lernwege durch Pfadstrukturen ermöglichen, die der anfangs erwähnten individuellen Sinnbildung entgegenkommen.

Erfahrung

Nach Kyselo (2013:199 f.) werden, vereinfacht gesagt, Interaktionen mit der Umwelt von einem kognitiven System (in dem Fall dem Sprachlerner) als bedeutsam (oder nicht bedeutsam) evaluiert, und zukünftig richtet es sich dann danach aus (oder auch nicht). Dieses Prinzip der Erfahrungsbildung wird vom sprachdidaktischen Prinzip der Handlungsorientierung (in Anlehnung an die ENACTED-These) aufgegriffen. Es vereint die Schlüsselbegriffe Erfahrung und Embodiment. Das Sprachverständnis wird durch authentische (Sprach-)Handlungen sowie durch reale kommunikative Handlungsanlässe, die in Szenarien eingebettet sind, gefördert. Dabei spielen reale oder simulierte Erfahrungen „am eigenen Leib" eine Rolle. Denn erst durch das Erfahren von Können und Nicht--Können bzw. Verstandenwerden und Nicht-Verstandenwerden kann Lernen stattfinden. Der Einsatz von XR zielt darauf ab, diese Erfahrungen realistischer zu gestalten und ggf. auch direkt Möglichkeiten der Evaluierung zur Verfügung zu stellen, z. B. durch integrierte Prüfungssysteme.

Embodiment

„Der Körper [wird nicht] vom Gehirn kontrolliert, sondern ist selbst kognitiv" (Kyselo 2013:200). An vielen Stellen dieser Arbeit wurde bereits die Bedeutung des Körpers für den Wissenserwerb (siehe Abschn. 2.2.1 und Abschn. 3.1.1), für das Sprachenlernen (Abschn. 3.1.2) und als Ausgangspunkt für die Nutzung von XR-Technologien (siehe Abschn. 4.1 und Abschn. 4.2) hervorgehoben.

Emergenz

Als Emergenz bezeichnet Kyselo (2013:201) die Tatsache, dass Kognition nicht auf einer einzigen Ebene erklärt oder als Ergebnis eines einzelnen Prozesses angesehen werden kann, sondern als dynamisch entstandene Gesamtheit aus vielen Elementen zu betrachten ist. Dies unterstreicht die Vielfalt der zusammenwirkenden Mechanismen und Faktoren in der Praxis des Sprachunterrichts, der in der Forschung des verkörperten Sprachenlernens (Abschn. 3.2), besonders bei der Untersuchung von medialen Ergänzungen wie der XR, noch zu wenig berücksichtigt wird.

Begriffseinführung „EC-XR-Sprachdidaktik" (engl. „EC-XR-language-learning")

Basierend auf den vorangegangenen Ausführungen soll zusammenfassend eine Systematik präsentiert werden, welche die für die Sprachvermittlung hervorstechenden Charakteristika der XR-Technologien und die Prinzipien und Methoden der modernen ganzheitlichen Sprachdidaktik aufgreift sowie sich auf den 4E-Thesen der EC-Theorie theoretisch begründen lässt. Dafür soll der Begriff der

„EC-XR-Sprachdidaktik“ (engl. **„*EC-XR-language learning*“**) geprägt werden (vgl. Abb. 5.25). Er baut auf dem in Kapitel 3.1.2 eingeführten Modell der „4E-Sprachdidaktik“ auf (vgl. Abb. 3.2). Diese Systematik kann Grundlage für die zukünftige Forschung zu XR im Sprachunterricht sein, indem sie auf das ganzheitliche Lernen – mit dem Lerner im Zentrum – fokussiert und die Bedeutung der 4E-Thesen betont.

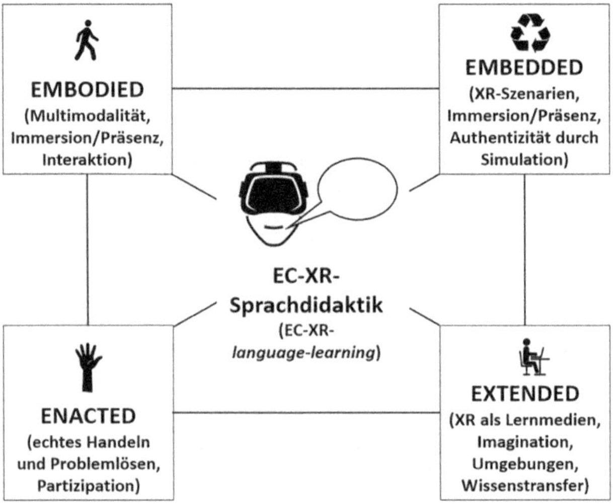

Abb. 5.25 EC-XR-Sprachdidaktik. (engl. EC-XR-language-learning) (© Hoffmann)

b) Methodische Leitlinien

Lindgren und Johnson-Glenberg formulierten bereits im Jahr 2013 sechs Leitlinien für die zukünftige XR[12]-Forschung in Bildungskontexten. Diese Leitlinien sollen zu einer höheren Belastbarkeit der Studienergebnisse sowie zu einer gesteigerten Transparenz der theoretischen Begründungen führen (vgl. Abb. 5.26). Für die Integration von XR in den Sprachunterricht sind sie ebenfalls von Bedeutung.

---

[12] Lindgren/Johnson-Glenberg (2013) sprechen von MR als Oberbegriff und halten sich dabei an die früher geltende Definition von Milgram/Kishino. Heute gilt XR als Oberbegriff für unterschiedliche technologiegestützte ganzheitliche Realitätsformate wie Virtual Reality und Augmented Reality (siehe Kap. 4).

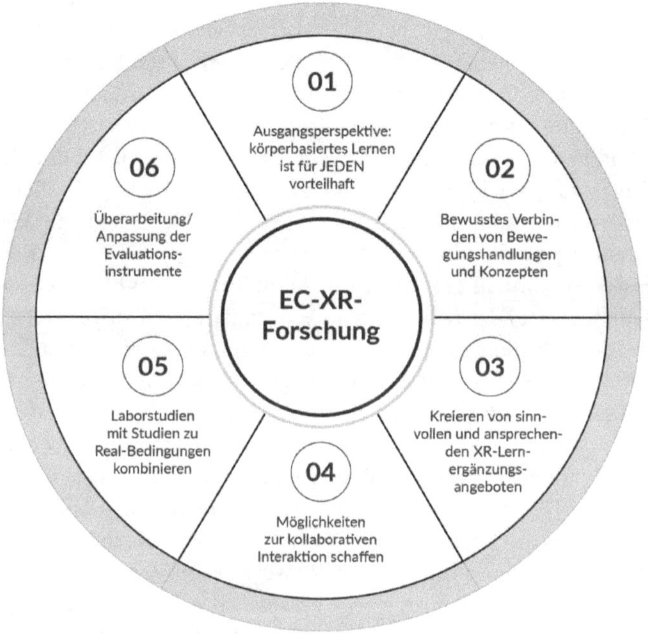

Abb. 5.26 Grundsätze für die EC-XR-Forschung. (© Hoffmann nach Lindgren/Johnson-Glenberg 2013:447 f.)

(1) **Einnehmen der Ausgangsperspektive: Körperbasiertes Lernen ist (potenziell) für JEDEN vorteilhaft**
Lindgren/Johnson-Glenberg (2013:448) referieren kritisch auf die Annahme von unterschiedlichen Lerntypen bzw. Lernstilen und sehen sie als nicht vereinbar mit dem EC-Forschungsparadigma an. „Unfortunately, this idea obscures the fundamental relationship that body activity has to cognitive processes generally and the notion that prescribed physical engagement with learning content can have conceptual development benefits that apply to all students." Gleichzeitig könnten jedoch umgekehrt Erkenntnisse der Lerntypenstudien auf innovative Weise genutzt werden. Pashler et al. (2008) stellten beispielsweise fest, dass viele Menschen nicht für eine einzige Lernmodalität prädisponiert sind. Genau hier könne man mit dem EC-Forschungsparadigma und der XR-Forschung

anknüpfen und die Ausgangsperspektive einnehmen, dass sinnvoll konzipierte XR-Anwendungen, die ganzheitliche körperbasierte Prozesse integrieren und ansprechen, das Potenzial haben, für alle Lerner vorteilhaft und verständnisfördernd zu sein. Gleichzeitig heben Lindgren/Johnson-Glenberg (2013:448) hervor, dass diese Perspektive dazu aufruft, beim Design von XR-Anwendungen die kulturellen, körperlichen und weiteren individuellen Merkmale der Lerner stärker zu berücksichtigen. Zudem müsse man über Möglichkeiten der Inklusion nachdenken und XR-Alternativen für Menschen mit körperlichen Einschränkungen schaffen.

(2) **Bewusstes Verbinden von Bewegungshandlungen und Konzepten**
Ein Hauptmerkmal der XR-Technologien ist, dass sie über Mensch-Maschine-Schnittstellen bedient werden und dadurch per se zur Interaktivität und Formen der körperlichen Aktivität anregen (siehe Kapitel 4.2.2). Damit dieses Charakteristikum pädagogisch-didaktisch sinnvoll genutzt werden kann, sollte man beim Einsatz von XR den Lernern sinnvolle, theoretisch fundierte Verbindungen zwischen Bewegungshandlungen und neuen Konzepten bereitstellen. Theoretische Grundlagen dazu bietet die EC-Forschungsliteratur. Lindgren/Johnson-Glenberg (2013:448) weisen darauf hin, dass im Rahmen der EC-XR-Forschung dann möglicherweise auch der Zusammenhang zwischen Handlungs- und Konzeptebene geschwächt oder widerlegt werden könnte und dass es genau an diesen Stellen essenziell ist, Forschungserkenntnisse zu gewinnen. Beispielsweise gebe es neue Hinweise darauf, dass der Grad der Verkörperlichung bei XR-Anwendungen beim nachhaltigen Wissenserwerb eine signifikante Rolle spielt.

(3) **Kreieren von sinnvollen und ansprechenden (ergänzenden) XR-Lernangeboten**
„[XR] designs need to be created that extend and enhance real-world experience, enable collaboration, and promote neuromuscular engagement that is meaningful and mappable to the content" (Lindgren/Johnson-Glenberg 2013:449). XR-Anwendungen können neue, bisher medial noch nicht realisierbare, vielfältige Lernangebote schaffen, die statt oder ergänzend zu Präsenzformaten eingesetzt werden können und nach lernpädagogisch sinnvollen Kriterien kreiert worden sind. Auf die Bedeutung von Sinn beim Lernen wurde bereits eingegangen. Dieser dritte Aspekt könnte auch als Aufruf an Entwickler und Entscheider gesehen werden. Es bestehen zahlreiche Desiderate im Hinblick darauf, welche Art von XR-Angeboten beispielsweise in Sprachlernkontexten benötigt werden. Gerade vor dem Bedarf der integrierten Sprachförderung in der beruflichen Aus-, Fort- und Weiterbildung in Deutschland gibt es viel

Raum für das Schaffen von sinnvollen, nachhaltigen, ganzheitlich orientierten XR-Anwendungen.

(4) **Möglichkeiten zur kollaborativen Interaktion schaffen**
Es hat sich gezeigt, dass kollaboratives Lernen generell zu besseren Leistungen und einer gesteigerten Lernmotivation führt sowie die Entwicklung sozialer Kompetenzen fördert (vgl. Johnson/Johnson 1999). XR-Umgebungen unterstützen kollaborative Aktivitäten, da es sich bei XR um hochgradig interaktive Technologien handelt und sie sowohl die Zusammenarbeit zwischen dem Lerner und der immersiven Umgebung als auch ggf. zwischen mehreren Lernern untereinander ermöglichen (Lindgren/Johnson-Glenberg 2013:449). Gleichzeitig muss bedacht werden, dass nicht jede XR-Lernumgebung kollaborativ ausgerichtet sein muss. Dennoch sollte man aber gerade im Bildungsbereich die Skalierbarkeit auf größere Lerngruppen mitdenken und sich überlegen, wie ein XR-Lernsetting aussehen kann, an dem mehrere Lerner gleichzeitig teilnehmen können: „[G]iving opportunities for multiple users to interact concurrently and in coordination opens up the space of educational contexts to which these technologies can be applied“ (Lindgren/Johnson-Glenberg 2013:449).

(5) **Laborstudien mit Studien unter Realbedingungen kombinieren**
Lindgren/Johnson-Glenberg (2013:450) sprechen sich bei der Erforschung von EC in Verbindung mit XR dafür aus, Studien unter stark kontrollierten Bedingungen, wie es im Labor der Fall ist, mit Studien zu kombinieren, die unter realen Bedingungen stattfinden: „Once the mechanisms of embodied learning are roughly understood for the particular content, it is important to field-test the design in authentic contexts and allow the design to evolve where appropriate to meet the specific situation in which it has been implemented.“ Des Weiteren heben sie auch die Bedeutung von qualitativen Methoden hervor, um das Verhältnis zwischen Lerndesign und Kontext sowie die Nutzererfahrung zu evaluieren. Auf den Punkt, dass intuitionistische Designs bei der Erforschung von XR und Sprachenlernen eine schwache oder keine Bedeutung für die Praxis des Sprachunterrichts haben, wurde bereits mehrmals eingegangen.

(6) **Überarbeitung bzw. Anpassung der Evaluationsinstrumente**
Die umfassende Evaluierung von konstruktivistischen Lerndesigns und -technologien ist grundsätzlich eine große Herausforderung, da sie oft ausschließlich mithilfe nicht-konstruktivistischer Evaluationsinstrumente erfolgt (vgl. Schwartz et al. 2009). XR-Technologien tragen dazu bei, dass Lernumgebungen immersiver, verkörperlichter und praxisbezogener werden. Somit besteht das dringende Desiderat, dass auch die Evaluationsinstrumente entsprechend angepasst bzw. neue entwickelt werden, die der Innovation und

Kreativität der XR-Anwendungen gerecht werden (vgl. Lindgren/Johnson-Glenberg 2013:450). Somit trägt also das EC-XR-Forschungsparadigma auch dazu bei, dass sich der Bereich der Datenerhebung und -auswertung bei Lernprozessen (engl. „learning analytics") weiterentwickelt. Das soll aber nicht bedeuten, dass typische Testverfahren wie Vor- und Nachtests abgeschafft werden sollen. Nur sollten sie ggf. mit weiteren Methoden und Messinstrumenten kombiniert werden, die speziell auf die Charakteristika von XR-Technologien (z. B. spielerisch, interaktiv, immersiv) zugeschnitten sind und die bei bisherigen medialen Lernangeboten nicht geeignet waren.

5.3.3 Forschungshypothesen

Vor diesem Hintergrund zielt der nachfolgende Praxisteil der Arbeit darauf ab, XR mit möglichst authentischen (simulierten) Sprachhandlungskontexten zu verknüpfen und unter Berücksichtigung etablierter Didaktikprinzipien im laufenden Schulbetrieb zu evaluieren. Dabei sollen die 4E-Thesen der EC als Forschungsgrundlage genutzt werden, um einen Vergleich zwischen verschiedenen XR-Varianten zu ziehen und Erkenntnisse für den Einsatz von XR an Schulen zu gewinnen.

Zuerst werden nochmals **die Forschungsfragen** aufgeführt, bevor dann unter Berücksichtigung der bisherigen Ausführungen Hypothesen gebildet werden.

1. Unterscheiden sich die Nutzungsgruppen (Desktop-VR | VR mit VR-Brille | MR) in ihren Gesamtleistungen im ersten und zweiten Durchlauf (Treatment)?

1.1 Besteht ein signifikanter Unterschied zwischen den Gruppen im ersten Durchlauf (Treatment 1)?

1.2 Besteht ein signifikanter Unterschied zwischen den Gruppen im zweiten Durchlauf (Treatment 2; eine Woche später)?

2. Unterscheiden sich die individuellen Leistungen innerhalb einer Nutzungsgruppe (Desktop-VR | VR mit VR-Brille | MR) im ersten und zweiten Durchlauf im Vergleich?

3. Wie unterscheidet sich die Nutzererfahrung (User Experience, UX)

3.1 im Gruppenvergleich (Desktop-VR | VR mit VR-Brille | MR)?

3.2 zwischen der ersten und zweiten Nutzung jeweils einer XR-Technologie?

HYPOTHESE 1

Die **Nutzungsgruppen (Desktop-VR | VR mit VR-Brille | MR) unterscheiden** sich in ihren **Gesamtleistungen** sowohl **im ersten** als **auch im zweiten Durchlauf** (Treatment). Beide Male wird **MR die besten Leistungen** erzielen, **gefolgt von VR mit VR-Brille** und **Desktop-VR**.

Begründung: MR besser als VR mit VR-Brille

Die (visuo-haptische) MR integriert die Prinzipien der Embodied Cognition in besonderem Maße, da sie den gesamten Körper einbezieht und physische Handlungen mit visuellem Feedback sowie haptischen Reizen verknüpft, ohne dass die Lerner Hardware am Körper tragen müssen (siehe Abschn. 4.1.5). Es wird eine direkte Verbindung zwischen sensorischer Wahrnehmung (visuell dargebotene virtuelle Szenarien, haptischem Erleben mit physischen Objekten) und motorischer Interaktion hergestellt, was nachhaltiges Lernen fördert (vgl. Glenberg et al. 2008). Wie Taheri/Aguayo (2021:366) hervorheben, fördert MR das Lernen von erfahrungsbasierten und impliziten Wissensformen durch digitale Immersion und Simulation. Das lässt sich v. a. durch die EMBODIED- und ENACTED-These begründen (siehe Abschn. 2.2.1 und Abschn. 2.2.4). Die Verknüpfung motorischer und kognitiver Prozesse wird verstärkt, wodurch eine tiefere Verarbeitung und Speicherung von Sprach- und Handlungsinformationen möglich wird. Die reale Haptik ist weder bei VR mit VR-Brille noch bei Desktop-VR gegeben. Entsprechend einer „strong embodiment"-Auffassung (siehe Abschn. 2.2) wird davon ausgegangen, dass die reale Haptik lernförderlicher ist als die symbolisch-grafische Repräsentation, die sowohl VR mit VR-Brille als auch Desktop-VR bieten.

Begründung: VR mit VR-Brille besser als Desktop-VR

VR mit VR-Brille bietet zwar keine Haptik, aber die Möglichkeit, Bewegungen wie Greifen und Zeigen grafisch zu simulieren und in Echtzeit ins Virtuelle zu übertragen (siehe Abschn. 4.1.4). In zahlreichen Arbeiten wird der hohe Immersionsgrad der VR mit VR-Brille als hervorstechende Stärke benannt (vgl. Furht 2006:151; Barrett et al. 2021), den andere XR-Formate nicht in vergleichbarer Weise aufweisen.

Bei den Wirkungskonzepten (siehe Abschn. 4.2.1) und im Rahmen der Übersichtsarbeit (siehe Abschn. 5.1.2 und Abschn. 5.1.6) wurde jedoch die Diskussion um Immersion thematisiert (vgl. Dalgarno et al. 2002) und dargestellt, dass derzeit noch ein großes Forschungsdesiderat darin besteht, Immersion genauer zu untersuchen (siehe Abschn. 5.1.6). Denn nach wie vor ist umstritten, welche medialen Umstände Immersion begünstigen (vgl. Freyermuth 2015:167). Hier wird in Anlehnung an die EMBODIED- und ENACTED-These (siehe Abschn. 2.2.1 und Abschn. 2.2.4) die Annahme vertreten, dass der Immersionsgrad bei VR mit VR-Brille technologisch bedingt höher ist als bei Desktop-VR und damit diese Nutzungsgruppe auch bessere Leistungen erzielt. Dabei wird davon ausgegangen, dass das „Abgeschottet-Sein" von der realen Welt sowie die intensivere visuelle, auditive und körperliche Einbindung in die VR-Umgebung durch die VR-Brille dazu beitragen, dass sich Lerner stärker mit den Inhalten in der virtuellen Umgebung verbunden fühlen, sich dort präsenter fühlen und das Lernen stärker als aktiven und erfahrungsbasierten Prozess wahrnehmen. In der Desktop-VR bleiben Interaktionen auf Mausbewegungen oder Tasteneingaben beschränkt (siehe Abschn. 4.1.4) und damit symbolisch, was nach der „strong embodiment"-Perspektive die Verbindung zwischen körperlichen und kognitiven Prozessen schwächt. Die Reduktion der multisensorischen und motorischen Einbindung wird also zu weniger nachhaltigem Lernen führen, da der Lerner in Desktop-VR auf symbolische Bewegungen beschränkt ist, die nicht mit realen körperlichen Bewegungen einhergehen. In der Desktop-VR fehlt die Präsenz des Körpers des Lerners im (virtuellen) Raum, wodurch die zentrale Komponente der EMBODIED-These geschwächt ist (siehe Abschn. 2.2.1).

HYPOTHESE 2

Die **individuellen Leistungen innerhalb der Nutzungsgruppen** (Desktop-VR | VR mit VR-Brille | MR) **verbessern sich beim zweiten Durchlauf** (Treatment 2).

Begründung

Die EMBODIED-These bzw. die Termini „Leibgedächtnis" (vgl. De Biran 1977) und „embodied-knowledge" (vgl. Dreyfus 2002) besagen, dass Übungen und Wiederholungen dazu beitragen, Wissen zu verkörpern und von theoretischem zu praktischem Wissen zu gelangen (vgl. Dove 2022) (detailliert siehe Abschn. 2.2.1).

Zudem ist zu vermuten, dass die Lerner beim zweiten Mal besser mit der Technologie umgehen können. Insofern ist davon auszugehen, dass sich eine individuelle Leistungsverbesserung in allen Nutzungsgruppen einstellt.

HYPOTHESE 3

Die **Nutzererfahrung** (User Experience, UX) **unterscheidet sich im Gruppenvergleich** (Desktop-VR | VR mit VR-Brille | MR) und **verändert sich von der ersten zur zweiten Nutzung.** Unter anderem bestehen folgende Annahmen:

Bedienung der Technologien:

- **Desktop-VR** wird am **wenigsten herausfordernd** sein, **gefolgt von MR** und **VR mit VR-Brille,** die am **herausforderndsten** sein wird (**gleichbleibende** Reihenfolge **beim ersten und zweiten Mal**).
- Insgesamt wird sich die Bewertung der technologischen Bedienung **in allen Gruppen vom ersten zum zweiten Mal verbessern.**

Spaßfaktor:

- **VR mit VR-Brille wird am positivsten konnotiert** sein, **gefolgt von MR** und **Desktop-VR** (**gleichbleibende** Reihenfolge **beim ersten und zweiten Mal**).
- Insgesamt wird sich der Spaßfaktor **in allen Gruppen vom ersten zum zweiten Mal verschlechtern.**

Bewertung der Lerninhalte (interessant/abwechslungsreich/verständlich/nützlich)

- Die Gruppen **MR** und **VR mit VR-Brille** werden bei den Aspekten **„interessant"**, **„abwechslungsreich"** und **„nützlich" am besten abschneiden (beim ersten und zweiten Mal).**
- **Die Desktop-VR-Gruppe** wird die Inhalte als **am besten verständlich** wahrnehmen (**beim ersten und zweiten Mal).**
- **Beim zweiten Mal** wird die Bewertung der **Verständlichkeit** der Lerninhalte in allen Gruppen positiver ausfallen als beim ersten Mal.

Bewertung von Immersion/Präsenz/Handlungsrealismus:

- Bei **Immersion und Präsenz** wird **VR mit VR-Brille am besten abschneiden**, **vor Desktop-VR** und **MR (gleichbleibende** Reihenfolge **beim ersten und zweiten Mal).**
- Der **Handlungsrealismus** wird **bei MR am höchsten** bewertet werden, **gefolgt von VR mit VR-Brille und Desktop-VR (gleichbleibende** Reihenfolge **beim ersten und zweiten Mal**).
- Beim **zweiten Mal** werden **alle drei Aspekte in allen Gruppen als stärker ausgeprägt** bewertet werden.

Selbsteinschätzung (zu gewonnenen in der Realität anwendbaren Kenntnissen):

- Die Selbsteinschätzung wird **bei MR am höchsten** sein, **gefolgt von VR mit VR-Brille** und **Desktop-VR (gleichbleibende** Reihenfolge **beim ersten und zweiten Mal**).
- Insgesamt wird sie sich **in allen Gruppen vom ersten zum zweiten Mal verbessern.**

Begründungen

- **Bedienung der Technologien:**
  Dass sich der Einsatz von (gamifizierter) Desktop-VR in Schulen aus pragmatischen Gründen besonders gut eignet, da Computer dort ein bekanntes, vorhandenes Medium sind, erwähnen zahlreiche Publikationen (z. B. Rosser et al. 2007; Hassani et al. 2020; Krassmann et al. 2020; Lee/Wong 2014). Dagegen sind VR-Brillen und vor allem (visuo-haptische) MR-Settings in Schulen selten bis noch nicht vorhanden. Daher wird vermutet, dass die Schüler bei Desktop-VR am wenigsten Herausforderungen bei der Bedienung haben werden. Da das MR-Setting im realen Klassenzimmer stattfindet und echte Handlungen an physischen Objekten durchgeführt werden, aber die Mischung zwischen Realität und Virtualität ungewohnt ist und damit zusätzliche kognitive Ressourcen erfordern könnte, wird sie an zweiter Stelle verortet nach der Desktop-VR. Die VR-Lösung mit VR-Brille wird als am schwierigsten zu bedienen eingeschätzt. Gründe sind unter anderem, dass der Umgang mit der Hardware, bestehend aus VR-Brille

und Controllern, (möglicherweise) in kürzester Zeit neu gelernt werden muss. Hinzu kommt das Eintauchen in eine vollkommen neue, künstlich geschaffene Welt, in der die Lerner sich erst zurechtfinden müssen (EMBODIED-These), und auch an die Interaktion mit ihr müssen sie sich erst gewöhnen. Wie bei der zweiten Hypothese formuliert wurde, wird sich die Bewertung der technologischen Bedienung bei der zweiten Nutzung in allen Gruppen verbessert haben, da der erstmalige Neuigkeitseffekt nicht mehr gegeben ist.

- **Spaßfaktor:**
  Dass der Einsatz von XR Freude und Motivation bei Lernern im Sprachunterricht fördert und steigert, wird in zahlreichen Übersichtsarbeiten zu XR und Sprachenlernen betont (siehe Abschn. 5.1.2.2). Besonders VR mit VR-Brille ruft Freude beim Lernen hervor, da sie nach Shen et al. (2023:276) Erfahrungen bietet, die die reale Welt nicht bereitstellt, und man direkt ins Geschehen eintauchen kann (EMBODIED-These). Zusammen mit dem Aspekt des „Abgeschottet-Seins" von der realen Umgebung (bei Hypothese 1 beschrieben) und dem Aspekt der Involviertheit (siehe Abschn. 4.2.5) wird angenommen, dass VR mit VR-Brille den höchsten Spaßfaktor bietet. Bei MR befinden sich die Lerner in ihrer gewohnten Umgebung, im realen Klassenzimmer, weshalb der Spaßfaktor höchstwahrscheinlich geringer ist als bei VR mit VR-Brille. Allerdings können sie in MR aktiv Handlungen ausüben (ENACTED-These) und erleben die neuartige Technologie der visuo-haptischen MR. Der Grad der Neugier und des Unterhaltungswertes ist damit als höher anzunehmen, als es bei Desktop-VR der Fall ist. Die Schüler sind mit dem Medium Computer vertraut und daher herrscht ein geringer Neuigkeitseffekt, der sich positiv auswirken könnte. Somit wird der Grad der Neugier bei Desktop-VR als am niedrigsten angenommen. Aus demselben Grund der Bekanntheit der Hardware und der Inhalte ist davon auszugehen, dass die Motivation nach Li et al. (2015) vom ersten zum zweiten Mal abflacht und sich der Spaßfaktor in allen Gruppen verschlechtert.
- **Bewertung der Lerninhalte (interessant/abwechslungsreich/verständlich/nützlich):**
  Grundsätzlich wird angenommen, dass dieselben Lerninhalte, die aber in unterschiedlichen technologischen Varianten der XR – und damit sensomotorischen Gestalteinheiten – präsentiert werden, verschieden bewertet werden. Da MR reale Handlungen an realen Objekten ermöglicht und gleichzeitig das Abbild der Handlungen und Konsequenzen in virtuelle Gefahrenszenarien auslagert,

und da VR eine Technologie ist, von der die Schüler möglicherweise schon einmal gehört haben oder die sie vom Gaming her kennen, wird angenommen, dass die Gruppen MR und VR mit VR-Brille bei den Aspekten „interessant", „abwechslungsreich" und „nützlich" am besten abschneiden. Da die Desktop-VR-Schulung über Audiospuren mit jeweiligen Texttranskriptionen verfügt und bei der MR- und VR-Gruppe keine Transkripte eingesetzt werden, wird angenommen, dass die Desktop-VR-Gruppe die Inhalte als am besten verständlich im Gruppenvergleich wahrnimmt. Der Aspekt der Verständlichkeit wird im ersten und zweiten Posttest erhoben, da die Entwicklung auf Zeit evaluiert werden soll. Zudem wird mit Huang et al. (2021) und Li et al. (2015) vermutet, dass der mögliche Neuigkeitseffekt der Technologie beim zweiten Mal weniger stark zum Tragen kommt und die Lerner beim zweiten Mal weniger von Bedienungsherausforderungen abgelenkt sind (siehe Abschn. 5.1.6). Daher könnten die Lerninhalte mehr in den Fokus rücken, sodass vermutet wird, dass alle Gruppen beim zweiten Mal die Inhalte als verständlicher wahrnehmen, als es beim ersten Mal der Fall ist.

- **Bewertung der Immersion/Präsenz/Handlungsrealismus:**
  Nach wie vor ist umstritten, welche medialen Umstände Immersion begünstigen und wie viele Varianten von Immersion existieren (vgl. Freyermuth 2015:167). In Abschn. 5.1.6 wurde dargestellt, dass ein dringendes Desiderat danach besteht, Immersion, Präsenz und einzelne damit zusammenhängende Faktoren separat voneinander zu messen und auf diese Weise zu genaueren Erkenntnissen darüber zu gelangen, welche Aspekte Immersion auch speziell bei der Nutzung von XR im Sprachunterricht auslösen (vgl. Huang et al. 2021; Hua/Wang 2023). Daher soll in Anlehnung an die ENACTED-These und das sprachdidaktische Prinzip der Handlungsorientierung zusätzlich der Aspekt des Handlungsrealismus bewertet werden. Hier wird angenommen, dass MR am besten bewertet wird, da echte Handlungen (sprachbegleitend) an realen Objekten vorgenommen werden. Bei VR mit VR-Brille ist der Handlungsrealismus nur graduell simuliert (Haptik ist nicht vorhanden). Daher wird sie an zweiter Stelle platziert. Bei Desktop-VR werden Handlungen nur auf audiovisueller Ebene angedeutet, finden aber letztlich auf Basis von Maus und Tastatur ohne Ganzkörpereinbindung statt. Daher ist davon auszugehen, dass dort der Handlungsrealismus am schlechtesten bewertet wird.
  Immersion wird in Anlehnung an die Literatur zu XR (siehe Abschn. 4.2.1) und auch im Sinne ihrer Definition in Sprachlehr-/-lernkontexten (Stichwort: „Sprachbad", Leisen 2010) vorrangig als Eintauchen in eine neue Welt verstanden (EMBODIED-These) und Präsenz als das Sich-Befinden in einer Umgebung (EMBEDDED-These). Dies ermöglicht die VR-Version mit VR-Brille besser als

die Desktop-VR, wo die Lerner vor einem Computer sitzen und weiterhin das reale Klassenzimmer wahrnehmen können. Dennoch bietet die Desktop-VR die Möglichkeit der Immersion und Involviertheit durch grafische Darstellungen und Gamifizierung, die beispielsweise in der MR nicht vorhanden sind. Hinzu kommt, dass in MR keine gänzlich neue Umgebung eröffnet wird, sondern das vorhandene Klassenzimmer genutzt und darin ein Lernsetting aufgebaut wird. Dies kann zu einer Störung des Immersionsgrades führen. Daher wird die MR-Lösung in Bezug auf die Präsenz an letzter Stelle positioniert, nach PC und VR. Auf Präsenz in MR wird noch gesondert eingegangen (siehe Abschn. 7.4).
Wie in Abschn. 5.1.3 beschrieben wurde, besteht nach Huang et al. (2021) die Herausforderung bei XR im Sprachunterricht oft darin, dass es anfangs zu Aufmerksamkeitsstörungen kommen kann. Sie geben zu bedenken, dass die Lerner sich eher auf die innovativ gestaltete Umgebung und die Optik der virtuellen Inhalte konzentrieren und weniger auf den eigentlichen Stoff. Da die Technologie sowie die Inhalte und Aufgabenabläufe beim zweiten Mal bereits bekannt sind, wird angenommen, dass die Lerner sich beim zweiten Mal besser auf die Inhalte konzentrieren können und dadurch Immersion, Präsenz und Handlungsrealismus in allen Gruppen vom ersten zum zweiten Treatment zunehmen werden.

- **Selbsteinschätzung (zu gewonnenen in der Realität anwendbaren Kenntnissen):**
  Einhergehend mit dem Handlungsrealismus und der damit zusammenhängenden EMBODIED- sowie ENACTED-These wird davon ausgegangen, dass haptisches Handeln mit dem eigenen Körper an realen Gegenständen die positivste Selbsteinschätzung in Bezug auf die in der Realität anwendbaren Kenntnisse mit sich bringt. Die Lerner haben das Gefühl, das gelernte Wissen unmittelbar auf die Anwendungssituation übertragen zu können (siehe auch Begründung Hypothese 1). Dadurch ergibt sich die Reihung: MR vor VR mit VR-Brille vor Desktop-VR. Der Wiederholungseffekt, der im Sinne der EMBODIED-These die Spur zwischen theoretischem Wissen und praktischem Können verstärkt, lässt darauf schließen, dass sich die Selbsteinschätzung der Lerner in allen Gruppen vom ersten zum zweiten Treatment verbessert.

6 PRAXISTEIL I: Entwicklung einer sprach- und handlungsunterstützenden XR-Brandschutzschulung für berufliche Schulen

6.1 Einordnung in den Forschungszusammenhang

Der Scoping Review (siehe Abschn. 5.1) hat gezeigt, dass zwischen 2015 bis 2024 Englisch die dominante Zielsprache im XR-gestützten Sprachunterricht ist. Bis dato gibt es nur wenige deutschsprachige XR-Angebote, die Sprach- und Fachwissen vereinen. Nicht nur vor dem Hintergrund der zunehmenden Heterogenität der Schulklassen in Deutschland besteht jedoch ein großes Desiderat nach sprachunterstützenden, digitalen Lernmaterialien, besonders zu berufs- und fachsprachlichen Inhalten. Nach Alizadeh/Cowie (2023) bieten die meisten der Arbeiten aktuell keine Belege dafür, dass mit XR über die kurzfristigen positiven Effekte hinaus nachhaltige sprachliche Mehrwerte erzielt werden können. Daher besteht ein Desiderat nach Studien mit mehreren Treatments und Posttests (Longitudinalstudien). Zudem wurde mehrfach hervorgehoben, dass die bisherigen Studien vor allem auf technologische Aspekte fokussieren und dass ausgehend von instruktionistischen Experimenten Rückschlüsse auf den Einsatz von XR im Sprachunterricht gezogen werden (vgl. Abschn. 3.2). Im Zuge der zunehmend holistischen Gestaltung von authentischen Lehr-Lern-Arrangements gewinnen realistische Aufgabenstellungen (Stichwort: „real-life task design") an Bedeutung. Die in Abschn. 4.1.2 vorgestellte 4E-Sprachdidaktik sowie die EC-XR-Forschungsprinzipien nach Lindgren/Johnson-Glenberg (2013:447 f.) können als Leitlinien für die sinnvolle Verbindung der Embodied Cognition, der modernen Sprachdidaktik und des Einsatzes von XR in der Unterrichtsforschung und -praxis dienen. Sie bilden die Grundlage der durchgeführten Studie.

Die beiden Praxisteile I und II dieser Arbeit verfolgen daher **nachstehende Zielsetzungen** bzw. beinhalten **nachfolgende Aspekte**:

I. Hoffmann, *Embodied Cognition und XR im Sprachunterricht*,
https://doi.org/10.1007/978-3-658-49658-6_6

1. Es wird ein deutschsprachiges XR-(Sprach-)Lernangebot geschaffen und beforscht. Bis dato sind XR-Lernanwendungen in deutscher bzw. für die deutsche Sprache eher eine Ausnahme.
2. Dem Desiderat nach berufsrelevanten und fachsprachlichen Inhalten mit authentischem Anwendungsbezug wird nachgekommen, indem exemplarisch die Thematik Brandschutz ausgewählt wird (siehe Abschn. 6.2.1). Hier sind sowohl Sprachwissen und Faktenwissen als auch Handlungswissen von Bedeutung. Als lebensrelevante Kompetenz ist die Schulung der praktischen und physischen Bedienung eines Feuerlöschers integriert.
3. Die fachlichen Inhalte sind für die ausgewählte, stark heterogene Zielgruppe der Schüler an beruflichen Schulen konzipiert. Daher wird bei der Entwicklung der XR-Anwendung die Aufmerksamkeit besonders auf die didaktischen Prinzipien der Szenariendidaktik und Handlungsorientierung sowie sprachfördernde Elemente gerichtet.
4. Beim Forschungsdesign (siehe Abschn. 7.1) wird dem Desiderat nach Studien mit mehreren Treatments und Posttests nachgekommen, indem zwei Zeitpunkte mit einer Woche Abstand definiert werden. Des Weiteren ist die Studie als Vergleichsstudie mit drei Vergleichsgruppen von jeweils mindestens zehn Personen sowie unterschiedlichen XR-Varianten angelegt. Es werden die Varianten der voll-immersiven VR mit VR-Brille, der Desktop-VR und der visuo-haptischen MR gegenübergestellt. Somit wird zum einen dem Desiderat nach der Einbindung von Haptik nachgekommen, und zum anderen werden unterschiedliche Immersionsgrade im Sinne der 4E-Thesen der EC verglichen.
5. Um die Nutzererfahrungen zu technologiebedingten Aspekten zu evaluieren, aber auch Erklärungen für möglicherweise auftretende körperlich-kognitive Störungen zu erhalten, werden deutschsprachige Fragebögen für XR-Anwendungen nach dem Muster des igroup presence questionnaire (IPQ) ausgearbeitet, die sowohl Metadaten als auch Faktoren wie die Immersion, den Unterhaltungswert, die sprachliche Verständlichkeit und vieles mehr abfragen (vgl. Abschn. 7.3). Zudem wurde im Rahmen der Desktop-VR ein automatisiertes Leistungsmessungssystem entwickelt, das während der Treatments in Echtzeit webbasiert im Hintergrund arbeitet (vgl. Abschn. 6.2.2). Somit wurde dem Desiderat nachgekommen, die vorhandenen Messinstrumente auf den XR-spezifischen Anwendungsfall bzw. Forschungszweck anzupassen.

6.2 Konzeption und Umsetzung eines gamifizierten, virtuellen 3D-Brandschutztrainings (Desktop-VR, voll-immersive VR mit VR-Brille, MR)

6.2.1 Themenschwerpunkt Brandschutz

Seit mehr als 800 Jahren ist Brandschutz systemimmanenter Teil der gesellschaftlichen Entwicklung und bestimmt seit dem Mittelalter die öffentliche Ordnung und Sicherheit (vgl. Merschbacher 2018:11). Brandschutz ist grundlegend eine Maßnahme der Gefahrenabwehr. Die häufigsten Brandursachen in Deutschland sind nach Statista[1] an erster Stelle durch Elektrizität begründet (32 %) und schon an zweiter Stelle steht das menschliche Fehlverhalten (17 %). Das verdeutlicht, dass der Vermittlung von Kenntnissen rund um Brandentstehung und feuergefährliche Stoffe sowohl durch Unterweisung als auch durch Übung eine tragende Rolle zukommt. Jedoch liegt eine große Problematik darin, dass die Inhalte bei Brandschutzschulungen meist recht abstrakt bleiben. Personenschäden sind bei Übungen zu verhindern und Sachschäden an Musterobjekten durchzuführen, ist mit hohen Kosten verbunden. Im Ernstfall können dagegen die schlimmsten Szenarien in kurzer Zeit Realität werden, was mit einem hoch emotionalen Erleben einhergeht. Brandschutz ist daher ein sensibles und wichtiges Thema.

Welche Rolle die Wissensvermittlung im Bereich Brandschutz an Schulen spielt, lässt sich beispielsweise auf der „Sichere Schule“[2] der Deutschen gesetzlichen Unfallversicherung (DGUV) nachlesen:

> Der Umgang mit Brandschutzeinrichtungen zur Bekämpfung von Entstehungsbränden ist den Lehrkräften durch Unterweisung und Übung vertraut zu machen und regelmäßig zu wiederholen. [...] Es müssen sowohl Lehrkräfte als auch Schülerinnen und Schüler sowie Beschäftigte wie Hausmeisterin oder Hausmeister bzw. Reinigungskräfte unterwiesen werden (DGUV-Branche Schule).

Da jedoch die zeitlichen und personellen Kapazitäten fehlen, um die einzelnen Lehrkräfte regelmäßig zu unterweisen, treffen die einzelnen Bundesländer individuell entsprechende Maßnahmen. So kann man beispielsweise dem seit

---

[1] Statista Infografik: Häufigste Brandursachen in Deutschland, abrufbar unter: https://de.statista.com/infografik/16380/die-haeufigsten-brandursachen-in-deutschland/ (zuletzt aufgerufen am 09.07.2025).

[2] Webseite „Sichere Schule“ (DGUV): https://www.sichere-schule.de/index.php/physik/organisation-und-verantwortung/brandschutz (zuletzt aufgerufen am 09.07.2025).

1993 gültigen Amtsblatt[3] der Bayerischen Staatskanzlei entnehmen, dass zum einen die Schulleitung Lehrkräfte, Schüler und Erziehungsberechtigte über die gesetzliche Schülerunfallversicherung und über Sicherheitsbestimmungen aufklären soll. Zum anderen muss ein Sicherheitsbeauftragter ernannt werden, der die Schulleitung bei der Durchführung der beiden jährlich vorgeschriebenen Probealarme unterstützt und das Verhalten in Schulen bei Bränden und sonstigen Gefahren koordiniert. Die Lehrkräfte sollen den Schülern sicherheitsbewusstes Verhalten vermitteln, indem sie im Unterricht an geeigneten Stellen oder zu situativen Anlässen und durch Vorbildverhalten auf Gefahren hinweisen. Grundsätzlich soll jeder Schüler über ein grobes Wissen zum Verhalten im Brandfall verfügen und dazu befähigt werden, die basalen Handlungsschritte im Ernstfall in die Tat umzusetzen. In der Praxis allerdings beschränkt sich die Aufklärung über entsprechende Inhalte meist darauf, auf Webseiten hinzuweisen, oder es werden Merkblätter zum Durchlesen ausgehändigt. Plakate wie das der Deutschen Gesetzlichen Unfallversicherung (DGUV 2019:13) mit dem Titel „Was tun, wenn´s brennt? – Feueralarm in der Schule" sind kaum aussagekräftig, zudem textlastig sowie für junge Menschen wenig ansprechend. Insgesamt wird also das sensible und wichtige Thema Brandschutz im Schulalltag eher vernachlässigt und es besteht dringender Handlungsbedarf. In den letzten Jahren wurden daher einige neue Angebote zur Brandschutzaufklärung bzw. zur Unfallprävention an Schulen entwickelt. Ein innovatives Beispiel stellt das Projekt „Sichere Schule" der DGUV dar. Es handelt sich um ein webbasiertes Informationsportal, das auf einer interaktiven Karte[4] ein Schulgebäude darstellt und über Gefahrenquellen, erforderliche Verhaltensweisen und geltende Normen aufklärt. Indem man auf die einzelnen Standortsymbole klickt, besucht man die einzelnen Räume und findet dort weitere Informationen. Im Biologie- und Chemieraum sind beispielsweise Brandschutzeinrichtungen, Sicherheitsschilder, Informationen über das erforderliche Verhalten sowie geltende Brandschutzbestimmungen zu finden. In ausgewählten Aspekten (z. B. Raumausstattung des Chemielabors) diente dieses Schulgebäude als Grundlage für die im Rahmen dieser Arbeit entwickelte virtuelle Brandschutzumgebung. Grundsätzlich ist die Webseite übersichtlich und ansprechender als reine Informationstexte gestaltet. Allerdings beschränkt sich die Interaktivität darauf, dass man die einzelnen Räume anklicken und

[3] Amtsblatt „Verhalten bei Bränden und sonstigen Gefahren", abrufbar unter: https://www.gesetze-bayern.de/Content/Document/BayVwV96939/true (zuletzt aufgerufen am 09.07.2025).

[4] DGUV „Sichere Schule" mit interaktiver Karte, abrufbar unter: https://www.sichere-schule.de/ (zuletzt aufgerufen am 09.07.2025).

Informationsschriften zu ausgewählten Gegenständen oder Bereichen aufrufen kann.

Diese Art der Wissensdarbietung steht im vollkommenen Gegensatz zur Art und Weise, Brandschutzkenntnisse zu vermitteln, die sowohl Faktenwissen und prozedurales Wissen als auch sprachliches Wissen umfassen. Dass diese Kombination erforderlich ist, macht die offizielle Empfehlung der DGUV für berufsbildende Schulen[5] deutlich. Sie besagt, dass folgende Fachkompetenzen auf jeden Fall vermittelt werden müssen:

Die Schülerinnen und Schüler

1. *erläutern anhand des Flammendreiecks, wie Brände entstehen,*
2. *zeigen die Brandschutzmaßnahmen in ihren Betrieben/ihrer Schule auf,*
3. *formulieren grundlegende Brandschutzmaßnahmen,*
4. *redigieren Falschaussagen zum Thema Brandschutz,*
5. *lernen, wie man sich bei Feuer richtig verhält und einen Handfeuerlöscher einsetzt.*

Zusammenfassend haben also folgende Aspekte dazu geführt, dass Brandschutz den exemplarischen Themenschwerpunkt der XR-gestützten Schulung darstellt und Schüler an beruflichen Schulen als Zielgruppe ausgewählt worden sind:

a) Brandschutz ist ein lebensrelevantes und innerhalb und außerhalb von Institutionen wichtiges Thema. Jeder Mensch als Teil dieser Gesellschaft sollte über ein entsprechendes Grundwissen verfügen.
b) In Schulen wird Brandschutz eher theoretisch behandelt oder ganz vernachlässigt. Es ist ein sensibles Thema, das Fingerspitzengefühl bei Trainings erfordert, die allerdings mit hohen Kosten, Personal- und Zeitaufwand verbunden sind, die häufig nicht aufgebracht werden können.
c) Das Grundwissen zum Brandschutz umfasst gleichermaßen Faktenwissen, Handlungswissen und Sprachwissen. Hier sind Parallelen zu den berufsschulischen Curricula auszumachen. Aufgrund der wichtigen Theorie-Praxis-Verschränkung bietet sich ein handlungsorientierter Didaktikansatz (mit Methoden wie z. B. Simulation, spielerisches Lernen, trial-error, entdeckendes Lernen etc.) an, der Berufsschülern aus ihrem Unterrichtsalltag bereits bekannt ist.

[5] DGUV: Brandschutz Kompetenzempfehlung für Schülerinnen und Schüler, abrufbar unter: https://www.dguv-lug.de/berufsbildende-schulen/arbeitsschutz/brandschutz/ (zuletzt aufgerufen am 09.07.2025).

d) Die schnelle Entwicklung der Informations- und Kommunikationstechnologien eröffnen Möglichkeiten für innovative zeit- und materialsparende digitale oder hybride Schulungsformate. Dass XR-Technologien im Kontext Feuer- und Brandschutz sowie allgemein bei Arbeitssicherheit zunehmend eine Rolle spielen, zeigen aktuelle VR-Schulungsangebote für Feuerwehren und Betriebe von diversen Anbietern (z. B. Firefighter[6] und Secova[7]).

6.2.2 Desktop-VR-Version (vollständiges Brandschutztrainingsprogramm)

Entwicklungsprozess

In Zusammenarbeit mit dem Unternehmen *4dlernen*[8], das auf E-Learning und Brandschutz für berufliche Trainings spezialisiert ist, wurde eine gamifizierte, virtuelle Brandschutzschulungsumgebung in 3D und 360 Grad entwickelt, die über den Computer mit Tastatur und Maus bedient werden kann (Desktop-VR)[9]. Hierfür wurden vorbereitend in Eigenleistung Storyboards erstellt, in denen die VR-Räume geplant, die vorgesehenen Anreize für die Lerner geschaffen sowie Handlungsschritte angelegt und die jeweiligen Aufgaben entworfen und in eine zusammenhängende Narrationslogik eingebettet wurden. Das Unternehmen setzte dann das Konzept in der VR-Software *Unity* um und implementierte die jeweiligen Aufgaben. Um zum Zwecke der Datenerhebung die Leistung jeder Testperson mittels einer Identifikationsnummer (ID) dokumentieren zu können, wurde ein webbasiertes CMS-E-Learning-Prüfungssystem angelegt und mit den implementierten Aufgaben verknüpft. Die Desktop-VR-Version ist in der finalen Version ein vollständiges Brandschutztrainingsprogramm, das über die Testung in der Doktorarbeit hinaus perspektivisch an Schulen bzw. zu weiteren Forschungszwecken eingesetzt werden kann.

---

[6] Webseite *Firefighter VR*: https://ffvrtest.northdocks.com/index.php/start/ (zuletzt aufgerufen am 09.07.2025).

[7] Webseite *Secova*: Sam®-VR-Brandschutztraining: https://www.secova.de/brand-und-explosionsschutz/ (zuletzt aufgerufen am 09.07.2025).

[8] Webseite *4dlernen*: https://www.4dlernen.de/ (zuletzt aufgerufen am 09.07.2025).

[9] Zusätzlich wurden zu Forschungszwecken zwei weitere verkürzte Versionen, nämlich eine voll-immersive Variante für die VR-Brille und eine Mixed-Reality-Variante, erstellt. Sie werden in den Abschnitten 6.2.3 und 6.2.4 detailliert vorgestellt.

Aufbau, Konzept und Inhalt
Die virtuelle Trainingsumgebung bildet ein Schulgebäude nach (vgl. Abb. 6.1). Es gibt einen Schulhof und vier unterschiedliche Räume, die nacheinander durchlaufen werden und in denen Aufgaben bewältigt werden müssen: die Bibliothek, die Mensa, das Chemielabor und die Werkstatt. Um von Anfang an eine hohe Nutzerfreundlichkeit, Orientierung und Identifikation mit den Inhalten sowie eine positive Grundstimmung zu erzielen, übernimmt in Anlehnung an tutorielle Gamification-Ansätze ein freundlich aussehender Feuerwehrmann namens Florian die Rolle eines Brandschutzspezialisten bzw. Tutors.

Abb. 6.1 Schulhof bei Einführungsszene durch Florian (Desktop-VR)

Florian weist die Nutzer zu Beginn auf dem Schulhof in die Bedienung der Software ein und erklärt ihnen dann in den Räumen die jeweils vorherrschende Situation oder ruft konkret zu bestimmten Handlungen auf. Zudem spricht er nach absolvierten Aufgaben Lob aus oder fordert zu einem erneuten Versuch auf, wenn Aufgaben falsch bearbeitet wurden. Florians Aussagen sind bewusst in der persönlichen Anrede „Du“ und in einfacher Sprache gehalten. Fachbegriffe und eine komplexe Syntax werden vermieden. Seine Anweisungen sind vertont und erscheinen jeweils als Sprechblasen mit langsam ablaufendem Text. Als zusätzliche sprachliche, aber auch inhaltliche Hilfestellung steht den Nutzern außerdem jederzeit ein Wörterbuch zur Verfügung, das sie bei Bedarf über die Taste „W" auf der Tastatur aufrufen können. In diesem Wörterbuch sind Begriffe rund um Brandschutz nach Alphabet gelistet und teils mit Bild- bzw. Videomaterial illustriert.

Jeder Raum innerhalb der Schule ist mit Lernmaterial und Aufgaben ausgestattet. Bei allen Inhalten wurde darauf geachtet, dass Erklärungstexte stets auch vertont wurden und eine Text-Audio-Korrelation vorherrscht. Informationsmaterial (wie Grafiken oder Übersichten) wurde animiert und interaktiv gestaltet, sodass eine portionierte Wissensaneignung erfolgen kann und eine individuelle Verfügbarkeit der Informationen garantiert ist. Zudem unterliegt die Öffnung der unterschiedlichen Räume einer festen Logik. Das bedeutet, dass die Nutzer erst alle Materialien im ersten Raum (in der Bibliothek) gefunden bzw. bearbeitet haben müssen, damit sich die Tür zum nächsten Raum öffnet. Auf diese Weise kann verhindert werden, dass Inhalte unangesehen übersprungen werden. Die Nutzer erleben die VR-Welt aus der First-Person-Perspektive (1PP).

Die Räume des virtuellen Schulgebäudes

Die Desktop-VR-Brandschutzschulung ist vollständig abgefilmt als Screencast unter folgenden Links auf der Vimeo-Plattform verfügbar:

- **Demo Teil 1:** Intro am Schulhof & Bibliothek: https://vimeo.com/909679915
- **Demo Teil 2:** Mensa: https://vimeo.com/909766711
- **Demo Teil 3:** Chemielabor + Werkstatt: https://vimeo.com/909789192

Um einen groben Überblick über die erstellten Schulräume zu erhalten, bilden die folgenden Screenshots die Bibliothek, die Mensa, das Chemielabor und die Werkstatt aus jeweils zwei Perspektiven ab (vgl. Abb. 6.2 bis Abb. 6.9):

Abb. 6.2 Bibliothek – Perspektive 1 (Desktop-VR)

Abb. 6.3 Bibliothek – Perspektive 2 (Desktop-VR)

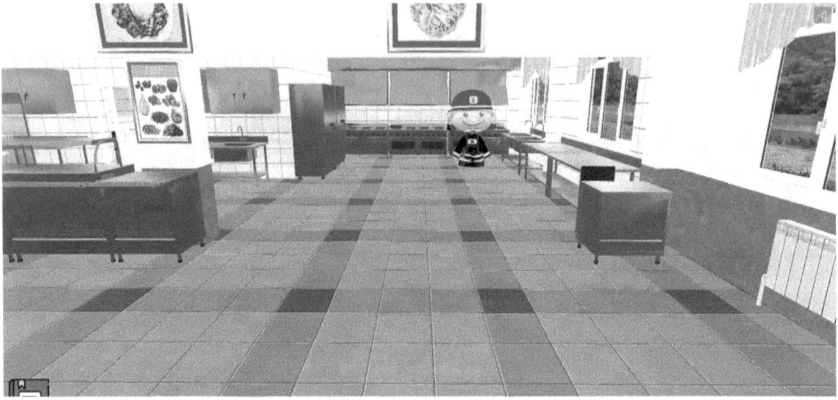

Abb. 6.4 Mensa – Perspektive 1 (Desktop-VR)

Abb. 6.5 Mensa – Perspektive 2 (Desktop-VR)

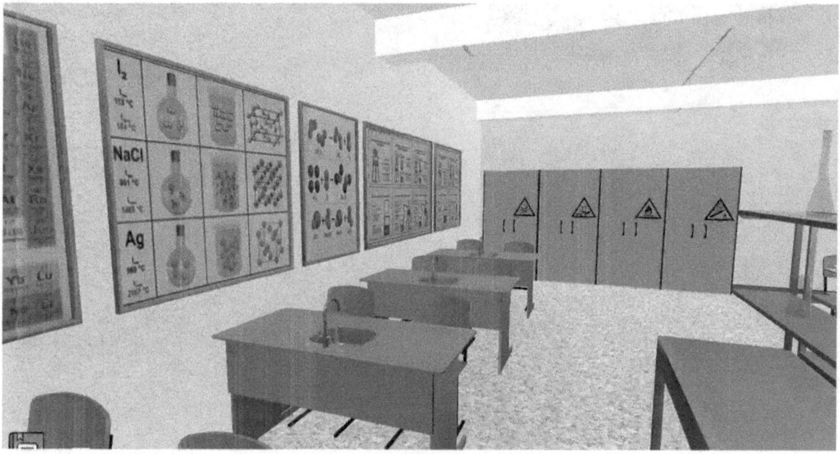

Abb. 6.6 Chemielabor – Perspektive 1 (Desktop-VR)

Abb. 6.7 Chemielabor – Perspektive 2 (Desktop-VR)

Abb. 6.8 Werkstatt – Perspektive 1 (Desktop-VR)

Abb. 6.9 Werkstatt mit zwei Bränden – Perspektive 2 (Desktop-VR)

Die Aufgabengestaltung

Essenziell bei der Konzeption der Schulungsumgebung war, dass der Wissenserwerb und die praktische Wissensanwendung (durch Interaktion und Partizipation) Hand in Hand gehen und Aufgaben stets in einen situativen Kontext eingebettet sind. Hierbei helfen Narrationsstrukturen, die vom Feuerwehrmann Florian an die Nutzer weitergegeben werden. Jedes Aufgabenszenario innerhalb der immersiven Welt folgt einer festen Struktur (vgl. Abb. 6.10).

Abb. 6.10 Schematischer Aufbau eines Aufgabenszenarios (Brandschutzschulung)

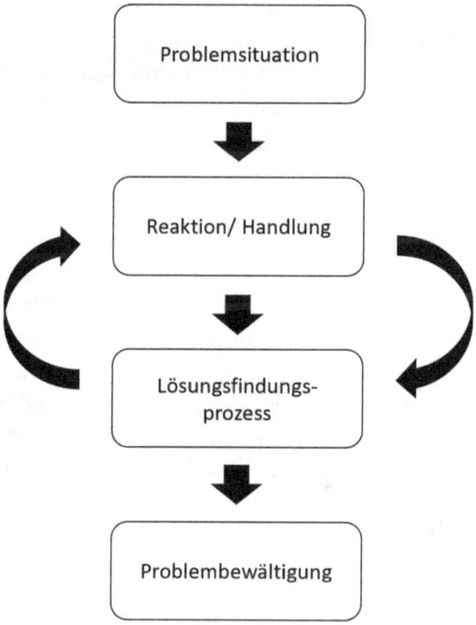

Die entsprechende Problemsituation ergibt sich aus konkreten visuell beziehungsweise auditiv wahrnehmbaren Geschehnissen innerhalb der virtuellen Welt, wie beispielsweise ein entstandener Papierkorbbrand, eine brennende Pfanne auf dem Herd oder eine Person, die Hilfe suchend umherschaut. Meistens wird ein Problem sprachlich vom Feuerwehrmann Florian erörtert oder es folgt eine entsprechende Anweisung, die in einen Handlungsauftrag mündet. Sobald sich der Nutzer an der richtigen Stelle einem Feuer oder einem gefährlichen Objekt im Raum nähert, erscheint ein Button „Reagieren" und er wird zum webbasierten E-Learning-Prüfungssystem weitergeleitet, wo er dann seine zugeordnete Lern-ID eingeben und Aufgaben bewältigen bzw. lösungsorientierte (simulierte) Handlungen durchführen muss, die online vom Prüfungsprogramm in Echtzeit ausgewertet werden. Auf diese Weise ist ein Lösungsfindungsprozess im Sinne von „trial and error“ garantiert, da das System Fehler direkt erkennt und erneute Versuche ermöglichen kann. Bei jeder Aufgabe gibt es maximal drei Versuche, dann wird die korrekte Lösung angezeigt. Nach jedem Versuch schließt sich das Aufgabenfenster automatisch und die Konsequenzen werden in der virtuellen Welt simuliert – entsprechend der richtigen oder falschen Eingabe. Wurde beispielsweise bei der Aufgabe „brennende Pfanne in der Mensaküche“ die falsche Löschmethodik via Multiple-Choice gewählt, sieht der Nutzer, wie die Pfanne im Anschluss in der virtuellen Mensaküche explodiert. Daraufhin öffnet sich das Aufgabenfenster zum zweiten Mal und der Nutzer kann erneut eine Auswahl treffen. Im Schaubild (vgl. Abb. 6.10) ist der Block „Reaktion/Handlung“ und „Lösungsfindung“ variierend an zweiter oder dritter Stelle zu verstehen, da je nach Situation und je nach Nutzer entweder der Prozess der Lösungsfindung einer Handlung vorausgeht oder eine Reaktion/Handlung erneut einen Lösungsfindungsprozess auslösen kann.

Die virtuelle Simulation haptischer Handlungsabfolgen

Um der *Enacted*-These innerhalb der Desktop-VR eine explizite Gewichtung zu verleihen, wurde darauf geachtet, dass haptische Handlungsabfolgen – wie Zuordnungen – oder haptische Tätigkeiten – wie Drücken, Greifen oder Ziehen – so realitätsnah wie möglich im virtuellen Raum abgebildet werden. Ein Beispiel stellt das Szenario „Gefahrenschrank“ im Chemielabor dar. Hier soll der Nutzer entsprechend den angebrachten Sicherheitsschilden, deren Bedeutung er zuvor mithilfe von kurzen Informationstexten kennengelernt hat, verschiedene brandgefährliche Stoffe, die sich in Gefäßen befinden, in die einzelnen Schränke einordnen. Die Realisierung erfolgt mithilfe der Maus über Drag-and-Drop. Es erscheint eine Hand, mit der die Nutzer ein Gefäß „greifen“ und im Regal „abstellen“ können. Sobald sich der Nutzer mit einem Gefäß „in der Hand“ dem Schrank nähert, schwingt die jeweilige Tür auf. Allein die Form der Gefäße kann dabei bereits bestimmte Hinweise auf die richtige Zuordnung geben. Beispielsweise sind die großen, länglichen Flaschen auf dem Schild der Tür am rechten Ende des Schrankes abgebildet. Es bedeutet: „Vorsicht, Gasflaschen!“ (vgl. Abb. 6.11). Bei einem herkömmlichen, meist rein textbasierten oder Text-Bild-basierten Drag-and-Drop wären diese Möglichkeiten nicht gegeben.

Weitere Beispiele für visuell simulierte haptische Handlungen sind das Auslösen des Handfeuermelders in der Mensa im Rahmen des Szenarios „Kabelbrand“ oder die Bedienung des Feuerlöschers in der Werkstatt (vgl. Abb. 6.12).

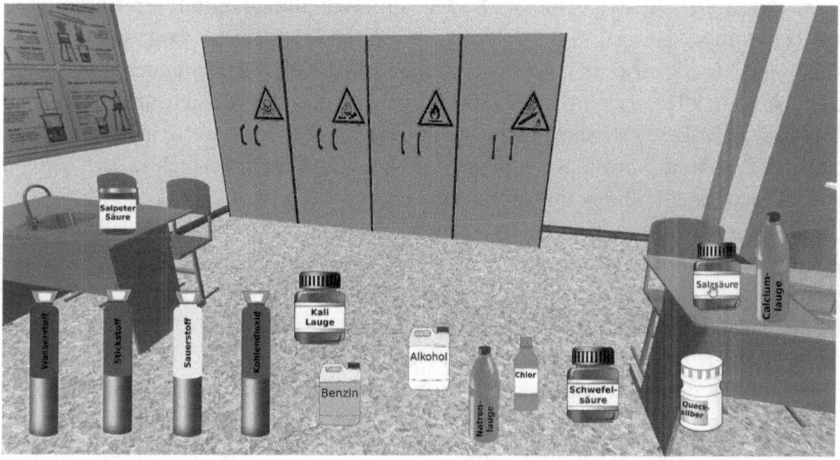

Abb. 6.11 Chemielabor – Zuordnung Gefahrenstoffe (Desktop-VR)

Abb. 6.12 Simulierte Handlungen mit 3D-Hand bei handlungsorientierten Aufgaben (Desktop-VR)

Bei diesen beiden genannten Beispielen wird die unmittelbare Verbindung des Handlungswissens mit dem Sprachwissen deutlich. Die Aufgaben wurden so konzipiert, dass man erstens text- und audiobasiert, ausgehend von der Handlungsanweisung des Feuerwehrmanns Florian, verstehen muss, was zu tun ist, da man sonst die geforderte Handlung nicht ausführen kann. Beispielsweise lautet eine Aufgabe im Szenario „Mensa: Kabelbrand“: „Gehe zum Handfeuermelder und löse ihn aus.“ Dieser ist allerdings im Nebenraum versteckt. Das heißt, man muss zweitens das Wissen über das Aussehen und die Funktion eines Handfeuermelders abrufen, um überhaupt klar vor Augen zu haben, was man sucht. Nur durch dieses Zusammenspiel von Sprachwissen und der Zuordnung dieser Informationen zu realen Objekten in der authentischen Umgebung gelingt es, die Aufgabe zu lösen. Auch beim Aufgabenszenario, wo es um das Bedienen des Feuerlöschers geht, sind die einzelnen Handlungsschritte direkt mit den korrekten Fachbegriffen für die Bauteile verknüpft. Die Nutzer klicken nacheinander die entsprechenden Bauteile an, die dann grün umrandet werden. Sind sich die Nutzer sicher, dass das ausgewählte Bauteil als Nächstes betätigt werden soll, klicken sie auf das Feld „Abschicken“. Danach hört der Nutzer auditiv, was getan wird, zum Beispiel: „Durch den Schlagknopf wurde der Feuerlöscher unter Druck gesetzt. Was musst du nun tun?“. Hier handelt es sich vorrangig um prozedurales Wissen. Aus diesen Ausführungen wird deutlich, dass es das übergeordnete Ziel ist, sowohl den Wissenserwerb als auch die Wissensanwendung „hands-on“ und stets sprachbegleitend stattfinden zu lassen. Sprache steht also nicht im Vordergrund, sondern wird in echte Handlungsaufträge eingebettet.

6.2.3 Voll-immersive VR-Version (VR-Brille)

Wie bereits erwähnt, wurden zu Forschungszwecken zwei weitere verkürzte Versionen der virtuellen 3D-Umgebung geschaffen. Eine davon ist die voll-immersive VR-Version für die Nutzung mit VR-Brille, die im Folgenden kurz beschrieben wird. Sie bildet ebenfalls das virtuelle Schulgebäude mit Schulhof nach (vgl. Abb. 6.13), allerdings gibt es in dieser Version nur die beiden Räume „Chemielabor“ und „Werkstatt“. Die voll-immersive VR-Umgebung wurde in

Zusammenarbeit mit der Firma *Unternehmen mit Zukunft (UMZ) – XR42*[10] auf der VR-Plattform *Engage*[11] erstellt.

Abb. 6.13 Virtuelle Schule (voll-immersive VR, Plattform Engage)

Es wurde darauf geachtet, dass sich die dargestellten visuellen Inhalte möglichst wenig von der Desktop-VR-Umgebung unterscheiden. Essenziell war, dass die Narration und Aufgabenabfolgen innerhalb des Chemielabors und der Werkstatt eins zu eins übernommen wurden. Allerdings ist es nicht bzw. nur mit sehr großem Aufwand möglich, auf der Engage-VR-Plattform (und generell kommerziellen sozialen VR-Plattformen) Logiken einzubauen. Das wäre beispielsweise von Nutzen, wenn der Feuerwehrmann Florian automatisiert an entsprechender Stelle eine neue Aufgabe präsentiert oder wenn sich die Tür zum nächsten Raum erst öffnen soll, nachdem alle Aufgaben erledigt worden sind. Eine zusätzliche Herausforderung im Hinblick auf die Studie bestand darin, dass sich jeder Schüler in der voll-immersiven VR-Umgebung in kürzester Zeit zurechtfinden musste und die möglicherweise erste Nutzung der VR-Brille mit Controllern möglichst problemlos bewältigen sollte. Diesen Herausforderungen wurde durch verschiedene Maßnahmen begegnet, auf die beim Studiendesign im Praxisteil II detailliert eingegangen wird.

---

[10] Webseite der Firma *Unternehmen mit Zukunft (UMZ) – XR42 Academy*: https://vrbusiness.camp/ (zuletzt aufgerufen am 09.07.2025).

[11] Webseite der VR-Plattform *Engage*: https://engagevr.io/ (zuletzt aufgerufen am 09.07.2025).

6.2.4 MR-Version: visuo-haptische MR

Die dritte Variante bzw. zweite verkürzte Version (neben der voll-immersiven VR) ist die visuo-haptische MR-Version. Sie bildet, genauso wie die voll-immersive VR, das Chemielabor und die Werkstatt sowie die jeweils dazugehörigen Aufgaben ab. Bei der MR-Version dient das reale schulische Klassenzimmer als Umgebung und ist sowohl mit real-greifbaren Materialien bzw. Gegenständen als auch mit virtuellen Gefahrenszenarien ausgestattet. Das heißt konkret, dass die Probanden zu jedem Zeitpunkt mit ihrem realen Körper in der realen Umgebung mit haptischen Materialien bzw. realen Gegenständen agieren und die gefährlichen Brandszenarien mithilfe von PC und Beamer ins Virtuelle ausgelagert werden (detailliert siehe Abschn. 7.1.2). Dabei wurden für die Aufgaben im Chemielabor der Chemieschrank sowie die einzelnen Behältnisse mit Karton nach dem virtuellen Vorbild der Desktop-VR bzw. voll-immersiven VR eins zu eins nachgebaut. Die Schranktüren wurden mit den entsprechenden Sicherheitsschildern ausgestattet und lassen sich öffnen, sodass die Probanden die ebenfalls aus Karton angefertigten Gefäße einsortieren können (vgl. Abb. 6.14).

An die Aufgabe im Chemielabor schließen sich die Aufgabenszenarien der Werkstatt an, die ebenfalls nach dem Vorbild der virtuellen Umgebungen der Desktop-VR bzw. voll-immersiven VR mit VR-Brille ablaufen. Auch hier agieren die Probanden im realen Klassenzimmer, und zwar, indem sie einen realen Feuerlöscher bedienen. Dabei handelt es sich um eine technisch erweiterte Version eines Feuerlöschers, der speziell für MR-Settings umgebaut wurde (vgl. Abb. 6.15).

Der Feuerlöscher ist mit einem Adapter verbunden, der wiederum per USB mit dem PC verknüpft ist. Auf diese Weise kommunizieren der Feuerlöscher und der Adapter über ein 600-GHz-Funksignal miteinander. Durch eine Sensor-Basis wird ein laserbasiertes Inside-Out-Positionsverfolgungssystem errichtet, das es ermöglicht, dass die Bewegungen des Feuerlöschers bzw. die an ihm ausgeübten Aktionen erfasst werden und in Echtzeit auf seine virtuelle Entsprechung übertragen werden. Dieser Sensor ist die Referenz im Raum („Feuer-Null-Punkt"). Der Löscher selbst ist mit Fotosensoren ausgestattet, die den Synchronisationsimpuls und die Laserstrahlen erkennen. Wenn ein Synchronisationsimpuls erkannt wird, beginnt der Rezeptor, zu zählen, bis einer seiner Lichtsensoren vom Laserstrahl getroffen wird. Hieraus wird berechnet, wann der Fotosensor vom Laser getroffen wird und wo sich dieser Fotosensor befindet, um die genaue Position des Empfängers in Relation zu der Basis zu ermitteln. Das symbolisieren die drei horizontalen Pfeile zwischen Feuerlöscher und Sensorbasis. Am Löscher sind noch IMUs (Trägheitsmessgeräte) verbaut, um eine bessere Positionsbestimmung

Abb. 6.14 Haptischer Chemieschrank (MR-Version)

zu ermöglichen. Über die Software am PC werden die jeweiligen Brandszenarien abgerufen und über den angeschlossenen Beamer auf eine weiße Wand im Klassenzimmer übertragen und sichtbar gemacht. Der Feuerlöscher lässt sich frei im Raum bewegen. Das symbolisieren die horizontalen, vertikalen und gebogenen Pfeile auf der linken Seite der Abbildung (vgl. Abb. 6.15). Er ist also nicht etwa mit Kabeln an ein Gerät angeschlossen. Der Nutzer kann ihn eins zu eins wie bei einer realen Feuerlöschsituation ausrichten und bedienen (greifen, die Sicherheitslasche ziehen, den Zughebel drücken etc.). Dies verdeutlichen die beiden Hände in der Grafik. Anzumerken ist, dass Feedback an den Nutzer ausschließlich visuell über die Software abgegeben wird, also z. B. in Form von Bewegungen der Flammen (Verkleinerung, Vergrößerung), Rauchentwicklung etc. Der Feuerlöscher ist nicht mit Löschmittel gefüllt, sodass der Vorgang des Löschmittelsprühens rein virtuell stattfindet, nachdem der Auslösehebel gezogen wurde. Somit erfolgt auch kein motorisches Feedback wie beispielsweise ein Rückstoß beim Sprühen des virtuellen Löschmittels. Dennoch wird insgesamt die Verschmelzung der Realität

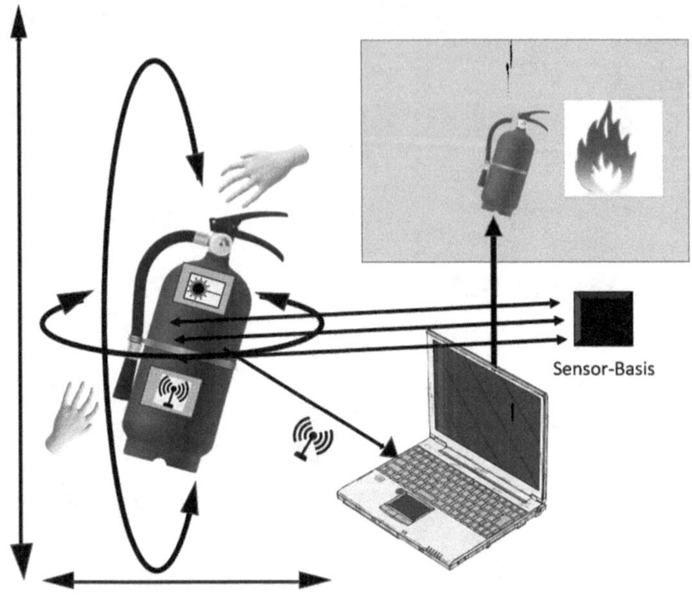

Abb. 6.15 Funktionsweise einer haptisch-visuellen MR-Anwendung (Bsp. Feuerlöscher)

und Virtualität mithilfe von Hard- und Software unter Einbeziehung des eigenen Körpers bei der MR-Version besonders deutlich.

Zusammenfassend handelt es sich also bei der MR-Version der Brandschutzanwendung um eine Mischform, die reale Objekte und das reale Klassenzimmer sowie einen speziellen MR-Feuerlöscher mit zugehöriger virtueller Darstellung der Szenarien einbindet. In MR werden, genau wie in der voll-immersiven VR, ausschließlich die Räume „Chemielabor" und „Werkstatt" mit den entsprechenden Aufgaben abgebildet.

Das MR-Brandschutzszenario mit der speziellen MR-Feuerlöscher-Ausstattung wurde – genauso wie die Desktop-VR-Version – vom Unternehmen *4dlernen*[12] erstellt und für die Studie bei den schulischen Testungen zur Verfügung gestellt und eingerichtet (vgl. Abb. 6.16).

[12] Webseite der Firma *4dlernen*: https://www.4dlernen.de/ (zuletzt aufgerufen am 09.07.2025).

Abb. 6.16 Visuo-haptischer MR-Feuerlöscher (MR-Version)

Der Hauptanspruch bei der Konzeption der gesamten MR-Version (Chemieschank- und Feuerlöscher-Setting in der Werkstatt) war es, dass die Probanden die Aufgaben in der realen Umgebung des Klassenzimmers ausführen und reale haptische Aktionen an echten Materialien bzw. Gegenständen ausüben. Gleichzeitig sollten sie auch unmittelbare Konsequenzen ihres Tuns, mithilfe von virtuellen Darstellungen real wiedergegeben, erfahren. Dies wurde in den MR-Aufgabenszenarien der Werkstatt mit dem MR-Feuerlöscher-Setting optimal umgesetzt. Der nachgebaute Chemieschrank entspricht zwar nicht der Haptik in der Wirklichkeit und hatte vor allem auch keine durch eine Software verknüpfte, virtuelle Entsprechung. Hier wurde aber eine „manuelle" Lösung im Nachbau des Chemieschranks gefunden. Der detaillierte Versuchsaufbau ist im nächsten Kapitel des Praxisteils ll in Abschnitt 7.1.1 nachzulesen. Dass die MR-Version aus einem „echten" MR-Aufgabenteil (Feuerlöscher-Setting) und einem manuellen Aufgabenteil (Chemieschrank-Setting) bestand, kann zu Recht kritisch gesehen werden. Dieser Aspekt wird in Abschn. 7.5.2 nochmals aufgegriffen.

PRAXISTEIL II: Empirische Studie – Testung der Brandschutzschulung in Schulen

7

Die Studie zielt darauf ab, die aufgestellten Hypothesen zu überprüfen, die hier nochmals aufgeführt werden (detailliert siehe Abschn. 5.3.3):

HYPOTHESE 1
Die Nutzungsgruppen (Desktop-VR | VR mit VR-Brille | MR) unterscheiden sich in ihren Gesamtleistungen sowohl im ersten als auch im zweiten Durchlauf (Treatment). Beide Male wird MR die besten Leistungen erzielen, gefolgt von VR mit VR-Brille und Desktop-VR.

HYPOTHESE 2
Die individuellen Leistungen innerhalb der Nutzungsgruppen (Desktop-VR | VR mit VR-Brille | MR) verbessern sich beim zweiten Durchlauf (Treatment 2).

Ergänzende Information Die elektronische Version dieses Kapitels enthält Zusatzmaterial, auf das über folgenden Link zugegriffen werden kann https://doi.org/10.1007/978-3-658-49658-6_7.

I. Hoffmann, *Embodied Cognition und XR im Sprachunterricht*,
https://doi.org/10.1007/978-3-658-49658-6_7

HYPOTHESE 3

Die Nutzererfahrung (User Experience, UX) unterscheidet sich im Gruppenvergleich (Desktop-VR | VR mit VR-Brille | MR) und verändert sich von der ersten zur zweiten Nutzung.

Bedienung der Technologien:

- Desktop-VR wird am wenigsten herausfordernd sein, gefolgt von MR und VR mit VR-Brille, die am herausforderndsten sein wird (gleichbleibende Reihenfolge beim ersten und zweiten Mal).
- Insgesamt wird sich die Bewertung der technologischen Bedienung in allen Gruppen vom ersten zum zweiten Mal verbessern.

Spaßfaktor:

- VR mit VR-Brille wird am positivsten konnotiert sein, gefolgt von MR und Desktop-VR (gleichbleibende Reihenfolge beim ersten und zweiten Mal).
- Insgesamt wird sich der Spaßfaktor in allen Gruppen vom ersten zum zweiten Mal verschlechtern.

Bewertung der Lerninhalte (interessant/abwechslungsreich/verständlich/nützlich)

- Die Gruppen MR und VR mit VR-Brille werden bei den Aspekten „interessant", „abwechslungsreich" und „nützlich" am besten abschneiden.[1]
- Die Desktop-VR-Gruppe wird die Inhalte als am besten verständlich wahrnehmen (beim ersten und zweiten Mal).
- Beim zweiten Mal wird die Bewertung der Verständlichkeit der Lerninhalte in allen Gruppen positiver ausfallen als beim ersten Mal.

[1] Diese Kriterien werden nur einmalig im Posttest 1 erhoben, da nur der erste Eindruck von Interesse erschien. Dagegen wurde die Verständlichkeit zweimal erhoben, da hier eine Veränderung über die Zeit in den Blick genommen werden sollte.

Bewertung der Immersion/Präsenz/Handlungsrealismus:

- Bei Immersion und Präsenz wird VR mit VR-Brille am besten abschneiden, vor Desktop-VR und MR.
- Der Handlungsrealismus wird bei MR am höchsten bewertet werden, gefolgt von VR mit VR-Brille und Desktop-VR (gleichbleibende Reihenfolge beim ersten und zweiten Mal).
- Beim zweiten Mal werden alle drei Aspekte in allen Gruppen als stärker ausgeprägt bewertet werden.

Selbsteinschätzung (zu gewonnenen Kenntnissen, die in der Realität anwendbar sind):

- Die Selbsteinschätzung wird bei MR am höchsten sein, gefolgt von VR mit VR-Brille und Desktop-VR (gleichbleibende Reihenfolge beim ersten und zweiten Mal).
- Insgesamt wird sie sich in allen Gruppen vom ersten zum zweiten Mal verbessern.

7.1 Studiendesign und Datenerhebung

7.1.1 Studiendesign

Die Studie wurde als Panelstudie mit zwei Erhebungszeitpunkten in einem zeitlichen Abstand von zwei Wochen angelegt, musste jedoch dann aufgrund von schulisch-organisatorischen Aspekten mit einer Woche Abstand durchgeführt werden. „Panelstudien sind wiederholte Untersuchungen der gleichen Personen bzw. Untersuchungseinheiten. Daher handelt es sich bei Panelstudien um Längsschnittstudien (Longitudinalstudien)“ (Schnell 2019:325). Es wurden eine Pilotstudie und eine Hauptstudie an zwei unterschiedlichen Schulen im laufenden Schulbetrieb durchgeführt. Basierend auf der EC-Theorie, handelt es sich um eine Vergleichsstudie (*between subjects design study*, vgl. Poling et al. 1995: 103), und als Untersuchungseinheiten wurden drei Vergleichsgruppen gebildet:

- die Desktop-VR-Gruppe (kurz: „PC-Gruppe“),
- die (voll-immersive) VR-Brillen-Gruppe (kurz: „VR-Gruppe“) und

- die visuo-haptische MR-Gruppe (kurz: „MR-Gruppe“).

In Abschn. 7.1.2 wird detailliert auf das Prozedere der Datenerhebung der einzelnen Gruppen eingegangen. Aufgrund von einer stetigen engen Abstimmung zwischen der Wissenschaftlerin, den Rektoren der Schulen sowie den beteiligten Datenschutzbeauftragten konnte im Einvernehmen aller auf die Vorlage der Studie bei einer Ethikkommission verzichtet werden. Es wurde darauf geachtet, der Bitte nach einer detaillierten, transparenten Informationsdarlegung des Ablaufs sowie dem Hinweis auf mögliche Risiken (bei der VR-Gruppe) in Form von Elternbriefen und Handouts für die Schüler nachzukommen (siehe Anhang B im elektronischen Zusatzmaterial).

Pilotstudie

Die erste Testung war eine Pilottestung und umfasste aus praktischen Gründen, auf die noch näher eingegangen wird, nur einen statt, wie ursprünglich geplant, zwei Testzeitpunkte. Sie wurde an der *Fach- und Berufsoberschule Fürstenfeldbruck*[2] durchgeführt und bestand aus Vortest, Treatment und Nachtest (vgl. Abb. 7.1). Der Vor- und Nachtest wurden als Fragebogenerhebung realisiert. Nähere Informationen zum Ablauf der Fragebogenerhebung sind im nachfolgenden Abschn. 7.1.2 zu finden. Die Pilotstudie verfolgte die Hauptzielsetzung, den Studienablauf im alltäglichen Schulbetrieb probeweise durchzuführen, die Technologien sowie die zugehörige Infrastruktur und Organisation sowie die Methodik der Datenerhebung zu erproben.

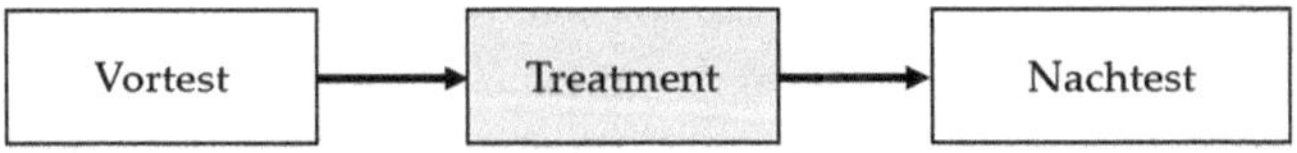

Abb. 7.1 Gesamtübersicht: Pilotstudie Fürstenfeldbruck (FFB)

Zusammensetzung der Stichprobe

Wie bereits in den vorangegangenen Kapiteln dargestellt worden ist, sind Schüler an beruflichen Schulen die Hauptzielgruppe der konzipierten Brandschutzschulung. Gründe sind beispielsweise, dass die Schüler zum einen entsprechend dem berufsschulischen Lehrplan daran gewöhnt sind, handlungsorientiert bzw. problembasiert

[2] Website der Fach- und Berufsoberschule Fürstenfeldbruck: https://www.fosbos-ffb.de/ (zuletzt aufgerufen am 09.07.2025).

zu lernen, und zum anderen, dass die beruflich relevanten Bereiche der Motorik und Haptik, des prozeduralen Wissens und des Sprachwissens bei Brandschutzschulungen gleichermaßen von Bedeutung sind, was ebenso auf fachliche Inhalte des Ausbildungsrahmenlehrplans der Berufsschulen zutrifft. Da es aber bei der Pilotstudie vordergründig um die organisatorischen Prozesse rund um die Datenerhebung sowie die Erprobung der Technologievarianten ging und zudem die Fach- und Berufsoberschule FOS/BOS Fürstenfeldbruck aktiv Interesse daran geäußert hatte, an einer VR-Testung teilzunehmen, wurde sie als Ort der Erprobung ausgewählt. Die örtliche Nähe zum Münchner Raum war ebenfalls ein begünstigender Faktor.

Hauptstudie

Die Hauptstudie fand an der *Staatlichen Berufsschule Aschaffenburg 2*[3] statt. Sie umfasste zwei Testtage und lief nach dem geplanten Schema ab: Vortest – Treatment 1 – Nachtest 1 – eine Woche Pause – (verkürztes) Treatment 2 – Nachtest 2 (vgl. Abb. 7.2). Für den Vortest und die Nachtests wurden die überarbeiteten Fragebögen der Pilotstudie genutzt. Die beiden Nachtests 1 und 2 unterschieden sich nur in geringem Maße voneinander, da der Nachtest 2 explizit auf die möglicherweise veränderte Nutzererfahrung beim erneuten Technologiegebrauch abzielte. Alle Testmaterialien der Pilot- und Hauptstudie sind im Anhang im elektronischen Zusatzmaterial zu finden.

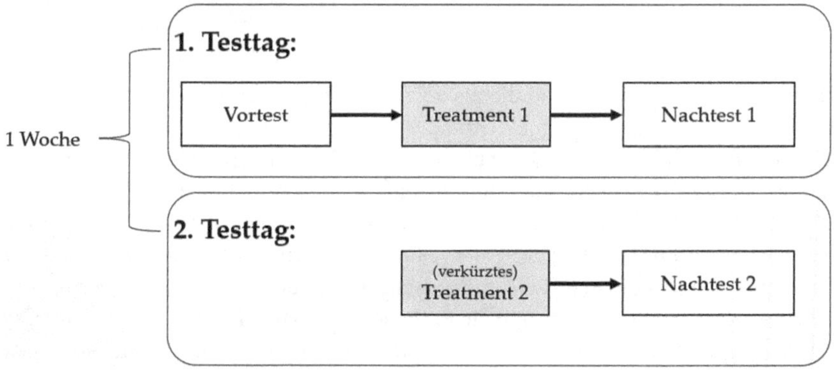

Abb. 7.2 Gesamtübersicht: Studie Aschaffenburg (AB)

[3] Webseite der Staatlichen Berufsschule Aschaffenburg 2: https://www.bs2ab.de/ (zuletzt aufgerufen am 09.07.2025).

7.1.2 Apparatus, Prozedere und Methodik der Datenerhebung

Apparatus und Prozedere

In diesem Abschnitt wird der Apparatus beschrieben, der sowohl in der Pilotstudie als auch in der Hauptstudie zum Einsatz kam. Wie bereits erwähnt, wurde die Panelstudie in Form einer Vergleichsstudie zwischen den drei Gruppen *Desktop-VR*, *voll-immersive VR* und *MR* durchgeführt.

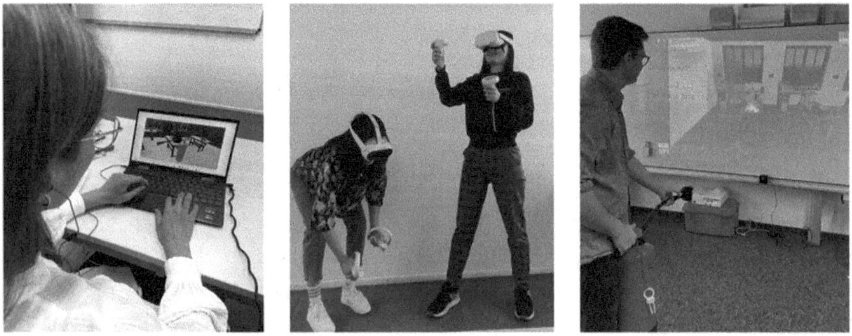

PC-Gruppe VR-Gruppe MR-Gruppe

Abb. 7.3 Überblick: Apparatus und Datenerhebung im Gruppenvergleich (Panelstudie)

Um im laufenden Schulbetrieb mit einer Probandenzahl, bestehend aus mehreren Klassen (sowohl in der Pilotstudie als auch der Hauptstudie), einen reibungslosen Ablauf zu erzielen und die Objektivität der Forschung zu gewährleisten, wurde ein Team etabliert, das sich aus drei studentischen Hilfskräften zusammensetzte, die sich auf die drei Gruppen aufteilten und im Voraus besprochene relevante Aufgaben bei der Datenerhebung erledigten. Beim spezifischen MR-Feuerlöschsetting in der *Werkstatt* unterstützte der Unternehmer der Firma *4dlernen* den Ablauf der Brandszenarien, indem er das visuo-haptische MR-Feuerlöschsetting in den Räumlichkeiten der Schule aufbaute und die Probanden der MR-Gruppe in die Erledigung der jeweiligen Aufgabe einwies. In der Desktop-VR und voll-immersiven VR wurde Letzteres automatisiert vom Feuerwehrmann Florian übernommen.

PC-Gruppe (Desktop-VR)
Die Schüler der PC-Gruppe durchliefen in Einzelarbeit die gesamte gamifizierte, virtuelle Brandschutzschulung an PCs der schulischen Computerräume und interagierten ausschließlich mit Tastatur und Maus. Zur besseren Konzentration wurden jedem Schüler Einwegkopfhörer zur Verfügung gestellt. Das Brandschutzprogramm wurde vor der Testung auf den schulischen Computern in Form einer Unity-Datei via USB-Stick installiert und geprüft. Für einen Gesamtdurchlauf durch *Bibliothek, Mensa, Chemielabor und Werkstatt*, inklusive der Erledigung aller Aufgaben, wurden – orientiert an durchgeführten Vortestungen – insgesamt 90 bis 120 Minuten angesetzt. Die Zählung der Aufgabenversuche bis zur richtigen Lösung wurde automatisiert über das hinterlegte webbasierte Prüfungssystem abgewickelt, wobei es maximal zwei Versuche gab. Die Zählung wurde wie folgt durchgeführt:

- *wenn der erste Versuch richtig war, Zählung 0;*
- *wenn der erste Versuch falsch war, automatisch zweiter Versuch und Zählung 1;*
- *wenn der zweite Versuch falsch war, Auflösung und Zählung 2.*

Die Zählung 0 bedeutet also, dass direkt richtig geantwortet wurde, die Zählung 1, dass erst beim zweiten Versuch richtig geantwortet wurde, und bei der Zählung 2 wurde entweder immer noch falsch geantwortet oder beim dritten Mal die richtige Antwort gegeben. In diesem letzten Fall wurde keine Unterscheidung mehr getroffen. Das heißt, dass das beste Ergebnis gleichbedeutend mit der niedrigsten Punktzahl 0 ist.

- **Apparatus:**
  - **Hardware:** PC (Schullaptops) mit Tastatur und Maus (minimale Rechnerleistung Win 10, Arbeitsspeicher 4 GB; Festplatten Speicherplatz 2000 MB; Aux Ausgang), dazu Kopfhörer.
  - **Software**: Unity-Datei (virtuelle Schule) (Unity Version 2020.2.3) mit einem hinterlegten webbasierten Prüfungssystem (Cluelabs) mit Data Cloud.

VR-Gruppe (voll-immersive VR via VR-Brille)
Auch die VR-Gruppe startete zu Beginn mit der PC-Schulung in Einzelarbeit am schulischen PC. Die Schüler der VR-Gruppe absolvierten allerdings am PC nur die Räume *Bibliothek* und *Mensa*, also genau die Hälfte der virtuellen Schulungsräume. Danach verließen sie den schulischen Computerraum und wurden gebeten, einzeln nacheinander in einen separaten, zuvor entsprechend für die VR-Testung vorbereiteten Klassenraum einzutreten, und wurden dort einzeln nacheinander getestet. Die Mitschüler warteten vor dem Klassenraum. Pro Schüler der VR-Gruppe waren für

den Gesamtdurchlauf aller Aufgaben in *Chemielabor* und *Werkstatt* ca. 20 Minuten angesetzt. In der vorangegangenen Abbildung (vgl. Abb. 7.3) sind bei der VR-Gruppe zwei Personen mit VR-Brille zu sehen. Das liegt daran, dass eine Hilfskraft aus dem Studienteam, in Gestalt eines weiblichen Avatars, jeden Probanden zu Beginn in der VR-Welt empfing und kurz realsprachlich erklärte, wie eine Fortbewegung in der VR-Welt möglich ist und was in den folgenden Minuten passieren würde. Dann führte sie den Schüler zum Chemielabor, wo sie den Auftritt des Feuerwehrmanns Florian (eins zu eins wie in der PC-Schulung) manuell auslöste. Nach der Anfangssequenz des Onboardings war sie dann für den Probanden nicht mehr sichtbar und trat erst wieder in Erscheinung, um ihn nach den absolvierten Aufgaben im Chemielabor in die Werkstatt zu führen und dort ebenfalls manuell den Auftritt von Florian (eins zu eins wie in der PC-Schulung) auszulösen. Sie erfüllte also eine Art technologisch-orientierende Funktion, die von den Inhalten abgekoppelt, jedoch nötig war, um überhaupt die voll-immersive VR evaluieren zu können. Viele Probanden hatten noch keine Vorerfahrung mit VR. Daneben kam der Hilfskraft die wichtige Aufgabe der Versuchsdokumentation zu. Maximal gab es pro Aufgabe zwei Versuche, danach teilte sie dem Schüler die Lösung mit. Sie trug bei jeder Aufgabe die Anzahl 0 bis maximal 2 in eine vorgefertigte Exceltabelle ein und ersetzte somit das in die Desktop-VR integrierte automatisierte Prüfungssystem, das aus technischen Gründen nicht in die Social-VR-Plattform *Engage* implementiert werden konnte.

- **Apparatus:**
  - **Hardware:** 2 (stand alone) VR-Brillen mit Controllern (*Meta Quest 2*[4] für den Probanden und *Pico 4*[5] für die Hilfskraft) und Akku-Ladekabel mit Verlängerungskabel
  - **Software:** *Engage*-Plattform, programmierte Schulszenarien auf Basis von Unity

[4] Webseite *Meta Quest 2*: https://www.meta.com/de/quest/products/quest-2/ (zuletzt aufgerufen am 09.07.2025).

[5] Webseite *Pico 4*: https://www.picoxr.com/de/products/pico4 (zuletzt aufgerufen am 09.07.2025).

MR-Gruppe (visuo-haptische MR)

Auch die Schüler der MR-Gruppe durchliefen zuerst die PC-Schulung in Einzelarbeit zur Hälfte (*Bibliothek* und *Mensa*), genauso wie die VR-Gruppe. Danach verließen sie den schulischen Computerraum und wurden gebeten, einzeln nacheinander in einen separaten, zuvor entsprechend für die MR-Testung vorbereiteten Klassenraum einzutreten, und dort einzeln nacheinander getestet. Die Mitschüler warteten vor der Tür des Klassenraums. Im MR-Raum lag, wie bereits beschrieben, ein nachgebauter Chemieschrank bereit, der zur besseren Handhabung auf zusammengeschobenen Tischen platziert worden war. Zudem war auf der anderen Seite des Klassenraums das visuo-haptische MR-Feuerlöschsetting aufgebaut – mit dem realen Feuerlöscher, der mit dem virtuellen Szenario, ausgestrahlt über den Beamer, verbunden war (siehe Abschn. 6.2.4 für eine detaillierte technische Beschreibung). Pro Schüler waren, ebenso wie in der VR-Gruppe, rund 20 Minuten angesetzt, die meist unterschritten wurden. Begrüßt und eingeführt in den Testaufbau wurde der Schüler von einer Hilfskraft des Studienteams. Sie äußerte zu Anfang die Formel „Willkommen im Chemielabor“ und gab dann eins zu eins dieselbe Aufgabenstellung wie der Feuerwehrmann Florian in der PC- und VR-Version an den Schüler weiter, nämlich, dass er sich die Bedeutung der Sicherheitsschilder des Gefahrenschranks merken und dann die Behältnisse entsprechend in den Schrank einräumen solle. Die Hilfskraft beobachtete ihn bei seinen Zuordnungsversuchen, war jedoch angewiesen, nicht zu unterbrechen oder Hilfestellung zu leisten. Erst nach vollzogener Zuordnung aller Gefäße kommentierte sie entweder mit „Richtig, du hast alle Gefäße richtig zugeordnet“ oder „Leider sind noch nicht alle Gefäße richtig zugeordnet. Bitte versuche es erneut“. Es gab maximal zwei Versuche, danach wurde dem Schüler die Lösung mitgeteilt. Nachdem die Aufgabe absolviert worden war, führte die Hilfskraft den Probanden zur anderen Seite des Klassenraums zum visuo-haptischen MR-Szenario und erklärte ihm, dass er sich nun in der Werkstatt befinde. Der Schüler wurde dann vom Unternehmer von *4D-Lernen* in das Aufgabenszenario eingeführt. Dieser erfüllte also die Rolle des Feuerwehrmanns Florian aus der PC- und VR-Welt und gab eins zu eins dieselben Anweisungen bzw. stellte die Aufgaben im selben Wortlaut. Die Aufgabenversuche wurden jeweils von der Hilfskraft dokumentiert, indem sie die Anzahl 0 bis maximal 2 in eine vorgefertigte Exceltabelle eintrug. Sie ersetzte somit das in die Desktop-VR integrierte automatisierte Prüfungssystem, das aufgrund der Realitäts-Virtualitäts-Verschränkung bei MR nicht eingesetzt werden konnte.

- **Apparatus:**
  - **Hardware:** nachgebauter Chemieschrank aus Karton (ca. 1,5 m × 1 m) mit zugehörigen Behältnissen aus Karton (30–70 cm je nach Gefäßgröße); MR-Feuerlöscher und Beamer (vgl. Abschn. 6.2.4)
  - **Software:** mit Unity erstellte VR-Szenarien und spezielle Software, die mit dem Feuerlöscher interagiert

Methodik der Datenerhebung
Zusammenfassend lief die Datenerhebung wie folgt ab:

Am **Testzeitpunkt 1**[6] starteten alle drei Gruppen an PCs und bearbeiteten in Einzelarbeit die Inhalte in *Schulhof* (Intro), *Bibliothek* und *Mensa*[7]. Danach splitteten sich die Gruppen auf. Das bedeutet, dass die Schüler der PC-Gruppe weiter die Schulung am PC absolvierten, indem sie alle Inhalte (*Chemielabor* und *Werkstatt*) bis zum Schluss am PC bearbeiteten. Die Schüler der VR-Gruppe dagegen verließen nach Beendigung der *Mensa*-Aufgaben physisch den schulischen Computerraum und wechselten in ein anderes Klassenzimmer, den vorbereiteten VR-Raum, wo sie die Schulungsabschnitte *Chemielabor* und *Werkstatt* in voll-immersiver VR mit VR-Brille bearbeiteten. Parallel dazu wechselte auch die MR-Gruppe nach Beendigung der *Mensa*-Aufgaben vom PC-Raum in ein anderes Klassenzimmer, den vorbereiteten MR-Raum. Dort absolvierten die Schüler der MR-Gruppe die Schulungsabschnitte *Chemielabor* und *Werkstatt* in visuo-haptischer MR. Hierzu ist anzumerken, dass die PC-Gruppe ohne Raumwechsel und Wartezeiten weiterarbeiten konnte, während die VR- und MR-Gruppe aufgrund des Wechsels der Hardware und der in separaten Räumen aufgebauten Testsettings während der Bearbeitung unterbrochen wurden. Der Ablauf ist schematisch in der folgenden Abbildung dargestellt (vgl. Abb. 7.4):

[6] Testzeitpunkt 1 fand, wie bereits erklärt, sowohl bei der Pilottestung in FFB als auch bei der Haupttestung in AB statt.

[7] Die Testergebnisse aus den Räumen Schulhof, Bibliothek und Mensa werden in dieser Arbeit nicht analysiert, da noch keine Einteilung der Schüler in die Vergleichsgruppen stattgefunden hat und dieser Aspekt hier im Vordergrund steht. Dennoch sind die Testergebnisse z. B. für linguistische Fragestellungen interessant. Beispielsweise wurden im Rahmen einer Schreibaufgabe Textproduktionen von den Schülern gefordert, die durch das hinterlegte Prüfungssystem als Textdateien verfügbar gemacht wurden (vgl. Hoffmann 2023a).

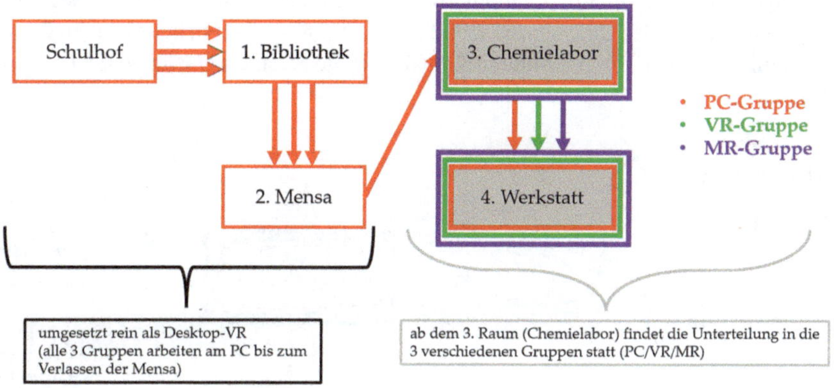

Abb. 7.4 Schema des Treatments am Testzeitpunkt 1

Zu Beginn erhielten alle Schüler einen Vortest (*Fragebogen Pretest*[8]: für alle gleich) und zum Schluss, nach Beendigung der Aufgaben in der Werkstatt, bekamen alle Schüler einen Nachtest 1 (Fragebogen *Posttest 1*[9]; Soft- und Hardware-Fragen: angepasst an Gruppen). Die Daten des Treatments 1, die explizit zum Gruppenvergleich ausgewertet wurden, umfassen ausschließlich die Ergebnisse aus den Räumen *Chemielabor* und *Werkstatt* – da nur dort die Gruppenspaltung stattfand. Bei der PC-Gruppe zählte das automatisierte Prüfungssystem die Versuche, bei MR und VR übernahm dies das Studienteam. Wie in Abschn. 6.2 beschrieben ist, wurden sowohl das sprachliche Wissen als auch das prozedurale Wissen und Fachwissen in unterschiedlichen Aufgabenformaten evaluiert, die stets nur maximal zwei Versuche zuließen. Zur Erhebung der User Experience entsprechend den Gruppen lieferte der Fragebogen des ersten Nachtests Aufschluss. Am Testzeitpunkt 2[10], der eine Woche später stattfand, starteten alle drei Gruppen von Beginn an physisch separiert in ihren

---

[8] Fragebogen Pretest, siehe Anhang A im elektronischen Zusatzmaterial.

[9] Fragebogen Posttest 1, siehe Anhang A im elektronischen Zusatzmaterial.

[10] Einen zweiten Testzeitpunkt gab es, wie bereits beschrieben, nur bei der Hauptstudie in Aschaffenburg, nicht bei der Pilotstudie in Fürstenfeldbruck, die aus dargestellten Gründen nur eine Testung umfasste.

jeweiligen Klassenzimmern (Computerraum[11], VR-Raum, MR-Raum) mit der Aufgabenbearbeitung des *Chemielabors* und der *Werkstatt* – exakt in der gleichen Form wie beim ersten Mal. Im Anschluss folgte der zweite Nachtest (*Fragebogen Posttest 2*[12]).

Testzeitpunkt 2:

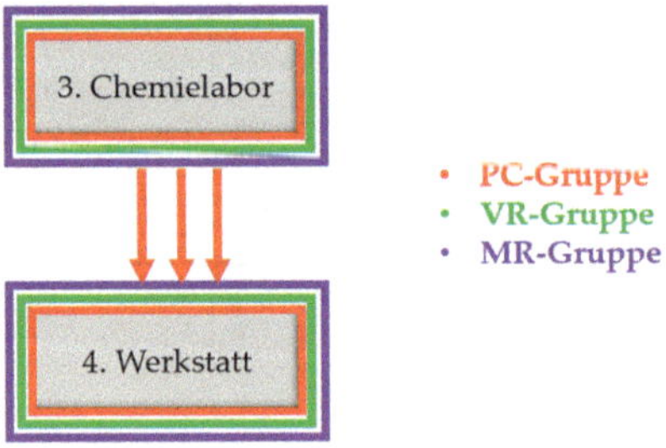

Abb. 7.5 Schema des Treatments am Testzeitpunkt 2

Beim Treatment 2 wurden alle Daten ausgewertet, da von Beginn an ausschließlich die Räume *Chemielabor* und *Werkstatt* in den separierten Gruppen durchlaufen wurden (vgl. Abb. 7.5). Der zweite Nachtest erfasst, wie sich die User Experience zwischen den verschiedenen Gruppen sowie zwischen der ersten und zweiten Nutzung (1 Woche später) unterscheidet.

7.1.3 Schulische Organisation zur Studienvorbereitung

Da die Studie im laufenden Schulbetrieb stattfand, waren umfangreiche vorbereitende organisatorische Maßnahmen erforderlich. Grundsätzlich muss hervorgehoben werden, dass zahlreiche Richtlinien und rechtliche Verordnungen gelten, die bei wissenschaftlichen Erhebungen an Schulen unbedingt zu berücksichtigen sind und weitreichende Planungen voraussetzen. Sie sind beispielsweise

[11] Da die Räume Bibliothek und Mensa in der Desktop-VR-Schulung nicht übersprungen werden können, bearbeitete das Studienteam einzeln an jedem PC die Schulung bis zum Abschluss der Mensa vor, sodass die Probanden dann im Chemielabor mit ihrer ID direkt starten konnten.

[12] Fragebogen Posttest 2, siehe Anhang A im elektronischen Zusatzmaterial.

auf der Webseite des Bayerischen Staatsministeriums für Unterricht und Kultus[13] nachzulesen, wo auch Infoblätter und Muster zu Datenschutzverordnungen, Fragebögen und weiteren Testmaterialien abgerufen werden können. Für die Durchführung der Datenerhebung dieser Arbeit fanden diverse vorgeschaltete organisatorische Absprachen mit den Rektoren der beiden Schulen, den zuständigen Lehrkräften und den IT-Beauftragten der Schulen sowie Besuche vor Ort statt. Zudem wurden Elternbriefe mit Hintergrundinformationen zur Studie verfasst und mit einem Formular wurde die Unterschrift eines Erziehungsberechtigten bei Minderjährigen eingeholt (siehe Anhang B im elektronischen Zusatzmaterial). Zum Zwecke der vollkommenen Anonymisierung wurde jedem Teilnehmer vor Beginn der Studie eine vierstellige Identifikationsnummer aus einer zuvor erstellten Excelliste zugeteilt, mithilfe derer bereits eine Einteilung in die drei Lerntechnologie-Gruppen Desktop-VR („PC-Gruppe"), hoch-immersive VR mit VR-Brille („VR-Gruppe") und Mixed Reality mit Haptik („MR-Gruppe") vorgenommen worden war. Die Dokumentation der Aufgabenversuche und Ergebnisse erfolgte stets anonymisiert auf Basis von Identifikationsnummern (sowohl automatisiert bei der PC-Version als auch manuell bei den VR- und MR-Versionen). Alle Angaben sowie grundsätzlich die Teilnahmen der Schüler waren freiwillig. Aufgrund der engen Abstimmung mit den Schulleitungen sowie den Datenschutzbeauftragten und den Lehrkräften, dem vollkommenen Anonymisierungsgrad sowie dem hohen Forschungsinteresse seitens der Schulen durfte darauf verzichtet werden, einen umfangreichen Ethikantrag beim Kultusministerium zu stellen, der einen hohen Zeitverzug bedeutet hätte.

7.1.4 Beschreibung der Kohorten

In diesem Abschnitt werden die beiden Kohorten sortiert nach Schulen FFB (Pilotierung) und AB (Haupttestung) charakterisiert, indem jeweils auf die demografischen Daten der beiden Stichproben eingegangen wird, die im Vortest (Pretest) erhoben worden sind (siehe Tab. 7.1). Anzumerken ist, dass sich die Kohorte AB ausschließlich aus Auszubildenden zu Lageristen zusammensetzt. Dies ergab sich aufgrund ihrer Verfügbarkeit seitens der Schule und verfolgte keine wissenschaftliche Zielsetzung, stellt aber auch keinen ersichtlichen Grund dar, dass Ergebnisse verzerrt werden könnten.

[13] Webseite des Bayerischen Staatsministeriums für Unterricht und Kultus, abrufbar unter: https://www.km.bayern.de/ministerium/statistiken-und-forschung/forschung-an-schulen.html (zuletzt aufgerufen am 09.07.2025).

Tab. 7.1 Demografische Daten der Stichproben

<table>
<tr><th></th><th colspan="3">Fürstenfeldbruck (FFB)</th><th colspan="3">Aschaffenburg (AB)</th></tr>
<tr><td>Probanden gesamt</td><td colspan="3">N=54</td><td colspan="3">N=49</td></tr>
<tr><td rowspan="2">Geschlecht</td><td colspan="3" rowspan="2"></td><td>w</td><td>m</td><td></td></tr>
<tr><td>12,5 %</td><td>87,5 %</td><td></td></tr>
<tr><td>Altersdurchschnitt</td><td colspan="3">18,67 Jahre</td><td colspan="3">18,21 Jahre</td></tr>
<tr><td rowspan="2">Sprachen im Alltag</td><td>Dt.</td><td>Dt.+1</td><td>Dt. + ≥2</td><td>Dt.</td><td>Dt.+1</td><td>Dt. + ≥2</td></tr>
<tr><td>55,6 %</td><td>35,2 %</td><td>9,3 %</td><td>50 %</td><td>39,6 %</td><td>10,4 %</td></tr>
<tr><td>Berufsausbildung absolviert</td><td colspan="3">38,9 %</td><td colspan="3">niemand</td></tr>
</table>

Die Kohorten bestehen aus jeweils rund 50 Schülerinnen und Schülern im Durchschnittsalter von etwa 18 Jahren. Man kann feststellen, dass etwa die Hälfte der Probandengesamtheit je Schule einsprachig deutsch und die andere Hälfte zwei- oder sogar mehrsprachig ist. Das Geschlecht wurde bei der Pilotierung (FFB) nicht abgefragt und erst bei der Überarbeitung der Fragebögen für AB mit aufgenommen. In AB nehmen deutlich mehr Schüler als Schülerinnen teil (87,5 % zu 12,5 %), was den normalen Verteilungen in den Klassen entspricht. Zu beachten ist, dass im Verlauf des Treatments bei FFB bzw. der beiden Treatments bei AB sowie beim ersten und zweiten Posttest die Gesamtprobandenzahl variieren kann, da ausschließlich volle Datensätze in die Auswertung einbezogen worden sind. Diese Entscheidung wurde getroffen, um zum einen eine Vergleichbarkeit der Gesamtleistungen zwischen den Gruppen PC, MR und VR herstellen sowie Veränderungen der Nutzererfahrung von Treatment 1 zu Treatment 2 feststellen zu können. Auf die Teilnehmer, die z. B. aus gesundheitlichen Gründen das Experiment abgebrochen haben, wird separat eingegangen.

Ergebnisse Vortest (Pretest):

Der Vortest (Pretest) besteht ausschließlich aus JA/NEIN-Fragen. Die nachfolgende Abbildung (vgl. Abb. 7.6) zeigt die mit „JA" beantworteten prozentualen Anteile der Gesamtprobandengruppen FFB (rosa) und AB (violett) an. Die Fragen 7 und 8 wurden erst für die Testung in AB ergänzt.

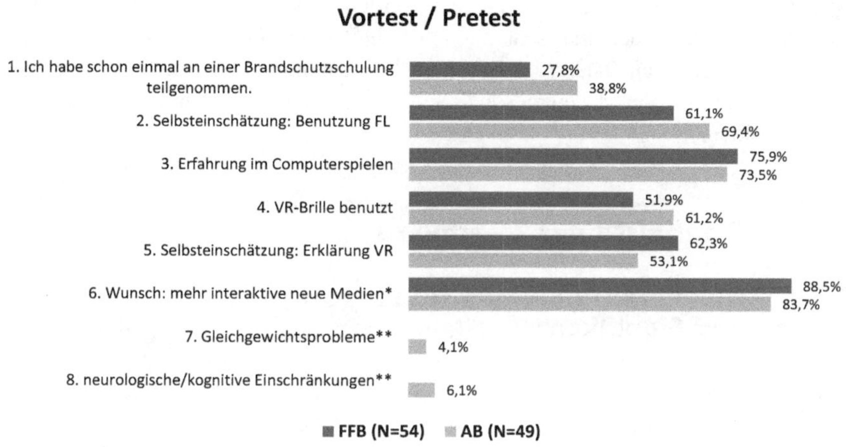

Abb. 7.6 Gesamtauswertung Vortest nach Schulen. (* Anmerkung 1: Beim Vortest AB wurde Folgendes ergänzt: „Ich würde mir wünschen, mehr interaktive Medien **wie Virtual Reality, Augmented Reality oder Serious Games im Unterricht** zum Lernen zu benutzen.“ ** Anmerkung 2: Die Fragen 7 und 8 waren beim Fragebogen FFB (Pilotierung) noch nicht vorhanden)

Es zeigt sich, dass insgesamt 38,8 % Schüler der Berufsschule AB und nur 27,8 % der Schüler von der Fach- und Berufsoberschule FFB bereits an einer Brandschutzschulung teilgenommen haben (*Frage 1*). Gleichzeitig trauen sich jedoch 69,4 % Schüler in AB zu, einen Feuerlöscher im Brandfall richtig zu benutzen. In FFB sind es 61,1 % der Befragten (*Frage 2*). Die zwei nächsten Fragen (*Frage 3* und *4*) zielen auf die Erfahrung im Computerspielen und die Benutzung einer VR-Brille ab. Bei beiden Probandengruppen geben rund drei Viertel der Schüler an, Erfahrung im Computerspielen zu haben (bei FFB: 75,9 %, bei AB: 73,5 %). Einschränkend ist zu erwähnen, dass der Erfahrungsumfang bzw. eine eventuelle Regelmäßigkeit nicht evaluiert worden sind, sodass auch Personen mit „JA“ antworten konnten, die möglicherweise nur einmal am PC gespielt haben. Die *fünfte Frage*, ob die Schüler schon einmal eine VR-Brille zum Spielen oder Lernen benutzt haben, bejahen 61,2 % der AB-Gruppe und 51,9 % der FFB-Gruppe. *Frage 6* zeigt, dass sich die deutliche Mehrheit beider Probandengruppen (> 80 %) mehr interaktive, neue Medien im Unterricht wünscht. Bei den *Fragen 7 und 8* geben am Standort AB nur 4,1 % der Befragten an, schnell Gleichgewichtsprobleme zu bekommen *(Frage 7)* bzw. 6,1 % bejahen neurologische oder kognitive Vorerkrankungen *(Frage 8).*

Zusammenfassend kann festgehalten werden, dass sich die beiden Gruppen FFB und AB trotz der unterschiedlichen Schulformen und Standorte sowohl in ihren demografischen Daten (das Geschlecht ausgenommen) als auch in ihren VR- und Brandschutzvorerfahrungen sowie Selbsteinschätzungen nicht auffallend stark unterscheiden.

7.2 Ergebnisse der Treatments

7.2.1 Gesamtleistungen im Gruppenvergleich (PC-MR-VR) und Signifikanz

Die nachfolgenden Grafiken zeigen die Gesamtleistungen der Pilotgruppe FFB (nur Treatment 1) und der Hauptgruppe AB (separiert nach Treatment 1 und 2). Treatment 1[14] und Treatment 2 bestehen aus insgesamt neun Teilaufgaben, die in den Räumen *Chemielabor* und *Werkstatt* absolviert werden müssen. Wie bereits in Abschn. 7.1 beschrieben worden ist, aber hier zur besseren Nachvollziehbarkeit der Ergebnisse nochmals wiederholt werden soll, erfolgt die Zählung der Versuche für jede einzelne Teilaufgabe nach dem folgenden Schema:

- *wenn der erste. Versuch richtig war, Zählung 0,*
- *wenn der erste Versuch falsch war, automatisch zweiter Versuch und Zählung 1,*
- *wenn der zweite Versuch falsch war, Auflösung und Zählung 2.*

Der Wert 0 bedeutet also, dass direkt richtig geantwortet wurde, der Wert 1 bedeutet, dass erst beim zweiten Versuch richtig geantwortet wurde, und beim Wert 2 wurde entweder immer noch falsch geantwortet oder die richtige Antwort gegeben (in dem Fall wurde keine Unterscheidung mehr getroffen). Somit ist das beste Ergebnis (*beim ersten Versuch richtig*) gleichbedeutend mit der niedrigsten Punktzahl *0*. Um die Gesamtleistungen für FFB und AB separiert nach PC-, MR- und VR-Gruppe darzustellen, wurden jeweils die Mittelwerte der Versuche einer Gruppe gebildet. Das heißt, dass die Gruppe mit dem niedrigsten Mittelwert die beste Leistung erbracht hat.

[14] Wie in Abschn. 7.1.1 beschrieben wurde, umfasste der erste Testzeitpunkt auch die Orte der virtuellen Bibliothek und Mensa der Desktop-VR-Version, mit deren Bearbeitung alle drei Gruppen begonnen hatten. Diese Ergebnisse fließen aber nicht in die Bewertung ein, da die Einteilung in die XR-Vergleichsgruppen erst nach der Mensa stattgefunden hat. Der Begriff „Treatment“ bezeichnet also nur die Leistungen aller Gruppen, die im Chemielabor und der Werkstatt erbracht worden sind.

7.2.1.1 Pilottestung FFB

Die nachfolgende Grafik zeigt die **Gesamtleistungen der PC-, MR- und VR-Gruppe** bei der Pilottestung **am Standort FFB** (vgl. Abb. 7.7).

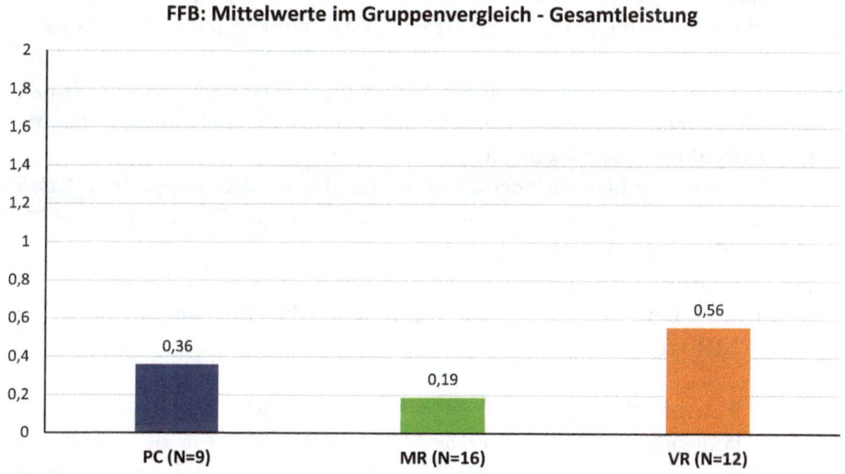

Abb. 7.7 FFB-Gesamtleistung (Gruppenvergleich PC-MR-VR)

Man kann ablesen, dass bei der **Pilotierung** am Standort **FFB** die **MR-Gruppe** mit einem Mittelwert von 0,19 **am besten** abgeschnitten hat. Es **folgen die PC-Gruppe** mit einem Mittelwert von 0,36 und **danach die VR-Gruppe** mit einem Mittelwert von 0,56. Somit zeigt die VR-Gruppe die verhältnismäßig schwächste Leistung.

Da es sich um eine Stichprobenuntersuchung handelt und die Gruppen verhältnismäßig klein sind, ist von besonderem Interesse, **ob sich die drei Gruppen PC, MR und VR signifikant voneinander unterscheiden**. Daher wurden folgende Gegenüberstellungen vorgenommen und jeweils die Signifikanzen mittels T-Test errechnet:

a) PC-Gruppe versus VR-Gruppe ($T = -1{,}635$):
   $p = 0{,}119$
b) PC-Gruppe versus MR-Gruppe ($T = 1{,}916$):

$p = 0{,}068$

c) MR-Gruppe versus VR-Gruppe ($T = 3{,}949$):
$p < 0{,}001$

Nachfolgend wird ein fünfprozentiges Signifikanzniveau angesetzt. Das bedeutet, dass bei der Pilotierung am Standort **FFB im Gruppenvergleich PC-MR-VR**

a) die PC-Gruppe besser abgeschnitten hat als die VR-Gruppe ($p = 0{,}119$) bzw. die VR-Gruppe schlechter abgeschnitten hat als die PC-Gruppe, aber der Unterschied nicht signifikant ist.
b) die PC-Gruppe schlechter abgeschnitten hat als die MR-Gruppe ($p = 0{,}068$) bzw. die MR-Gruppe besser abgeschnitten hat als die PC-Gruppe, aber der Unterschied nicht signifikant ist.
c) die **MR-Gruppe signifikant besser abgeschnitten hat als die VR-Gruppe ($p < 0{,}001$). bzw. die VR-Gruppe signifikant schlechter abgeschnitten hat als die MR-Gruppe.**

7.2.1.2 Haupttestung AB (Treatment 1 und 2)

Dasselbe Vorgehen erfolgt bei der Darstellung der Leistungen der Probandengruppe AB, separiert nach PC-, MR- und VR-Gruppe, und zwar jeweils für Treatment 1 und Treatment 2. Nachfolgende Grafik (vgl. Abb. 7.8) zeigt die **Gesamtleistungen der PC-, MR- und VR-Gruppe beim Treatment 1 am Standort AB.**

Man kann feststellen, dass **beim Treatment 1** am Standort **AB** die **MR-Gruppe am besten** abgeschnitten hat, und zwar mit einem Mittelwert von 0,33. Es **folgen die PC-Gruppe** mit einem Mittelwert von 0,56 und **die VR-Gruppe** mit einem Mittelwert von 0,81. Somit zeigt die VR-Gruppe die verhältnismäßig schwächste Leistung. Insgesamt verteilen sich die Leistungen der Gruppen PC, MR und VR genauso wie bei der Pilotierung in FFB, weisen jedoch höhere Mittelwerte auf, sodass **die Stichprobe der Berufsschule Aschaffenburg im Mittel etwas schlechter abschneidet als die in FFB.**

Nachfolgend wird auch bei dieser Probandengruppe in AB untersucht, **ob sich die drei Gruppen PC, MR und VR in Treatment 1 signifikant voneinander unterscheiden**. Folgende Gegenüberstellungen wurden vorgenommen und jeweils die Signifikanzen mittels T-Test errechnet:

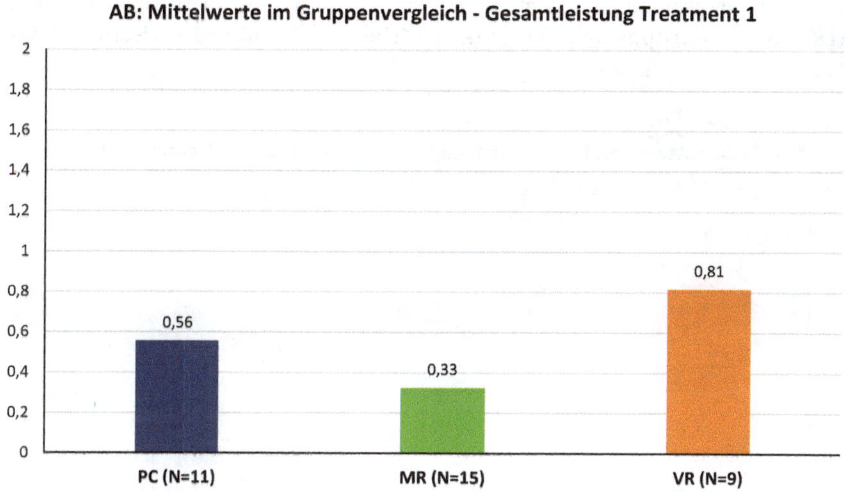

Abb. 7.8 AB Gesamtleistung Treatment 1 (Gruppenvergleich PC-MR-VR)

a) PC-Gruppe versus VR-Gruppe ($T = -1{,}404$):
$p = 0{,}187$
b) PC-Gruppe versus MR-Gruppe ($T = 2{,}871$):
$P = 0{,}008$
c) MR-Gruppe versus VR-Gruppe ($T = -2{,}815$):
$p = 0{,}020$

Das bedeutet, dass bei der **Haupttestung im Treatment 1** am Standort **AB im Gruppenvergleich PC-MR-VR**

a) die PC-Gruppe besser abgeschnitten hat als die VR-Gruppe ($p = 0{,}187$) bzw. die VR-Gruppe schlechter abgeschnitten hat als die PC-Gruppe, aber der Unterschied nicht signifikant ist.
b) die **PC-Gruppe signifikant schlechter abgeschnitten hat als die MR-Gruppe ($p = 0{,}008$) bzw. die MR-Gruppe signifikant besser abgeschnitten hat als die PC-Gruppe.**
c) die **MR-Gruppe signifikant besser abgeschnitten hat als die VR-Gruppe ($p = 0{,}020$) bzw. die VR-Gruppe signifikant schlechter als die MR-Gruppe.**

Im Folgenden werden nach demselben Vorgehen die **Gesamtleistungen der PC-, MR- und VR-Gruppe beim Treatment 2 (eine Woche später) am Standort AB** dargestellt (vgl. Abb. 7.9).

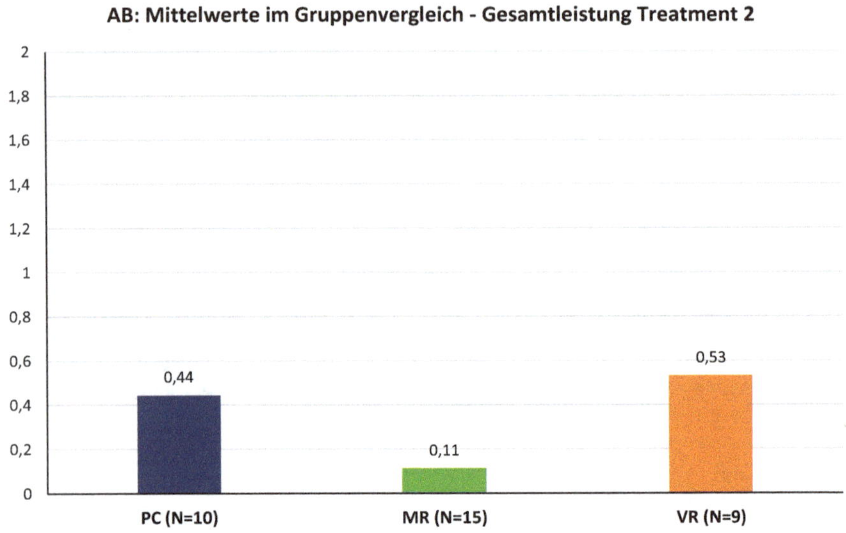

Abb. 7.9 AB Gesamtleistung Treatment 2 (Gruppenvergleich PC-MR-VR)

Es zeigt sich, dass **beim Treatment 2** am Standort **AB** ebenfalls die **MR-Gruppe am besten** abgeschnitten hat, und zwar mit einem Mittelwert von 0,11. Es **folgen die PC-Gruppe** mit einem Mittelwert von 0,44 und **die VR-Gruppe** mit einem Mittelwert von 0,53. Somit zeigt die **VR-Gruppe** zwar immer noch die verhältnismäßig schwächste Leistung, weist aber eine **starke Verbesserung zum Treatment 1** auf (Mittelwert 0,81 versus 0,53).

Insgesamt verteilen sich die Leistungen der Gruppen PC, MR und VR genauso wie bei der Pilotierung in FFB und beim Treatment 1 der Haupttestung in AB.

Nachfolgend wird untersucht, **ob sich die drei Gruppen PC, MR und VR in Treatment 2 signifikant voneinander unterscheiden**. Folgende Gegenüberstellungen wurden vorgenommen und jeweils die Signifikanzen mittels T-Test errechnet:

a) PC-Gruppe versus VR-Gruppe ($T = -0{,}432$):
   $p = 0{,}671$
b) PC-Gruppe versus MR-Gruppe ($T = 2{,}435$):
   $P = 0{,}033$
c) MR-Gruppe versus VR-Gruppe ($T = -2{,}607$):
   $p = 0{,}028$

Das bedeutet, dass bei der **Haupttestung im Treatment 2** am Standort **AB im Gruppenvergleich PC-MR-VR**

a) die PC-Gruppe besser abgeschnitten hat als die VR-Gruppe ($p = 0{,}671$) bzw. die VR-Gruppe schlechter abgeschnitten hat als die PC-Gruppe, aber der Unterschied nicht signifikant ist.
b) **die PC-Gruppe signifikant schlechter ($p = 0{,}033$) abgeschnitten hat bzw. die MR-Gruppe signifikant besser abgeschnitten hat als die PC-Gruppe.**
c) **die MR-Gruppe signifikant besser abgeschnitten hat als die VR-Gruppe ($p = 0{,}028$) bzw. die VR-Gruppe signifikant schlechter abgeschnitten hat als die MR-Gruppe.**

7.2.2 Verbesserung der Individualleistungen von Treatment 1 zu Treatment 2 (AB)

Wie bereits erwähnt, lässt sich durch den Vergleich der Mittelwerte bei der Haupttestung AB eine Leistungsverbesserung aller Gruppen PC, MR, VR zwischen Treatment 1 und Treatment 2 (eine Woche später) feststellen. Um die Verbesserung einer Person X von Treatment 1 zu Treatment 2 abzubilden, erfolgt ein weiterer T-Test, der ausschließlich Individualpaare je Gruppe untersucht. Das heißt, dass die Verbesserung einer Person X evaluiert wird, indem je Treatment jeweils der Mittelwert ihrer Leistung gebildet und dann pro Gruppe summiert wird. Die Probandenzahlen können daher etwas niedriger sein als bei den vorangegangenen Analysen der Mittelwerte, wo jeweils der Mittelwert einer Gruppe am Zeitpunkt 1 und Zeitpunkt 2 separat untersucht worden war. Die nachfolgende Tabelle (Tab. 7.2) zeigt, dass sich alle Gruppen signifikant von Treatment 1 zu Treatment 2 verbessert haben und somit Wiederholungseffekte nachgewiesen werden können. Am stärksten ist das bei der VR-Gruppe der Fall, und sie weist somit die steilste Verbesserung auf ($\Delta = 0{,}41$).

Tab. 7.2 Verbesserungen der PC-, MR-, VR-Gruppe von Treatment 1 zu Treatment 2 (AB)

Treatment 1 **PC-Gruppe (N=7)** Mittelwert: 0,63			**Treatment 1** **MR-Gruppe (N=13)** Mittelwert: 0,33			**Treatment 1** **VR-Gruppe (N=8)** Mittelwert: 0,88		
Δ=0,32	T=4,804	p<0,003	Δ=0,27	T=7,407	p<0,001	Δ=0,41	T=4,005	p=0,005
signifikant			*signifikant*			*signifikant*		
Treatment 2 **PC-Gruppe (N=7)** Mittelwert: 0,31			**Treatment 2** **MR-Gruppe (N=13)** Mittelwert: 0,06			**Treatment 2** **VR-Gruppe (N=8)** Mittelwert: 0,47		

7.3 Erhobene Nutzererfahrung und -bewertungen (User Experience, UX)

Im Folgenden werden die Ergebnisse der Posttests präsentiert, also die Nutzererfahrungen und -bewertungen (*User Experience*, *UX*). Dabei werden zunächst alle einzelnen Aspekte der Fragebogenauswertung deskriptiv dargestellt, um ein umfassendes Bild der UX-Aspekte zu erhalten. Auf dieser Grundlage werden in der anschließenden Analyse (siehe Abschn. 7.4) die zentralen Hypothesen der Untersuchung gezielt geprüft und die Forschungsfragen beantwortet.

Als Erstes wird die UX der FFB-Kohorte dargestellt, bei der, wie bereits erwähnt, nur ein Treatment mit Posttest stattgefunden hat. Dann erfolgt dasselbe Vorgehen für die AB-Kohorte – und zwar für den ersten und zweiten Posttest im direkten Vergleich, um die möglichen Veränderungen der Nutzererfahrungen auf einen Blick zu erkennen. Im Vordergrund steht immer der Unterschied zwischen den Gruppen PC, VR und MR. Bei den Grafiken der Ergebnisdarstellung ist zu beachten, dass die Prozentangaben minimal von 100 % abweichen können. Diese minimalen Abweichungen sind darauf zurückzuführen, dass die dargestellten Prozentwerte gerundete Zahlen sind. Um die Darstellung übersichtlich und leserfreundlich zu gestalten, wurde auf Nachkommastellen verzichtet, wodurch sich Rundungsfehler summieren können. Solche Abweichungen stellen keinen inhaltlichen Fehler dar, sondern sind eine Eigenschaft der Rundungsmethodik.

Bei der Darstellung der erhobenen Nutzererfahrungen, aber vor allem der Analyse muss immer mitgedacht werden, dass es sich um Stichprobenuntersuchungen handelt, bei denen pro Nutzergruppe maximal 16 und minimal neun Schüler eine Gruppe gebildet haben. Vor diesem Hintergrund müssen auch die Prozentzahlen gelesen werden.

7.3.1 Kohorte FFB (Posttest)

Die Nutzererfahrungen und -bewertungen der Kohorte FFB wurden mithilfe einer Likertstkala (Werte 1 bis 4) erhoben. Folgende Aspekte wurden bewertet:

a) **Gestaltung der Lernumgebung**
b) **Lerninhalte**
c) **Nutzungserlebnis**
d) **Selbsteinschätzung zur richtigen Bedienung eines Feuerlöschers**

a) **Gestaltung der Lernumgebung (FFB)**

Die Mehrheit der Schüler in FFB **bewertete die XR-Lernumgebung** grundsätzlich positiv (vgl. Abb. 7.10). Bei allen Kriterien *„langweilig – spannend“*, *„nicht ansprechend – ansprechend“*, *„zum Lernen schlecht – zum Lernen gut“* sowie *„konservativ (herkömmlich) – innovativ (modern)“* wählen alle Gruppen MR, PC und VR mehrheitlich die positiven Werte 3 oder 4. Die MR-Gruppe bewertet mit insgesamt 100 % Zustimmung die MR-Lernumgebung als *„3: eher innovativ“* (31 %) bzw. *„4: innovativ“* (69 %). Auffallend ist, dass 46 % der PC-Gruppe die Desktop-VR-Umgebung als *„2: eher langweilig“* empfunden haben.

Die nachfolgende Grafik (Abb. 7.11) zeigt die **Bewertung der (technischen) Bedienung** der XR-Lernumgebung. In allen Gruppen fällt die Bewertung mehrheitlich positiv aus, die Bedienung von MR, PC und VR wird also als *„eher einfach“* oder *„einfach“* empfunden. 100 % der PC-Gruppe bewerten die Bedienung als *„3: eher einfach“* oder *„4: einfach“*. Bei der MR-Gruppe geben 6 % an, dass sie die Bedienung als *„1: kompliziert“* empfunden haben, und 12 % bewerten sie als *„2: eher kompliziert“*. Die Mehrheit von 81 % empfand die MR-Lernumgebung aber als *„3: eher einfach“* (44 %) bzw. *„4: einfach“* (38 %) zu bedienen. Bei der VR-Gruppe stufen 23 % der Befragten die VR-Umgebung als *„2: eher kompliziert“* ein, während die Mehrheit von 77 % für *„3: eher einfach“* (23 %) bzw. *„4: einfach“* (54 %) stimmt.

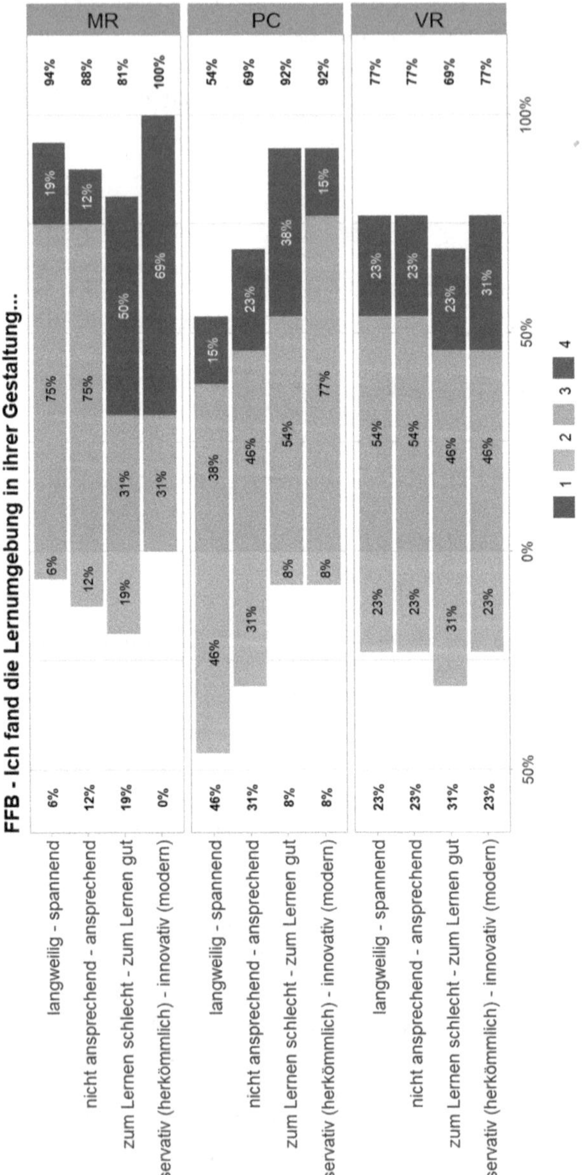

Abb. 7.10 Bewertung der Lernumgebung (FFB Post 1a, b, c, d)

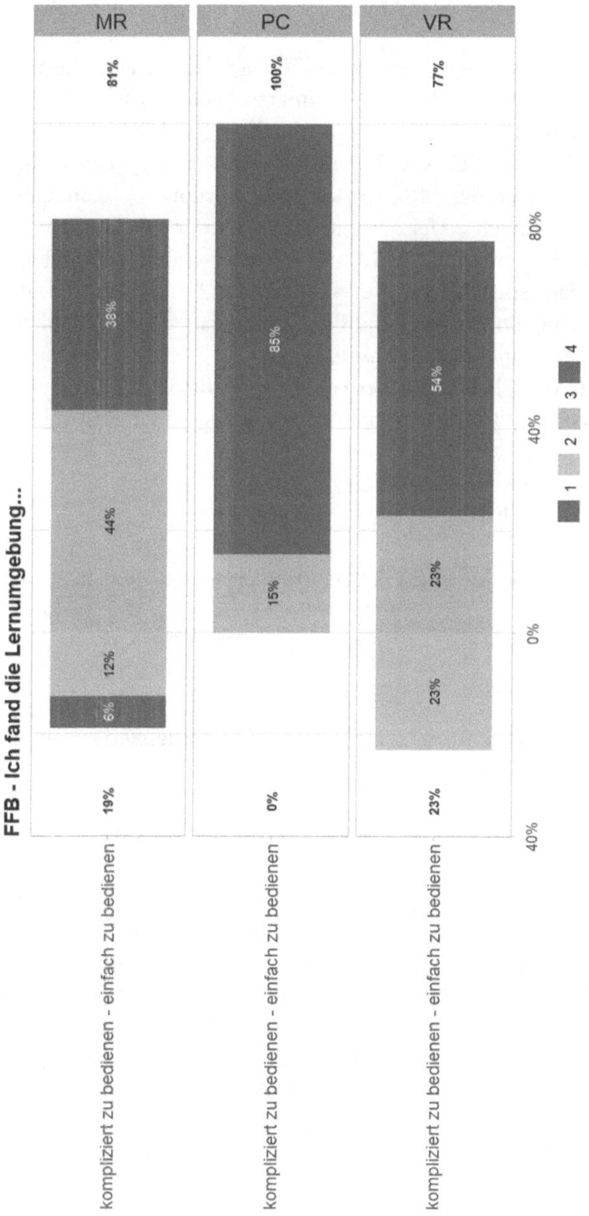

Abb. 7.11 Bewertung der Bedienung (FFB Post 1e)

b) **Bewertung der Lerninhalte (FFB)**

In Abgrenzung zur Lernumgebung sollten danach die **Lerninhalte** bewertet werden, und zwar nach den Kriterien „uninteressant – interessant“, „monoton – abwechslungsreich“ sowie „unnütz – nützlich“ (vgl. Abb. 7.12). Bei allen Kriterien in allen Gruppen PC, VR, MR fällt die Bewertung mehrheitlich positiv aus. 100 % der Befragten der MR- sowie der PC-Gruppe bezeichnen die Lerninhalte als „3: eher nützlich“ oder „4: nützlich“. Bei der VR-Gruppe sind es nur 92 % an positiven Bewertungen, da 8 % für „2: eher unnütz“ stimmen.

Weiter wurde das **(sprachliche) Verständnis der Lerninhalte** evaluiert (vgl. Abb. 7.13). Die Befragten der MR- und PC-Gruppe gaben ausschließlich positive Bewertungen ab. Sie empfanden die Lerninhalte als „3: eher leicht zu verstehen“ bzw. „4: leicht zu verstehen“. Bei der VR-Gruppe fanden allerdings 31 % die Lerninhalte „2: eher schwer zu verstehen“, während sich der Rest (69 %) positiv äußerte.

c) **Nutzungserlebnis (FFB):**

Des Weiteren wurde das Nutzungserlebnis evaluiert – und zwar in Bezug auf die Aspekte

- **Präsenz,**
- **Immersion,**
- **Gefühl von echten Handlungen mit echten Konsequenzen sowie**
- **empfundener Realitätsgrad der Umgebung.**

Die Bewertung erfolgte nicht mehr auf Basis der Likertskala von 1 bis 4 mit gegensätzlichen Eigenschaften, sondern mithilfe der Skala *„1: trifft überhaupt nicht zu“*, *„2: trifft eher nicht zu“* *„3: trifft eher zu“* und *„4: trifft vollkommen zu“*.

Die nachfolgende Abbildung (vgl. Abb. 7.14) zeigt das Nutzungserlebnis der Gruppen in Bezug auf den Aspekt **Präsenz**. Die These, die bewertet werden sollte, lautete: „Ich hatte das Gefühl, körperlich dort anwesend sein.“ Bei allen Gruppen gab es verneinende Bewertungen mit *„1: trifft überhaupt nicht zu“* (12 % der MR-Gruppe und 38 % der PC-Gruppe) und mit *„2: trifft eher nicht zu“* (38 % der MR-Gruppe, 31 % der PC-Gruppe und 23 % der VR-Gruppe). Bei der VR-Gruppe gab es die meisten positiven Bewertungen: 77 % gaben an, sich körperlich dort anwesend gefühlt zu haben (davon wählten 38 % *„3: trifft eher zu“* und ebenfalls 38 % *„4: trifft vollkommen zu“*).

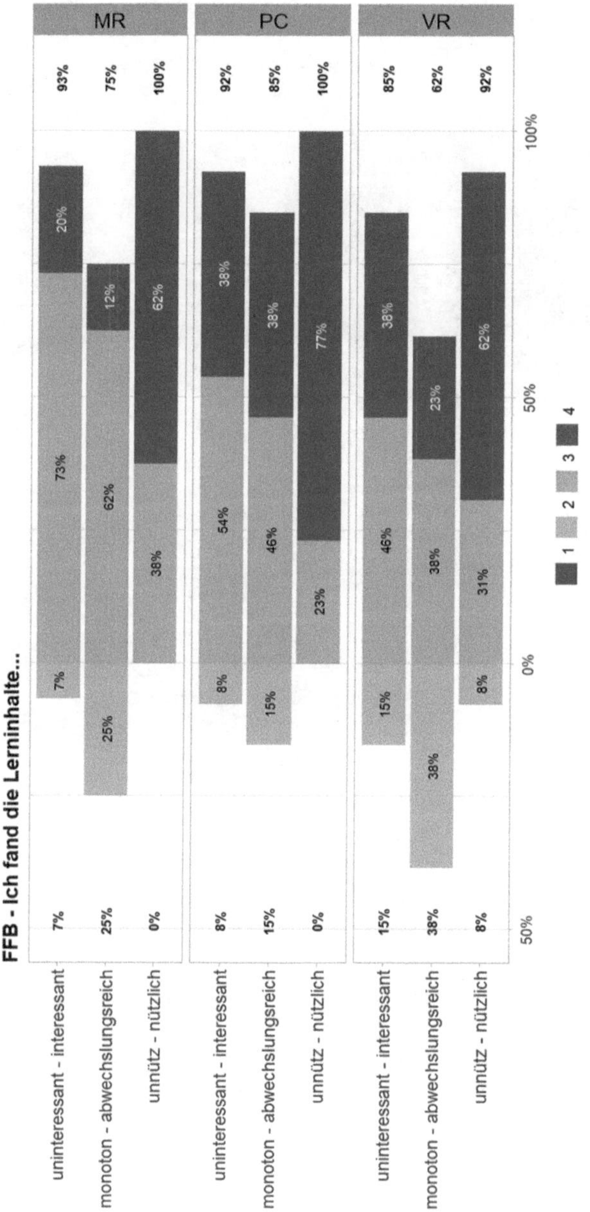

Abb. 7.12 Bewertung der Lerninhalte (FFB Post 2a, b, d)

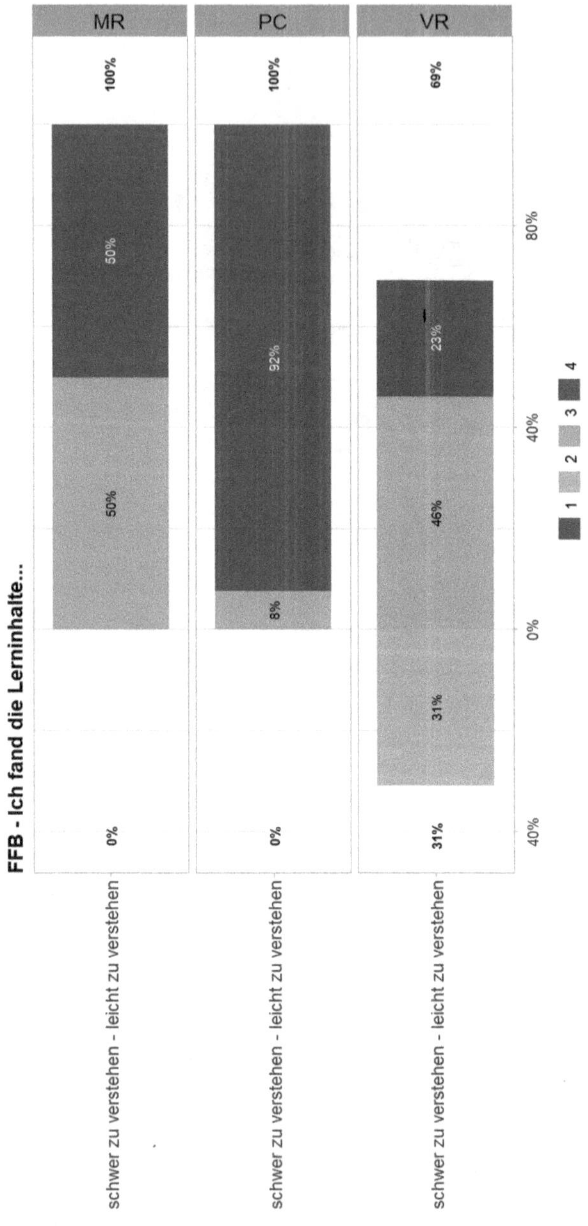

Abb. 7.13 Verständnis der Lerninhalte (FFB Post 2c)

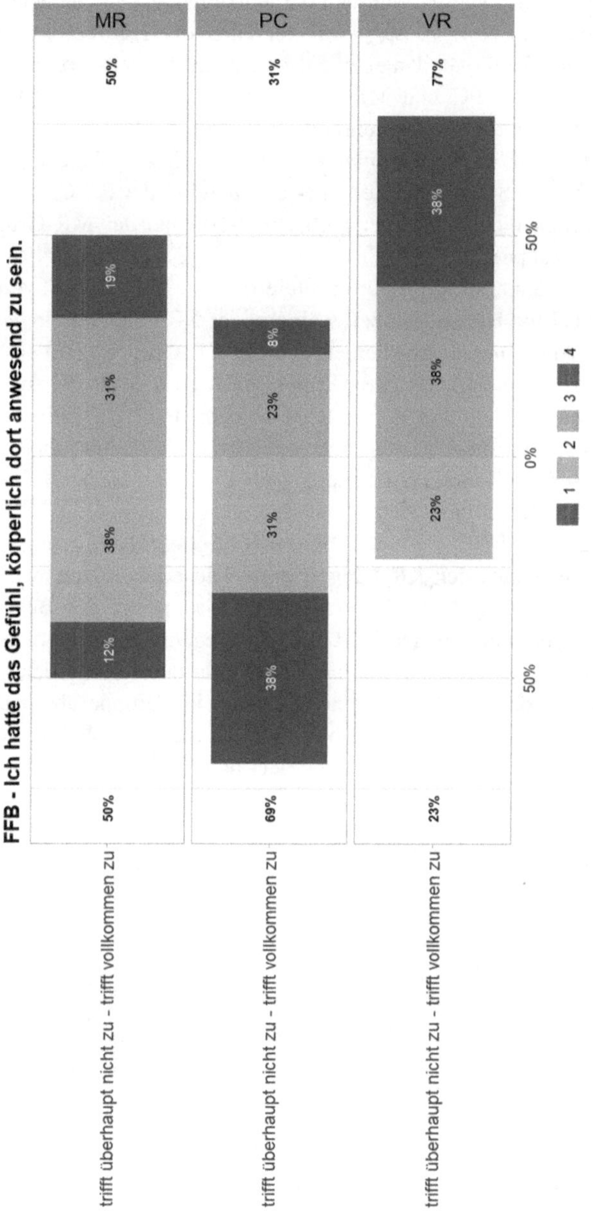

Abb. 7.14 Präsenz (FFB Post 3)

Mit der Bewertung der These „Während der Nutzung habe ich die echte Umgebung (das Klassenzimmer) vergessen" soll der Grad der **Immersion** abgeleitet werden. Hier ist ein deutlicher Unterschied zwischen der VR-Gruppe und den beiden anderen Gruppen (PC und MR) zu erkennen (vgl. Abb. 7.15). Bei der VR-Gruppe äußerte sich die große Mehrheit zustimmend (38 % wählten *„3: trifft eher zu"* bzw. 48 % *„4: trifft vollkommen zu"*). Nur 15 % gaben an, dass das *„eher nicht zutrifft* (2)". Sowohl bei der MR- als auch bei der PC-Gruppe stimmt dagegen die Mehrheit nicht oder eher nicht zu (62 % bei der MR-Gruppe und 69 % bei der PC-Gruppe).

Wie eingangs erwähnt, wurde zudem evaluiert, ob sich ein **Gefühl von echten Handlungen mit echten Konsequenzen** während der XR-Nutzung eingestellt hat (vgl. Abb. 7.16). Auch hier unterscheidet sich die VR-Gruppe deutlich von den beiden anderen Gruppen: Bei der VR-Gruppe äußerten sich 54 % zustimmend (46 %: *„3: trifft eher zu"* und 8 %: *„4: trifft vollkommen zu"*). Bei den beiden anderen Gruppen stimmt die Mehrheit eher nicht bzw. überhaupt nicht zu (69 % der MR-Gruppe und 77 % der PC-Gruppe). Dabei wählten sogar 31 % der PC-Gruppe *„1: trifft überhaupt nicht zu"*.

Die darauffolgende Abbildung (vgl. Abb. 7.17) zeigt die Evaluierung des **empfundenen Realitätsgrades der XR-Umgebung** („Die erlebte Welt war wie die echte Welt"). Sowohl in der MR- als auch der VR-Gruppe wurden Bewertungen von 1 bis 4 vorgenommen. In der PC-Gruppe dagegen fehlt die vollkommene Zustimmung (Wert 4). Dennoch ähnelt sich die Gesamtbewertung der MR- und PC-Gruppe, da 81 % der MR-Gruppe und 85 % der PC-Gruppe überhaupt nicht oder eher nicht zustimmen, dass die erlebte Welt wie die echte Welt gewesen sei. Bei der VR-Gruppe sind es nur 62 %, die (eher) nicht zustimmen.

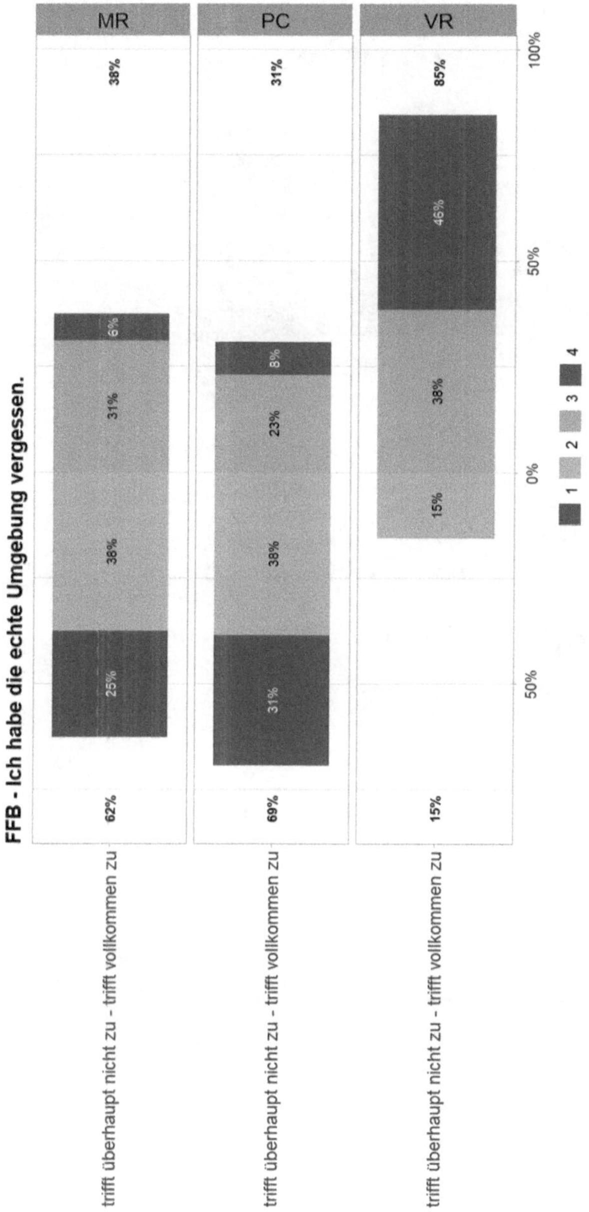

Abb. 7.15 Immersion (FFB Post 5)

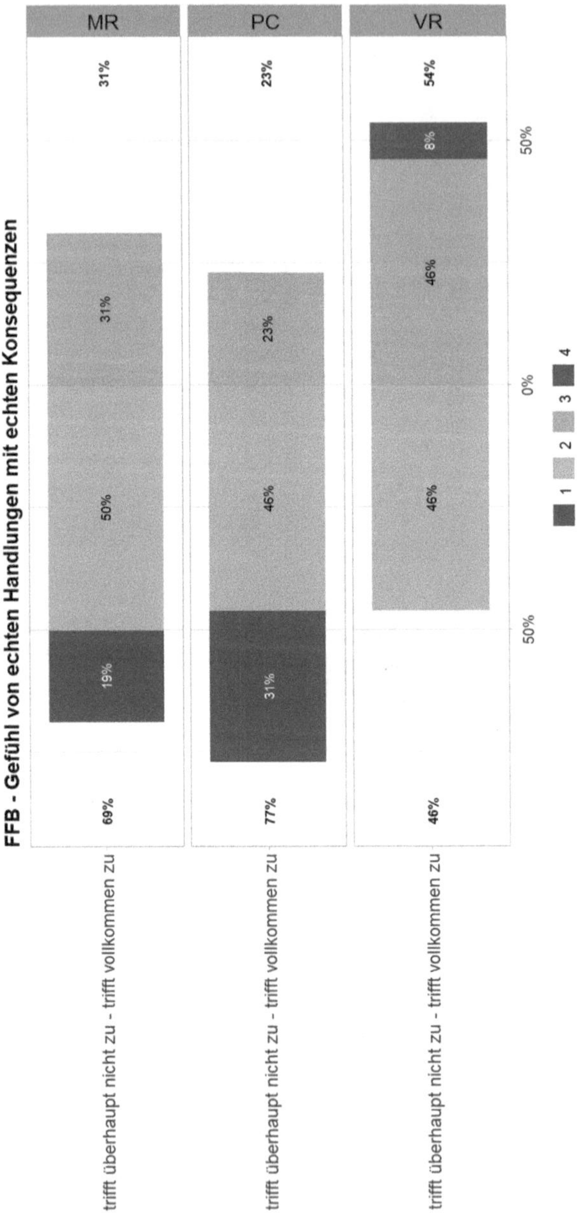

Abb. 7.16 Gefühl von echten Handlungen mit echten Konsequenzen (FFB Post 4)

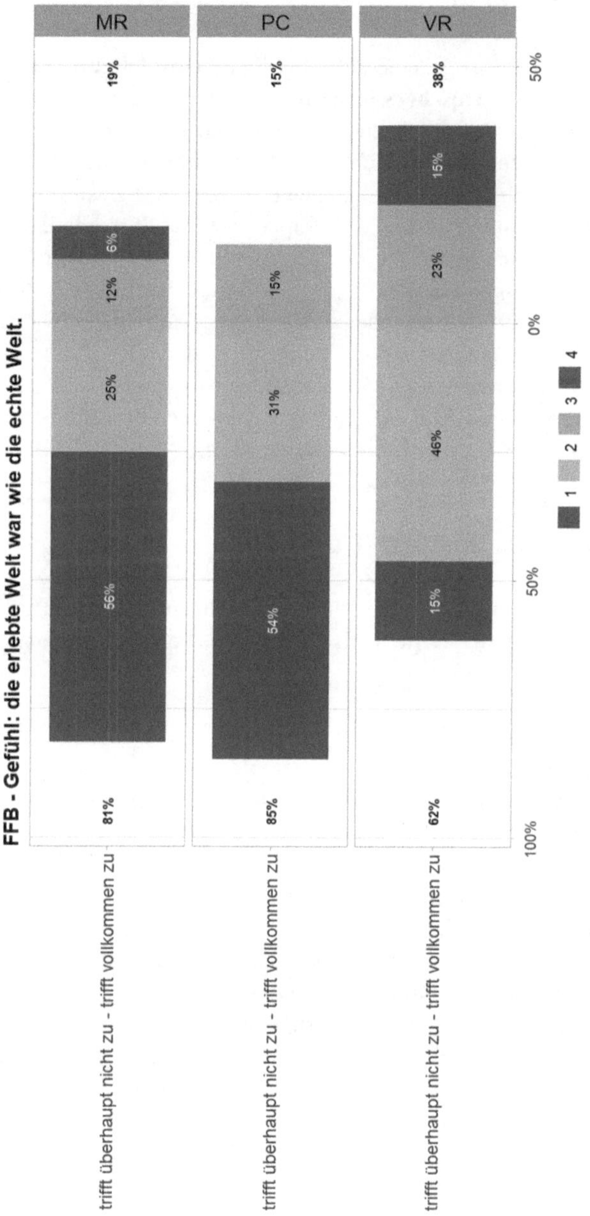

Abb. 7.17 Realitätsgrad der Umgebung (FFB Post 6)

d) **Selbsteinschätzung (FFB):**

Die letzte Frage des Posttests bestand aus einer **Selbsteinschätzung zur adäquaten Benutzung eines Feuerlöschers im Ernstfall**. Die Schüler sollten angeben, ob sie der folgenden Aussage ablehnend oder zustimmend begegnen: „Ich denke, jetzt kann ich einen Feuerlöscher richtig benutzen und mit ihm einen echten Brand löschen" (vgl. Abb. 7.18). Hier kann eine zunehmende Zustimmung beginnend bei der MR- über die PC- zur VR-Gruppe festgestellt werden. 100 % der Befragten der MR-Gruppe geben an, der Aussage eher oder vollkommen zuzustimmen (56 %: „*4: trifft vollkommen zu*", 44 %: „*3: trifft eher zu*"). Bei der PC-Gruppe äußern sich 92 % eher oder vollkommen zustimmend, während 8 % ankreuzen, dass die Aussage eher nicht zutreffe. In der VR-Gruppe findet die Aussage nur bei 67 % Zustimmung (25 %: „*4: trifft vollkommen zu*", 42 %: „*3: trifft eher zu*"), während sich 33 % der Befragten ablehnend positionieren (25 %: „*2: trifft eher nicht zu*", 8 %: „*1: trifft überhaupt nicht zu*").

7.3.2 Kohorte AB (Posttest 1 und 2)

Auch bei der Kohorte AB wurden die Nutzererfahrungen und -bewertungen mithilfe einer Likertskala (hier: Werte 1 bis 6) erhoben. Folgende Aspekte wurden bewertet:

a) **Lernumgebung und -inhalte**
b) **Nutzungserlebnis**
c) **Selbsteinschätzung zur richtigen Bedienung eines Feuerlöschers**
d) **Aspekt der Wiederholung (Erinnerung und Bewertung der Nützlichkeit)**

Bei den nachfolgenden Grafiken ist (genauso wie bei FFB) zu beachten, dass es bei den Prozentangaben zu minimalen Abweichungen von 100 % kommen kann. Diese sind auf etwaige Rundungsfehler hinter der Kommastelle zurückzuführen.

Die Grafiken sind so dargestellt, dass immer dort, wo es möglich ist, eine Grafik zu Posttest 1 und die Entsprechung zu Posttest 2 aufeinanderfolgen. Allerdings gibt es auch Grafiken, die für sich allein stehen, und zwar zu Fragen, die nur im Posttest 1 oder nur im Posttest 2 vorgekommen sind.

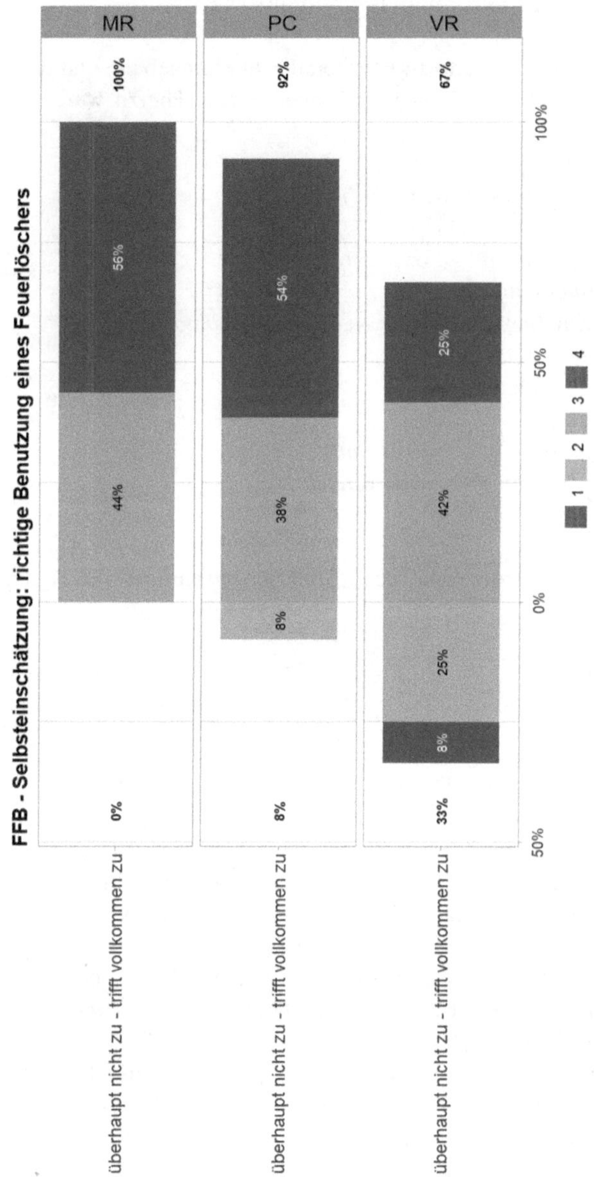

Abb. 7.18 Selbsteinschätzung: richtige Benutzung eines Feuerlöschers (FFB Post 7)

a) **Bewertung der Lernumgebung- und -inhalte (AB)**

Als Erstes erfolgten die Gesamtbewertungen der Lernumgebung und der -inhalte. Sie wurden nur einmalig im Posttest 1 vorgenommen. Hierzu wurden folgende Aspekte evaluiert:

- Gestaltung der Lernumgebung (vgl. Abb. 7.19):
  - „1: *nicht ansprechend*“ – „6: *ansprechend*“
  - „1: *zum Lernen schlecht*“ – „6: *zum Lernen gut*“
  - „1: *konservativ (herkömmlich)*“ – „6: *modern (innovativ)*“
- Lerninhalte (vgl. Abb. 7.20):
  - „1: *uninteressant*“ – „6: *interessant*“
  - „1: *monoton*“ – „6: *abwechslungsreich*“
  - „1: *unnütz*“ – „6: *nützlich*“
- Bewertung der Nützlichkeit des Brandschutztrainings insgesamt (vgl. Abb. 7.21):
  - „1: *gar nicht nützlich*“ – „6: *enorm nützlich*“

Nachfolgende Abbildung (vgl. Abb. 7.19) zeigt, dass die **Bewertung der Gestaltung der Lernumgebung** bei allen drei Gruppen (MR, PC, VR) in allen Kategorien mehrheitlich positiv ausfällt. Die MR- und VR-Umgebungen werden insgesamt positiver bewertet als die PC-Umgebung. Die VR-Umgebung wird als einzige Umgebung zu 100 % als „*eher ansprechend*“ bis „*ansprechend*“ (Wert 4 bis 6) empfunden. Die MR-Umgebung wird am besten in der Kategorie „*zum Lernen schlecht/gut*“ bewertet (93 % positive Stimmen). Bei dem Parameter „*konservativ*“ vs. „*innovativ*“ vergibt die MR-Gruppe die positivste Bewertung und bezeichnet mit 92 % die MR-Umgebung als „*eher innovativ*“ bis „*innovativ*“ (Werte 4 bis 6). Darauf folgt die VR-Gruppe, die die VR-Umgebung mit 82 % als „*eher innovativ*“ bis „*innovativ*“ bewertet, während die PC-Gruppe die PC-Umgebung nur zu 68 % als „*eher innovativ*“ bis „*innovativ*“ bezeichnet.

In der darauffolgenden Abbildung (Abb. 7.20) sind die Ergebnisse der **Evaluierung der Lerninhalte** dargestellt. Alle drei Gruppen bewerten die Inhalte mehrheitlich positiv. Sowohl 100 % der Befragten der MR- als auch der VR-Gruppe bezeichneten die Lerninhalte als *„eher nützlich“* bis *„nützlich“* (Werte 4 bis 6). Bei der PC-Gruppe sind es dagegen nur 63 %. Überhaupt ist die PC-Gruppe die einzige Gruppe, in der die schlechteste Bewertung (Wert 1) in allen drei Kategorien abgegeben wird (18 %: *„uninteressant“*, 11 %: *„monoton“*; 16 %: *„unnütz“*). In den beiden anderen Gruppen VR und MR kommt als negativster Wert nur 2 bzw. 3 vor und diese Bewertungen bleiben stets unter 20 %.

Die **Bewertung der Nützlichkeit des Brandschutztrainings insgesamt** ist in der nachfolgenden Abbildung (Abb. 7.21) dargestellt. Die VR-Gruppe gibt als einzige Gruppe zu 100 % positive Bewertungen ab (Werte 4 bis 6). Es folgt die MR-Gruppe, die zu 87 % für *„eher nützlich“* bis *„enorm nützlich“* (Werte 4 bis 6) stimmt, aber auch zu 13 % für *„weniger nützlich“* (Wert 3). Die PC-Gruppe ist am wenigsten von der Nützlichkeit des Brandschutztrainings überzeugt und 47 % geben eher negative Bewertungen ab (davon wählen 5 % sogar Wert 1: *„gar nicht nützlich“*).

b) **Nutzungserlebnis (AB Posttest 1 und 2):**

Des Weiteren wurde das Nutzungserlebnis evaluiert – und zwar in Bezug auf die folgenden Aspekte:

- **Unterhaltungsfaktor der Lernumgebung**
- **Verständnis der Lerninhalte**
- **Bedienung**
- **Spaßfaktor**
- **Immersion**
- **Präsenz**
- **Gefühl von echten Handlungen mit echten Konsequenzen sowie**
- **empfundener Realitätsgrad der Umgebung**

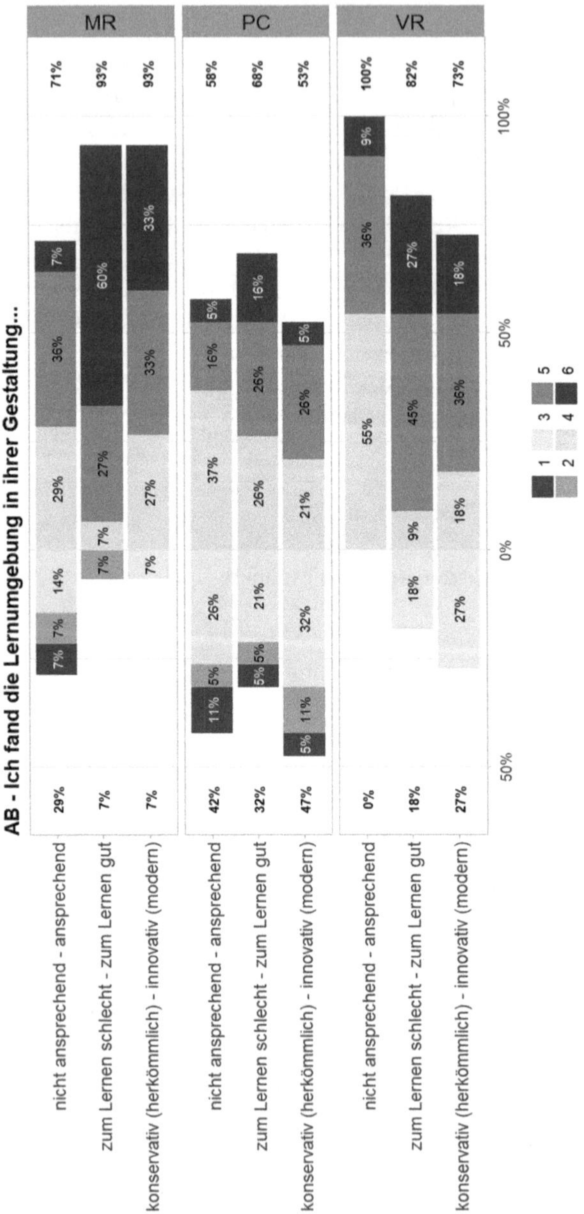

Abb. 7.19 Gesamtbewertung der Lernumgebung (AB 1 Post 1b, c, d)

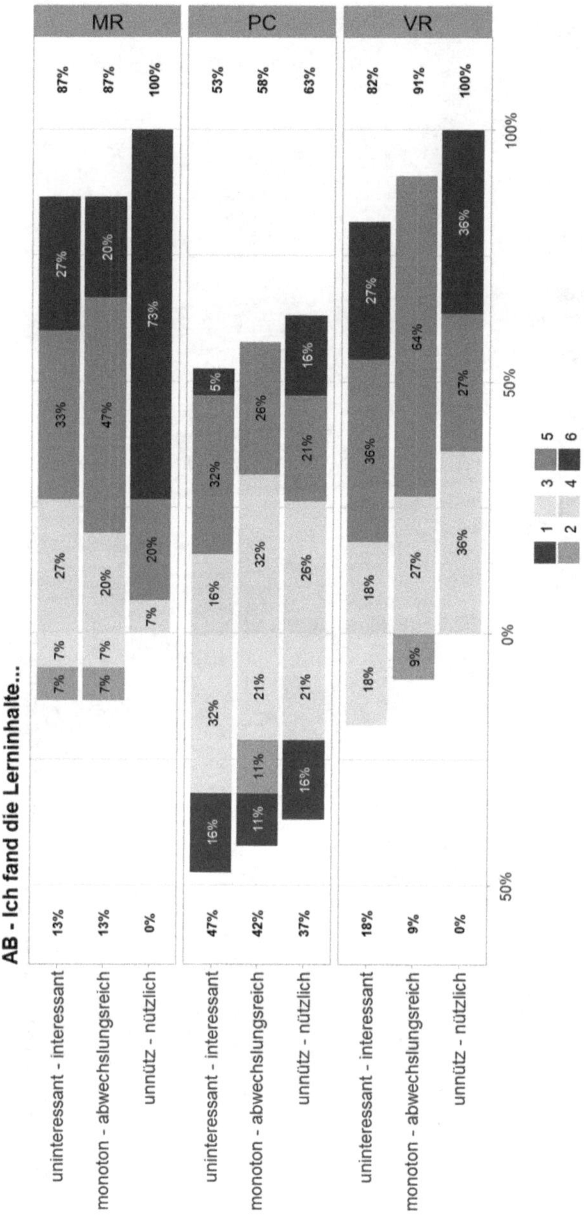

Abb. 7.20 Gesamtbewertung der Lerninhalte (AB 1 Post 2a, b, d)

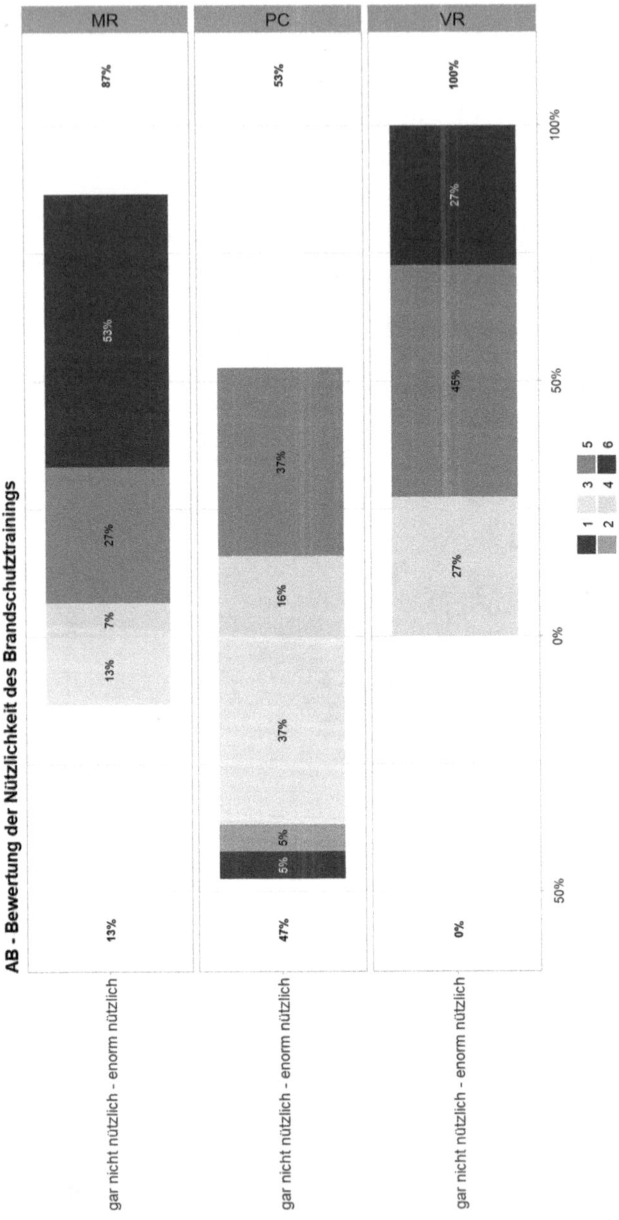

Abb. 7.21 Bewertung der Nützlichkeit des Brandschutztrainings (AB 1 Post 8)

Die Bewertung erfolgte ebenfalls auf Basis der Likertskala von 1 bis 6, entweder mit gegensätzlichen Eigenschaften oder mithilfe der Paarung *„trifft überhaupt nicht zu“* und *„trifft vollkommen zu“*. Alle Aspekte wurden sowohl im Posttest 1 als auch im Posttest 2 abgefragt, sodass nachfolgende Grafiken immer paarweise betrachtet werden können, um ggf. eine Veränderung vom ersten zum zweiten Treatment auszumachen.

Als Erstes ist die Bewertung des **Unterhaltungsfaktors der jeweiligen Lernumgebung** zum ersten und zweiten Testzeitpunkt dargestellt (Abb. 7.22 und Abb. 7.23). Die Befragten mussten zur These „Ich fand die Lernumgebung in ihrer Gestaltung … *1: langweilig* bis *6. spannend*“ Stellung nehmen. Beim ersten Testzeitpunkt (Abb. 7.22) geben die MR- und die VR-Gruppe ähnliche Bewertungen ab, während die PC-Gruppe Auffälligkeiten zeigt. Die Befragten sowohl der MR- als auch der VR-Gruppe geben mehrheitlich positive Stimmen (*„eher spannend“* bis *„spannend“*) ab (MR: 93 %, VR: 91 %). Dagegen finden 68 % der PC-Gruppe die PC-Umgebung *„eher langweilig“* bis *„langweilig“*. Eine ähnliche Gruppenverteilung zeigt sich auch beim zweiten Testzeitpunkt, wo ebenfalls die MR-Gruppe am besten bewertet (75 %: *„eher spannend“* bis *„spannend“*), gefolgt von der VR-Gruppe (70 %) und der PC-Gruppe (25 %). Bei der PC-Gruppe steigt die Bewertung in Richtung des Pols *„langweilig“* sogar auf 75 %. Insgesamt werden also die Lernumgebungen von allen drei Gruppen nach dem zweiten Durchlauf als weniger spannend wahrgenommen, wobei sich das größte Gefälle der positiven Bewertungen bei der VR-Gruppe ergibt (−20 %), gefolgt von der MR-Gruppe (−17 %) und der PC-Gruppe (−7 %).

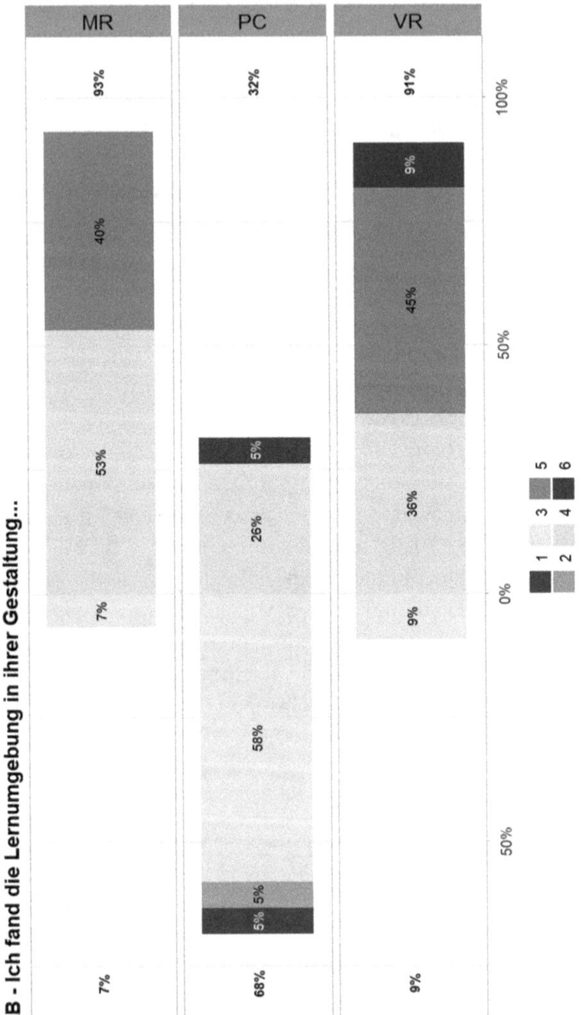

Abb. 7.22 Unterhaltungsfaktor der Lernumgebung (AB 1 Post 1a)

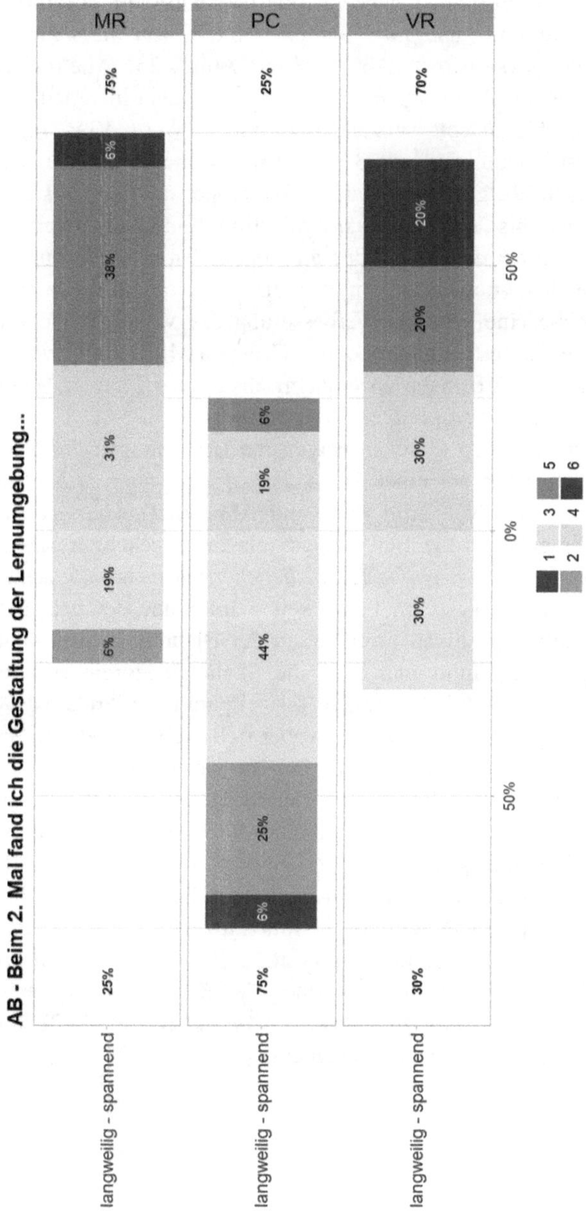

Abb. 7.23 Unterhaltungsfaktor der Lernumgebung beim 2. Mal (AB 2 Post 1)

Zudem wurden die Befragten gebeten, **das (sprachliche) Verständnis der Lerninhalte** zu bewerten – und zwar auf einer Skala von *„1: schwer zu verstehen“* bis *„6: leicht zu verstehen“* (Abb. 7.24 und Abb. 7.25). Alle drei Gruppen geben sowohl zum ersten als auch zum zweiten Testzeitpunkt mehrheitlich an, die Inhalte *„eher leicht“* bis *„leicht“* verstanden zu haben (Werte 4 bis 6). Die MR-Gruppe gibt im ersten Durchlauf zu 93 % und im zweiten Durchlauf zu 100 % positive Bewertungen ab, gefolgt von der VR-Gruppe, die beim ersten Mal zu 91 % für *„eher leicht“* bis *„leicht zu verstehen“* stimmt und beim zweiten Mal zu 90 %. Dagegen geben bei der PC-Gruppe am ersten Testzeitpunkt nur 63 % der Befragten positive Bewertungen ab, am zweiten Testzeitpunkt 69 %. Insgesamt zeigen die Ergebnisse eine deutliche Verbesserung des Verständnisses zwischen dem ersten und zweiten Testzeitpunkt bei den Gruppen MR und PC, wogegen die Befragten der VR-Gruppe beinahe unverändert abstimmen (von 91 % auf 90 % für *„eher leicht“* bis *„leicht zu verstehen“*).

Die nachfolgenden beiden Grafiken zeigen die Bewertungen der **Bedienung der XR-Lernumgebungen** auf einer Skala von *„6: schwierig zu bedienen“* bis *„1: einfach zu bedienen“* (vgl. Abb. 7.26 und Abb. 7.27). Hier ist zu beachten, dass in den Fragebögen die Bewertungsskala in umgekehrter Leserichtung angegeben war (von links „1: *einfach zu bedienen*“, bis rechts *„6: schwierig zu bedienen“*). Aufgrund der besseren Lesbarkeit – im Sinne der bei allen anderen Fragen eingeführten positiven Konnotation der Blautöne – wurde auch hier diese Darstellung weitergeführt und dazu die Skala umgedreht (von 6 bis 1, nicht wie sonst von 1 bis 6). Am ersten Testzeitpunkt variiert die Bewertung der Bedienbarkeit innerhalb der Gruppen, wobei sich die PC- und VR-Gruppe in der Bewertung insgesamt stark ähneln. Die PC-Gruppe stimmt mit 63 % für eine (eher) einfache Bedienung, die VR-Gruppe mit 64 %. Bei der MR-Gruppe geben nur 53 % eine positive Bewertung ab, während 20 % die Bedienung sogar mit *„6: schwierig“* bewerten. Dagegen stimmen am zweiten Testzeitpunkt 100 % der MR- und 100 % der VR-Gruppe für „eher einfach“ bis „einfach zu bedienen“ (Werte 2 und 1). Auch die PC-Gruppe kommt nun besser mit der Bedienung zurecht und die positive Bewertung steigt von 63 % auf 94 %. Man kann also insgesamt feststellen, dass sich die Bewertung der Bedienung vom ersten zum zweiten Nutzungszeitpunkt stark zum Positiven verändert und die Technologien den Probanden einfacher bedienbar erscheinen.

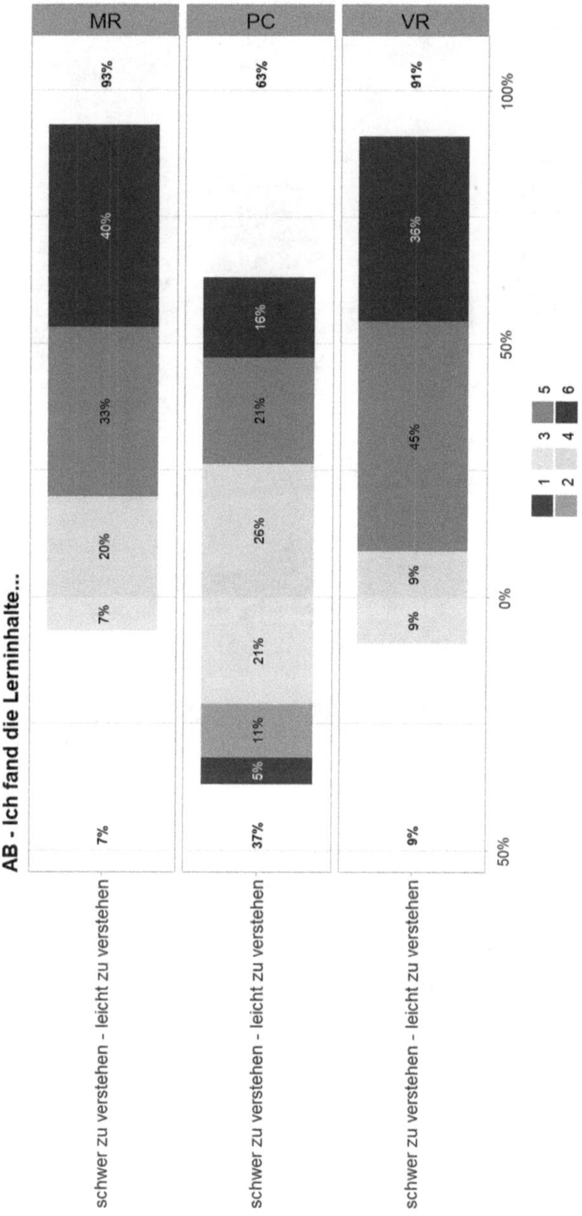

Abb. 7.24 Verständlichkeit der Lerninhalte (AB 1 Post 2c)

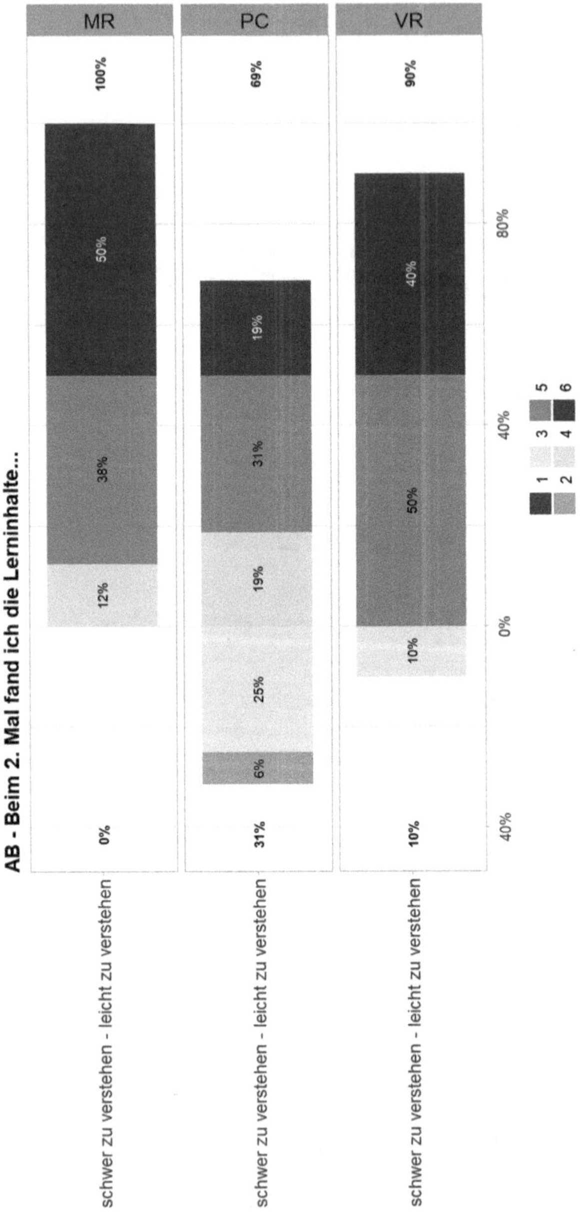

Abb. 7.25 Verständlichkeit der Lerninhalte beim 2. Mal (AB 2 Post 2)

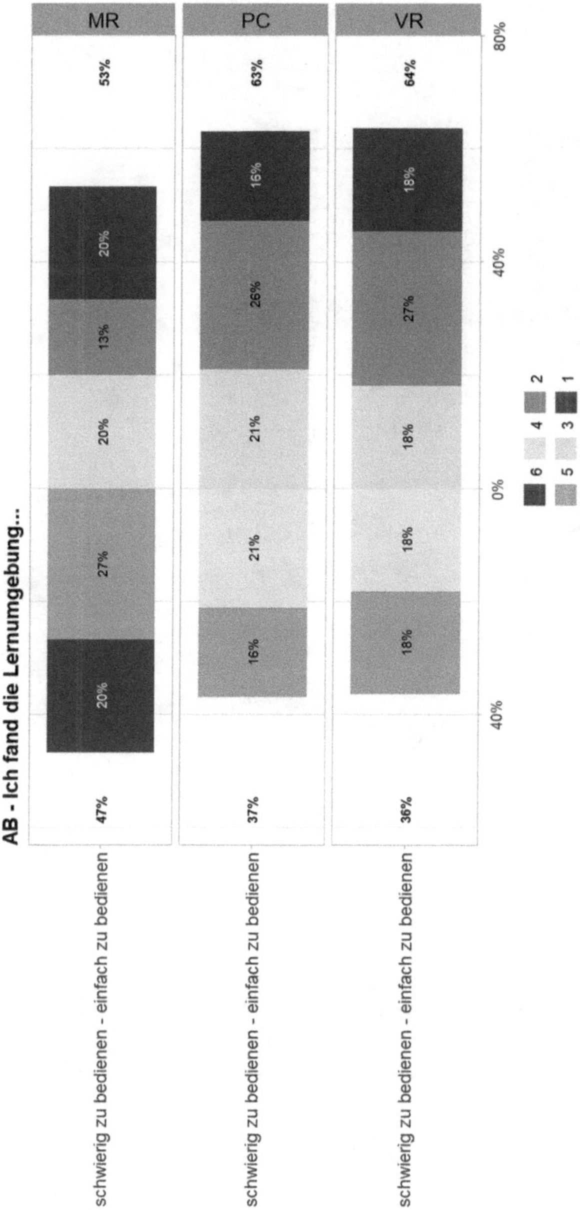

Abb. 7.26 Bewertung der Bedienung (AB 1 Post 1e)

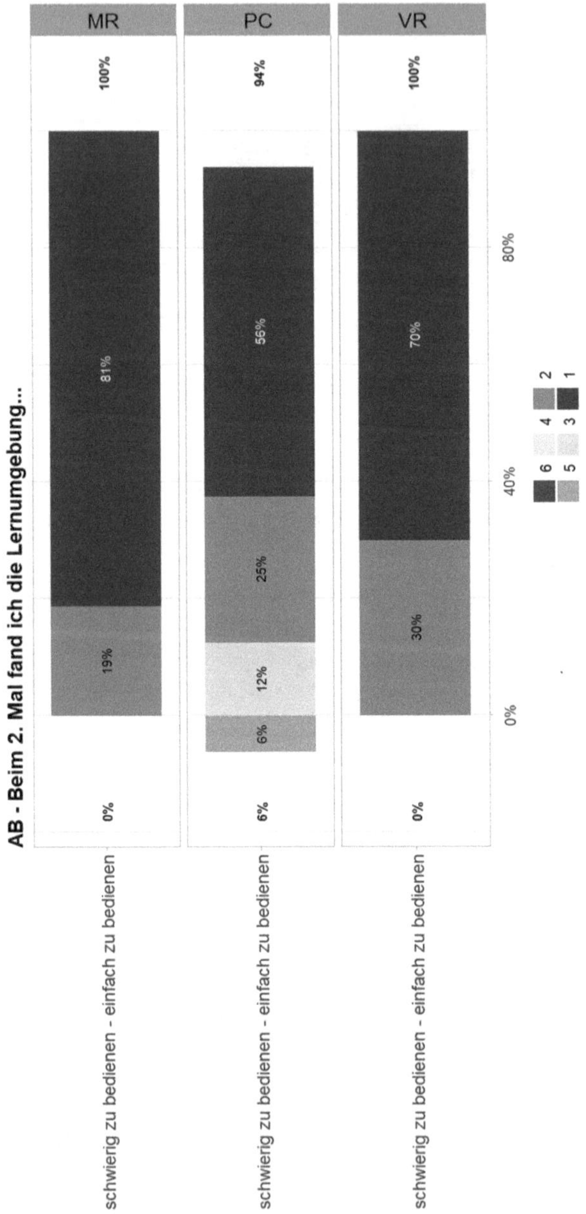

Abb. 7.27 Bewertung der Bedienung beim 2. Mal (AB 2 Post 3)

Den folgenden beiden Grafiken (vgl. Abb. 7.28 und Abb. 7.29) ist die Bewertung des **Spaßfaktors** zu entnehmen. Hier muss beachtet werden, dass sich die Skalen im Posttest 1 und 2 in der Stärke der Pole leicht unterscheiden. Dies wurde erst im Nachhinein festgestellt und verfolgt kein intendiertes Ziel. Bei Posttest 1 konnte eine Bewertung von „*1: gar kein Spaß*" bis „*6: enorm viel Spaß*" vorgenommen werden, im Posttest 2 dagegen reichte die Skala von „*1: wenig Spaß*" bis „*6: viel Spaß*". Die VR-Gruppe gab im ersten Posttest zu 100 % positive Bewertungen ab (Werte 4 bis 6), während die MR-Gruppe zu 87 % für „*(enorm) viel Spaß*" stimmt und die PC-Gruppe zu 63 % positiv abstimmt. Gleichzeitig wählen 16 % der PC-Gruppe die negativsten Werte 1 und 2, also wurde „*gar kein*" bis „*wenig Spaß*" empfunden. Die abgegebene Bewertung beim zweiten Posttest unterscheidet sich vor allem in der PC-Gruppe und in der VR-Gruppe deutlich. Die PC-Gruppe gibt beim zweiten Mal zu 88 % negative Bewertungen ab (Wert 1 bis 3); das Training hat ihnen somit mehrheitlich „*wenig*" bis „*keinen Spaß*" gemacht. Auch bei der VR-Gruppe sinken die positiven Bewertungen, und zwar von 100 % auf 80 %. Bei der MR-Gruppe dagegen nimmt der Spaßfaktor zu. 94 % geben beim zweiten Mal positive Bewertungen ab (Wert 4 bis 6), während es beim ersten Mal nur 87 % waren.

In den nächsten vier Grafiken sind die Bewertungen der **Immersion** (vgl. Abb. 7.30 und Abb. 7.31) und **Präsenz** (vgl. Abb. 7.32 und Abb. 7.33) zum ersten und zweiten Testzeitpunkt dargestellt.

Um einen Hinweis auf den **Immersionsgrad** zu erhalten, mussten die Befragten die These „*Ich habe die echte Umgebung vergessen*" bzw. „*Beim 2. Mal habe ich die echte Umgebung vergessen*" auf einer Skala von „*1: trifft überhaupt nicht zu*" bis „*6: trifft vollkommen zu*" verorten. Am ersten Testzeitpunkt (vgl. Abb. 7.30) unterscheiden sich die MR- und die PC-Gruppe minimal. Die Befragten beider Gruppen geben mehrheitlich an, dass sie die echte Umgebung (eher) nicht vergessen haben (MR-Gruppe: 73 %; PC-Gruppe 74 %) und in beiden Gruppen wählen dabei knapp 30 % den Wert 1 „*trifft überhaupt nicht zu*". Bei der VR-Gruppe hingegen stimmen 55 % dafür, dass die Aussage „*eher*" bis „*vollkommen zutrifft*" (Werte 4 bis 6). Bei den dargestellten Bewertungen des zweiten Testzeitpunkts (vgl. Abb. 7.31) ist zu erkennen, dass sowohl bei der MR- als auch bei der PC-Gruppe mehr Personen Zustimmung zur Ausgangsthese äußern als beim ersten Testzeitpunkt. Bei der VR-Gruppe dagegen nimmt die Zustimmung um 15 % ab. Gleichzeitig kann man feststellen, dass bei der VR-Gruppe 40 % für „*trifft überhaupt nicht zu*" (Wert 1) stimmen.

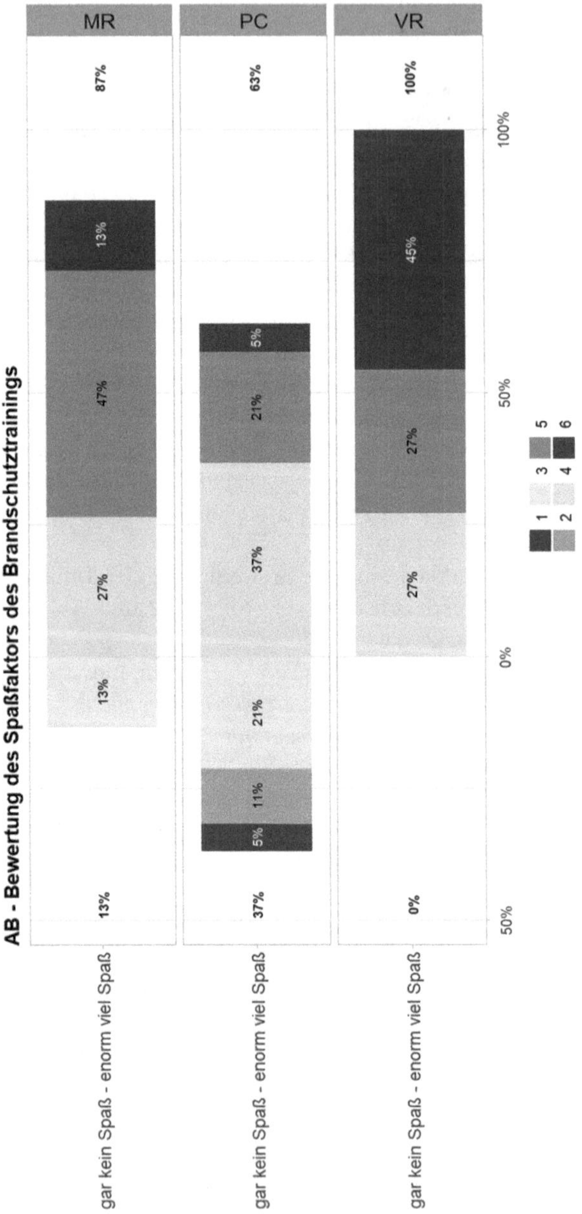

Abb. 7.28 Spaßfaktor (Ab 1 Post 9)

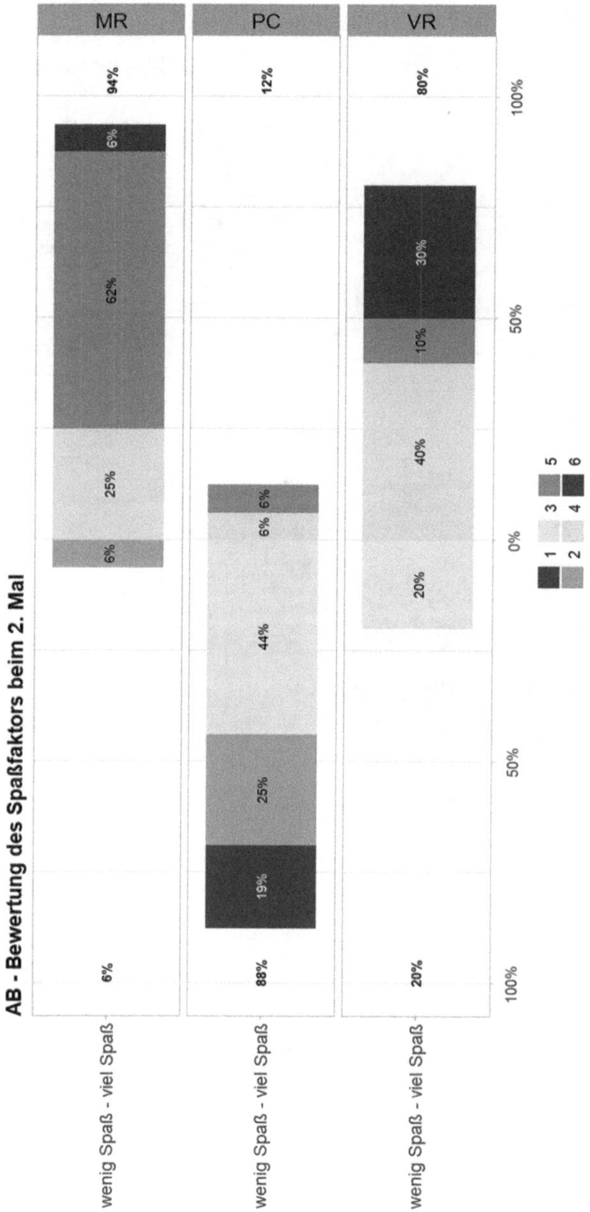

Abb. 7.29 Spaßfaktor beim 2. Mal (AB 2 Post 4)

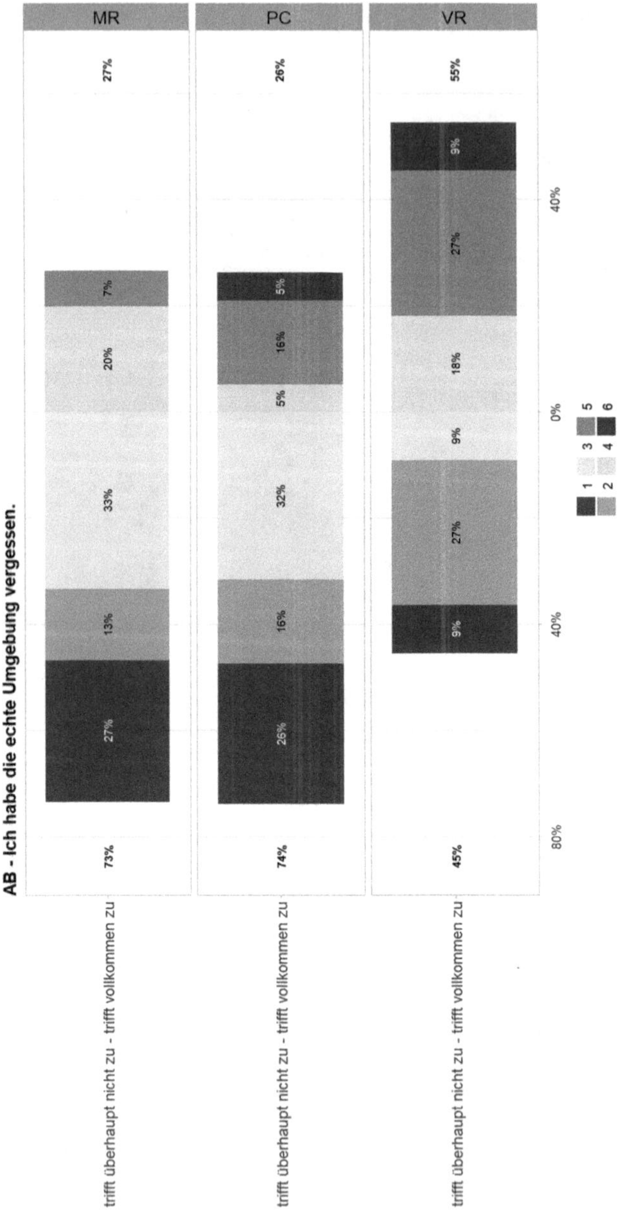

Abb. 7.30 Immersion (AB 1 Post 3)

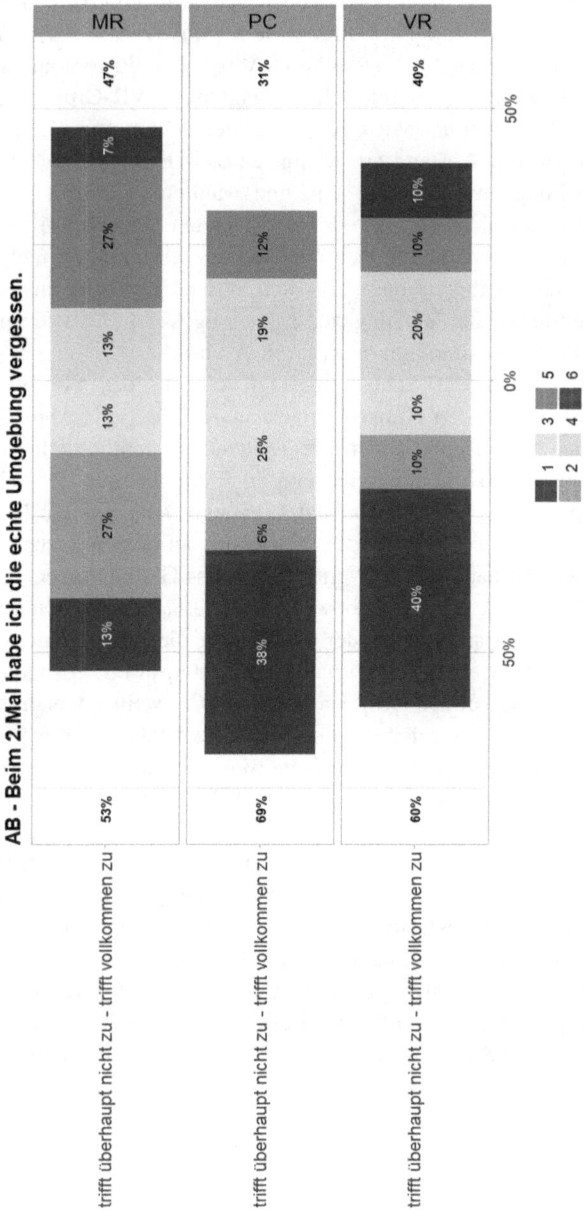

Abb. 7.31 Immersion beim 2. Mal (AB 2 Post 5)

Das **Präsenzgefühl** wurde mithilfe der These *„Ich hatte das Gefühl, körperlich dort anwesend zu sein“* bzw. *„Beim 2. Mal hatte ich das Gefühl, körperlich dort anwesend zu sein“* evaluiert (vgl. Abb. 7.32 und Abb. 7.33). Sowohl am ersten als auch am zweiten Testzeitpunkt äußerten die Befragten der VR-Gruppe am meisten Zustimmung, gefolgt von der MR-Gruppe und der PC-Gruppe. Die Befragten der PC-Gruppe hatten mit Abstand am wenigsten das Gefühl, körperlich in der Desktop-VR-Umgebung anwesend zu sein, und wählten zu einem Drittel den Wert 1 „trifft überhaupt nicht zu“ (32 % bei der ersten Testung, 31 % bei der zweiten Testung). Insgesamt fühlten sich am zweiten Testzeitpunkt mehr Personen der MR- als auch der PC-Gruppe körperlich in der Umgebung anwesend als beim ersten Testzeitpunkt. Bei VR hingegen ist es umgekehrt (73 % Zustimmung beim ersten Mal; 60 % Zustimmung beim zweiten Mal).

Des Weiteren wurden die Schüler befragt, ob sie das **Gefühl** hatten, **echte Handlungen mit echten Konsequenzen** auszuüben (vgl. Abb. 7.34 und Abb. 7.35). Bei der MR-Gruppe geben die Teilnehmer mehrheitlich an, dieses Gefühl gehabt zu haben (67 % am ersten und 56 % am zweiten Testzeitpunkt). Bei der VR-Gruppe sind es beim ersten Mal 45 % und beim zweiten Mal 50 %. Im Gegensatz dazu gibt die Mehrheit der PC-Gruppe an beiden Testzeitpunkten an, (eher) nicht bzw. überhaupt nicht (Werte 1 bis 3) das Gefühl von echten Handlungen mit echten Konsequenzen gehabt zu haben (63 % beim ersten und 69 % beim zweiten Mal). Insgesamt hat bei der VR-Gruppe die Zustimmung (Werte 4 bis 6), vom ersten zum zweiten Testzeitpunkt betrachtet, um 5 % zugenommen, während die Zustimmung bei den Gruppen MR und PC jeweils abgenommen hat.

Zudem sollten die Befragten **den empfundenen Realitätsgrad der jeweiligen XR-Umgebung** anhand der These *„Die erlebte Welt war wie die echte Welt“* bzw. *„Beim 2. Mal war die erlebte Welt wie die echte Welt“* bewerten (vgl. Abb. 7.36 und Abb. 7.37). Sowohl beim ersten als auch beim zweiten Testzeitpunkt stimmt die PC-Gruppe am wenigsten bzw. überhaupt nicht zu und wählt mehrheitlich den Wert 1 bis 3 (74 % beim ersten Mal, 81 % beim zweiten Mal). Überhaupt stimmen am ersten Testzeitpunkt alle Gruppen mehrheitlich eher nicht oder überhaupt nicht zu (MR-Gruppe: 67 %, PC-Gruppe: 74 % und VR-Gruppe: 64 %), während am zweiten Testzeitpunkt die Mehrheit der VR-Gruppe von 60 % zustimmende Werte (4 bis 6) wählt. Die Bewertung der MR-Gruppe fällt am zweiten Testzeitpunkt zu 50 % zustimmend und zu 50 % ablehnend aus.

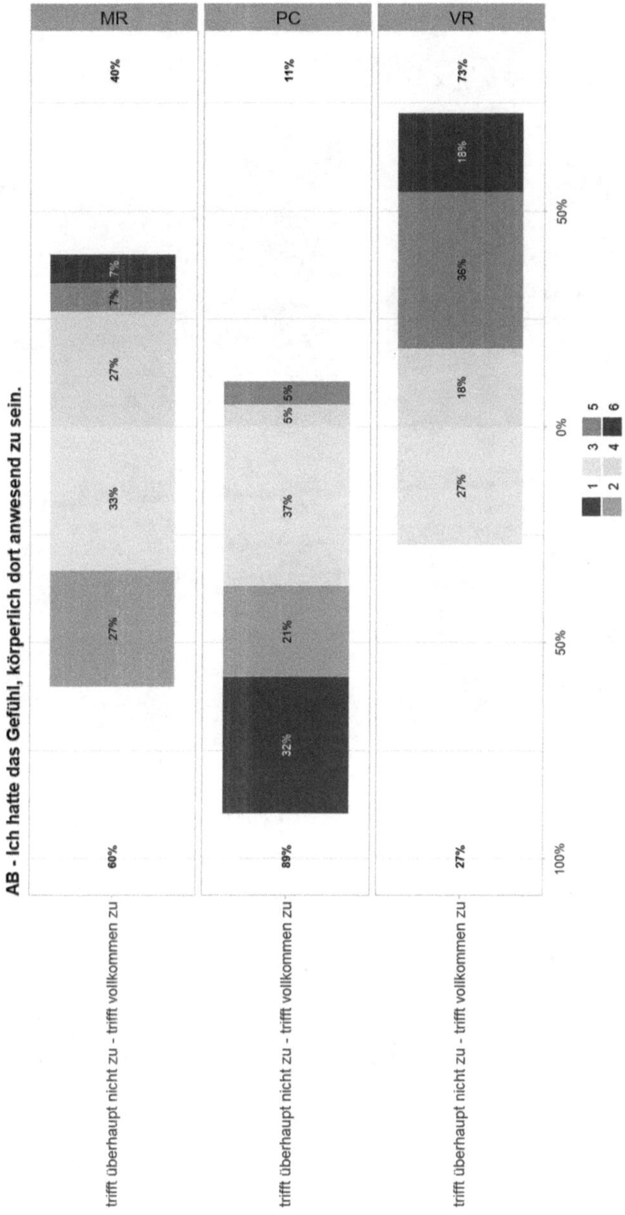

Abb. 7.32 Präsenz (AB 1 Post 4)

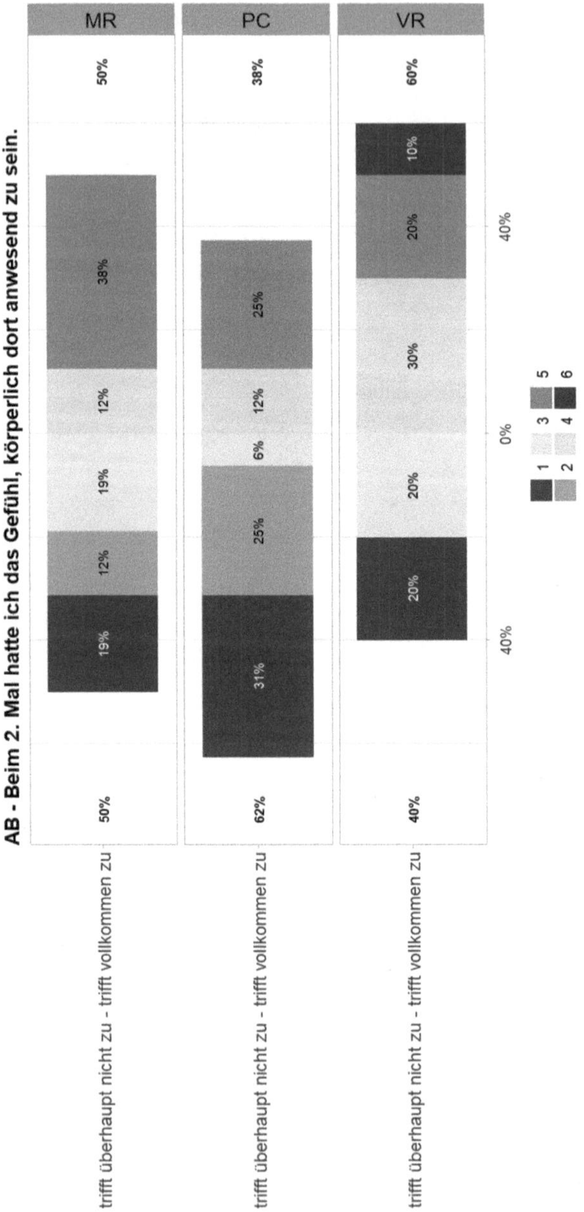

Abb. 7.33 Präsenz beim 2. Mal (AB 2 Post 6)

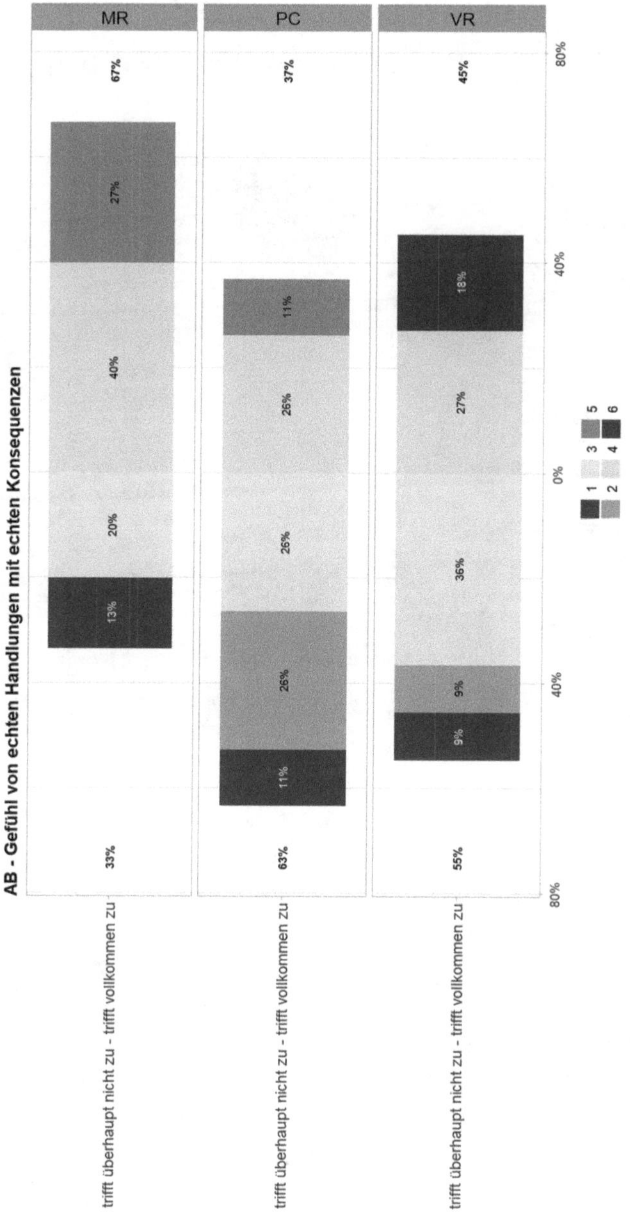

Abb. 7.34 Gefühl von echten Handlungen mit echten Konsequenzen (AB 1 Post 5)

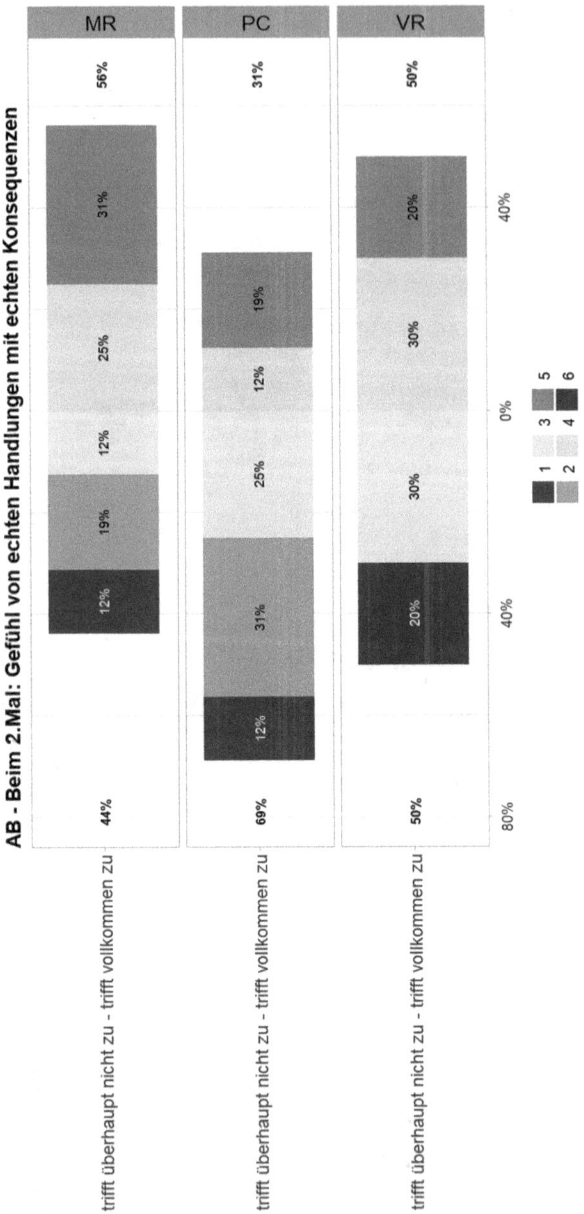

Abb. 7.35 Gefühl von echten Handlungen mit echten Konsequenzen beim 2. Mal (AB 2 Post 7)

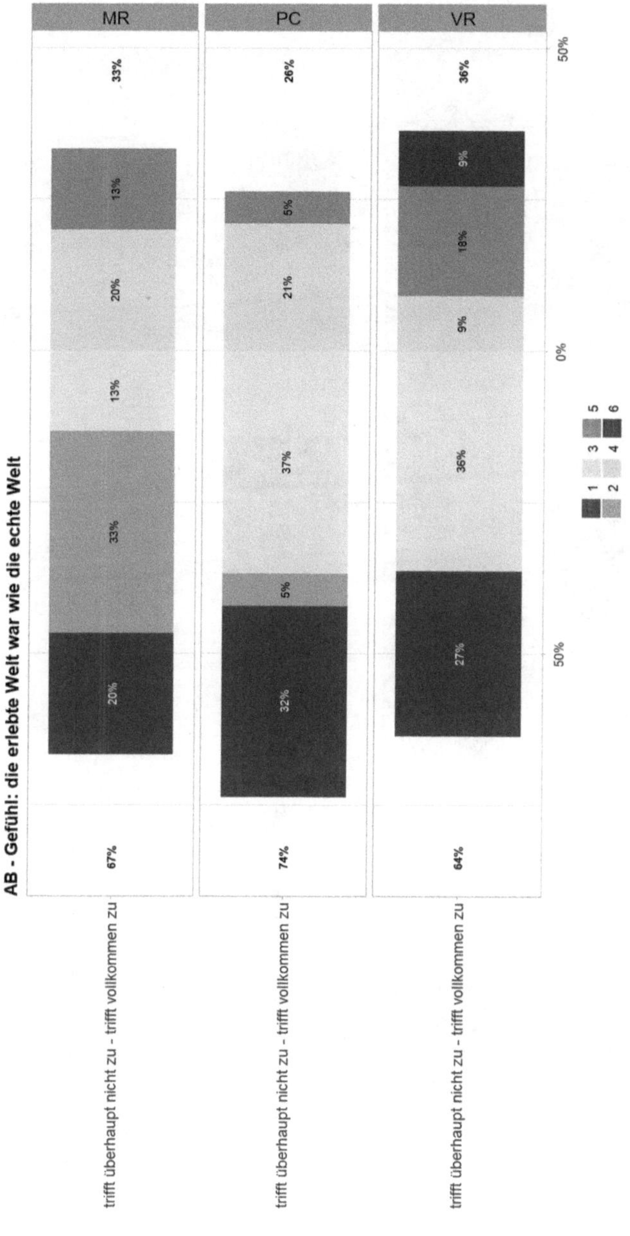

Abb. 7.36 Realitätsgrad der XR-Umgebung (AB 1 Post 6)

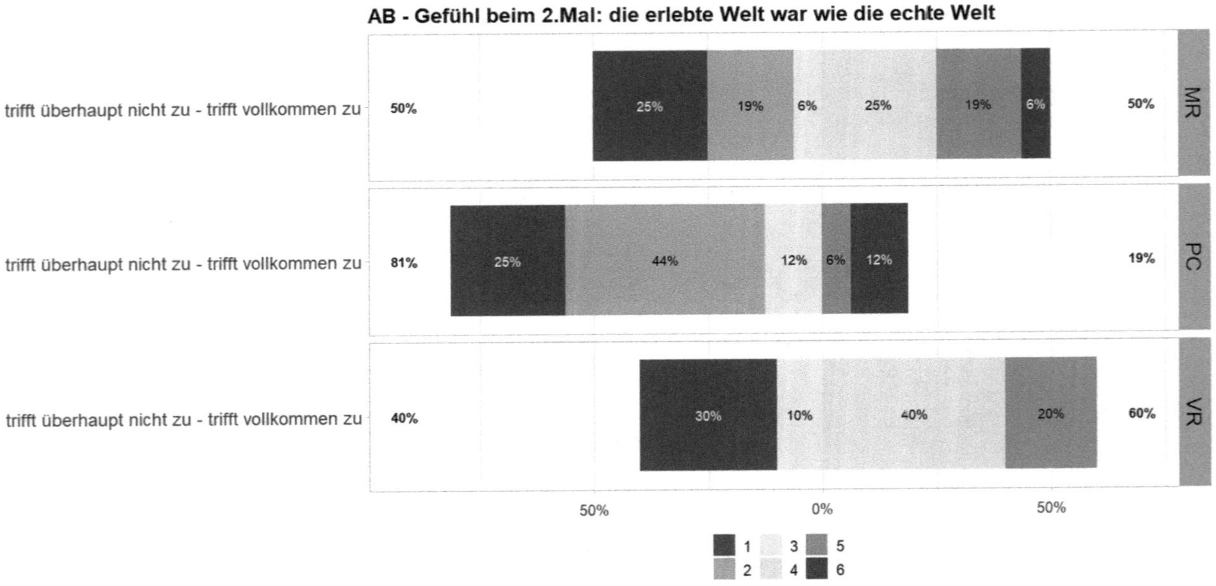

Abb. 7.37 Realitätsgrad der XR-Umgebung beim 2. Mal (AB 2 Post 8)

c) **Selbsteinschätzung (AB):**

Eine weitere Frage in den Posttests betrifft die **Selbsteinschätzung zur adäquaten Benutzung eines Feuerlöschers im Ernstfall** (vgl. Abb. 7.38 und Abb. 7.39). Die Befragten sollten angeben, ob sie der folgenden Aussage ablehnend oder zustimmend begegnen: „*Ich denke, jetzt kann ich einen Feuerlöscher richtig benutzen und mit ihm einen echten Brand löschen*“ bzw. „*Ich denke, jetzt, nach dem 2. Mal Training, kann ich einen Feuerlöscher richtig benutzen und mit ihm einen echten Brand löschen*“. Sowohl am ersten als auch am zweiten Testzeitpunkt stimmen alle Gruppen der Aussage mehrheitlich zu (Werte 4 bis 6). Bei der PC-Gruppe allerdings kommt diese Mehrheit am ersten Testzeitpunkt nur knapp zustande (53 %). Hier trauen sich 47 % die richtige Benutzung im Ernstfall überhaupt nicht bis eher nicht zu (Werte 1 bis 3). Beim zweiten Mal sinkt dieser ablehnende Anteil auf 38 %. Auch bei der MR-Gruppe nimmt er von 20 % beim ersten auf 0 % beim zweiten Mal ab. Anders formuliert, trauen sich 100 % der MR-Gruppe nach dem zweiten Durchlauf eine richtige Benutzung des Feuerlöschers im Ernstfall zu. Bei der VR-Gruppe sind es beide Male unverändert 80 %, die Zustimmung äußern (Werte 4 bis 6). Insgesamt steigt also vom ersten zum zweiten Mal bei der MR und PC-Gruppe das Selbstvertrauen, während bei der VR-Gruppe die zustimmenden Werte (4 bis 6) jeweils gleichbleiben (80 %). Allerdings werden auch bei der VR-Gruppe die nicht zustimmenden Bewertungen moderater und nähern sich der Mitte an (beim ersten Mal macht der Wert 1 insgesamt 10 % aus, beim zweiten Mal ist 2 der negativste Wert).

d) **Aspekt der Wiederholung (Erinnerung an Inhalte und Bewertung der Nützlichkeit, AB Posttest 2)**

In den folgenden beiden Abbildungen (Abb. 7.40 und Abb. 7.41) sind die Bewertungen der Schüler zu folgenden Thesen – sinnvollerweise ausschließlich im zweiten Posttest vorkommend – dargestellt:

- **Selbsteinschätzung: Erinnerung an die Inhalte des 1. Brandschutztrainings** (vgl. Abb. 7.40)

  „*Ich hatte das Gefühl, ich kann mich an die Inhalte des PC-gestützten Brandschutztrainings vom ersten Mal gut/schlecht erinnern*“

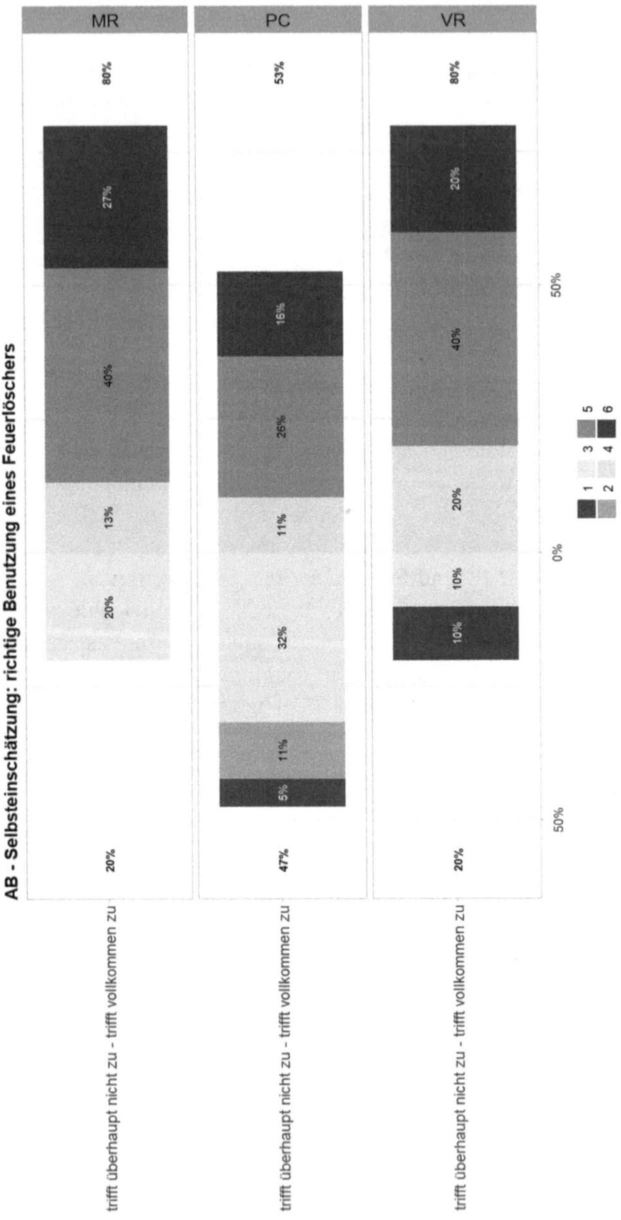

Abb. 7.38 Selbsteinschätzung: richtige Benutzung des Feuerlöschers (AB 1 Post 7)

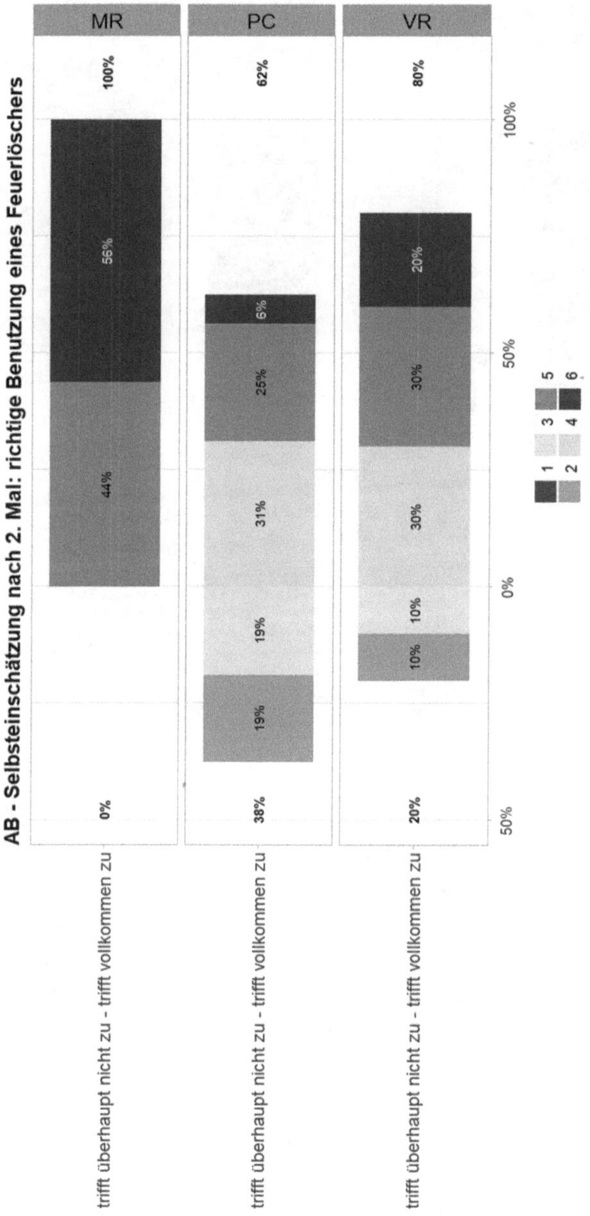

Abb. 7.39 Selbsteinschätzung beim 2. Mal: richtige Benutzung eines Feuerlöschers (AB 2 Post 11)

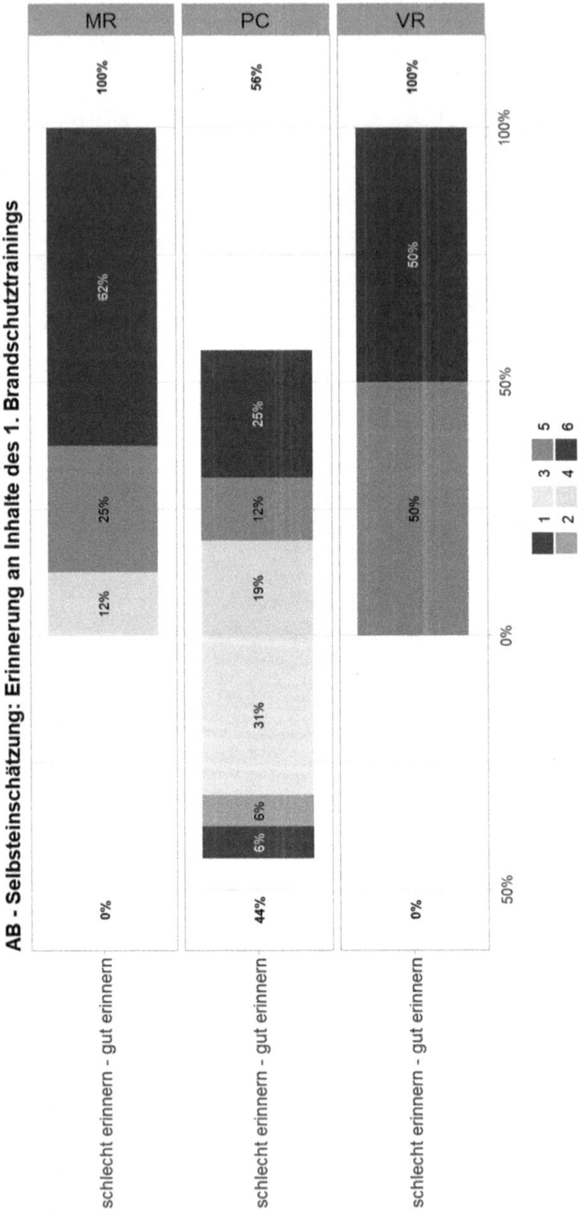

Abb. 7.40 Selbsteinschätzung: Erinnerung an Inhalte vom 1. Mal (AB 2 Post 9)

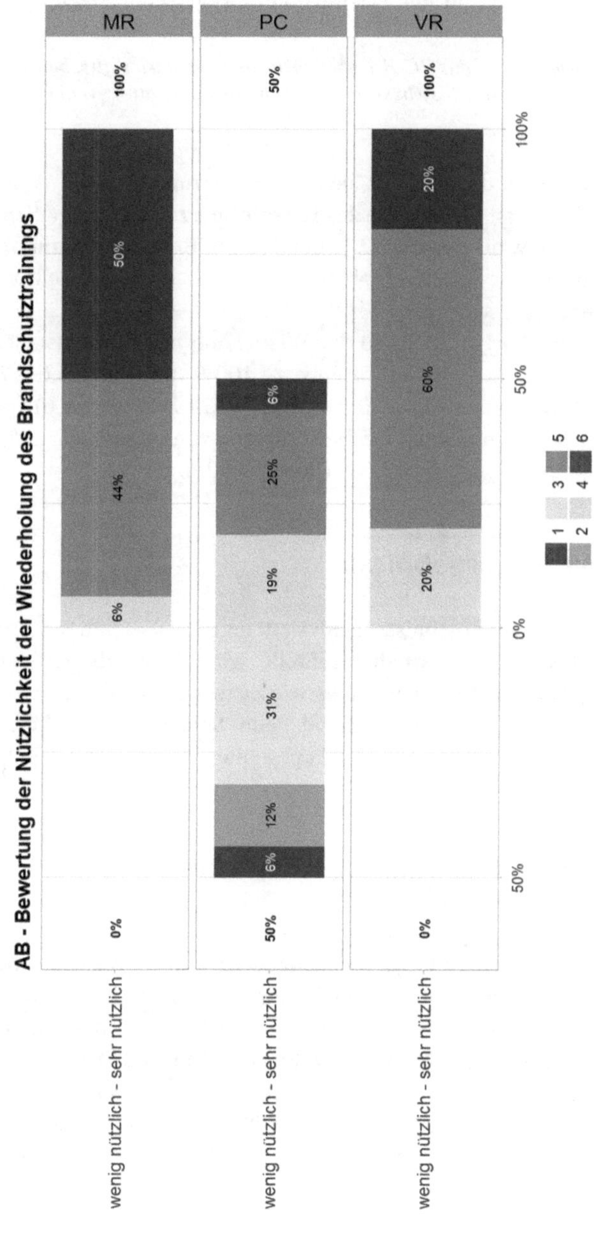

Abb. 7.41 Bewertung der Nützlichkeit der Wiederholung (AB 2 Post 10)

- **Bewertung der Nützlichkeit der Wiederholung** (vgl. Abb. 7.41):

> *„Dass ich ein zweites Mal das PC-Brandschutztraining machen sollte, bewerte ich für das nachhaltige Lernen (also besseres Erinnern an die Inhalte): wenig nützlich/ sehr nützlich"*

Es zeigt sich, dass sowohl die MR- als auch die VR-Gruppe zu 100 % angeben, sich *„eher gut"* bis *„gut"* an die **Inhalte des 1. Trainings zu erinnern** (Werte 4 bis 6). Bei der MR-Gruppe wählen sogar 62 % den Wert 6. Bei der PC-Gruppe geben nur 56 % zustimmende Bewertungen ab, während sich 12 % schlecht erinnern können (Werte 1 und 2).

Bei der **Bewertung der Nützlichkeit der Wiederholung** ist festzustellen, dass sich sowohl die MR- als auch die VR-Gruppe zu 100 % positiv äußern (Werte 4 bis 6) und bei der MR-Gruppe sogar 50 % für *„sehr nützlich"* (Wert 6) stimmen. Bei der PC-Gruppe dagegen reichen die Bewertungen von *„wenig nützlich"* (Wert 1 und 2: 18 %) bis hin zu *„sehr nützlich"* (Wert 5 und 6: 31 %).

7.4 Analyse der Ergebnisse

Im Folgenden werden die Ergebnisse analysiert und im Anschluss werden die Forschungsfragen beantwortet. An dieser Stelle wird nochmals auf den Charakter einer Stichprobenuntersuchung hingewiesen sowie darauf, dass in einer Vergleichsgruppe maximal 16 und minimal neun Schüler waren. Vor diesem Hintergrund müssen auch die prozentual dargestellten Nutzererfahrungen (siehe Abschn. 7.4.3) interpretiert werden.

7.4.1 Gesamtleistungen der Nutzungsgruppen (PC I Desktop-VR I MR)

Die erhobenen Mittelwerte der Gesamtleistungen der Testgruppen im Vergleich (vgl. Abschn. 7.2.1) zeigen, dass sowohl im einmaligen Treatment in FFB als auch in den beiden Treatments in AB (AB 1 und AB 2) **die MR-Gruppe** die **besten Leistungen** erzielt, **gefolgt von der PC-Gruppe und der VR-Gruppe**. Die Mittelwerte aller Gruppen, sowohl in FFB als auch in AB, bleiben unter der beschriebenen Voraussetzung der Versuchszählung[15] bei den insgesamt neun Aufgaben unter 0,81 (als höchster Wert der VR-Gruppe, AB 1). Das heißt, dass die Probanden in allen Gruppen im Mittel überwiegend bereits im ersten

[15] Je niedriger die Versuchszahl, desto niedriger der Wert, desto besser die Leistung.

oder spätestens im zweiten Versuch die korrekten Lösungen erzielten. Folgende Signifikanzen haben sich herausgestellt:

a) Kohorte **FFB**: Die **MR-Gruppe** erzielt **signifikant bessere Leistungen** als die **VR-Gruppe** (*p < 0,001*).
b) Kohorte **AB 1**: Die **MR-Gruppe** erzielt **signifikant bessere Leistungen** als die **PC-Gruppe** (*p = 0,008)* und die **VR-Gruppe** (*p = 0,020*).
c) Kohorte **AB 2**: Die **MR-Gruppe** erzielt **signifikant bessere Leistungen** als die **PC-Gruppe** (*p = 0,033*) und die **VR-Gruppe** (*p = 0,028*).

Das heißt, dass sich die **1. Hypothese** insofern bestätigt hat, als sich **alle Nutzungsgruppen in ihren Gesamtleistungen (bei AB: sowohl im ersten als auch zweiten Treatment) unterscheiden**. Auch die Annahme, dass **MR in allen Treatments die besten Leistungen** erzielt, hat sich **bewahrheitet. Nicht bestätigt hat sich die angenommene Reihung: MR besser als VR besser als PC.** Die **VR-Gruppe zeigt in allen Treatments (FFB, AB 1 und AB 2) die schlechtesten Leistungen.**

Dass sich die Gruppen in ihren Gesamtleistungen unterscheiden und die MR-Gruppe signifikant bessere Leistungen als die PC-Gruppe und die VR-Gruppe erzielt, wurde erwartet und rückt die Bedeutung der Wirkungskonzepte der Interaktion und Multimodalität bzw. Senso-Motorik in den Vordergrund (vgl. Abschn. 4.2.2). Auf Basis der EMBODIED- und ENACTED-These wurde angenommen, dass die MR-Gruppe die besten Leistungen zeigen würde, denn die Verknüpfung motorischer und kognitiver Prozesse wird durch Haptik verstärkt, wodurch eine tiefere Verarbeitung und Speicherung von Sprach- und Handlungsinformationen möglich werden. Wie in Abschn. 5.3.3 dargestellt wurde, ist nach der „strong embodiment"-Auffassung (vgl. Kap. 2) die reale Haptik lernförderlicher als die symbolisch-grafische Repräsentation, die bei VR mit VR-Brille und Desktop-VR zum Tragen kommt. Die Lerner interagieren mit den Objekten selbst und nicht nur indirekt über ein Interface und müssen auch keine zusätzliche Hardware am Körper tragen wie eine VR-Brille. Allerdings zeigt sich auch, dass die direkte Haptik nicht zwingend mit einer als einfach empfundenen Bedienung einhergeht (siehe: Nutzererfahrung/Teilaspekt: Bedienung).

Dass jedoch die VR-Gruppe in allen Treatments schlechter abgeschnitten hat als die PC-Gruppe, statt wie angenommen besser, soll gesondert im Folgenden beleuchtet werden. Ausgangspunkt war hierbei die Annahme, dass vor dem Hintergrund der Immersion und Präsenz die VR-Gruppe besser abschneiden würde als die PC-Gruppe. Allerdings wurde bereits hervorgehoben, dass die Forschungsliteratur noch keine abschließenden Erkenntnisse darüber liefert, welche Faktoren genau Immersion fördern und wie sie als Schlüsselfaktor belegt werden kann (vgl. Abschn. 5.1.6). Dass die VR-Gruppe in allen Treatments schlechtere Leistungen gezeigt hat als die PC-Gruppe, könnte mit den Besonderheiten der VR-Technologie zusammenhängen. Es wird ein vollkommen neuer Raum eröffnet, in dem sich die Lerner, abgeschnitten von der bekannten Umgebung, erst zurechtfinden müssen (EMBEDDED-These). Dies benötigt Aufmerksamkeit, die für die Bewältigung der Aufgaben nicht mehr zur Verfügung steht. Bei der PC-Gruppe, die am Desktop arbeitet, bleibt die reale Umgebung stets im Blickfeld bestehen, der Lerner bleibt statisch auf seinem Stuhl sitzen und die physische Einbindung findet weniger stark statt. Zudem ist der Computer an Schulen ein mittlerweile etabliertes Lernmedium und weitestgehend aus der Freizeit bekannt. So geben 75,9 % der Kohorte FFB und 73,5 % der Kohorte AB im Vortest an, Erfahrung im Computerspielen zu haben (vgl. Abb. 7.6). Diese Faktoren könnten gemeinsam dazu beigetragen haben, dass die VR-Gruppe schlechter abgeschnitten hat als die PC-Gruppe.

Die **1. Forschungsfrage** kann also wie folgt beantwortet werden:
Ja, die Nutzungsgruppen (PC| VR | MR) unterscheiden sich in ihren Gesamtleistungen im ersten und zweiten Durchlauf. In allen Treatments (FFB, AB 1 und AB 2) schneidet die MR-Gruppe am besten ab, gefolgt von der PC-Gruppe und der VR-Gruppe.

Treatment 1:

- **In FFB** zeigt sich ein signifikanter Unterschied zwischen der MR-Gruppe und der VR-Gruppe (die **MR-Gruppe ist signifikant besser als die VR-Gruppe**).
- **In AB 1** zeigt sich ein signifikanter Unterschied zwischen der MR-Gruppe und der PC-Gruppe sowie zwischen der MR-Gruppe und der VR-Gruppe (die **MR-Gruppe ist signifikant besser als die PC-Gruppe und als die VR-Gruppe**).

Treatment 2:

- **In AB 2** zeigt sich ein signifikanter Unterschied zwischen der MR-Gruppe und der PC-Gruppe sowie zwischen der MR-Gruppe und der VR-Gruppe (die **MR-Gruppe ist signifikant besser als die PC-Gruppe und als die VR-Gruppe**).

7.4.2 Individualleistungen innerhalb der Nutzungsgruppen

Wie in Abschn. 7.2.2 dargestellt ist, wurde mit einem T-Test untersucht, wie sich die Individualleistungen je nach Gruppe bei den zeitversetzten Treatments in AB (eine Woche Abstand) verändert haben, um die Entwicklung über die Zeit hinweg in den Blick zu nehmen. Dabei zeigt sich, dass sich **die individuellen Leistungen innerhalb aller Gruppen (PC, MR, VR) vom ersten zum zweiten Treatment signifikant verbessert haben (PC-Gruppe: $\Delta = 0{,}32$, $p<0{,}003$; MR-Gruppe: $\Delta = 0{,}27$, $p<0{,}001$; VR-Gruppe: $\Delta = 0{,}41$, $p = 0{,}005$).** Das heißt, dass die **VR-Gruppe die stärkste Leistungssteigerung** aufweist, während die PC-Gruppe und die MR-Gruppe zwar ebenfalls Verbesserungen verzeichnen, aber in geringerem Maße. Damit hat sich die zweite Hypothese bestätigt.

Die **2. Hypothese** hat sich bestätigt und die **2. Forschungsfrage** kann wie folgt beantwortet werden: Die **individuellen Leistungen innerhalb aller Nutzungsgruppen (MR, VR, PC)** haben sich **signifikant vom ersten zum zweiten Treatment (AB1, AB2) verbessert**. Dabei haben sich die **Individualleistungen** innerhalb der **VR-Gruppe am stärksten verbessert** (gefolgt von der PC-Gruppe und der MR-Gruppe).

Grundlage der Hypothesenbildung (vgl. Abschn. 5.3.3) war die Annahme, dass sich der Aspekt der Wiederholung im Sinne der EMBODIED- (und ENACTED-) These positiv auf die Entwicklung der Individualleistungen auswirken könnte, da sich die Wissensspur sowohl auf theoretischer als auch auf praktischer Ebene vertieft. Zudem wurde gemäß der Forschungsliteratur (vgl. Pinto et al. 2021:12; Yu et al. 2022:216; LI/Wong 2021; Huang et al. 2021) vermutet, dass die Bedienung der Technologie beim zweiten Mal als einfacher empfunden wird und sich die Lerner dadurch besser auf die Inhalte konzentrieren können. Da nicht direkt evaluiert werden kann, ob explizit der Aspekt der Wiederholung zur Verbesserung der Leistungen geführt hat, wurden die Schüler befragt, ob sie die Wiederholung als nützlich empfunden haben. Sowohl die VR-Gruppe als auch die MR-Gruppe bewerten zu 100 % die Durchführung der Wiederholung als nützlich, wogegen diese Meinung nur 50 % der PC-Gruppe vertreten. Bei der Frage, ob die Bedienung als einfach oder kompliziert eingeschätzt wird, stellt sich heraus, dass die VR-Technologie zwar bereits zum ersten Zeitpunkt von 64 % der VR-Gruppe als (eher) einfach zu bedienen bewertet wird, jedoch am zweiten Zeitpunkt von 100 %. Bei der MR-Gruppe empfinden zum zweiten Zeitpunkt ebenfalls 100 % die Technologie als (eher) einfach zu bedienen, während es zum ersten Testzeitpunkt nur 53 % sind. Bei der PC-Gruppe vertreten zum ersten Zeitpunkt 63 % der Probanden die Meinung, dass die Desktop-VR (eher) einfach zu bedienen ist, beim zweiten Testzeitpunkt steigt die Prozentzahl auf 94 %. Diese Ergebnisse bestätigen die Annahme, dass die Bedienung der Technologie beim zweiten Mal von allen Gruppen als einfacher empfunden wird, und korrelieren damit, dass sich die Individualleistungen aller Gruppen vom ersten zum zweiten Treatment verbessert haben. Interessant wäre weiterführend, ob sich bei einer dritten und vierten Wiederholung die individuelle Lernleistungen der VR-Gruppe weiter bzw. am stärksten im Gruppenvergleich verbessern würde. Denn dann könnte man davon ausgehen, dass die VR-Technologie langfristig eine besonders lernförderliche Wirkung hat und möglicherweise effektiver ist als die Vergleichstechnologien MR und Desktop-VR.

7.4.3 Nutzererfahrung (User Experience, UX)

Im Folgenden wird auf die in den Posttests erhobenen Nutzererfahrungen (vgl. Abschn. 7.3) eingegangen, indem sie entlang der Hypothesen-Struktur analysiert werden.

1. <u>**Bedienung der Technologie**</u>

Zuerst soll beschrieben werden, wie die **Kohorte FFB** die Technologiebedienung empfindet. Es zeigt sich, dass alle Gruppen (PC, MR, VR) mehrheitlich die Bedienung als (eher) einfach empfinden. Geht man von den positiven Bewertungen (also 3 und 4 der Likertskala aus), kann die Reihung „PC – MR – VR“ vorgenommen werden, wobei sich die Gruppen MR und VR nur geringfügig unterscheiden (vgl. Abb. 7.11). Die Bewertung der PC-Gruppe hebt sich von den beiden Vergleichsgruppen ab, da sie die einzige Gruppe ist, die ausschließlich positive Meinungen zur Bedienung abgibt. Davon geben 85 % sogar Bestbewertungen ab (Wert 4*: einfach zu bedienen*). Das heißt, dass sich, wie zu erwarten war, die Bedienung des bekannten Mediums Computer mit Maus und Tastatur als am wenigsten herausfordernd dargestellt hat. VR wurde, wie ebenfalls erwartet wurde, als am kompliziertesten zu bedienen eingeschätzt. Einschränkend muss erwähnt werden, dass technische Störungen bei der Nutzung der VR Software *Engage* möglicherweise zu einer Verzerrung geführt haben. Die Plattform führte genau in der Woche der Testung am Standort FFB ein umfangreiches Update durch, sodass optische Fehler und Zuckungen des Bildes auftraten. Teilweise entstanden auch Verzögerungen zwischen der Controller-Eingabe und der simulierten Bewegung und Handlung. Dies könnte die Bewertung der Komplexität der Bedienung in VR negativ beeinflusst haben und steht im Einklang mit der Forschungsliteratur. LI/Wong (2021) beispielsweise weisen darauf hin, dass die Nutzung von HMDs oftmals mit optischen Problemen einhergeht.

Bei der **Kohorte AB** ist bei der Bewertung der Bedienung festzustellen, dass sich am ersten Testzeitpunkt (AB 1) (vgl. Abb. 7.26) die PC- und VR-Gruppe nur minimal unterscheiden (VR: 64 % und PC: 63 % positive Bewertungen) und im Gegensatz dazu die MR-Gruppe abweicht (53 %). Es ergibt sich also ausgehend von den positiven Bewertungen eine Reihung von „VR/PC – MR". Dass in AB bereits zum Teil Vorerfahrung mit der Nutzung von VR-Brillen herrscht, dokumentiert der Vortest (vgl. Abb. 7.6): 61,2 % der Probanden geben an, bereits eine VR-Brille genutzt zu haben. Allerdings erhebt der Vortest nicht, wie oft sie genutzt wurde oder zu welchen Zwecken. Ein wertvoller, ergänzender Aspekt ergibt sich aus einem Gespräch mit der Lehrkraft: Sie weist darauf hin, dass an der Berufsschule Aschaffenburg (AB) vor Kurzem ein VR-Labor eingerichtet worden ist, in dem für einige Klassen Unterrichtseinheiten mithilfe von VR durchgeführt werden. Aus diesem Grund hätten einige Schüler bereits Erfahrung mit VR als Lernmedium. MR dagegen sei an der Schule eine vollkommen neuartige Technologie. Zusätzlich hatte das oben erwähnte Update der *Engage*-VR-Plattform zu einer starken optisch-grafischen Verbesserung geführt im Vergleich zum Testzeitpunkt am Standort FFB und funktionierte fehlerfrei. Gleichzeitig kam es bei der PC-Gruppe zu Störungen bei der Desktop-VR-Variante, u. a. deshalb, weil die Computer bereits etwas älter waren. Dies könnten Gründe dafür sein, dass die VR-Bedienung im ersten Treatment in AB ähnlich bewertet wurde wie die PC-Bedienung. Zum zweiten Testzeitpunkt (AB 2) (vgl. Abb. 7.27) geben die VR- und MR-Gruppe zu 100 % positive Bewertungen ab, die PC-Gruppe zu 94 % (die restlichen 6 % geben die zweitschlechteste Bewertung ab). Daraus ergibt sich eine Reihung von „VR/MR – PC". Entsprechend der Hypothese wird die Bedienung der Technologie beim zweiten Treatment von allen Gruppen als deutlich einfacher empfunden. Hier zeigt sich die Wichtigkeit des Desiderats nach mehreren Testzeitpunkten (vgl. Abschn. 5.1.6). Es wäre weiterführend interessant, ob und wie sich die Bewertung der Bedienung bei einem dritten und vierten Mal verändert. Fest steht, dass die Nutzerbewertung der Bedienung der Technologie stark mit der erlebten Funktionalität zusammenhängt und daher auf Hard- und Software-Ebene bestmögliche Voraussetzungen bestehen sollten.

Hypothese 3/Teilaspekt: Bedienung der Technologie:

Kohorte FFB:

- **Bei FFB bestätigt sich** die Annahme, dass **die Desktop-VR** als am **wenigsten herausfordernd** wahrgenommen wird, **gefolgt von MR** und **VR** (die als am **herausforderndsten** empfunden wird).

Kohorte AB:

- Bei **AB 1 bestätigt sich nicht** die Annahme, **dass Desktop-VR** als am wenigsten herausfordernd wahrgenommen wird. **VR und PC werden beide gleichwertig als weniger herausfordernd** empfunden **als MR**. Somit ergibt sich die **Reihung „VR/PC – MR“** (MR am herausforderndsten).
- Bei **AB 2** liegen bei allen Gruppen die positiven Bewertungen über 90 Prozent und es ergibt sich eine Reihung von **„VR/MR – PC“.**
- Damit bestätigt sich die Hypothese, dass die **Bedienung der Technologie im zweiten Treatment (AB 2) von allen Gruppen als einfacher bewertet** wird.

2. **Spaßfaktor**

Bei der **Kohorte FFB** wurde der Spaßfaktor nicht abgefragt. Dieser Aspekt wurde erst im Zuge der Überarbeitung des Fragebogens für die Testung der Kohorte AB hinzugefügt.

Bei der **Kohorte AB** gibt die VR-Gruppe zu 100 % an, Spaß **beim ersten Treatment** empfunden zu haben, gefolgt von der MR-Gruppe (87 % positive Bewertungen) und der PC-Gruppe (63 % positive Bewertungen) (vgl. Abb. 7.28). **Zum zweiten Testzeitpunkt** geben 94 % der MR-Gruppe und 80 % der VR-Gruppe positive Bewertungen ab, während nur 12 % der PC-Gruppe Spaß empfunden haben (vgl. Abb. 7.29). Dass die PC-Version im Gruppenvergleich am wenigsten Spaß empfindet, wurde erwartet. Der Grad der Neugier auf innovative multimodale Technologien wie VR und MR ist als höher anzunehmen, als es beim aus dem Privatleben bekannten und in Schulen etablierten Lernmedium PC der Fall ist. Zudem kam es, wie bereits erwähnt, bei der PC-Gruppe zu technischen Störungen aufgrund veralteter Computer. Die Erwartung, dass VR den höchsten Spaßfaktor mit sich bringt, hat sich nur beim ersten Treatment bestätigt. Allerdings unterscheiden sich beim zweiten Treatment die Bewertungen von VR und MR nur um 4 % und fallen insgesamt in beiden Treatments sehr positiv aus (über 80 % positive Bewertungen). Unter Rückgriff auf die EMBODIED- und ENACTED These sowie im Hinblick auf die Interaktionsgestaltung wurde vermutet (vgl. Abschn. 5.3.3), dass VR und MR deutlich mehr Spaß mit sich bringen als die PC-Variante. Dies hat sich bestätigt. Durch die Ganzkörpereinbindung bzw. die Einbindung von Haptik und echten Gegenständen ist ein an die Lerner vermittelter höherer Grad der Partizipation anzunehmen. Entsprechend der Forschungsliteratur (z. B. Li et al. 2015) bestätigt sich zudem, dass sich der Spaßfaktor in allen Gruppen beim zweiten Mal verschlechtert. Dies könnte dadurch begründet sein, dass der Neuigkeitseffekt mit jedem Mal der Nutzung nachlässt und damit die anfänglich hohe Motivation sinkt.

Hypothese 3/Teilaspekt: Spaßfaktor:

Kohorte FFB:

- Der Fragebogen beinhaltete noch nicht die Frage nach dem Spaßfaktor. Es wird daher auf die Bewertung der Lerninhalte/Teilaspekt „Spannung" verwiesen.

Kohorte AB:

- **Zum ersten Testzeitpunkt bestätigt sich** die Annahme, dass **die VR-Gruppe** am **meisten Spaß empfunden hat** (100 % positive Bewertungen), **gefolgt von der MR-** und der **PC-Gruppe**.
- **Zum zweiten Testzeitpunkt bestätigt sich die Annahme nicht**, dass die VR-Gruppe am meisten Spaß empfunden hat. Es ergibt sich eine **Reihung von „MR – VR – PC"**.
- Das heißt, es bestätigt sich **nicht die gleichbleibende Reihenfolge vom ersten zum zweiten Mal**. Beim **ersten Mal** ergibt sich eine Reihung von „**VR – MR – PC**" und beim **zweiten Mal** die Reihung „**MR – VR – PC**" (von höchster bis niedrigster Spaßfaktor).

Dabei liegt der **Spaßfaktor der VR- und MR-Gruppe durchwegs näher** beieinander, während die **PC-Gruppe deutlich weniger Spaß empfindet.**

- Die Hypothese **bestätigt sich** darin, dass der **Spaßfaktor in allen Gruppen vom ersten zum zweiten Treatment abnimmt.**

3. **Bewertung der Lerninhalte (interessant/abwechslungsreich/verständlich/nützlich)**

Auch wenn die präsentierten Lerninhalte in allen Gruppen (PC, MR, VR) die gleichen waren, wurden sie entsprechend den unterschiedlichen XR-Technologien auf verschiedene Weise präsentiert. Die Frage nach der Bewertung der Inhalte zielt also darauf ab, festzustellen, ob und wie sich die unterschiedlichen Technologien auf die Nutzererfahrung ausgewirkt haben – und zwar in Bezug auf die Bewertung der Lerninhalte nach den Kriterien „interessant", „abwechslungsreich", „verständlich" und „nützlich". Dabei wurde nur der Aspekt „verständlich" auch im zweiten Posttest abgefragt, mit dem Ziel, eine mögliche Veränderung über die Zeit zu evaluieren.

Zuerst wird auf die Bewertungen der Lerninhalte und die Verständlichkeit der Lerninhalte der **Kohorte FFB** eingegangen (vgl. Abb. 7.12 und Abb. 7.13). Im Hinblick auf den Aspekt „**interessant**" ähneln sich die Einschätzungen der MR- und PC-Gruppe, in denen 93 % bzw. 92 % positive Rückmeldungen geben. Die VR-Gruppe zeigt mit 85 % die geringste Zustimmung im Gruppenvergleich. Als am **abwechslungsreichsten** empfindet die PC-Gruppe die Lerninhalte (85 % positive Antworten), gefolgt von der MR-Gruppe (75 %) und der VR-Gruppe (62 %). In Bezug auf die **Verständlichkeit** schneiden die MR- und die PC-Gruppe mit 100 % positiven Bewertungen am besten ab, die VR-Gruppe am schlechtesten (69 % positive Bewertungen). Zu betonen ist, dass bei der PC-Gruppe sogar 92 % Bestbewertungen abgeben (Wert 4: *leicht zu verstehen*), während bei der MR-Gruppe 50 % den Wert 4 und 50 % den Wert 3 vergeben. Beim Kriterium „**nützlich**" äußern sich 100 % der MR- und 100 % der PC-Gruppe positiv, während 92 % der Probanden der VR-Gruppe die Inhalte als nützlich bewerten. Das heißt, dass insgesamt alle Gruppen der Kohorte FFB die Inhalte mehrheitlich als interessant, abwechslungsreich, verständlich und nützlich empfunden haben, wobei die VR-Gruppe in allen Kategorien an letzter Stelle steht.

Als Nächstes werden die Bewertungen der Lerninhalte, die Verständlichkeit der Lerninhalte und die Nützlichkeit der Lerninhalte der **Kohorte AB (Testzeitpunkt 1, AB 1)** präsentiert (vgl. Abb. 7.19, Abb. 7.20 und Abb. 7.21). 87 % der MR-, 82 % der VR- und 53 % der PC-Gruppe fanden die Lerninhalte **interessant** (vgl. Abb. 7.19). Beim Kriterium „**abwechslungsreich**" steht die VR-Gruppe an erster Stelle mit 91 % positiven Bewertungen, gefolgt von der MR-Gruppe (87 %) und der PC-Gruppe (58 %) (vgl. Abb. 7.20). Hinsichtlich der **Verständlichkeit** der Lerninhalte bleibt die PC-Gruppe hinter der VR- und MR-Gruppe zurück (vgl. Abb. 7.24). Während 93 % der MR- und 91 % der VR-Gruppe die Inhalte als (eher) leicht verständlich bewerten, äußern sich nur 63 % der PC-Gruppe entsprechend positiv. Nur der Aspekt der **Verständlichkeit** der Lerninhalte wurde nochmals am **zweiten Testzeitpunkt** (**AB 2**) erhoben (vgl. Abb. 7.25). Hier geben 100 % der MR-Gruppe, 90 % der VR-Gruppe und 69 % der PC-Gruppe an, dass sie die Inhalte (eher) leicht zu verstehen fanden Das heißt, dass die MR- und die PC-Gruppe beim zweiten Mal die Inhalte als besser verständlich bewerteten, wogegen sich die Wahrnehmung der VR-Gruppe nicht maßgeblich verändert hat. Bei der Frage, als wie **nützlich** die Lerninhalte empfunden worden sind, geben beim ersten Mal jeweils 100 % der MR- und der VR-Gruppe positive Bewertungen ab, während nur 63 % der PC-Gruppe die Inhalte als nützlich bewerten (vgl. Abb. 7.20). Insgesamt empfand auch bei der Kohorte AB die Mehrheit aller Gruppen die Lerninhalte interessant, abwechslungsreich, verständlich und nützlich. In allen Kriterien bleibt die PC-Gruppe hinter den beiden Vergleichsgruppe MR und VR zurück.

Hypothese 3/Teilaspekte: Lerninhalte (interessant/abwechslungsreich/verständlich/nützlich)

Kohorte FFB:

- Bei den Aspekten **„interessant"**, **„abwechslungsreich"** und **„nützlich"** **bestätigt** sich **nicht die Annahme,** dass **MR und VR am besten** abschneiden. **Die VR-Gruppe** ist **in allen Aspekten** an **letzter Stelle.**
- Es **bestätigt sich die Annahme**, dass die **PC-Gruppe** die Inhalte als **am besten verständlich** wahrnimmt (zusammen mit der MR-Gruppe).

Kohorte AB:

- Bei den Aspekten **„interessant“**, **„abwechslungsreich“** und **„nützlich“** bestätigt sich die Annahme, dass MR und VR am besten abschneiden.
- Es **bestätigt sich nicht** die Annahme, dass die **PC-Gruppe** die Inhalte **am besten verständlich** wahrnimmt; sie steht an letzter Stelle.
- Es **bestätigt sich nicht** die Annahme, dass **beim zweiten Mal** die Bewertung der **Verständlichkeit** der Lerninhalte **in allen Gruppen positiver** ausfällt als beim ersten Mal; die bessere Bewertung der Verständlichkeit ergibt sich **bei der MR- und der PC-Gruppe**, aber **nicht bei der VR-Gruppe**.

4. **Bewertung: Immersion/Präsenz/Handlungsrealismus**

Immersion

Als Erstes soll auf die **Kohorte FFB** eingegangen werden. Als Ausgangspunkt wird die Zustimmung zur Aussage „Ich habe die echte Umgebung vergessen“ herangezogen (vgl. Abb. 7.15). Die VR-Gruppe stimmt diesem Aspekt, wie zu erwarten war, weitaus am stärksten zu (VR: 85 %, MR: 38 % und PC: 31 % Zustimmung). Auch dass die PC-Gruppe am wenigsten zustimmt, wurde vermutet. Denn in VR sind die Nutzer durch das Headset visuell von der realen Welt abgeschnitten, bei der PC-Welt besteht technologisch bedingt eine offensichtliche Trennung zwischen ihr und dem schulischen Klassenraum bei gleichzeitiger Wahrnehmung beider Umgebungen. MR ist im Gruppenvergleich mittig einzuordnen. Im MR-Setting sind die Realität und Virtualität durch unterschiedliche Technologien und physische Gegenstände miteinander verwoben und die Testung hat im realen Klassenzimmer stattgefunden. 62 % geben an, die reale Umgebung nicht vergessen zu haben, und die anderen 38 % geben an, dass sie die reale Umgebung vergessen hätten. Hier stellt sich die Frage, was die Schüler unter der „realen Umgebung“ verstanden haben. Möglich wäre, dass sie sich entweder darunter das Klassenzimmer, ohne aufgebaute Gegenstände und das MR-System, oder aber das reale Klassenzimmer im Gegensatz zu einem virtuellen Raum in VR vorgestellt haben. Auch ist es möglich, dass bei der Beantwortung die Aspekte der Involviertheit und des Flows eine Rolle gespielt haben. Die Schüler könnten sich so stark in die Aufgaben eingebunden fühlten, dass darauf der ungeteilte Aufmerksamkeitsfokus lag und dadurch die Umgebung in den Hintergrund rückte (vgl. Wirth/Hofer 2008:163), dass sie also durch die Involviertheit das Gefühl hatten, die reale Umgebung vergessen zu haben. Diese Aspekte sind eng verknüpft mit dem Konzept der Präsenz. Daher soll bereits an dieser Stelle erwähnt werden, dass bei der Kohorte FFB eine Korrelation zwischen Immersion und Präsenz herrscht und sich sowohl bei der Frage nach Immersion als auch nach Präsenz die Reihenfolge „VR – MR – PC" ergibt.

Bei der **Kohorte AB** können sowohl **zum ersten Testzeitpunkt** (vgl. Abb. 7.30) als auch **zum zweiten Testzeitpunkt** (vgl. Abb. 7.31) stark divergierende Auffassungen zur Immersion innerhalb der Gruppen und teils auch im Gruppenvergleich dokumentiert werden. **Zum ersten Testzeitpunkt** besteht bei der MR- und PC-Gruppe eine starke Ablehnung gegenüber der Aussage „Ich habe die echte Umgebung vergessen". 74 % der PC-Gruppe und 73 % der MR-Gruppe geben an, dass das (überhaupt) nicht zutrifft. Bei der VR-Gruppe überwiegt, wie angenommen, allerdings nur knapp, die Zustimmung zur Aussage (55 %). Konkret bedeutet das, dass ungefähr jeder zweite Schüler angibt, die reale Umgebung vergessen zu haben. Zum **zweiten Testzeitpunkt** überwiegt prozentual die Ablehnung der Aussage in allen Gruppen. 69 % der PC-Gruppe, 60 % der VR-Gruppe und 53 % der MR-Gruppe geben an, die echte Umgebung (überhaupt) nicht vergessen zu haben. Bei MR könnte die breite Verteilung der Zustimmung und Ablehnung an der Charakteristik der Verschmelzung von Realität und Virtualität liegen bzw. an der Auffassung darüber, was als „reale Umgebung" verstanden wird (siehe Kohorte FFB). Dass der Aspekt, die echte Umgebung vergessen zu haben, bei der VR-Gruppe keine starke Zustimmung erfährt – im Verhältnis zum Immersionsgrad der Hardware (VR-Brille) –, kann möglicherweise durch folgende Faktoren beeinflusst worden sein: a) technologisch bedingte Eingriffe, b) Ablenkung durch Mitschüler, c) Methodik der Datenerhebung.

- Während des VR-Treatments musste etwa nach der Hälfte der Testungszeit ein Ladekabel an die VR-Brille angeschlossen werden, das den Lernern über die Schulter gehängt wurde. So wurde die natürliche Bewegungsfreiheit eingeschränkt und es blieb eine physische Interaktion mit der realen Welt bestehen, die zu einem Immersions- und Illusionsbruch geführt haben könnte (siehe Abschn. 4.1.2 und Abschn. 4.2.6) bzw. dafür verantwortlich gewesen sein könnte, dass einige Probanden die reale Welt nicht vergessen konnten. Da bei der Pilotierung in FFB die Notwendigkeit eines Ladegeräts noch nicht erkannt worden war, bestand dort zwar nicht dieser möglicherweise immersionsstörende Faktor, allerdings konnten aufgrund der aufgebrauchten Akkulaufzeit weniger Probanden in VR getestet werden als vorgesehen.
- Vor dem VR-Testraum warteten mehrere Schüler, die trotz Verbot gelegentlich eintraten, wodurch die Aufmerksamkeit der Teilnehmer von der virtuellen Umgebung abgelenkt wurde.

- Zusätzlich war, wie bereits in Abschn. 7.2.1 erwähnt wurde, eine Hilfskraft im virtuellen Raum präsent, die durch einen Avatar repräsentiert wurde und zwischen den Aufgaben und den virtuellen Raumwechseln den Teilnehmern kurze Hinweise gab, bevor sie jeweils den automatisierten Avatar des Feuerwehrmanns Florian einblendete und für die Teilnehmer nicht mehr sichtbar war. Ihre Stimme setzte aber jedes Mal erneut ein, um die Lösungsversuche der Aufgaben zu zählen und an die zweite Hilfskraft weiterzugeben, die sie als Ersatz für das automatisierte Prüfungssystem der Desktop-VR, in eine Tabelle eintrug.

Das Zusammenwirken dieser Faktoren hat möglicherweise bei der VR-Gruppe der Kohorte AB das Bewusstsein für die echte Welt verstärkt. Hier zeigt sich deutlich, dass der technologisch-bedingte Immersionsgrad nicht zwingend dem individuell empfundenen Immersionsgrad unter Realbedingungen entspricht. Dies unterstreicht die im aktuellen Forschungsdiskurs bestehenden zwei Sichtweisen (vgl. Zender et al. 2018:3): die *technologisch-geprägte Definition* (Slater/Wilbur 1997:603) und die *imaginative Immersion*, die auf mental-kognitiven Modellen der Nutzer basiert (vgl. Kasprowicz 2019:18) (siehe Abschn. 4.2.1).

Präsenz

Als Erstes soll auf die **Kohorte FFB** eingegangen werden. Ausgangspunkt ist die Fragestellung, ob sich die Probanden „in der Umgebung körperlich anwesend gefühlt haben" (vgl. Abb. 7.14). Grundsätzlich zeigt sich hier eine breite Verteilung der zustimmenden und ablehnenden Stimmen, insbesondere in den Gruppen MR und PC. Insgesamt bestätigt die Mehrheit der VR-Gruppe (77 %), das Gefühl empfunden zu haben, körperlich anwesend zu sein. Damit ist die wahrgenommene Präsenz bei der VR-Gruppe am höchsten. Die MR-Gruppe liegt mit einer Zustimmung von 50 % im Mittelfeld, während die PC-Gruppe mit 31 % an letzter Stelle steht. Diese Reihenfolge „VR – MR – PC" innerhalb der FFB-Kohorte, von der höchsten zur niedrigsten Ausprägung des Präsenzgefühls, korreliert mit der Immersion.

Bei der **Kohorte AB** zeigt sich, dass sowohl zum ersten als auch zum zweiten Testzeitpunkt die Reihenfolge „VR – MR – PC" von der höchsten empfundenen Präsenz bis zur niedrigsten gilt (vgl. Abb. 7.32 und Abb. 7.33). **Zum ersten Testzeitpunkt** verzeichnet die VR-Gruppe mit 73 % die höchste Zustimmung, während die MR-Gruppe mit 40 % Zustimmung eine moderate Wahrnehmung von Präsenz zeigt und mehrheitlich das Gefühl, körperlich anwesend zu sein, verneint. Die PC-Gruppe hingegen weist mit nur 11 % Zustimmung die geringste empfundene Präsenz auf. **Zum zweiten Testzeitpunkt** hat die VR-Gruppe im Gruppenvergleich weiterhin am stärksten das Gefühl, vor Ort anwesend zu sein (60 %), vor der MR-Gruppe (50 %) und der PC-Gruppe (38 %). Während die Zustimmungsrate der VR-Gruppe sinkt (von 73 % auf 60 %), steigen die Zustimmungswerte der MR-Gruppe minimal von 40 % auf 50 %. Die PC-Gruppe zeigt mit einem Anstieg von 11 % auf 38 % die größte Steigerung des empfundenen Präsenzgefühls, hat aber, wie zu erwarten war, mehrheitlich eher nicht bis gar nicht das Gefühl, vor Ort anwesend zu sein. Diese Ergebnisse unterstreichen, dass VR in Bezug auf das Gefühl des körperlichen Vor-Ort-Seins als am überzeugendsten wahrgenommen wird. Die breite Streuung der empfundenen Präsenz, insbesondere zum zweiten Testzeitpunkt, verdeutlicht, dass individuelle Unterschiede in der Wahrnehmung und technologischen Wirkung sowie situative Einflüsse eine wichtige Rolle spielen.

Handlungsrealismus

Die beiden vorangegangenen Aspekte der Immersion und Präsenz sollen nun noch mit der Fragestellung zusammengeführt werden, inwiefern die Nutzer das Gefühl hatten, echte Handlungen mit echten Konsequenzen ausgeübt zu haben. Bei der **Kohorte FFB** (vgl. Abb. 7.16) siedelt sich die Mehrheit der Stimmen aller drei Vergleichsgruppen in der Mitte der Likertskala an. Das heißt, dass die Schüler tendenziell weder ein starkes Gefühl von realen Handlungen noch eine völlige Abwesenheit dieses Eindrucks empfunden haben bzw. die Zustimmung und Ablehnung ungefähr ähnlich verteilt ist. Die MR- und vor allem die PC-Gruppe tendieren eher zu Ablehnung (MR: 69 %; PC: 77 %), während die VR-Gruppe (knapp) mehrheitlich zustimmt (54 %). Insgesamt steht somit die VR-Gruppe an erster Stelle des empfundenen Handlungsrealismus, gefolgt von der MR- und der PC-Gruppe.

Bei der **Kohorte AB** zeigt sich, ebenso wie bei der Kohorte FFB, ein breites Bild von Ablehnung bis Zustimmung bezüglich des empfundenen Handlungsrealismus sowohl zum **ersten** (vgl. Abb. 7.34) als auch **zum zweiten Testzeitpunkt** (vgl. Abb. 7.35). Es ist festzustellen, dass die MR-Gruppe zu beiden Testzeitpunkten am meisten das Gefühl hat, echte Handlungen mit echten Konsequenzen ausgeführt zu haben, gefolgt von der VR-Gruppe und der PC-Gruppe. Das entspricht der Hypothese (vgl. Abschn. 5.3.3), dass MR beim Kriterium Handlungsrealismus an erster Stelle steht. MR ermöglicht sprachbegleitende Handlungen direkt an realen Objekten und verknüpft Realität mit Virtualität. Dagegen bieten die VR- und PC-Versionen nur Simulationen von Handlungen.

Als Fazit kann formuliert werden, dass die Ergebnisse die Annahmen zu Immersion, Präsenz und Handlungsrealismus weitgehend stützen, aber vordergründig soll – auch vor dem Hintergrund der Stichprobengröße – die breite Verteilung der Bewertungen von Zustimmung bis Ablehnung hervorgehoben werden. Sie macht die komplexen Wechselwirkungen zwischen Technologie, individuellen Voraussetzungen und Empfindungen sowie situativen Einflüssen deutlich.

Hypothese 3/Teilaspekte: Immersion/Präsenz/Handlungsrealismus

Kohorte FFB:

- Beim Aspekt **Immersion bestätigt sich, dass die VR-Gruppe am stärksten das Gefühl hatte, die echte Umgebung vergessen zu haben**. Es **bestätigt sich nicht die Reihenfolge „VR – PC – MR“** von der wahrgenommenen starken bis schwachen Immersion, sondern es ergibt sich die **Reihung „VR – MR – PC“**.
- Bei **Präsenz bestätigt sich nicht die Annahme, dass VR vor PC vor MR** steht, sondern es ergibt sich die **Reihung „VR – MR – PC“** (von der höchsten zur niedrigsten empfundenen Präsenz).
- Die Annahme, dass die **MR-Gruppe den höchsten Handlungsrealismus** vor der VR- und PC-Gruppe empfindet, wird **nicht bestätigt**, sondern es ergibt sich die **Reihung: „VR – MR – PC“.**

Kohorte AB:

- Beim Aspekt **Immersion bestätigt sich nicht die Annahme**, dass **VR vor PC vor MR** steht, sondern bei **Treatment 1** ergibt sich die **Reihung „VR – MR/PC“** und bei **Treatment 2: „MR – VR – PC“** (von starker zu schwacher Immersion), das heißt, es **bestätigt sich auch nicht die Annahme der gleichbleibenden Reihenfolge**.
- Beim Aspekt **Präsenz bestätigt sich nicht die Annahme, dass VR vor PC vor MR** steht, sondern es ergibt sich die **Reihung „VR – MR – PC“** (gleichbleibend bei **Treatment 1 und 2**).
- Beim Aspekt **Handlungsrealismus bestätigt sich die Annahme**, dass MR am meisten Handlungsrealismus empfindet, vor der VR- und PC-Gruppe. Es ergibt sich die **Reihung „MR – VR – PC“ (Treatment 1 und 2); es bestätigt sich die Annahme** der **gleichbleibenden Reihenfolge (Treatment 1 und 2).**

Insgesamt weisen die **Nutzerbewertungen in allen Aspekten eine große Varianz** von Ablehnung bis Zustimmung auf. Zwar muss einschränkend erneut die Stichprobengröße erwähnt werden, aber dennoch machen die Ergebnisse die **komplexen Wechselwirkungen zwischen Technologie, individuellen Wahrnehmungen und situativen äußerlichen Einflüssen (im Unterricht)** deutlich.

5. **Selbsteinschätzung**

Als Erstes soll auf die **Kohorte FFB** eingegangen werden (vgl. Abb. 7.18). Alle Probanden der MR-Gruppe trauen sich zu, einen Feuerlöscher im Ernstfall richtig benutzen zu können. Das ist ein starkes Argument für die MR-Technologie (reale Haptik an echten Gegenständen mit virtuellen Szenarien). Allerdings muss hier unbedingt das mögliche Spannungsfeld „Selbsteinschätzung" versus „Leistung" in den Blick genommen werden. Die 100 % positive Selbsteinschätzung der MR-Gruppe (FFB) wird daher zur Gesamtleistung der MR-Gruppe in Bezug gesetzt. Hier kann eine Korrelation zwischen Selbsteinschätzung und Leistung festgestellt werden. Die Gesamtleistung der MR-Gruppe liegt bei 0,19, also wurden im Schnitt die Aufgaben beim ersten Versuch richtig gelöst. Da im Fragebogen explizit nach der Bedienung des Feuerlöschers gefragt wird, und nicht auch z. B. nach der Einordnung des Chemieschranks (die ebenfalls Teil des Treatments war), würde sich hier weiterführend anbieten, die Aufgaben, die explizit die Feuerlöscher-Bedienung betreffen, separat auszuwerten und mit der Selbsteinschätzung in Beziehung zu setzen. Innerhalb der Kohorte FFB steht die PC-Gruppe in Bezug auf die positive Selbsteinschätzung an zweiter Stelle, gefolgt von der VR-Gruppe an dritter Stelle (vgl. Abb. 7.18). Bei der VR-Gruppe geben 33 % der Probanden an, dass sie sich eine korrekte Bedienung des Feuerlöschers im Ernstfall eher nicht oder gar nicht zutrauen. Interessant ist, dass die Selbsteinschätzung der Probanden, einen Feuerlöscher im Ernstfall korrekt bedienen zu können, beim Vortest jedoch bei 61,1 % lag (vgl. Abb. 7.6). Diese Negativtendenz muss allerdings vor dem Hintergrund gesehen werden, dass beim Vortest noch keine Einteilung in Gruppen stattgefunden hatte. Andererseits könnte sie aber auch darauf hinweisen, dass die Komplexität, einen Feuerlöscher zu bedienen, unterschätzt worden ist. Hinzu kommt, dass nur knapp ein Drittel der FFB-Kohorte bereits an einer Brandschutzschulung teilgenommen hatte, sodass beim Rest kein Vorwissen angenommen werden kann und sich einige der Probanden möglicherweise zum ersten Mal mit einem Feuerlöscher näher auseinandergesetzt haben. Hervorzuheben ist des Weiteren, dass sich deutlich mehr Probanden der

PC-Gruppe als der VR-Gruppe zutrauen, einen Feuerlöscher korrekt zu benutzen. Das widerspricht der in Abschn. 5.3.3 unter Referenz auf die Forschungsliteratur gebildeten Hypothese, die die Vorteile von VR über Desktop-VR behandelt. Gerade der Aspekt der Ganzkörperinteraktion in VR, im Gegensatz zum Hantieren mit Maus und Tastatur, sollte das Handlungswissen stärker unterstützen und damit einhergehend auch das Selbstvertrauen in Bezug auf einen Transfer des gelernten Wissens in die Realität. Dass dies bei der Kohorte FFB nicht der Fall ist, belegen auch die Gesamtleistungen, wo ebenfalls PC vor VR steht. Ein Grund könnte sein, dass die VR-Technologie von der FFB Kohorte als herausfordernd empfunden worden ist (siehe: „Teilaspekt Bedienung") und sich dies nicht nur negativ auf die Leistung, sondern auch auf die Selbsteinschätzung ausgewirkt hat.

Im Folgenden wird die Selbsteinschätzung der **Kohorte AB** analysiert (vgl. Abb. 7.38 und Abb. 7.39). Nach dem **ersten Treatment** liegt die positive Selbsteinschätzung bei MR und VR bei 80 % (bei der PC-Gruppe dagegen nur bei 53 %). Allerdings muss unter Referenz auf den Vortest (vgl. Abb. 7.6) erwähnt werden, dass die AB-Kohorte zu 38,8 % zuvor bereits an einer Brandschutzschulung teilgenommen hatte und dass die Selbsteinschätzung zur richtigen Benutzung eines Feuerlöschers im Vortest schon bei knapp 70 % lag. Hier wird erneut darauf verwiesen, dass dies zu relativieren ist, da beim Vortest noch keine Gruppeneinteilung vorgenommen wurde. Zum **zweiten Testzeitpunkt** steigt die positive Selbsteinschätzung der MR-Gruppe auf 100 % und diejenige der PC-Gruppe auf 62 %. Die Selbsteinschätzung der VR-Gruppe verbessert sich insofern, als sich die Ablehnung der Aussage abschwächt (Wert 1: *trifft überhaupt nicht zu* ist beim zweiten Treatment nicht mehr vorhanden). Es wird also deutlich, dass die Wiederholung eine positivere Selbsteinschätzung mit sich gebracht hat, was mit den besseren Gesamtleistungen aller Gruppen korreliert. Bezüglich der Verbesserung vom ersten zum zweiten Testzeitpunkt bestätigen sich die Annahmen für die Kohorte AB.

Hypothese 3/Teilaspekt: Selbsteinschätzung:

Kohorte FFB:

- **Bei FFB bestätigt sich** die Annahme, dass **die Selbsteinschätzung** (einen Feuerlöscher im Ernstfall richtig benutzen zu können) **bei der MR-Gruppe am besten ist.**

- Aber sie **bestätigt sich nicht in der Reihenfolge „MR – VR – PC“**, sondern es **ergibt sich die Reihung „MR – PC – VR“.**

Kohorte AB:

- Bei **AB 1 bestätigt sich nicht die** Annahme, dass **die Selbsteinschätzung bei der MR-Gruppe am besten ist,** gefolgt von der VR- und PC-Gruppe. **Die MR- und VR-Gruppe sind auf einer Ebene** zu verorten, **vor der PC-Gruppe**. Es ergibt sich die **Reihung „MR/VR – PC“.**
- Bei **AB 2 bestätigt sich die Annahme**, dass die **Selbsteinschätzung bei der MR-Gruppe am besten ist, gefolgt von der VR-Gruppe und der PC-Gruppe**. Es ergibt sich die **Reihung „MR – VR – PC“**.
- Auch die **Annahme, dass sich die Selbsteinschätzung in allen Gruppen zum zweiten Testzeitpunkt verbessert** hat, **bestätigt sich**, wobei dies **bei der VR-Gruppe am wenigsten der Fall** ist.

7.5 Diskussion

7.5.1 Einordung der Ergebnisse in den Forschungszusammenhang

Die in dieser Arbeit gewonnenen Ergebnisse sollen in den Kontext der bestehenden Forschung eingeordnet werden, um aufzuzeigen, inwiefern sie mit bisherigen Erkenntnissen übereinstimmen oder davon abweichen. Grundsätzlich kann festgehalten werden, dass sowohl die Ergebnisse der Treatments als auch die erhobenen Nutzererfahrungen zeigen, dass die Schüler sowohl der FOS/BOS Fürstenfeldbruck (FFB) als auch der Berufsschule Aschaffenburg (AB) die Brandschutzschulung in allen drei XR-Varianten mehrheitlich positiv wahrgenommen haben. Dass XR-Anwendungen, die Gamification mit Narration verbinden und Involviertheit bzw. Flow sowie Identifikation und Illusion auslösen, bei Sprachlernern meist positiv ankommen, ist in der Forschungsliteratur dokumentiert (vgl. Liu 2023; Shen et al. 2023; Zhen et al 2022; Li et al. 2021; Huang et al. 2021; Peixoto et al. 2021; Bahari 2022 und Parmaxi 2020; siehe Abschn. 5.1.2). Im Rahmen dieser Untersuchung stand der Technologievergleich zwischen der Desktop-VR, VR und MR beim sprachlichen, fachlichen und handlungsorientierten Lernen im Mittelpunkt. Die Hypothesen (siehe Abschn. 5.3.3) wurden auf Basis der EC-Theorien und deren Implikationen für die Gestaltung und Nutzung von XR beim (Sprachen-)Lernen gebildet und konnten durch die Ergebnisse größtenteils gestützt werden. Insgesamt hat sich somit gezeigt, dass die vier Thesen des EC-Forschungsparadigmas (Kognition ist *embodied*, *embedded*, *enacted* und *extended*) wertvolle Orientierungspunkte für die Entwicklung und Beforschung von XR-Anwendungen für sprachliche Lehr- und Lernkontexte bieten. Zusammen mit der Berücksichtigung von etablierten Didaktikkonzepten der Sprachvermittlung scheinen sie eine tragfähige Basis für weiterführende Forschungen und den praktischen Einsatz von XR im (Sprach-)Unterricht darzustellen (Stichwort: „EC-XR-Forschungsparadigma", siehe Abschn. 5.3.2).

Die meisten, aber nicht alle aufgestellten Hypothesen wurden durch die empirischen Ergebnisse gestützt. Daher werden diese Abweichungen im Folgenden diskutiert. In der Analyse wurde bereits detailliert auf einzelne Kriterien der Nutzererfahrung entsprechend der **dritten Hypothese** eingegangen (siehe Abschn. 7.4). Sie sollen deshalb in diesem Abschnitt lediglich als Diskussionsgrundlage für die nicht bestätigten Aspekte der ersten und zweiten Hypothese herangezogen werden.

Gemäß **Hypothese 1** erzielte die MR-Gruppe in allen Treatments (FFB, AB 1 und AB 2) die besten Gesamtleistungen. Allerdings schnitt nicht die PC-Gruppe, sondern die VR-Gruppe in allen Treatments am schlechtesten ab. Das erfordert eine genauere Betrachtung. Einerseits bietet die VR-Brille in jedem Fall eine technologisch bedingte, potenziell höhere Immersion als die Desktop-VR. In FFB bestätigt sich dies: 85 % geben an, die Umgebung vergessen zu haben. Bei der Kohorte AB bestätigt sich dies in keinem der beiden Treatments (hier stimmen nur rund 50 % zu). Es wurde bereits darauf verwiesen, dass in AB Maßnahmen ergriffen wurden, um die Akkulaufzeit der VR-Brille zu verlängern (Anschluss an ein Ladegerät mit Verlängerungskabel), und es zu Störungen durch eintretende Schüler kam. Dies könnte zu einem Illusions- bzw. Immersionsbruch geführt haben (siehe Abschn. 4.2.1 und Abschn. 4.2.6) – und zwar trotz des Einsatzes einer hoch-immersiven Technologie wie der VR-Brille. Damit unterstreichen die Ergebnisse die in der Forschungsliteratur vorgeschlagene Unterscheidung zwischen einer *technologischen Immersion* (Slater/Wilbur 1997:603) und einer *imaginativen Immersion*, die auf mental-kognitiven Modellen der Nutzer basiert (vgl. Kasprowicz 2019:18). Dass die VR-Gruppe in allen Treatments schlechtere Gesamtleistungen und Individualleistungen zeigt als die PC-Gruppe, könnte durch die kognitive Belastung bzw. Überforderung bei der Nutzung der VR-Brille begründet sein, auf die in der Forschungsliteratur hingewiesen wird (vgl. Li/Wong 2021; Huang et al. (2021; siehe Abschn. 5.1.3) und die sich bei der Bewertung der Technologie beim ersten Treatment zeigen. Die Nutzer müssen sich gleichzeitig auf die Interaktion mit der virtuellen Umgebung und die Aufgabenbewältigung konzentrieren. Beim zweiten Mal dagegen bewerten die Lerner die VR-Technologie zu 100 % als einfach zu bedienen. Das korreliert mit den Individualleistungen der VR-Gruppe, die sich im Gruppenvergleich am stärksten vom ersten zum zweiten Treatment verbessert haben (vgl. **Hypothese 2**). Zudem hat, wie bereits erwähnt, die VR-Welt zum Zeitpunkt der Testung in FFB ein Update erfahren, das zu optischen Störungen und Verzögerungen in der Interaktion geführt hat. Des Weiteren wurde erhoben, dass beide Kohorten FFB und AB zu über 73 % Erfahrung im Computerspielen hatten. Das heißt also, dass die geringere Leistung der VR-Gruppe im Vergleich zur MR- und PC-Gruppe nicht zwangsläufig auf eine mangelnde Immersion bzw. einen Immersionsbruch (wie es in AB höchstwahrscheinlich der Fall war) zurückzuführen ist, sondern vielmehr mehrere Faktoren zusammenwirken, wie eine erhöhte kognitive Belastung durch das Eintauchen in eine virtuelle Umgebung, die Gewöhnung an die technische Bedienung der VR-Brille und gleichzeitig die bestehende Vertrautheit mit der Bedienung des PCs. Diese Analyse bzw. Argumentation kommt dem in der XR-Forschungsliteratur formulierten Desiderat nach, spezifische Faktoren der XR-Nutzerwahrnehmung separat voneinander zu erheben und sie in Bezug zu den Lernergebnissen zu setzen (vgl. Huang et al. 2021; Hua/Wang 2023; Li et al. 2021:303; siehe Abschn. 5.1.6). Auch wird die Forderung aufgegriffen, die Rezeptionsforschung mit der Immersionsforschung zusammenzubringen, um Erkenntnisse zum Prozess der Rezeption bzw. Immersion transparenter zu machen (vgl. Yurt 2019:60; siehe Abschn. 4.2.1). In diesem Zusammenhang zeigt sich beispielsweise bei den Nutzererfahrungen der Kohorte AB, dass sich die empfundene Immersion und Präsenz von dem empfundenen Handlungsrealismus in Bezug auf eine XR-Technologie unterscheiden: Die Nutzererfahrungen dokumentieren bei der MR-Gruppe die höchste Immersion und den höchsten Handlungsrealismus im Gruppenvergleich, jedoch ist die Präsenz bei der VR-Gruppe am höchsten (zweites Treatment). Derartige Feststellungen betonen die Wichtigkeit, vielfältige Faktoren, die Aufschluss über Immersion und Präsenz geben können bzw. auf die beiden Konzepte Einfluss haben, detailliert separat zu untersuchen, und führen zum kritischen Hinterfragen der Immersion als „der Schlüsselfaktor", wie sie in der Forschungsliteratur häufig dargestellt wird (siehe Abschn. 5.1.2). Zudem werden die komplexen Wechselwirkungen zwischen Technologie, persönlichen Voraussetzungen und Nutzungskontext deutlich, die wiederum die Bedeutung von in der Unterrichtspraxis durchgeführten Studien hervorheben, im Gegensatz zu experimentellen Laborstudien (vgl. Macrine/Fugate 2021).

Dass die PC-Lösung zu den zweitbesten Ergebnissen (nach der MR- und vor der VR-Lösung) geführt hat, soll zum Anlass genommen werden, das Potenzial der Desktop-VR als Alternative zur VR mit VR-Brille zu beleuchten (vgl. Lee/

Wong 2014:50). Dadurch, dass die Schüler in Einzelarbeit gleichzeitig an PCs mit Kopfhörern arbeiteten, waren sie beschäftigt und störten sich nicht gegenseitig. Da sowohl die MR- als auch die VR-Variante auf Individualtestungen ausgelegt waren, waren Wartezeiten nicht vermeidbar und führten wie beschrieben teilweise zu Störungen. Das war bei der PC-Gruppe nicht der Fall. Eine technische Einführung in die Desktop-Anwendung war nicht nötig. Das in die Software integrierte Tutorial reichte aus, damit sich die Schüler sofort zurechtfanden. Auch die Figur des Feuerwehrmanns Florian, der als Mentor und Navigator durch die Welt fungierte, wirkte unterstützend. Die Zählung der Versuche bzw. die Darstellung der Aufgabenlösungen nach jeweils dem zweiten Versuch wurden automatisiert von dem hinterlegten Prüfungssystem übernommen. Weder zur Einführung noch zur Begleitung mussten Lehrkräfte im Raum sein bzw. aktiv werden (aus organisatorischen Gründen waren sie es dennoch). Dass die Desktop-VR nicht den gleichen Grad an Immersion bietet wie die VR via VR-Brille (vgl. Furht 2006:151), hat sich in dieser Studie bestätigt. Jedoch hat der höher empfundene Immersionsgrad bei der VR-Brillen-Lösung nicht zu besseren Ergebnissen geführt, sondern die Desktop-VR-Gruppe zeigte bessere Leistungen. Beim PC handelte es sich um ein bekanntes Lernmedium und der Vortest beider Kohorten hat gezeigt, dass jeder dritte Schüler bereits Erfahrung im Computerspielen hatte. Diese Lösung besticht also sowohl durch ihren pragmatischen Einsatz als auch durch die automatische Leistungsmessung. Einschränkend muss hervorgehoben werden, dass eine Desktop-VR-Anwendung zum gewünschten Thema erst einmal programmiert bzw. zur Verfügung gestellt werden muss, bevor sie eingesetzt werden kann. Darin liegt aber auch die Stärke der genauen Anpassung an die entsprechende Zielgruppe und Thematik und es besteht eine Freiheit der didaktischen und multimodalen Ausgestaltung, die kommerzielle Plattformen nicht bieten würden.

Dass die MR-Lösung zu den besten Gesamtleistungen (in FFB und AB) und den besten Individualleistungen im Verlauf des ersten zum zweiten Treatment in AB geführt hat und auch die Nutzererfahrungen mehrheitlich positiv ausgefallen sind, unterstreicht die Bedeutung von echten Handlungen, realen Objekten und den Konzepten der Interaktion und Involviertheit (vgl. Abschn. 4.2.2). Die MR-Variante besticht zudem dadurch, dass keine Headsets aufgesetzt werden müssen und die Nutzer mit ihrem eigenen Körper in der realen Umgebung hantieren können. Dennoch können die Gefahrenszenarien realitätsnah simuliert werden, indem sie als virtuelle Abbilder an den PC und Beamer ausgelagert werden und mit den realen Objekten (in diesem Fall dem Feuerlöscher) in Echtzeit interagieren. Zusammenfassend wird durch den Einsatz von MR im Gruppenvergleich die Relevanz der ENACTED-These beim XR-gestützten Wissenserwerb durch die

Studienergebnisse gestärkt. Wie in Abschn. 5.3.2 nach Kyselo (2013:198 ff.) ausgeführt wurde, könnte also die ENACTED-These als Leitthese verstanden werden und den Ausgangspunkt der Ausarbeitung von XR-Lernsettings darstellen.

Die Kriterien und Ergebnisse der Vergleichsstudie sind zusammenfassend in der nachfolgenden Tabelle (Tab. 7.3) dargestellt:

Tab. 7.3 Zusammenfassung der Kriterien und Ergebnisse der MR-, PC- und VR-Lösung

Kriterium	**MR**	**PC**	**VR**
embodied	Ganzkörpereinbindung, reale Haptik	Keine körperliche Einbindung; Interaktion mit Maus/ Tastatur	Simulierte Ganzkörper-Einbindung (Avatar), v. a. Hand/Arm durch Controller
embedded	Reale Umgebung, ergänzt durch virtuelle Umgebung am PC/ Beamer	Simulierte Umgebung als Computerprogramm in realer Umgebung des PC-Raums	Virtuelle Umgebung; reale Umgebung nicht mehr sichtbar
enacted	Reale Handlungen, reale Haptik, simulierte Konsequenzen	Simulierte Handlungen durch Klicks/Navigation, simulierte Konsequenzen	Simulierte Handlungen durch reale Controller-Bewegungen oder Bedienung der Controller-Buttons und simulierte Konsequenzen
extended	Nachgebauter Chemieschrank, MR-Feuerlöscher, PC, Beamer	Unity-Software und PC	VR-Software und -Brille mit Controllern
Gesamtleistungen/ -ergebnisse	Beste Leistung	Zweitbeste Leistung	Drittbeste Leistung
Verbesserung der Individualleistungen im Zeitverlauf (mit 1 Woche Abstand)	Drittstärkste Verbesserung	Zweistärkste Verbesserung	Stärkste Verbesserung

Im Folgenden sollen ausgewählte Aspekte der Forschungsarbeit kritisch reflektiert und damit zusammenhängende Erkenntnisse formuliert werden.

7.5.2 Kritische Reflexion und Erkenntnisse

Insgesamt wurden alle zu Beginn der Arbeit formulierten Forschungsziele (vgl. Abschn. 1.2) erreicht. Die Theorien und Erkenntnisse des Embodied Cognition (EC)-Forschungsparadigmas wurden überblicksartig erörtert (vgl. Kap. 2) und es wurde der Einfluss der EC-Theorien auf die Sprachforschung- und -didaktik beleuchtet (vgl. Kap. 3). Gesondert wurde dabei auf die Didaktikprinzipien der Handlungsorientierung und Szenariendidaktik und ihren Bezug zu den 4E-Thesen der EC eingegangen (vgl. Abschn. 3.1). Es wurden Grundlagen und Wirkungsmechanismen beim Lernen mit XR beleuchtet (vgl. Kap. 4). Anhand des Scoping Reviews sowie einer durchgeführten Erhebung bei Sprachlehrkräften in Deutschland wurde der aktuelle weltweite Forschungsstand zu XR im Sprachunterricht in den Blick genommen (vgl. Kap. 5). Auf Basis der EC-Theorien sowie der Forschungsergebnisse wurde eine gamifizierte XR-Trainingslandschaft zum Thema Brandschutz für die sprachliche und fachliche Wissensvermittlung konzipiert und in den XR-Formaten der Desktop-VR, VR mit VR-Brille und MR zusammen mit Unternehmen umgesetzt (vgl. Kap. 6) sowie mit einer empirischen Studie an Schulen evaluiert (vgl. Kap. 7). Insgesamt konnten zahlreiche Erkenntnisse für die Nutzung von XR in Bildungs- und Sprachkontexten vor dem Hintergrund der EC gewonnen werden und so wurde ein Beitrag zur Erforschung der Möglichkeiten und Herausforderungen von XR, von der Entwicklung bis zur Nutzung an Schulen, geleistet. Im Folgenden sollen einige Erkenntnisse der Arbeit gesondert hervorgehoben bzw. ausgewählte Aspekte kritisch reflektiert werden.

a) **Pilotierung:**

Die Durchführung der Pilotstudie (in Fürstenfeldbruck, FFB) erwies sich als äußerst wertvoll, da sie durch das einmalig durchgeführte Treatment mit entsprechendem Vor- und Nachtest eine Erprobung in der Praxis ermöglichte. So konnten Schwächen in der (methodischen) Durchführung der Testung aufgedeckt sowie weitere Erkenntnisse gewonnen werden, die der Hauptstudie (an der Berufsschule Aschaffenburg, AB) zugutekamen. Im Folgenden werden die zentralen Aspekte zusammengefasst, die im Verlauf der Pilotstudie identifiziert und in der Hauptstudie gezielt berücksichtigt worden sind:

- **Die technische Infrastruktur der VR-Brillen-Variante:**
  Dass bei der VR-Variante mit VR-Brille bei einer länger andauernden Testphase (mehr als eine Stunde) spezielle technische Vorkehrungen getroffen

werden müssen, wurde aus der gesichteten Forschungsliteratur nicht transparent und stellte sich erst in der Praxis der Pilotstudie heraus. Zum einen zeigte sich, dass es nötig ist, Ersatzbatterien bzw. zusätzliche Akkus für die Controller der VR-Brille bereitzuhalten. Ihre Laufzeit betrug nur rund 40 Minuten. Daher wurden in der Hauptstudie am Standort AB vor der Testung neue Batterien in die Controller eingesetzt und Ersatzbatterien bereitgelegt, die auch zum Einsatz kamen. Zum anderen stellte sich heraus, dass die Möglichkeit, die VR-Brille vor Ort aufzuladen (durch Powerbanks oder Verlängerungskabel), gewährleistet sein muss, um technisch bedingte Verzögerungen und Abbrüche in der begrenzten festgelegten Testungszeit zu vermeiden. Die Durchführung einer derartigen schulischen Studie geht mit umfangreichen Raumbuchungen, dem Verschieben von Unterrichtsstunden, der Einbindung von Freistunden sowie der Organisation von Lehrkräften zur Aufsicht einher. Daher kann ein Testungszeitraum nicht beispielsweise aufgrund von technischen Störungen flexibel verlängert werden und reibungslose Abläufe sind essenziell. Am Standort FFB konnten beispielsweise weniger Personen als geplant in der VR-Gruppe getestet werden, da kein Verlängerungskabel für das Aufladen der VR-Brille während der Testung zur Verfügung stand und auf die Schnelle auch nicht organisiert werden konnte. Darüber hinaus erwies sich die separate technische Einführung für jeden einzelnen Probanden der VR-Gruppe in die Handhabung der VR-Brille mit Controllern als sehr zeitaufwendig, was den geplanten Zeitrahmen für die Datenerhebung ebenfalls deutlich verkürzte. In der Hauptstudie in AB wurde daher erstens ein Verlängerungskabel zur stetigen Versorgung der VR-Brille mit Strom eingesetzt und den Probanden um die Schulter gewickelt. Eine Person des Teams achtete darauf, dass sie nicht über das Kabel stürzten. Die Powerbanks erwiesen sich letztlich als ungeeignet, da ihr Gewicht nicht mit dem Tragen der VR-Brille vereinbar war. Zweitens wurde am Standort AB eine effizientere Methode zur Einführung der Probanden in die VR-Nutzung gewählt, indem die VR-Einweisung in Gruppen von drei bis vier Schülern gleichzeitig erfolgte. Individuelle Fragen, sobald ein Schüler an der Reihe war, wurden berücksichtigt. Insgesamt führte dies zu einer erheblichen Zeitersparnis.

- **Anonymisierung durch IDs und Datenschutz:**
  Das bei der Pilotstudie in FFB gewählte anonymisierte Erhebungsverfahren wies organisatorische Schwächen auf. Eine Lehrkraft erklärte sich bereit, am Vortag der Testung per zugeschickter Nummernliste den Schülern jeweils eine ID zuzuordnen und ungefähr gleich große Vergleichsgruppen zu bilden.

Die Nummern wurden zu Beginn des Testtages in Form eines kleinen Zettels an die Schüler verteilt. Die Problematik bestand darin, dass die Schüler ihren Zettel verloren bzw. ihre zugeteilte Nummer vergessen hatten oder eine beliebige Nummer auf den Testbögen eintrugen. Da die zuständige Lehrkraft nicht die gesamte Testzeit vor Ort sein konnte und das Studienteam aufgrund von strengen Datenschutzbestimmungen keinen Zugang zu der Namensliste hatte, konnten bei der laufenden Testung keine korrigierenden Maßnahmen vorgenommen werden. Dies führte dazu, dass die Verlässlichkeit der Daten erheblich beeinträchtigt und die geplante zweite Testung eine Woche später obsolet wurde. Für die Hauptstudie in AB wurde die Methode der ID-Zuordnung überarbeitet. Hier wurde dafür gesorgt, dass den im jeweiligen Testraum eingeteilten Lehrkräften Namenslisten mit den Nummernzuordnungen vorlagen, ohne dass das Studienteam diese zu Gesicht bekam. Die jeweilige Lehrkraft konnte somit aushelfen, wenn ein Schüler im Laufe der Testung seine Nummer erfragen wollte.

- **VR-Sickness:**
  In der Pilotstudie sollten auch Erkenntnisse zur VR-Sickness bzw. zum Umgang mit ihr gewonnen werden. Am Standort FFB äußerte nur eine Person nach einigen Minuten, beginnende Übelkeit zu empfinden, und brach das Experiment im Sinne des Studienteams daraufhin direkt ab. Aufgrund dieses Vorfalls wurde in der Hauptstudie am Standort AB eine Sitzgelegenheit mit einem Glas Wasser vorbereitet. Diese Maßnahme erwies sich als sinnvoll und angenehm für die Probanden, die unter VR-Sickness litten (pro Treatment: eine Person in der VR-Gruppe der Kohorte AB).

b) **Studiendesign**

Um dem Desiderat nachzukommen, eine Vergleichsstudie zwischen unterschiedlichen XR-Technologien durchzuführen sowie vor dem Hintergrund der EC verschiedene technologische Immersionsgrade einzubeziehen, wurden die drei Gruppen Desktop-VR, VR mit VR-Brille und MR gebildet. Diese Entscheidung wurde zudem deshalb getroffen, weil das in vielen Studien hervorgehobene Potenzial der Desktop-VR für den Bildungskontext evaluiert werden sollte. Dass die Studie unter Realbedingungen an Schulen stattfand, brachte folgende Aspekte mit sich, die kritisch diskutiert werden müssen:

- **Raumwechsel mit Unterbrechung bei der VR- und MR-Gruppe**
  Es liegt im Studiendesign (vgl. Abschn. 7.1.1) begründet, dass die PC-Gruppe während Treatment 1 von Beginn bis zum Ende der Schulung ununterbrochen

am selben Ort im Computerraum unter denselben Bedingungen am Computer arbeitete. Im Gegensatz dazu mussten die Probanden der VR-Gruppe sowie der MR-Gruppe die ersten zwei virtuellen Räume der gamifizierten Schulung am PC absolvieren, bevor sie einen Raumwechsel vollzogen bzw. Wartezeiten verbringen mussten, um in ihrem eigentlichen VR- bzw. MR-Setting arbeiten zu können. Diese Bedingungen waren unumgänglich, da aus technischen Gründen und mit dem damit zusammenhängenden Aufwand, der sich in zusätzlichen Kosten widergespiegelt hätte, unmöglich alle Räumlichkeiten der PC-Version mit den dazugehörigen Logiken, Szenarien und Aufgaben auf die VR-Plattform *Engage* übertragen werden konnten. Ebenso war es technisch nicht möglich, eine umfassende visuo-haptische MR-Lösung zu erstellen, die der vollständigen PC-Version gleichkam. Aus diesem Grund wurden ausschließlich die letzten beiden Räume „Chemielabor“ und „Werkstatt“ für die Messung der XR-Gruppenvergleiche ausgewählt und in den XR-Varianten gestaltet. Allerdings besteht dennoch die Möglichkeit eines Bias in den Leistungsergebnissen, da eine der drei Gruppen (die PC-Gruppe) keinen Medien- und Raumwechsel mit Wartezeiten erfuhr. Dass die MR-Gruppe dennoch besser als die PC-Gruppe abgeschnitten hat, hebt ihre Effektstärke noch mal mehr hervor.

- **Visuo-haptische MR-Variante: nicht vollständig MR**
  Bei der visuo-haptischen MR-Variante muss kritisch angemerkt werden, dass „nur“ der Feuerlöscher eine echte visuo-haptische MR-Variante darstellt. Der nachgebaute Chemieschrank aus Karton mit den gebastelten Gefäßen nach dem Muster der PC-Schulung war eine Notlösung und verfügt über keine parallele visuelle Darstellung am Beamer. Wie in Abschn. 7.2.1 beschrieben ist, wurde der Feuerlöscher als einsatzfähiges MR-Schulungsmaterial von der Firma 4dlernen zur Verfügung gestellt. Es handelt sich bei diesem MR-Feuerlöscher, um ein hochkomplexes technisches Zusammenspiel aus Soft- und Hardware, dessen Erstellung mit hohen Kosten verbunden ist. Im Rahmen der Arbeit hätte man nicht erwarten können, dass ein visuo-haptisches MR-System zum Chemieschrank mit entsprechenden Gefäßen bzw. eine MR-Welt entsprechend der Gesamtheit der Schulungsaufgaben entwickelt wird.
- **Leistungsmessung**
  Bei der PC-Gruppe erfolgt die Leistungsmessung vollständig automatisiert über das hinterlegte Online-Prüfungssystem. Bei der MR- und der VR-Gruppe dagegen übernimmt das Studienteam die Leistungsmessung. Diese Tatsache

stellt einen Kritikpunkt dar, der ebenfalls aus technischen Gründen nicht umgangen werden konnte. Die VR-Software *Engage* mit einem eigenen webbasierten Prüfungssystem zu hinterlegen, war nicht möglich. Genauso hätte es einen enormen Mehraufwand, verbunden mit immensen Kosten, bedeutet, den visuo-haptischen Feuerlöscher mit dem webbasierten Prüfungssystem zu verbinden. Darauf wurde auch deshalb verzichtet, weil der erste Teil der MR-Lösung in Form des nachgebauten Chemieschranks als analoge Lösung ohnehin alternativlos war. Dennoch wurde versucht, dieser Herausforderung konstruktiv zu begegnen, indem pro Raum sowohl bei der MR- als auch bei der VR-Gruppe jeweils zwei Personen des Studienteams anwesend waren, die in enger Abstimmung die jeweilige Versuchszahl eines Probanden (Zuordnung ausschließlich per ID) notierten. Die Versuche waren bei der MR-Gruppe, ebenso wie bei den beiden Vergleichsgruppen auf die Anzahl 2 beschränkt. Zudem war im Vorhinein per Skript genau abgestimmt worden, welche Formulierungen die Person des Studienteams nutzte, die die Probanden durch das VR- bzw. MR-Testsetting führte, und es war festgelegt worden, dass sie keine Hilfestellung geben durfte. Weiter wurde bei MR darauf geachtet, dass sie eins zu eins die Formulierungen verwendete, die der Feuerwehrmann Florian in der PC-Variante bzw. der Avatar des Florians in der VR-Variante nutzt. Trotz all dieser geregelten Parameter besteht natürlich weiterhin ein Unterschied zwischen einer muttersprachlich eingesprochenen Stimme eines gamifizierten Charakters in der PC-Welt, die in Sprechblasen transkribiert ist, oder einer realen Person (mit deutlichem Akzent) in MR oder in der Rolle eines Avatars in VR, die mit einem spricht. Das Studienteam setzte sich nämlich aus nichtmuttersprachlichen Personen zusammen, die unterschiedliche Akzente hatten. Dieser Faktor muss kritisch zur Sprache kommen, da das Kriterium der Verständlichkeit der Lerninhalte im Posttest (siehe Abb. 7.13 (FFB), Abb. 7.24 (AB1) und Abb. 7.25 (AB2)) evaluiert worden ist und sich hier gegebenenfalls Verzerrungen durch diese Bedingungen ergeben haben. Dies soll exemplarisch genauer beleuchtet werden: Den stärksten Akzent hatte die Hilfskraft, die die Schüler durch die VR-Welt begleitete, sodass man annehmen könnte, dass die VR-Gruppe die Verständlichkeit am schlechtesten bewertet. Dies bewahrheitete sich bei der Kohorte FFB: 31 % der VR-Gruppe geben an, dass sie die Inhalte eher schlecht verständlich fanden, wogegen sie 92 % der PC-Gruppe als sehr gut verständlich bewerteten. Bei der Kohorte AB zeigt sich diese Tendenz aber nicht: Die Verständlichkeit wird von der MR- und VR-Gruppe der Kohorte AB als sehr hoch evaluiert und die PC-Gruppe steht an letzter Stelle. Hier führten die Akzente also nicht zu einer schlechteren Bewertung der Verständlichkeit.

c) **FAZIT: XR als Technologien mit besonderen Möglichkeiten und Herausforderungen**

- **Pragmatik im Vergleich**

Wie in Abschn. 6.2.2 dargestellt wurde, spiegelt die Forschungsliteratur geteilte Meinungen wider, was die Nutzung bzw. Vorteile von Desktop-VR angeht. Lee/Wong (2014:50) beispielsweise sprechen sich für die XR-Variante der Desktop-VR noch vor der VR mit VR-Brille aus, da sie ebenso Echtzeit-Interaktionen ermöglicht, allerdings eben nicht das Risiko der VR-Sickness besteht. Des Weiteren wurde auf den Dissens in Bezug auf den erreichbaren Immersionsgrad der Desktop-VR eingegangen (vgl. Furht 2006; Dalgarno et al. 2002) und zudem erwähnt, dass sie eine praktische Alternative an Schulen darstellen könnte, da Computer bzw. Laptops bereits vorhanden sind, VR-Brillen dagegen noch nicht zur Standardausstattung gehören. In dieser Studie hat sich die Durchführung des Treatments der Desktop-VR als am pragmatischsten herausgestellt, aber nicht zu den besten Leistungen geführt. Gleichzeitig ist zu konstatieren, dass sie zu besseren Leistungen geführt hat als die VR-Brillen-Lösung. Fest steht, dass die Desktop-VR durch die weitgehend autonome Bearbeitung seitens der Schüler sowie durch das gleichzeitige Absolvieren in Einzelarbeit mit automatisiertem Testsystem besticht. Die Probanden konnten sich am Testtag schlichtweg vor den PC setzen und nach einem kurzen integrierten Tutorial direkt mit der Navigation durch die Räume bzw. mit der Bearbeitung der Aufgaben beginnen, ohne dass sie eine separate Technologieeinführung benötigten, wie es bei der MR- oder VR-Gruppe der Fall war. Die Betonung der Pragmatik der Desktop-VR bezieht sich ausschließlich auf die „Durchführung" des Treatments. Denn damit sie auf diese Weise möglich war, musste eine umfangreiche Konzeption und kostenintensive Umsetzung der Desktop-VR-Lösung vorausgehen, um erst einmal die Software mit hinterlegtem Prüfungssystem zu erschaffen.

Der Einsatz der VR-Brille hat zu verschiedenen technologischen Herausforderungen geführt, die aber im Verlauf der Studie minimiert bzw. abgebaut werden konnten (siehe a). Um eine VR-Lösung umzusetzen, werden HMDs benötigt sowie die dazu passende Software und die entsprechende Zusatzausstattung. Der gelungene Einsatz von VR in Bezug auf Hardwareauswahl und Organisation der zugehörigen Infrastruktur setzt ein bestimmtes Grundwissen zur VR-Technologie voraus und es muss anfangs eine bestimmte Zeit eingeplant werden, damit sich die Nutzer an die neuartige Bedienung gewöhnen können. Der deutliche Leistungszuwachs über zwei Treatments hinweg sowie die kollaborative VR-Nutzung könnten in zukünftigen Studien im Mittelpunkt des Forschungsinteresses stehen.

Die MR-Gruppe zeigte zwar in allen Treatments die weitaus besten Leistungen und die MR-Variante wurde auch mit sehr guten Nutzererfahrungen bewertet, jedoch erfordern MR-Systeme wie der visuo-haptische Feuerlöscher einen enorm hohen Organisations- und Kostenaufwand sowie spezielle Soft- und Hardware. Diesen Anforderungen kann seitens der Schulen derzeit nicht nachgekommen werden. Hinzu kommt, dass das eingesetzte MR-System nur auf die Bedienung seitens einer einzelnen Person ausgerichtet ist. Insgesamt stellt diese MR-Lösung für die Nutzung in Schulklassen daher keine pragmatische Lösung dar.

- **VR-Sickness und technische Infrastruktur im Vergleich**

Wie bereits unter a) beschrieben wurde, ist entsprechend der Forschungsliteratur VR-Sickness nur bei der VR-Gruppe vorgekommen, nicht bei der Desktop-VR- und auch nicht bei der MR-Gruppe. Insgesamt äußerte in der Kohorte FFB nur eine Person Übelkeits- und Schwindelsymptome nach Abschluss des Treatments. Bei der Kohorte AB waren zwei Personen betroffen. Davon hatte allerdings eine Person zuvor bereits im Vortest angegeben, dass sie kognitive Einschränkungen habe und ihr generell leicht schlecht werde. Sie nahm dann am zweiten Treatment nicht mehr teil. Bei der anderen Person, der übel geworden ist, dokumentiert der erste Posttest, dass ihr zwar schlecht geworden ist (als eigene Anmerkung auf dem Fragebogen ergänzt) und sie das Treatment aus diesem Grund abgebrochen hat, aber dennoch vergibt sie sehr positive Bewertungen und verfasst den Kommentar: „Es hat mir trotzdem sehr gut gefallen, gerne hätte ich weitergemacht.“ Insgesamt kann also konstatiert werden, dass es bei beiden Kohorten FFB und AB Einzelfälle waren, die von VR-Sickness betroffen waren. Dennoch ist natürlich im Hinblick auf den Einsatz von VR-Brillen in der Unterrichtspraxis anzumerken, dass bereits zwei Schüler von dreißig, denen in VR schlecht wird, eine Herausforderung (für die Lehrkraft) darstellen können. Ist beispielsweise ein bestimmtes Unterrichtsszenario kollaborativ auf Kleingruppen in VR ausgerichtet, sodass fünf Schüler in VR gemeinsam Aufgaben bewältigen sollen, müssen von vornherein Alternativlösungen für diejenigen Schüler mitgedacht werden, bei denen sich VR-Sickness einstellt. Beispielsweise bietet sich grundsätzlich immer die Möglichkeit des Mitverfolgens per Streaming über den PC und Beamer an – auch für den Fall, dass nur wenige VR-Brillen zur Verfügung stehen.

Auf die erforderliche technische Infrastruktur, die es bei XR-Lösungen im Besonderen zu berücksichtigen gilt, soll kurz nochmals fokussiert eingegangen werden: Grundsätzlich ist (bzw. war) eine stabile und starke Internetverbindung bei allen XR-Varianten essenziell. Bei der Desktop-VR kam es dennoch immer wieder zu Störungen, die auf die Arbeitsprozessoren der an der Schule vorhandenen Computer zurückzuführen waren. Dadurch fror hin und wieder das Bild ein und in Einzelfällen stürzte die Anwendung sogar ab. Eine umfangreiche Testung vor dem Einsatz bzw. die Vorbereitung von Alternativlösungen wie beispielsweise die Installation der PC-Anwendung auf Ersatzlaptops war von Vorteil. Sehr langsame Laptops wurden von vornherein aussortiert und nicht für die Testung verwendet, und als in FFB am Testtag ein Computer nicht funktionierte, konnte direkt ein Ersatzlaptop zur Verfügung gestellt werden. Bei VR für die VR-Brille kann eine leistungsschwache Netzverbindung zu einer gestörten Mensch-Technik-Interaktion führen und damit Bildverzögerungen und VR-Sickness auslösen. Aus diesem Grund entschied sich das Studienteam, sowohl im VR- als auch im MR-Testraum eine eigene mitgebrachte Internetquelle (Router) zu installieren, die eine schnelle, reibungslose Verbindung garantierte. Die Computer waren per LAN-Kabel an das Schulinternet angeschlossen. Wie bereits in Abschn. 6.2.3 beschrieben wurde, ist bei der VR-Variante die kommerzielle Social-VR-Plattform *Engage* genutzt worden. Auf Basis der Unity-Datei der PC-Version wurde dort die Umgebung umgesetzt und die Aufgaben wurden implementiert. Wie ebenfalls bereits zur Sprache gekommen ist, fiel die Pilottestung in FFB mit einem Update der Plattform zusammen, wodurch die VR-Anwendung vorübergehend einige optische Störungen aufwies. In der Forschungsliteratur wurde mehrfach erwähnt bzw. kritisch hervorgehoben, dass in den bisherigen Studien wenig auf kommerzielle VR-Plattformen zurückgegriffen wurde, sondern meist speziell für den Zweck der Testung programmierte einfachere Anwendungen zum Einsatz kamen, die unter Umständen nicht die entsprechende grafische Qualität aufweisen (vgl. Abschn. 5.1.3). Dies liegt mit Jayes et al. (2022:272) jedoch auch darin begründet, dass kaum kommerzielle Angebote an XR-Software existieren, die speziell zum Sprachenlernen entwickelt worden sind. In dieser Arbeit wurde mit der eigens eingerichteten VR-Umgebung auf der kommerziellen Plattform *Engage* eine Zwischenlösung gefunden. Dies war aber nur durch die Zusammenarbeit mit dem Unternehmen UMZ möglich. Bei der Pilotstudie in FFB hat sich die Abhängigkeit von der Plattform durch das Update negativ ausgewirkt. Bei der Hauptstudie in AB dagegen waren die Grafik und Funktionalität enorm hoch, und mit einer kostenfreien/kostengünstigen, eigens für die Testung programmierten Anwendung hätte keine vergleichbare Detailliertheit der Grafik und Abläufe erreicht werden können. Die MR-Lösung funktionierte einwandfrei, erforderte auch keine gesonderte Einweisung und führte zu den besten Leistungen. Hier wurde jedoch bereits darauf hingewiesen, dass sie derzeit aus Kostengründen und der Beschränktheit der thematischen Ausrichtung sowie der Eignung für nur eine Person (noch) keine pragmatische Lösung für Schulen darstellt.

7.5.3 Limitationen der Arbeit

Die Studie bzw. die Forschungsarbeit weist insgesamt einige **Limitationen** auf, die im Folgenden erläutert werden:

- **Nur indirekte Berücksichtigung der didaktischen Einbettung in den Unterricht**

In Abschn. 5.1.6 wurde dargestellt, dass ein dringendes Desiderat darin besteht, Studien unter Realbedingungen im Unterricht durchzuführen. Auf diese Weise kann die Praxis des Sprachenlernens und -lehrens angemessen berücksichtigt werden, anstatt dass der XR-Diskurs von technologischen Aspekten dominiert wird, die unter experimentellen, instruktionistischen Bedingungen untersucht wurden. Zum anderen ergibt sich durch die Einbettung in den Unterricht die Notwendigkeit der Ausarbeitung bzw. Berücksichtigung von Didaktikkonzepten, die ebenso zu den Desideraten zählen (vgl. Abschn. 5.1.4 und Abschn. 5.1.6). Eine Limitation dieser Arbeit kann darin gesehen werden, dass es sich beim Thema Brandschutz um eine geschlossene separate Schulung handelt, die nicht an die Inhalte der schulischen Curricula anknüpft. Auch wurden die XR-Treatments nicht in eine Unterrichtseinheit eingebettet. In Abschn. 5.3 wurde allerdings bereits hervorgehoben, dass eine sinnvolle Integration von XR unter anderem auch dadurch gelingen kann, dass die XR-Anwendung selbst didaktisiert ist. Das ist bei dem eingesetzten Brandschutztraining der Fall. Es ist auf Basis der Didaktikprinzipien der Handlungsorientierung und Szenariendidaktik und unter Rückgriff auf die Konzepte der Sprachsensibilität, Multimedialität und -modalität, Interaktion, Narration und Gamification entwickelt worden. Zudem stand die Lebensrelevanz bzw. Nützlichkeit der Inhalte für die Schüler im Vordergrund. Des Weiteren konnten Sprach-, Fach- und Handlungswissen gezielt vereint werden. Die Entscheidung für eine eigenständige XR-Anwendung (in drei Varianten) beruhte darauf, dass der Fokus dieser Arbeit auf einem kontrollierten Vergleich von XR-Technologien gemäß den EC-Theorien lag. Eine didaktische Einbettung in Unterrichtsverläufe hätte zahlreiche unvorhersehbare Faktoren mit sich gebracht, die diese Vergleichbarkeit beeinträchtigt hätten.

- **Größe der Kohorten/Vergleichsgruppen und Anzahl der Treatments**

Eine weitere Limitation kann in der Größe der XR-Vergleichsgruppen sowie in der Anzahl der Treatments gesehen werden. Wie aus der Beschreibung der Kohorten (siehe Abschn. 7.1.4) hervorgeht, nehmen an der Pilotstudie (FFB) 54 Probanden und an der Hauptstudie (AB) 49 Probanden teil. Da nur vollständige Datensätze für die Ergebnisdarstellung ausgewählt worden sind, fällt die endgültige Stichprobengröße geringer aus als die Gesamtzahl der Probanden, die den Vortest absolviert haben. Der Wegfall von Datensätzen lag in Störungen begründet, wie beispielsweise dem Absturz von Computern, der auftretenden VR-Sickness, in IDs, die nicht zugeordnet werden konnten, oder in Absenzen von Schülern beim zweiten Treatment. In der Länge eines Schultags wurde die maximale Anzahl an Schülern getestet. Weitere Testtage waren weder von schulischer Seite zu den veranschlagten Terminen möglich, noch wären weitere Übernachtungen des Studienteams in Aschaffenburg im verfügbaren Budgetrahmen gewesen. Aus denselben Gründen waren auch nur zwei Treatments geplant. Weitere Treatments wären finanziell und organisatorisch im Rahmen dieser Forschungsarbeit nicht umsetzbar gewesen. Insgesamt würden sich aber bei zukünftigen Forschungsvorhaben sowohl größere Stichproben als auch mehr als zwei Treatments ggf. mit größeren zeitlichen Abständen anbieten, um Entwicklungen über eine längere Zeit hinweg evaluieren zu können.

An dieser Stelle soll jedoch noch darauf hingewiesen werden, dass die geringe Gruppengröße nicht zwangsläufig zu einer Schwächung der Aussagekraft der Ergebnisse führt, sondern im Gegenteil deren Robustheit unterstreichen kann. Obwohl die XR-Vergleichsgruppen klein waren (maximale Gruppengröße: $N = 16$; minimale Gruppengröße: $N = 9$), konnten Signifikanzen im Gruppenvergleich und in der Veränderung der Lernleistungen im zeitlichen Verlauf festgestellt werden. Das deutet darauf hin, dass die beobachteten Unterschiede und Tendenzen statistisch robust und damit bedeutsam sind.

8 Zusammenfassung der Forschung und Ausblick

Die vorliegende Arbeit nutzt Theorien der Embodied Cognition (EC) zur Erforschung der XR-Technologien in sprachlichen Lernkontexten und evaluiert den konkreten Einsatz von XR an Schulen. Insgesamt konnte ein innovativer und interdisziplinärer Beitrag zur Schnittstelle von Kognitionswissenschaft, XR-Technologien und Sprach- bzw. Fachunterricht geleistet werden. Im Folgenden werden die zentralen Ergebnisse zusammengefasst, bevor ein Ausblick auf zukünftige Forschungs- und Anwendungsperspektiven gegeben wird.

8.1 Zentrale Ergebnisse

Insgesamt ist es durch die Darstellung des Forschungsstands und den Vergleich der XR-Formate, verbunden mit der Messung der Lernleistungen und den eingeholten Nutzererfahrungen, gelungen, ein umfassendes Bild von Potenzialen und Herausforderungen der XR-Technologien als Lernmedien zum sprachlichen und fachlichen Wissenserwerb zu zeichnen. Die gewonnenen Erkenntnisse bieten Denkanstöße und Arbeitsgrundlagen für Entwickler, Lehrkräfte, Wissenschaftler sowie Anwender. Die Ergebnisse der Studie zeigen, dass alle XR-Varianten (PC, MR, VR) als innovative Lernumgebungen von den Schülern positiv wahrgenommen wurden, wobei sich Unterschiede in der Nutzererfahrung und in den Lernergebnissen der einzelnen Vergleichsgruppen herausstellten.

Die **Forschungsfragen** wurden beantwortet und werden an dieser Stelle nochmals abschließend aufgeführt:

I. Hoffmann, *Embodied Cognition und XR im Sprachunterricht*,
https://doi.org/10.1007/978-3-658-49658-6_8

Beantwortung der 1. Forschungsfrage:
Ja, die Nutzungsgruppen (PC| VR | MR) unterscheiden sich in ihren Gesamtleistungen im ersten und zweiten Durchlauf. In allen Treatments (FFB, AB 1 und AB 2) schneidet die MR-Gruppe am besten ab, gefolgt von der PC-Gruppe und der VR-Gruppe.

Treatment 1:

- **In FFB** zeigt sich ein signifikanter Unterschied zwischen der MR-Gruppe und der VR-Gruppe (die **MR-Gruppe ist signifikant besser als die VR-Gruppe**).
- **In AB 1** zeigt sich ein signifikanter Unterschied zwischen der MR-Gruppe und der PC-Gruppe sowie zwischen der MR-Gruppe und der VR-Gruppe (die **MR-Gruppe ist signifikant besser als die PC-Gruppe und als die VR-Gruppe**).

Treatment 2:

- **In AB 2** zeigt sich ein signifikanter Unterschied zwischen der MR-Gruppe und der PC-Gruppe sowie zwischen der MR-Gruppe und der VR-Gruppe (die **MR-Gruppe ist signifikant besser als die PC-Gruppe und als die VR-Gruppe**).

Beantwortung der 2. Forschungsfrage:
Die **individuellen Leistungen**innerhalb **aller Nutzungsgruppen (MR, VR, PC) haben sich vom ersten zum zweiten Treatment (AB1, AB2) signifikant verbessert.** Dabei haben sich die Individualleistungen innerhalb der **VR-Gruppe am stärksten verbessert** (gefolgt von der PC-Gruppe und der MR-Gruppe).

Beantwortung der 3. Forschungsfrage:
Eine **Evaluierung der Nutzererfahrungen (User Experience, UX) im Gruppenvergleich** (MR | VR | PC) **und zwischen der ersten und zweiten Nutzung einer XR-Technologie** wurde **separat je nach Aspekt** analysiert (**Bedienung der Technologie, Evaluierung der Lerninhalte, Spaßfaktor, Immersion/Präsenz/Handlungsrealismus**und **Selbsteinschätzung,**detailliert siehe Abschn. 7.4.3).

8.2 Anknüpfungspunkte für weitere Forschungen

Diese Arbeit eröffnet vielfältige Anknüpfungspunkte für die zukünftige Forschung und Praxis der XR-Technologien als innovative Medien in Bildungskontexten:

1. **Desiderat nach einer vertieften Untersuchung von EC-Aspekten in XR-Settings**

Der Forschungsstand zum XR-gestützten sprachlichen und fachlichen Wissenserwerb zeigt, dass noch viel Raum für die Erforschung der Zusammenhänge zwischen Körper, Umgebung, Technologie und Nutzer herrscht. Die EC-Theorien können dabei wertvolle Erklärungsansätze bieten, indem sie die Bedeutung der körperlichen Interaktion, der sensorischen Wahrnehmung und der Umwelt in Lernprozessen betonen. Insbesondere können die Theorien der Embodied Cognition (EC) dazu beitragen, zu verstehen, wie multimodale Reize den Wissenserwerb unterstützen und inwiefern die aktive Einbindung des Körpers die Lerner motivieren, kognitive Prozesse erleichtern und das langfristige Behalten von Informationen fördern kann.

2. **Langfristige Evaluationen**

Um besonders die Nachhaltigkeit des XR-gestützten Wissens- bzw. des Sprachkompetenzerwerbs zu untersuchen, bieten sich Vergleichsstudien mit mehr als zwei Treatments/Longitudinalstudien an. Es könnte untersucht werden, ob sich die Effekte, die in dieser Studie beim zweiten Treatment deutlich wurden, durch weitere Treatments verstärken. Dass sich die Individualleistungen der VR-Brillen-Gruppe am stärksten bei der zweiten Testung verbessert haben, könnte dabei einen Ausgangspunkt für weitere Forschungen darstellen.

3. **Skalierung und Varianz der Themenwahl**

Die Kohortengröße müsste perspektivisch erweitert werden, um Tendenzen noch verlässlicher aufzuzeigen und vor allem eine größere Anzahl an individuellen Nutzererfahrungen einzuholen. Dabei sind von vornherein genannte Einflussfaktoren mitzudenken, die zu einer Verkleinerung der Datensätze während der Studie führen können (vgl. Abschn. 7.5.3).

Zudem könnte das in dieser Arbeit aus verschiedenen Gründen ausgewählte Thema Brandschutz durch andere Themenschwerpunkte ersetzt werden bzw. könnten Inhalte schulischer Curricula abgebildet werden. Bereiche, die typischerweise Sprach-, Fach- und Handlungswissen vereinen, würden sich aufgrund der Charakteristika und Potenziale der XR zur Umsetzung anbieten. Exemplarisch könnten die berufsschulischen Fächer Betriebswirtschaftslehre oder Pflege herangezogen werden.

4. **Potenzial für Studien zur Mündlichkeit und Mehrsprachigkeit**

Die Desktop-VR-Brandschutzschulung stellt eine vollständige und direkt im Unterricht sowie in DaF/DaZ-Lehr- und Lernkontexten einsetzbare Anwendung auf Basis der VR-Umgebung Unity. An einer in dieser Arbeit nicht thematisierten vorgeschalteten Pilotstudie zur Überprüfung der Funktionalität gegen Ende des Programmierungsprozesses nahmen drei Probanden teil, die unterschiedliche Muttersprachen hatten (nicht Deutsch) und die sich etwa auf dem Niveau B1/B2 befanden. Sie sollten an einem einzigen Laptop gemeinsam das Brandschutztraining durchlaufen und versuchen, selbstständig im Team Probleme zu lösen. Da nur eine der drei Personen am Laptop die Steuerung übernehmen konnte, navigierten die beiden anderen Personen sie mündlich durch die virtuellen Räume und sagten ihr, was sie tun sollte. Nach kurzer Zeit stellten sich mehrsprachige Diskussionen und vor allem auch emotionale Reaktionen in der jeweiligen Muttersprache ein, wenn zum Beispiel die Pfanne explodierte oder sich ähnliche Zwischenfälle ereigneten. Diese Beobachtung soll das Potenzial zur Mehrsprachigkeitsforschung bzw. Untersuchung von Interaktion und Mündlichkeit (z. B. Affekt, Deixis etc.) mithilfe des gamifizierten Desktop-VR-Programms deutlich machen.

8.3 Ausblick

Die Zukunft von XR verspricht weitreichende Entwicklungen, die das Lehren und Lernen grundlegend transformieren werden. Insbesondere die eingangs erwähnte Verknüpfung von XR mit künstlicher Intelligenz (KI) eröffnet innovative Potenziale, die Lehr- und Lernprozesse adaptiver und effizienter gestalten könnte. Mithilfe von KI können personalisierte XR-Umgebungen geschaffen werden, in denen die KI in Echtzeit Fortschritte analysiert, sprachliche Korrekturen oder Übersetzungen vornimmt und gezieltes Feedback liefert. Dadurch kann ein immersives, die Lernerautonomie unterstützendes und effektives Lernumfeld geschaffen werden. Zudem zeigt die technologische Entwicklung, dass XR-Hardware zunehmend kostengünstiger wird. Die stetig wachsende Nutzerfreundlichkeit und die sinkenden Kosten von VR-Brillen lassen erwarten, dass die VR-Technologie in naher Zukunft breitere Anwendung finden werden – insbesondere in Bildungseinrichtungen, die bislang unter anderem aus Budgetgründen eher zurückhaltend waren. Auch Institutionen mit hohem Skalierungsbedarf, wie etwa Krankenhäuser, könnten dann verstärkt von den Potenzialen immersiver Lernumgebungen profitieren. In Kombination mit cloudbasierten Lösungen und KI-gestützten Anwendungen wird XR/VR damit nicht nur erschwinglicher, sondern auch einfacher in bestehende Systeme integrierbar. Des Weiteren lassen technologische Entwicklungen im Softwarebereich vermuten, dass KI es sowohl Wissenschaftlern und Lehrkräften als auch Schülern ermöglichen wird, Szenarien in entsprechenden XR-Umgebungen per mündlichem Prompt in Sekundenschnelle zu erstellen und je nach Bedarf auszugestalten. Der technologische Fortschritt markiert spätestens durch die Vereinigung von XR und KI in jedem Fall einen Paradigmenwechsel im Bildungswesen. Das Lernen der Zukunft wird dynamischer, adaptiver und immersiver sein. Zugleich bleibt zu hoffen, dass es inklusiver und gerechter wird – und damit die Herausforderungen und Chancen der globalisierten, digitalen Welt ein Stück weit besser adressiert, als es heute der Fall ist. Entscheidend wird sein, Konzepte des menschlichen Lernens, Wahrnehmens, Handelns und Empfindens konsequent in die Entwicklung und Implementierung von XR-Lösungen einfließen zu lassen. Dabei kann das Forschungsparadigma der Embodied Cognition (EC) als theoretischer Rahmen dienen, um die Interaktion zwischen Körper, Wahrnehmung und virtueller Umgebung besser zu verstehen. Essenziell sind frühzeitige Erprobungen an echten Zielgruppen unter realen Nutzungsbedingungen, um Didaktikkonzepte zu entwickeln sowie Einsatzmöglichkeiten genauestens zu reflektieren und zu evaluieren.

Hierfür müssen Wissenschaftler in interdisziplinären Teams der Pädagogik, Mediendidaktik, Psychologie, IT etc. Hand in Hand mit Unternehmen sowie mit Lehrkräften und Entscheidern an Bildungsinstitutionen zusammenarbeiten. Ein offener Austausch über Fachwissen, Bedürfnisse, Bedenken und Zielsetzungen ist dabei entscheidend, um nachhaltige und praxisnahe Lösungen zu entwickeln.

Literaturverzeichnis

Abraham, Anke (2013): Wie viel Körper braucht die Bildung? Zum Schicksal von Leib und Seele in der Wissensgesellschaft. In: Hildebrandt-Stramann, Reiner/Laging, Ralf/ Moegling, Klaus (2013): Körper, Bewegung und Schule. Teil 1: Theorie, Forschung und Diskussion. Immenhausen: Prolog, 16–35.

Abt, Clark (1971): Ernste Spiele. Lernen durch gespielte Wirklichkeit. Köln: Kiepenheuer und Witsch.

Achtziger, Anja/Gollwitzer, Peter (2010): Motivation und Volition im Handlungsverlauf. In: Heckhausen, Jutta/Heckhausen, Heinz (2010): Motivation und Handeln. Heidelberg: Springer, 285–307.

Agostini, Evi/Peterlini, Hans Karl/Schratz, Michael (2019): Pädagogik der Leiblichkeit? Phänomenologische und praxistheoretische Perspektiven auf leibliche Erfahrungsvollzüge in Schule und Unterricht. In: Brinkmann, Malte/Türstig, Johannes/Weber-Spanknebel, Martin (2019): Leib – Leiblichkeit – Embodiment. Wiesbaden: Springer VS Fachmedien, 197–228.

Aguayo, Claudio/Eames, Chris (2023): Using mixed reality (XR) immersive learning to enhance environmental education. *The Journal of Environmental Education*, 54(1), 58–71.

Akçayır, Murat/Akçayır, Gökçe (2017): Advantages and challenges associated with augmented reality for education: A systematic review of the literature. *Educational Research Review,* 20(1), 1–11.

Alfadil, Mohammed (2020): Effectiveness of virtual reality game in foreign language vocabulary acquisition. *Computers & Education* 153(6): 1–18.

Alhakamy, A'aeshah (2024): Extended Reality (XR) toward building immersive solutions: The key to unlocking industry 4.0. *ACM Computing Surveys,* 56 (9), 1–38.

Alizadeh, Mehrasa/Cowie, Neil (2022): The affordances and challenges of virtual reality for language teaching. *International Journal of TESOL Studies*, 4 (3), 50–56.

Allcoat, Devon/von Mühlenen, Adrian (2018): Learning in virtual reality: Effects on performance, emotion and engagement. *Research in Learning Technology*, 26, 2041.

Allcoat, Devon/Hatchard, Tim/Azmat, Freeha (2021): Education in the digital age: Learning experience in virtual and mixed realities. *Journal of Educational Computing Research*, 59(5), 795–816.

Alsawaier, Raed (2018): The effect of gamification on motivation and engagement. *International Journal of Information and Learning Technology*, 35, 1, 56–79.

I. Hoffmann, *Embodied Cognition und XR im Sprachunterricht*,
https://doi.org/10.1007/978-3-658-49658-6

Anderson, Terry (2003): Getting the mix right again: An updated and theoretical rationale for interaction. *International Review of Research in Open and Distance Learning*, 4, 2.

Anderson, Tom/Reynolds, Barry/Yeh, Xiao-Ping (2008): Video games in the English as a foreign language classroom. *Second IEEE International Conference on Digital Game and Intelligent Toy Enhanced Learning*, Banff, AB, Canada, 2008, 188–192.

Andrä, Christian/Mathias, Brian/Schwager, Anika (2020): Learning foreign language vocabulary with gestures and pictures enhances vocabulary memory for several months post-learning in eight-year-old school children. *Educational Psychology Review*, 32(3), 815–850.

Appel, Markus/Koch, Erik (2002): Aspekte des Leseerlebens: Skalenentwicklung. *Zeitschrift für Medienpsychologie* 14:4, 149–154.

Arnaldi, Bruno/Guitton, Pascal/Moreau, Guillaume (2018): Virtual reality and augmented reality myths and realities. London: ISTE Ltd.

Arnold, Rolf/Münk, Dieter (2006): Berufspädagogische Kategorien didaktischen Handelns. In: Arnold, Rolf/Lipsmeier, Antonius (2006): Handbuch der Berufsbildung. VS Verlag: Wiesbaden, 13–32.

Asher, James (1969): The total physical response approach to second language learning. *The Modern Language Journal*, 53(1), 3–17.

Auda, Jonas/Gruenefeld, Uwe/Faltaous, Sarah (2024): A scoping survey on cross-reality systems. *ACM Computing Surveys 2024-04*, 56(4), 1–38.

Azuma, Ronald (1997): A survey of augmented reality. *Presence: Teleoperators and Virtual Environments*, 6(4), 355–385.

Baerentsen, Klaus/Trettvik, Johan (2002): An activity approach to affordance. *Proceedings of the second Nordic conference on Human-computer interaction (NordiCHI '02)*, New York, 51–60.

Bahari, Akbar (2022): Affordances and challenges of teaching language skills by VR: A systematic review (2010–2020). *E-Learning and Digital Media*, 19(2), 163–188.

Bak, Peter Michael (2019): Lernen, Motivation und Emotion: Allgemeine Psychologie II – das Wichtigste, prägnant und anwendungsorientiert. Berlin: Springer.

Banakou, Domna/Hanumanthu, Parasuram/Slater, Mel (2016): Virtual embodiment of white people in a black virtual body leads to a sustained reduction in their implicit racial bias. *Frontiers in Human Neuroscience*, 10, 601.

Bara, Florence/Kaminski, Gwenael (2019): Holding a real object during encoding helps the learning of foreign vocabulary. *Acta Psychologica*, 196, 26–32.

Barrett, Alex James/Pack, Austin/Quaid, Ethan Douglas (2021): Understanding learners' acceptance of high-immersion virtual reality systems: Insights from confirmatory and exploratory PLS-SEM analyses. *Computers & Education,* 169, 104214.

Barsalou, Lawrence (2020): Challenges and opportunities for grounding cognition. *Journal of Cognition,* 3(1), 1–24.

Barsalou, Lawrence (2016): Situated conceptualization: Theory and applications. In: Coello, Yann/Fischer, Martin (2016): Perceptual and emotional embodiment. Foundations of embodied cognition. Routledge/Taylor & Francis Group, 11–37.

Barsalou, Lawrence (2008): Grounded cognition. *Annual Review of Psychology*, 59, 617–645.

Barsalou, Lawrence (1999): Perceptions of perceptual symbols. *Behavioral and Brain Sciences*, 22(4), 637–660.

Beckmann-Schulz, Iris/Laxczkowlak, Jana (2018): Das Arbeitsfeld Berufsbezogenes Deutsch – DaZ Lernen in der beruflichen Weiterbildung. In: Efing, Christian/Kiefer, Karl-Hubert (2018): Sprache und Kommunikation in der beruflichen Aus- und Weiterbildung. Ein interdisziplinäres Handbuch. Tübingen: Narr Francke Attempto, 44–53.

Bedenk, Markus (2010): Computerspielen verstehen. Auswahl und Nutzung von PC-Spielen. Baden-Baden: Nomos.

Behr, Johannes/Bockholt, Ulrich/Fellner, Dieter (2011): Instantreality – A framework for industrial augmented and virtual reality applications. In: Ma, Dengzhe/Gausemeier, Jürgen/Fan, Xiumin/Grafe, Michael (2011): Virtual reality, augmented reality in industry. Berlin/Heidelberg: Springer, 91–98.

Bergson, Henri (1896): Materie und Gedächtnis. Versuch über die Beziehung zwischen Körper und Geist. Leipzig: Meiner Verlag.

BIBB (Bundesinstitut für Berufsbildung) (2023): Informationen zum Ausbildungsberuf „der/die Gestalter/-in für immersive Medien", online unter: https://www.bibb.de/dienst/berufesuche/de/index_berufesuche.php/profile/apprenticeship/gestim23 (zuletzt aufgerufen am 12.3.2024).

Bietz, Jörg (2020): Die Bedeutung bewegungskultureller Praktiken im Bildungsprozess Jugendlicher. In: Müller, Beatrice/Spahn, Lea (2020): Den LeibKörper erforschen. Phänomenologische, geschlechter- und bildungstheoretische Perspektiven auf die Verletzlichkeit des Seins. Bielefeld: Transcript, 195–209.

Bietz, Jörg (2015): Bewegung als Bildungsdimension im Jugendalter. In: Gräfe, Robert/Harring, Marius/Witte, Matthias (2015): Körper und Bewegung in der Jugendbildung. Interdisziplinäre Perspektiven. Bertmannsweiler: Schneider Verlag Hohengehren, 54–66.

Bilandzic, Helena (2013): Immersion. In: Wünsch, Carsten/Schramm, Holger (2013): Handbuch Medienrezeption. Baden-Baden: Nomos, 273–290.

Bisig, Daniel (2012): Kunst und künstliches Leben – zwischen Autonomie und Interaktion. In: Blum, André/Krois, John/Rheinberger, Hans (2012): Verkörperungen. Berlin, Boston: De Gruyter, 147–169.

Bitkom Research (2023): Die Zukunft der Consumer Technology – 2023. Online unter: https://www.bitkom.org/sites/main/files/2023-08/bitkom-studie-die-zukunft-der-consumer-technology-2023.pdf (zuletzt aufgerufen am 9.7.2025).

Blair, Sheila (2003): The social turn in second language acquisition. Edinburgh: Edinburgh University Press.

Bloom, Benjamin (1972): Taxonomy of educational objectives: Handbook 1, cognitive domain. New York: Mackay.

Blötz, Ulrich (2015): Planspiele und Serious Games in der beruflichen Bildung. Auswahl, Konzepte, Lern-arrangements, Erfahrungen – Aktueller Katalog für Planspiele und Serious Games 2015. Bonn: BIBB.

Bonner, Euan/Reinders, Hayo (2018): Augmented and virtual reality in the language classroom: practical ideas. *Teaching English with Technology*, 18(3), 33–53.

Borghi, Anna/Cimatti, Felice (2010): Embodied cognition and beyond: Acting and sensing the body. *Neuropsychologia*, 48, 763–773.

Borst, Christoph/Volz, Richard (2005): Evaluation of a haptic mixed reality system for interactions with a virtual control panel. *Presence*, 14(6), 677–696.

Boulenger, Véronique/Silber, Beata/Roy, Alice (2008): Subliminal display of action words interferes with motor planning: A combined EEG and kinematic study. *Journal of Physiology*, 102, 130–136.

Brill, Manfred (2023): Virtual Reality kompakt. Entwicklung von immersiver Software. Wiesbaden: Springer Vieweg.

Brill, Manfred (2009): Virtuelle Realität. Heidelberg: Springer.

Brinkmann, Malte (2019): Embodied understanding in pedagogical contexts. In: Brinkmann, Malte/Türstig, Johannes/Weber-Spanknebel, Martin (2019): Leib – Leiblichkeit – Embodiment. Wiesbaden: Springer VS Fachmedien, 21–36.

Brünken, Roland/Leutner, Detlev/Niegemann, Helmut (2004): Instructional design for multimedia learning. *Proceedings of the 5th International Workshop of SIG 6 Instructional Design of the European Association for Research on Learning and Instruction (EARLI)*, June 27–29, Erfurt, 113–125.

Bryant, Doreen/Zepter, Alexandra (2022): Performative Zugänge zu Deutsch als Zweitsprache (DaZ). Ein Lehr- und Praxisbuch. Tübingen: Narr Francke Attempto Verlag.

Buccino, Giovanni/Riggio, Lucia/Melli, Giorgia (2005): Listening to action related sentences modulates the activity of the motor system: A combined TMS and behavioral study. *Cognitive Brain Research*, 24, 355–363.

Buckley, Patrick/Doyle, Elain (2014): Gamification and student motivation. *Interactive Learning Environments*, 24(6), 1162–1175.

Buehler, Kai/Kohne, Andreas (2020): Besser Lernen mit VR/AR Anwendungen. In: Orsolits, Horst/Lackner, Maximilian (2020): Virtual Reality und Augmented Reality in der digitalen Produktion. Wiesbaden: Springer Gabler, 75–96.

Buhr, Mathias/Pfeiffer, Thies/Reiners, Dirk (2013): Echtzeitaspekte von VR-Systemen. In: Dörner, Ralf/Broll, Wolfgang/Grimm, Paul (2013): Virtual und Augmented Reality (VR/AR). Grundlagen und Methoden der Virtuellen und Augmentierten Realität. Berlin/Heidelberg: Springer Verlag, 195–238.

Butz, Andreas/Krüger, Antonio/Völkel, Sarah Theres (2022): Mensch-Maschine-Interaktion. Oldenburg: De Gruyter.

Campell, Stephen/Dawson, A.J. (1996): Learning as Embodied Action. In: Sutherland, R., Mason, J. (1996): Exploiting mental imagery with computers in mathematics education. Heidelberg: Springer, 233–249.

Cangelosi, Angelo/Riga, Thomas (2006): An embodied model for sensorimotor grounding and grounding transfer: experiments with epigenetic robots. *Cognitive Science*, 30, 673–689.

Cannon, Anneliese (2017): When statues come alive: Teaching and learning academic vocabulary through drama in schools. *Tesol Quarterly*, 51(2), 383–407.

Carney, James (2020): Thinking avant la lettre: A review of 4E cognition. *Evolutionary studies in imaginative culture,* 4, 1, 77–90.

Casasanto, Daniel/Lupyan, Gary (2015): All concepts are ad hoc concepts. In: Margolis, Eric/Laurence, Stephen (2015): The conceptual mind: New directions in the study of concepts. Cambridge: MIT Press, 543–566.

Cassirer, Ernst (1994): Der Begriff der symbolischen Form im Aufbau der Geisteswissenschaften. In: Cassirer, Ernst (1994): Wesen und Wirkung des Symbolbegriffs. Darmstadt: Wissenschaftliche Buchgesellschaft, 175–200.

Castellanos, Almudena/Pérez, Carlota (2017): New challenge in education: Enhancing student's knowledge through augmented reality. *Augmented Reality: Reflections on Its Contribution to Knowledge Formation*, 11, 273–293.

CEFR (2018): Common European framework of reference for languages: Learning, teaching, assessment. Companion Volume with New Descriptors, Council of Europe (Europarat). Online unter: https://rm.coe.int/common-european-framework-of-reference-for-languages-learning-teaching/16809ea0d4 (zuletzt aufgerufen am 3.1.2025).

Chang, Eunhee/Kim, Hyun Taek/Yoo, Byounghyun (2020): Virtual reality sickness: A review of causes and measurements. *International Journal of Human–Computer Interaction*, 36, 17, 1658–1682.

Chen, Ming-Puu/Wang, Li-Chun/Zou, Di (2022): Effects of captions and English proficiency on learning effectiveness, motivation and attitude in augmented-reality-enhanced theme-based contextualized EFL learning. *Computer Assisted Language Learning*, 35, 381–411.

Chen, Chwen Jen/Toh, Seong Chong/Fauzy, Wan Mohd (2004): The theoretical framework for designing desktop virtual reality-based learning environments. *Journal of Interactive Learning Research*, 15(2), 147–167.

Chen, Guo-Ming/Starosta, William (1996): Intercultural communication competence: A synthesis. *Annals of the International Communication Association*, 19(1), 353–383.

Cheng, Alan/Yang, Lei/Andersen, Erik (2017): Teaching language and culture with a virtual reality game. *Proceedings CHI Conference on Human Factors of Computing Systems*, May 2017, 541–549.

Christ, Oliver/Sambasivam, Michel/Roos, Annalena (2022): Learning in immersive virtual reality: How does the 4E cognition approach fit in virtual didactic settings? *Human Interaction, Emerging Technologies and Future Systems V. IHIET 2021. Lecture Notes in Networks and Systems*, 319, 790–796.

Chung, Liang Yi (2011): Using avatars to enhance active learning: Integration of virtual reality tools into college english curriculum. *Proceeding 16th NorthEast Asia Symposium Nano, Information Technology*, 29–33.

Clancey, William (1997): Situated Cognition. On Human Knowledge and Computer Representations. Cambridge: Cambridge University Press.

Clancey, William (1993): Situated action: A neuropsychological interpretation response. *Cognitive Science*, 17(1), 87–116.

Clark, Andy (2011): Finding the mind: book symposium on supersizing the mind: Embodiment, action, and cognitive extension. *Philosophical Studies*, 152 (3), 447–461.

Clark, Andy (1997): Being there. Putting brain, body, and world together again. Cambridge: MIT.

Clark, Andy/Chalmers, David (1998): The Extended Mind. *Analysis* 58(1), 7–19.

Clausner, Timothy/Croft, William (1999): Domains and image schemas. *Cognitive Linguistics*, 10, 1–31.

Connell, Louise/Lynott, Demont (2014): Principles of representation: Why you can't represent the same concept twice. *Topics in Cognitive Sciences*, 6, 390–406.

Craig, Alan (2013): Understanding Augmented Reality – Concepts and Applications. Waltham: Morgan Kaufman.

Crocco, Francesco/Offenholley, Kathleen/Hernandez, Carlos (2016): A proof-of-concept study of game-based learning in higher education. *Simulation & Gaming*, 47(4), 403–422.

Csikszentmihályi, Mihály (2014): The concept of flow. In: Csikszentmihályi, Mihály (2014): Flow and the foundations of positive psychology. Dordrecht: Springer Netherlands, 239–263.

Csikszentmihályi, Mihály (1975): Beyond boredom and anxiety. Washington: Jossey-Bass Publishers.

Csikszentmihályi, Mihály/Abuhamdeh, Sami/Nakamura, Jeanne (2005): Flow. In: Elliot, André/Dweck, Carol (2005): Handbook of competence and motivation. New York: Guilford Press, 598–608.

Czycholl, Reinhard/Ebner, Hermann (2006): Handlungsorientierung in der Berufsbildung. In: Arnold, Rolf/Lipsmeier, Antonius (2006): Handbuch der Berufsbildung. Wiesbaden: VS Verlag, 44–54.

Da Rold, Federico (2018): Defining embodied cognition: The problem of situatedness. *New Ideas in Psychology*, 51, 9–14.

Dalgarno, Barney/Hedberg, John/Harper, Barry (2002): The contribution of 3D environments to conceptual understanding. *19th annual conference of the Australasian society for computers in learning in tertiary education, Winds of change in the sea of learning,* 1–10.

Damasio, Antonio (2010): Self comes to mind – constructing the conscious brain. New York: Pantheon Books.

Damasio, Antonio (1994): Descartes' error: emotion, reason, and the human brain. New York: Avon Books.

De Biran, Maire (1977): Tagebuch. Felix Meiner Verlag.

Deci, Edward/Ryan, Richard (1993): Die Selbstbestimmungstheorie der Motivation und ihre Bedeutung für die Pädagogik. *Zeitschrift für Pädagogik*, 39(2), 223–238.

Descartes, René (1904): Mediationes de prima philosophia. In: Charles, Adam/Paul Tannery (1904): Euvres de Decartes, Bd. 7, Paris.

Deterding, Sebastian/Sicart, Miguel/Nacke, Lennart (2011): Gamification. Using game-design elements in non-gaming contexts. *CHI '11 extended abstracts on human factors in computing systems*, 2425–2429.

DGUV (2019): Feueralarm in der Schule. Abrufbar unter: https://publikationen.dguv.de/widgets/pdf/download/article/1413 (zuletzt aufgerufen am 9.7.2025).

Di Paolo, Ezequiel (2005): Autopoiesis, adaptivity, teleology, agency. *Phenomenology and the Cognitive Sciences*, 4, 97–125.

Di Paolo, Ezequiel/Thompson, Evan (2005): The enactive approach. In: Shapiro, Lawrence (2005): The routledge handbook of embodied cognition. London/New York: Routledge, 68–78.

Di Paolo, Ezequiel/Rohde, Marieke/De Jaegher, Hanneke (2010): Horizons for the enactive mind. In: Stewart, John/Gapenne, Oliver/Di Paolo, Ezequiel (2010): Enaction. Cambridge: The MIT Press, 33–87.

Diefenbach, Sarah/Hassenzahl, Marc (2017): Psychologie in der nutzerzentrierten Produktgestaltung. Mensch – Technik – Interaktion – Erlebnis. Berlin: Springer.

Diel, Alexander/Lewis, Michael (2024): Rethinking the uncanny valley as a moderated linear function: Perceptual specialization increases the uncanniness of facial distortions. *Computers in Human Behavior*, 108254.

Doff, Sabine (2009): 'Handlungsorientierung': Historische Perspektiven auf ein vermeintlich neues fremdsprachendidaktisches Konzept. In: Abendroth-Timmer/Elsner, Daniela/

Lütge, Christiane (2009): Handlungsorientierung im Fokus. Impulse und Perspektiven für den Fremdsprachenunterricht im 21. Jahrhundert. Frankfurt am Main: Peter Lang, 27–39.

Dörner, Ralf/Jung, Bernhard/Broll, Wolfgang (2013): Einleitung. In: Dörner, Ralf/Broll, Wolfgang/Grimm, Paul/Jung, Bernhard (2013): Virtual and Augmented Reality (VR/AR). Grundlagen und Methoden der Virtuellen und Augmentierten Realität. Berlin/Heidelberg: Springer Verlag, 1–31.

Dörner, Ralf/Steinicke, Frank (2013): Wahrnehmungsaspekte von VR. In: Dörner, Ralf/Broll, Wolfgang/Grimm, Paul/Jung, Bernhard (2013): Virtual and Augmented Reality (VR/AR). Grundlagen und Methoden der Virtuellen und Augmentierten Realität. Berlin/Heidelberg: Springer Verlag, 33–63.

Dourish, Paul (2001): Where the action is: The foundations of embodied interaction. Cambridge: MIT Press.

Dove, Guy (2022): Rethinking the role of language in embodied cognition. *Philosophical transactions of the Royal Society of London. Series B, Biological sciences*, 378, 20210375.

Draguhn, Andreas (2017): Die Relevanz des Biologischen. Verkörperung als Leitmotiv eines Dialogs zwischen Neurowissenschaft und Pädagogik. In: Etzelmüller, Gregor/Fuchs, Thomas/Tewes, Christian (2017): Verkörperung – Eine neue interdisziplinäre Anthropologie. Berlin/Boston: de Gruyter, 387–397.

Drascic, David/Milgram, Paul (1996): Perceptual issues in augmented reality. *Stereoscopic Displays and Virtual Reality Systems III*, 2653, 123–135.

Dreyfus, Hubert (2002): Intelligence without representation – Merleau-Ponty's critique of mental representation. The relevance of phenomenology to scientific explanation. *Phenomenology and the Cognitive Sciences*, 1, 367–383.

Dunleavy, Matt/Dede, Chris/Mitchell, Rebecca (2009): Affordances and limitations of immersive participatory augmented reality simulations for teaching and learning. *Journal of Science Education and Technology*, 18, 7–22.

Ebert, Dylan/Gupta, Sanika/Makedon, Filia (2016): Ogma: a virtual reality language acquisition system. *Proceedings of the 9th ACM international conference on pervasive technologies related to assistive environments.* Corfu 2016, 6(66), 1–5.

Egenfeldt-Nielsen, Simon/Meyer, Bente/Sorenson, Birgitte (2011): Serious games in education. A global perspective. Aarhus: University Press.

Ehrsson Hendrik (2007): The experimental induction of out-of-body experiences. *Science* (New York, N.Y.), 317, 5841.

Ellis, Nick (2019): Essentials of a theory of language cognition. *Modern Language Journal*, 103, 39–60.

Elm, Erik von/Schreiber, Gerhard/Haupt, Claudia (2019): Methodische Anleitung für Scoping Reviews (JBI-Methodologie). *Zeitschrift für Evidenz, Fortbildung und Qualität im Gesundheitswesen*, 143, 1–7.

Engelmann, Nikolayi (2018): Virtual Reality Gaming. Potential der Technologie für die Welt der digitalen Spiele. Baden-Baden: Tectum.

Engeser, Stefan/Schiepe-Tiska, Anja (2012): Historical lines and an overview of current research on flow. In: Engeser, Stefan (2012): Advances in Flow Research. New York/Dordrecht/Heidelberg/London: Springer, 1–22.

Evans, Vyvyan (2012): Cognitive linguistics. *Wiley Interdisciplinary Reviews: Cognitive Science* 3(2). 129–141.

Evans, Vyvyan/Green, Melanie (2006): Cognitive linguistics: an introduction. Edinburgh: Edinburgh University Press.

Fan, Samantha/Liberman, Zoe/Keysar, Boaz (2015): The exposure advantage: Early exposure to a multilingual environment promotes effective communication. *Psychological Science*, 26(7), 1090–1097.

Firth, Alan/Wagner, Johannes (2007): Second/foreign language learning as a social accomplishment. Elaborations on a reconceptualized SLA. *The Modern Language Journal*, 91(1), 800–819.

Firth, Alan/Wagner, Johannes (1997): On discourse, communication, and (some) fundamental concepts in SLA research. *The Modern Language Journal*, 81, 285–300.

Flavián, Carlos/Ibáñez Sánchez, Sergio/Orús, Carlos (2021): Impacts of technological embodiment through virtual reality on potential guests' emotions and engagement. *Journal of Hospitality Marketing & Management*, 30(1), 1–20.

Francisco-Aparicio, Andrés/Gutiéerrez-Vela, Francisco Luis (2013): Gamification: analysis and application. In: Penichet, Victor/Peñalver, Antonio/Gallud, José (2013): New trends in interaction, virtual reality and modeling, London: Springer, 113–126.

Franke, Elk (2015): Bildsamkeit des Körpers – anthropologische Voraussetzungen aktueller Bildungsforschung. In: Bietz, Jörg/Laging, Ralf/Pott-Klindworth, Mike (2015): Didaktische Grundlagen des Lehrens und Lernens von Bewegungen – bewegungswissenschaftliche und sportpädagogische Bezüge. Baltmannsweiler: Schneider-Verlag Hohengehren, 223–256.

Freyermuth, Gundolf (2015): From analog to digital image space. Toward a historical theory of immersion. In: Liptay, Fabienne/Dogramaci, Burcu (2015): Immersion in the visual arts and media. Studies. *Intermediality*, 9, 165–204.

Freyermuth, Gundolf/Gotto, Lisa/Wallenfels, Fabian (2013): Serious Games, Exergames, Exerlearning. Zur Transmedialisierung und Gamification des Wissenstransfers. Bielefeld: Transcript.

Frith, Chris/Frith, Uta (2007): Social cognition in humans. *Current Biology*, 17, 724–732.

Froese, Tom/Ziemke, Tom (2009): Enactive artificial intelligence: Investigating the systemic organization of life and mind. *Artificial Intelligence*, 173(3–4), 466–500.

Fuchs, Thomas (2017): Verkörpertes Wissen – verkörpertes Gedächtnis. In: Etzelmüller, Gregor/Fuchs, Thomas/Tewes, Christian (2017): Verkörperung – Eine neue interdisziplinäre Anthropologie. Berlin/Boston: de Gruyter, 57–78.

Fuchs, Werner (2009): Warum das Gehirn Geschichten liebt: Mit den Erkenntnissen der Neurowissenschaften zu zielgruppenorientiertem Marketing. Freiburg: Haufe.

Furht, Borivoje (2006): Encyclopedia of multimedia. New York: Springer.

Gallagher, Shaun (2019): Embodiment: Leiblichkeit in den Kognitionswissenschaften. In: Alloa, Emmanuel/Bedorf, Thomas/Grüny, Christian (2012): Leiblichkeit. Geschichte und Aktualität eines Konzepts. Tübingen: Mohr Siebeck, 354–377.

Garbarini, Francesca/Adenzato, Mauro (2004): At the root of embodied cognition: Cognitive science meets neurophysiology. *Brain and Cognition*, 56, 100–106.

Garcia, Sarah/Laesker, Denis/Caprio, Derek (2019): An immersive virtual reality experience for learning spanish. In: Zaphiris, Panayiotis/Ioannou, Andri (2019): Learning and collaboration technologies. Ubiquitous and virtual environments for learning and collaboration. HCII 2019, Lecture Notes in Computer Science(ll), 11591, 151–161.

Garzón, Juan/Kinshuk/Baldiris, Silvia (2020): How do pedagogical approaches affect the impact of augmented reality on education? A meta-analysis and research synthesis. *Educational Research Review*, 31, 100334.

Gerstenmaier, Jochen/Mandl, Heinz (2000): Einleitung: die Kluft zwischen Wissen und Handeln. In: Mandl, Heinz/Gerstenmaier, Jochen (2000): Die Kluft zwischen Wissen und Handeln. Empirische und theoretische Lösungsansätze. Göttingen: Hogrefe, 11–25.

Gerth, Sebastian/Kruse, Rolf (2020): VR/AR-Technologien im Schulungseinsatz für Industrieanwendungen. In: Orsolits, Horst/Lackner, Maximilian (2020): Virtual Reality und Augmented Reality in der Digitalen Produktion. Wiesbaden Springer Gabler, 145–179.

Gibson, James (1982): Wahrnehmung und Umwelt. Der ökologische Ansatz in der visuellen Wahrnehmung. München/Wien/Baltimore: Urban & Schwarzenberg.

Glaubitz, Nicola/Schröter, Jens (2009): Zur Diskursgeschichte des Flächen- und des Raumbildes. In: Schröter, Jens/Winter, Gundolf/Barck, Joanna (2009): Das Raumbild- Bilder jenseits ihrer Flächen, Leiden: Brill Verlag, 281–314.

Glenberg, Arthur/Sato, Marc/Cattaneo, Luigi (2008): Processing abstract language modulates motor system activity. *Quarterly Journal of Experimental Psychology*, 61(6), 905–919.

Goertz, Lutz (2004): Wie interaktiv sind Medien? In: Bieber, Christoph/Leggewie, Claus (2004): Interaktivität. Ein transdisziplinärer Schlüsselbegriff. Frankfurt/Main: Campus Verlag, 97–117.

Grau, Oliver (2005): Immersion & Emotion. Zwei bildwissenschaftliche Schlüsselbegriffe. In: Grau, Oliver/Keil, Andreas (2005): Mediale Emotionen. Zur Lenkung von Gefühlen durch Bild und Sound. Frankfurt am Main: Fischer, 70–106.

Gruber, Hans/Mandl, Heinz/Renkl, Alexander (2000): Was lernen wir in Schule und Hochschule: Träges Wissen? In: Mandl, Heinz/Gerstenmaier, Jochen (2000): Die Kluft zwischen Wissen und Handeln. Empirische und theoretische Lösungsansätze. Göttingen: Hogrefe, 139–156.

Gudjons, Herbert (2014): Handlungsorientiert lehren und lernen. Schüleraktivierung – Selbsttätigkeit – Projektarbeit. Bad Heilbrunn: Klinkhardt.

Guerretaz, Anne-Marie/Zahler, Tara/Boyd, Ashley (2020): We acted like ELLs: A pedagogy of embodiment in preservice teacher education. *Language Teaching Research*, 26(6), 1274–1298.

Guo, Qi (2015): Learning in a mixed reality system in the context of ‚Industrie 4.0‘. *Journal of Technical Education (JOTED)*, 3(2), 92–115.

Gutuleac, Rada/Baima, Gabriele/Rizzo, Cristian (2024): Will virtual influencers overcome the uncanny valley? The moderating role of social cues. *Psychology & Marketing*, 41, 1419–1431.

Hallet, Wolfgang/Vogt, Karin/Surkamp, Carola (2020): Digitales Englischlernen im Distanz- und Präsenzunterricht. *Der fremdsprachliche Unterricht Englisch*, 167:5, 2–7.

Hamari, Juho/Koivisto, Jonna (2015): "Working out for likes": An empirical study on social influence in exercise gamification. *Computers in Human Behavior*, 50, 333–347.

Hartmann, Christian/Bannert, Maria (2022): Lernen in virtuellen Räumen. Konzeptuelle Grundlagen und Implikationen für künftige Forschung. *MedienPädagogik: Zeitschrift für Theorie und Praxis der Medienbildung*, 47 (AR/VR – Part 1): 373–391.

Hassani, Fahime/Shahrbanian, Shahnaz/Shahidi, Seyed (2020): Playing games can improve physical performance in children with autism. *International Journal of Developmental Disabilities*, 68(2), 219–226.

Heckhausen, Jutta/Heckhausen, Heinz (2010): Motivation und Handeln: Einführung und Überblick. In: Heckhausen, Jutta/Heckhausen, Heinz (2010): Motivation und Handeln: Berlin/Heidelberg: Springer Medizin, 1–10.

Hedberg, Hillevi/Nouri, Jalal/Hansen, Preben (2018): A systematic review of learning trough mobile augmented reality. *International Journal of Interactive Mobile Technologies (iJIM)*, 12(3), 75–85.

Hefner, Dorothée /Klimmt, Christoph/Vorderer, Peter (2007): Identification with the player character as determinant of video game enjoyment. *Entertainment Computing – ICEC 2007 Conference Proceedings*, 4740, 39–48.

Hehl, Walter (2023): Das Körper-Geist-Problem und Descartes. In: Hehl, Walter (2023): Spiritualität kontrovers. Wiesbaden: Springer VS, 79–102.

Herber, Erich (2012): Augmented Reality – Auseinandersetzung mit realen Lernwelten. *Zeitschrift für e-Learning*, 3, 7–13.

Hochberg, Jana/Vogel, Cathrin/Bastiaens, Theo (2017): Gestaltung und Erforschung eines Mixed-Reality-Lernsystems. *MedienPädagogik: Zeitschrift für Theorie und Praxis der Medienbildung*, 28, 140–146.

Hochscherf, Tobias/Kjär, Heidi/Rupert-Kruse, Patrick (2011): Phänomene und Medien der Immersion. In: Jahrbuch immersiver Medien 2011, 9–18.

Hoffman, Hunter (1998): Physically touching virtual objects using tactile augmentation enhances the realism of virtual environments. *Proceedings of IEEE Virtual Reality Annual International Symposium*, 59–63.

Hoffmann, Isabel (2023a): Desktop Virtual Reality zur schulischen Wissensvermittlung – eine qualitative Analyse von Lerneräußerungen. *IDV Magazin*, Nr. 104, Dezember 2023. Online unter: https://idvnetz.org/publikationen-des-idv/idv-magazin-104 (zuletzt aufgerufen am 11.2.2025).

Hoffmann, Isabel (2023b): XR und die Fremdsprachendidaktik: ist ein Paradigmenwechsel zu erwarten? In: Deutscher Akademischer Austauschdienst (Hrsg.) (2023): Deutsch als Fremdsprache in der digitalen Welt. Zu aktuellen Entwicklungen in Lehre und Forschung. Sammelband zur ersten wissenschaftlichen Konferenz des Programms Dhoch3. Bonn: DAAD-Studien. Online unter: https://www.daad.de/de/der-daad/was-wir-tun/fortbildung-expertise-und-beratung/analysen-studien/daad-studien/#Februar2023 (zuletzt aufgerufen am 9.7.2025).

Hoffmann, Martin (2016): Verkörperte Kognition. In: Kühler, Michael/Rüther, Markus (2016): Handbuch Handlungstheorien. Grundlagen, Kontexte, Perspektiven. Stuttgart: J.B. Metzler, 160–168.

Höflich, Joachim (1995): Vom dispersen Publikum zu „elektronischen Gemeinschaften". Plädoyer für einen erweiterten kommunikationswissenschaftlichen Blickwinkel. Rundfunk und Fernsehen, 43(4), 518–537.

Hölscher, Petra (2006): Handlungsorientierter Unterricht mit Lernszenarien: Kernfragen zum Spracherwerb. Oberursel: Finken.

Hua, Congchao/Wang, Jia (2023): Virtual reality-assisted language learning: A follow-up review (2018–2022). *Frontiers in Psychology, Psychology of Language*, 14, 1664–1078.

Hua, Zhu/Li, Wei/Jankowicz-Pytel, Daria (2020): Translanguaging and embodied teaching and learning: Lessons from a multilingual karate club in London. *International Journal of Bilingual Education and Bilingualism*, 23(1), 65–80.

Huang, Xinyi/Zou, Di/Chang, Gary/Xie, Haoran (2021): A systematic review of AR and VR enhanced language learning. *Sustainability*, 13, 4639.

Ionescu, Thea/Ilie, Adriane (2016): Language learning in preschool children: an embodied learning account. *Early Child Development and Care*, 188(1), 4–15

Ionescu, Thea/Vasc, Dermina (2013): Embodying cognition: Gestures and their role in the development of thinking. *Cognition, Brain, Behavior*, 2, 149–169.

Jayes, Jester/Said, Noraini/Din, Wardatul (2022): Virtual reality in malaysian english as a second language learning: A systematic review and implications for practice and research. *International Journal of Education, Psychology and Counseling*, 7, 48, 263–277.

Jerald, Jason (2016): The VR book. Human-centered design for virtual reality. Waterloo: Morgan and Claypool Publishers.

Jiang, Yirui/Tran, Trung Hieu/Williams, Leon (2023): Machine learning and mixed reality for smart aviation: Applications and challenges. *Journal of Air Transport Management*, 111, 102437.

Johnson, Mark (1987): The body in the mind. The bodily basis of meaning, imagination, and reason. Chicago: University Press.

Jusslin, Sofia/Korpinen, Kaisa/Lija, Niina (2022): Embodied learning and teaching approaches in language education: A mixed studies review. *Educational Research Review*, 37, 100480.

Juul, Jasper (2005): Half-real. Video games between real rules and fictional worlds. Cambridge: MIT Press.

Kalkavan-Aydin, Zeynep (2024): Handlungsorientierung. In: Efing, Christian/Kalkavan-Aydin, Zeynep (2024): Berufs- und Fachsprache Deutsch in Wissenschaft und Praxis: ein Handbuch aus DaF- und DaZ-Perspektive. Berlin/Boston: De Gruyter, 709–712.

Kanaplianik, Katsiaryna (2016): Kognitionslinguistisch basierte Animationen für die deutschen Modalverben: Zusammenspiel der kognitiven Linguistik und des multimedialen Lernens bei der Sprachvermittlung. Berlin: LIT.

Kaplan, Alexandra/Cruit, Jessica/Endsley, Mica (2021): The Effects of Virtual Reality, Augmented Reality, and Mixed Reality as Training Enhancement Methods: A Meta-Analysis. *Human Factors*, 63(4), 706–726.

Kapp, Karl (2012): The gamification of learning and instruction: Game-based methods and strategies for training and education. San Francisco: Pfeiffer Wiley.

Kasprowicz, Dawid (2019): Zu einer Wissensgeschichte der Immersion. Der Körper auf Tauchstation. Berlin: J.B. Metzler.

Kearsley, Greg/Shneiderman, Ben (1998): Engagement theory: A framework for technology-based teaching and learning, *Educational Technology*, 38(5), 20–23.

Keller, John (2009): Motivational design for learning and performance: The ARCS model approach. Springer Science & Business Media. New York: Springer.

Kerawalla, Lucinda/Luckin, Rosemary/Seljeflot, Simon (2006): „Making it real": exploring the potential of augmented reality for teaching primary school science. *Virtual Reality*, 10 (3–4), 163–174.

Kiefer, Karl-Hubert (2018): Didaktische Szenarien in der berufsbezogenen Sprachausbildung. In: Efing, Christian/Kiefer, Karl-Hubert (2018): Sprache und Kommunikation in der beruflichen Aus- und Weiterbildung. Ein interdisziplinäres Handbuch. Tübingen: Narr Francke Attempto, 469–480.

Kiefer, Markus/Barsalou, Lawrence (2013): Grounding the human conceptual system in perception, action, and internal states. In: Prinz, Wolfgang/Beisert, Miriam/Hervig, Arvid (2013): Action science: Foundations of an emerging discipline. Cambridge: MIT, 381–407.

Kiili, Kristian (2005): Digital game-based learning: Towards an experiential gaming model. *The Internet and Higher Education,* 8, 1, 13–24.

Kiverstein, Julian (2012): The meaning of embodiment. *Topics in Cognitive Science*, 4, 740–758.

Kleppin, Karin (1980): Das Sprachlernspiel im Fremdsprachenunterricht. Untersuchungen zum Lehrer- und Lernerverhalten in Sprachlernspielen. Tübingen: Narr.

Klippel, Frederike (1980): Spieltheoretische und pädagogische Grundlagen des Lernspieleinsatzes im Fremdsprachenunterricht. Frankfurt/Main: Peter Lang.

Knoll, Manuel (2017): Aristoteles: Psychologie, Ethik und politische Philosophie. In: Knoll, Manuel (2017): Antike griechische Philosophie. Berlin/Boston: De Gruyter, 277–304.

Kocher, Doris (2020): Der Storyline Approach. In: Hallet, Wolfgang/Königs, Frank/Martinez, Helene (2020): Handbuch Methoden im Fremdsprachenunterricht. Hannover: Kallmeyer, 131–133.

Kocher, Mela (2007): Folge dem Pixelkaninchen! Ästhetik und Narrativität digitaler Spiele. Zürich: Chronos.

Kohl-Dietrich, Dorothee/Juchem-Grundmann, Constanze/Schnotz, Wolfgang (2016): Conceptual Motivation as a tool for raising language awareness in the English as a foreign language classroom – Does it enhance learning outcomes? Insights from an empirical study. *Yearbook of the German cognitive linguistics association,* 4(1), 193–209.

Kolb, David (2015): Experiential learning: Experience as the source of learning and development. Upper Saddle River, NJ: Pearson Education.

König, Katharina (2011): Wahrnehmung und Interaktion. In: Hemmerling, Marco (2011): Augmented Reality. Mensch, Raum und Virtualität. München: Wilhelm Fink Verlag, 187–193.

Korn, Oliver/Schulz, Annika Sabrina/Hagley, Belinda Janine (2022): Gamification: Grundlagen, Methoden und Anwendungsbeispiele. In: Becker, Wolfgang/Metz, Maren (2022): Digitale Lernwelten – Serious Games und Gamification. Wiesbaden: Springer, 43–63.

Kosmas, Panagiotis/Zaphiris, Panayiotis (2020): Words in action: investigating students' language acquisition and emotional performance through embodied learning. *Innovation in language learning and teaching*, 14(4), 317–332.

Kosmas, Panagiotis/Ioannou, Andri/Zaphiris, Panayiotis (2019): Implementing embodied learning in the classroom: Effects on children's memory and language skills. *Educational Media International*, 56(1), 59–74.

Krassmann, Aliane/Melo, Miguel/Peixoto, Bruno (2020): Learning in virtual reality: Investigating the effects of immersive tendencies and sense of presence. *Proceedings of the International Conference on Human-Computer Interaction,* Copenhagen, Denmark, 19–24 July 2020, 270–286.

Kyselo, Miriam (2013): Enaktivismus. In: Stephan, Achim/Walter, Sven (2013): Handbuch Kognitionswissenschaft. Stuttgart: Metzler, 197–201.

Laging, Ralf (2020): Bewegung, Bildung und leibliche Erfahrung. In: Müller, Beatrice/Spahn, Lea (2020): Den LeibKörper erforschen. Phänomenologische, geschlechter- und bildungstheoretische Perspektiven auf die Verletzlichkeit des Seins. Bielefeld: transcript, 181–194.

Laging, Ralf (2000): Theoretische Bezüge und Konzepte der Bewegten Schule – Grundlagen und Überblick. In: Laging, Ralf/Schillack, Gerhard (2000): Die Schule kommt in Bewegung. Konzepte, Untersuchungen und praktische Beispiele zur bewegten Schule. Baltmannsweiler: Schneider Verlag, 2–38.

Lakoff, George/Johnson, Mark (1980): Metaphors we live by. Chicago: University of Chicago Press.

Lakoff, George/Johnson, Mark (1999): Philosophy in the flesh: The embodied mind and its challenge to western thought. New York: Basic Books.

Lampropoulos, Georgios/Kinshuk (2024): Virtual reality and gamification in education: a systematic review. *Education Tech Research Dev* 72, 1691–1785.

Lan, Yu Ju (2014): Does second life improve mandarin learning by overseas Chinese students? *Language Learning & Technology,* 18(2), 36–56.

Lan, Yu Ju/Hsiao, Indy/Shih, Mei Feng (2018): Effective learning design of game-based 3D virtual language learning environments for special education students. *Journal of Educational Technology & Society,* 21(3), 213–227.

Lan, Yu-Ju/Fang, Wie-Chieh/Hsiao, Indy (2018): Real body versus 3D avatar: The effects of different embodied learning types on EFL listening comprehension. *Educational Technology Research & Development,* 66(3), 709–731.

Lan, Yu-Ju/Chen, Nian-Shing/Yao-Ting, Sung (2015): Mind and body learn together. *Embodied cognition and language learning. The 15th IEEE international conference on advanced learning technologie*s, 469–471.

Langacker, Ronald (2008): Cognitive grammar as a basis for language instruction. In: Robinson, Peter/Ellis, Nick (2008): Handbook of Cognitive Linguistics and Second Language Acquisition. New York: Routledge, 66–88.

Langacker, Ronald (1999): Grammar and Conceptualization. Berlin, New York: De Gruyter Mouton.

Lange, Stefanie (2019): Enhanced E-Books. Eine empirische Studie zum immersiven Erleben. Berlin: J.B. Metzler.

Langer, Elle (2020): Medieninnovationen AR und VR. Erfolgsfaktoren für die Entwicklung von Experiences. Berlin/Heidelberg: Springer Vieweg.

Lappe, Markus/Jenkin, Michael/Harris, Laurence (2007): Travel distance estimation from visual motion by leaky path integration. *Experimental Brain Research*, 180, 35–48.

Lawrence, Geoff/Ahmed, Farhana (2020): Avatar teaching and learning: examining language teaching and learning practices in virtual reality environments. In: Zou, Bin/Thomas, Michael (2020): Recent developments in technology-enhanced and computer-assisted language learning. Hershey, PA: IGI Global, 340–360.

Lee, Elinda Ai-Lim/Wong, Kok Wai (2014): Learning with desktop virtual reality: Low spatial ability learners are more positively affected. *Computers & Education*, 79, 49–58.

Lee, Elinda Ai-Lim/Wong, Kok Wai/Fung, Chun Che (2010): How does desktop virtual reality enhance learning outcomes? A structural equation modeling approach. *Computers & Education*, 55, 4, 14241–14442.

Leggewie, Claus/Bieber, Christoph (2004): Interaktivität – Soziale Emergenzen im Cyberspace? In: Bieber, Christoph/Leggewie, Claus (2004): Interaktivität. Ein transdisziplinärer Schlüsselbegriff. Frankfurt/Main: Campus Verlag, 7–14.

Leisen, Josef (2010): Handbuch Sprachförderung im Fach – Sprachsensibler Fachunterricht in der Praxis. Bonn: Varus.

Lenggenhager, Bigna/Tadi, Tej/Metzinger, Thomas (2007): Video ergo sum: manipulating bodily self-consciousness. *Science*, 317, 1096–1099.

Lensing-Conrady, Rudolf (2015): Mathe bewegt! Vom Körperraum zum Zahlenraum. Dortmund: Verlag Modernes Lernen.

León, José/Martínez-Huertas José-Ángel/Moreno, José (2023): Strong versus weak embodiment: Spatial iconicity in physical, abstract, and social semantic categories. *Scandinavian Journal of Psychology*, 64, 574–581.

Li, Kam/Wong, Billy (2021): A literature review of augmented reality, virtual reality, and mixed reality in language learning. *International Journal of Mobile Learning and Organization,* 15 (2), 164–178.

Li, Ming/Pan, Zhigeng/Sun, Yawen (2021): Virtual reality in foreign language learning: A review of the literature. *IEEE 7th International Conference on Virtual Reality (ICVR),* Foshan/China, 302–307.

Li, Chen/Ip, Horace/Wong, Yuen (2020): An empirical study on using virtual reality for enhancing the youth's intercultural sensitivity in Hong Kong. *Journal of Computer Assist Learning,* 1, 11, 625–635.

Li, Yi/Wei, Feng/Ren, Shenggang/Di, Yang (2015): Locus of control, psychological empowerment and intrinsic motivation relation to performance. *Journal of Managerial Psychology*, 30, 4, 422–438.

Liaw, Meei-Ling (2019): EFL learners' intercultural communication in an open social virtual environment. *Journal of Educational Technology & Society,* 22, 2, 38–55.

Lindeman, Robert/Sibert, John/Hahn, James (1999): Handheld windows: Towards effective 2D interaction in immersive virtual environments. *Proceedings of IEEE Virtual Reality*, 205–212.

Lindgren, Robb/Johnson-Glenberg, Mina (2013): Emboldened by embodiment: Six precepts for research on embodied learning and mixed reality. *Educational Researcher*, 42, 445–452.

Littlemore, Jeannette/Krenmayr, Tina/Turner, James (2013): An investigation into metaphor use at different levels of second language writing. *Applied Linguistics,* 32, 4, 208–229.

Liu, Weiming (2023): A systematic review of the use of virtual reality in teaching Chinese as a foreign language. *Journal of China Computer-Assisted Language Learning.* Online unter: https://doi.org/10.1515/jccall-2023-0005.

Lombard, Matthew/Ditton, Theresa (1997): At the heart of it all: The concept of presence. *Journal of Computer-Mediated Communication,* 3(2), 1–10.

Long, Michael (1996): The role of the linguistic environment in second language acquisition. In: Ritchie, William/Bhatia, Tej (1996): Handbook of second language acquisition. San Diego: Academic Press, 413–468.

López-Faican, Lissette/Jaen, Javier (2020): EmoFindAR: Evaluation of a mobile multiplayer augmented-reality game for primary school children. *Computers & Education*, 149, 103814.

Lübcke, Maren (2010): In Line or Out of Control? Kommunikative Anschlussnahme in Online-Diskursen. Wiesbaden: VS Verlag für Sozialwissenschaften Springer.

Lyre, Holger (2013): Verkörperlichung und situative Einbettung (embodied/embedded cognition). In: Stephan, Achim/Walter, Sven (2013): Handbuch Kognitionswissenschaft. Stuttgart: Metzler, 186–193.

Lyre, Holger (2010): Erweiterte Kognition und mentaler Externalismus. *Zeitschrift für philosophischeForschung*, 64(2), 190–215.

Maar, Christa/Burda, Hubert (2006): Iconic Worlds. Neue Bilderwelten und Wissensräume. Köln: DuMont.

Macedonia, Manuela (2019): Embodied Learning: Why at school the mind needs the body. *Frontiers in Psychology*, 10, 1–8.

Macrine, Sheila/Fugate, Jennifer (2021): Translating Embodied Cognition for Embodied Learning in the Classroom. *Frontiers in Education*, 6, 712625.

Mahon, Bradford (2015): What is embodied about cognition? *Language, cognition and neuroscience*, 30(4), 420–429.

Mahon, Bradford/Caramazza, Alfonso (2008): A critical look at the embodied cognition hypothesis and a new proposal for grounding conceptual content. *Journal of physiology*, 102, 1–3.

Majlesi, Ali Reza (2014): Finger dialogue: The embodied accomplishment of learnables in instructing grammar on a worksheet. *Journal of Pragmatics*, 64, 35–51.

Mangina, Eleni/Chiazzese, Giuseppe/Hasegawa, Tomonori (2018): AHA: ADHD Augmented (Learning Environment). *2018 IEEE International Conference on Teaching, Assessment, and Learning for Engineering (TALE)*, 774–777.

Marian, Alexandra/Rogobete, Doris/Vescan, Roxana (2019): Embodied learning of language in preschoolers: Emotion, enactment, and cognition. *Studia Universitatis Babes-Bolyai Philosophia*, 64(2), 71–86.

Marr, Ann Christine (2010): Serious Games für die Informations- und Wissensvermittlung – Bibliotheken auf neuen Wegen. Wiesbaden: Dinges & Frick.

Marx, Konstanze/Schmidt, Axel (2019): Einleitung. In: Marx, Konstanze/Schmidt, Axel (2019): Interaktion und Medien. Interaktionsanalytische Zugänge zu medienvermittelter Kommunikation. Winter: Universitätsverlag, 1–35.

Mattar, João (2015): Games e gamificação em educação. *Inovação, e formação na sociedade digital, ambientes virtuais, tecnologias e serious games*, 207–220.

Matthews, Gerald/Davies, Roy/Westerman, Stephen (2000): Human Performance. Cognition, stress and individual differences. East Sussex: Psychology Press.

Maturana, Humberto/Varela, Francisco (1987): Der Baum der Erkenntnis: die biologischen Wurzeln des menschlichen Erkennens. München: Scherz.

Mayer, Richard (2009): Multimedia Learning (2nd ed.). New York: Cambridge University Press.

Mayer, Richard (2005): The Cambridge Handbook of multimedia learning. Oxford: Cambridge University.

McGowin, Gregory/Fiore, Stephen/Oden, Kevin (2022): Me, Myself, and the (Virtual) World: A Review of Learning Research in 4E Cognition and Immersive Virtual Reality. *Virtual, Augmented and Mixed Reality: Applications in Education, Aviation and Industry: 14th International Conference*, VAMR 2022, HCII 2022, Proceedings, Part II, 59–73.

McIntosh, Paul (2010): Action research and reflective practice. Creative and visual methods to facilitate reflection and learning. London: Routledge.

McMahon, Donald (2014): Augmented reality on mobile devices to improve the academic achievement and independence of students with disabilities. Doctoral dissertation, online unter: https://trace.tennessee.edu/utk_graddiss/2716/ (zuletzt aufgerufen am 4.1.2025).

McMillan, James (2000): Educational research: Fundamentals for the consumer. New York: Addison Wesley Longman Inc.

Mehler-Bicher, Anett/Steiger, Lothar (2014): Augmented Reality. Theorie und Praxis. Oldenbourg: Wissenschaftsverlag GmbH.

Menner, Marietta (2019): Virtuelle Realität und Serious Games im Schulalltag. Konzeption, Erprobung und Analyse der virtuellen Lernwelt Faszination Faserverbundwerkstoffe & des Serious Games Composites Cup on Tortuga. Augsburg: Universitätsdruck.

Meri-Yilan, Serpil (2019): A study on technology-based speech assistants. In: Plutino, Alessia/Borthwick, Kate/Corradini, Erika (2019): New educational landscapes: innovative perspectives in language learning and technology. Research-Publishing.Net, 11–17.

Merleau-Ponty, Maurice (1966): Phänomenologie der Wahrnehmung. Stuttgart: Kohlhammer.

Merschbacher, Adam (2018): Brandschutzfibel. Wiesbaden: Springer Vieweg.

Meyer, Oliver/Omdahl, Magnus/Makransky, Guido (2019): Investigating the effect of pretraining when learning through immersive virtual reality and video: a media and methods experiment. *Computers & Education*, 140, 103603.

Milgram, Paul/Kishino, Fumio (1994): A taxonomy of mixed reality virtual displays. *IEICE Transactions on Information and Systems* E77-D, 9 (September 1994), 1321–1329.

Montessori, Maria (1912): The Montessori Method: Scientific pedagogy as applied to child education in ‚The Children's Houses' with additions and revisions by the author. Kiel: Alpha Edition/Neumann Gruppe.

Moser, Sybille (2010): Mediales Embodiment. Medienbeobachtung mit Laurie Anderson. München: Wilhelm Fink.

Moser, Heinz (2008): Einführung in die Netzdidaktik: Lehren und Lernen in der Wissensgesellschaft, Baltmannsweiler: Schneider-Verlag Hohengehren.

Mroz, Aurore (2015): The development of second language critical thinking in a virtual language learning environment: A process-oriented mixed-method study. *CALICO Journal*, 32(3), 528–553.

Murray, Janet (2001): Hamlet on the Holodeck. The Future of Narrative in Cyberspace. Cambridge: The MIT Press.

Mühlhoff, Rainer/Schütz, Theresa (2019): Immersion, immersive power. In: Slaby, Jan/von Scheve, Christian (2019): Affective Societies: Key concepts. London/New York: Routledge, 231–240.

Nguyen, May-Han (2016): A micro-analysis of embodiments and speech in the pronunciation instruction of one ESL teacher. *Issues in Applied Linguistics,* 20(1), 111–134.

Niegemann, Helmut/Domagk, Steffi/Hessel, Silvia (2008): Kompendium multimediales Lernen. Berlin/Heidelberg: Springer.

O'Malley, Claire/Fraser, Danae (2004): Literature review in learning with tangible technologies. Technical Report 12. NESTA Futurelab. Online unter: https://www.nfer.ac.uk/media/k0ugpmmq/futl69.pdf (zuletzt aufgerufen am 4.01.2025).

Odendahl, Johannes (2020): Embodied Cognition, affects and language comprehension. Theoretical basis and (literary-)didactic perspectives of a physically-emotionally grounded model of understanding. *Phenomenology and the Cognitive Sciences*, 20, 483–499.

OECD (2020): OECD Lernkompass 2030. OECD-Projekt Future of Education and Skills 2030 – Rahmenkonzept des Lernens (im Jahr 2020 herausgegeben von: Bertelsmann Stiftung, Deutsche Telekom Stiftung, Education Y e.V., Global Goals Curriculum e.V., Siemens Stiftung), online unter: https://www.bertelsmann-stiftung.de/de/publikationen/publikation/did/oecd-lernkompass-2030-all (zuletzt aufgerufen am 4.1.2025).

Oerter, Rolf (2007): Zur Psychologie des Spiels. *Psychologie und Gesellschaftskritik*, 31, 7–32.

Ohler, Jason (2015) Digital storytelling in the classroom. New media pathways to literacy, learning, and creativity. New Delhi: SAGE Publications.

Ou Yang, Fang-Chuan/Lo, Fang-Ying/Hsieh, Jun Chen (2020): Facilitating communicative ability of EFL learners via high-immersion virtual reality. *Journal of Educational Technology & Society,* 23(1), 30–49.

Oyserman, Daphna/Lewis, Neil/Yan, Veronica (2017): An Identity-Based Motivation Framework for Self-Regulation. *Psychological Inquiry*, 28(2–3), 139–147.

Palmas, Fabrizio/Klinker, Gudrun (2020): Defining extended reality training: A long-term definition for all industries. *IEEE 20th International Conference on Advanced Learning Technologies (ICALT),* 2020, 322–324.

Park, Moonyoung (2018): Innovative assessment of aviation English in a virtual world: windows into cognitive and metacognitive strategies. *ReCALL*, 30(2), 196–213.

Parmaxi, Antigoni (2020): Virtual reality in language learning: a systematic review and implications for research and practice. *Interactive Learning Environments,* 31(1), 1–13.

Peixoto, Bruno/Melo, Miguel/Cabral, Luciana (2021): Immersive virtual reality for foreign language education: A PRISMA systematic review. *IEEE Access*, 9, 48952–48962.

Pestalozzi, Johann Heinrich (1805): Geist und Herz in der Methode. In: Buchenau. Artur (1843): Sämtliche Werke Bd. 18, Berlin.

Pfeifer, Rolf/Iida, Fumija (2004): Embodied Artificial Intelligence: Trends and challenges. In: Iida, Fumija/Pfeifer, Rolf/Steels, Luc (2004): Embodied Artificial Intelligence. Lecture notes in computer science, 3139. Berlin/Heidelberg: Springer, 1–26.

Pfeifer, Rolf/Bongard, Josh (2007): How the body shapes the way we think: A new view of intelligence. London: MIT Press.

Piepho, Hans-Eberhard (2003): Lerneraktivierung im Fremdsprachenunterricht. „Szenarien" in Theorie und Praxis. Hannover: Schroedel Verlag.

Pinto, Rafael Darque/Peixoto, Bruno/Melo, Miguel (2021): Foreign language learning gamification using virtual reality – A systematic review of empirical research. *Education Sciences,* 11(5), 222.

Poling, Alan/Methot, Laura/LeSage, Mark (1995): Between-subjects designs and nonexperimental methods. In: Poling, Alan/Methot, Laura/LeSage, Mark (1995): Fundamentals of behavior analytic research. Applied clinical psychology. Boston: Springer, 103–127.

Pozo-Sánchez, Santiago/Lampropoulos, Georgios/López-Belmonte, Jesús (2022): Comparing gamification models in higher education using face-to-face and virtual escape rooms. *Journal of New Approaches in Educational Research*, 11, 307–322.

Prensky, Marc (2007): How to teach with technology: Keeping both teachers and students comfortable in an era of exponential change. *Emerging Technologies for Learning*, 2, 40–46.

Pulvermüller, Friedemann (2013): How neurons make meaning: Brain mechanisms for embodied and abstract-symbolic semantics. *Trends in Cognitive Sciences*, 17, 458–470.

Pulvermüller, Friedemann/Fadiga, Luciano (2010): Active perception: Sensorimotor circuits as a cortical basis for language. *Nature Reviews Neuroscience*, 11, 351–360.

Rafaeli, Sheizaf (1988): Interactivity: from new media to communication. In: Hawkins, Robert/Wiemann, John/Pingree, Suzanne (1988): Advancing communication science: Merging mass and interpersonal process. Newbury Park, CA: Sage, 110–134.

Rama, Paul/Black, Rebecca/van Es, Elizabeth (2012): Affordances for second language learning in World of Warcraft. *ReCALL*, 24(3), 322–338.

Rauschnabel, Philipp/Felix, Reto/Hinsch, Chris (2022): What is XR? Towards a framework for augmented and virtual reality. *Computers in Human Behavior*, 133, 107289.

Redondo, Beatriz/Cózar-Gutiérrez, Ramón/González-Calero, José (2020): Integration of augmented reality in the teaching of English as a foreign language in early childhood education. *Early Child. Education Journal*, 48, 147–155.

Reinmann, Gabi (2005): Blended Learning in der Lehrerbildung: Grundlagen für die Konzeption innovativer Lernumgebungen. Lengerich: Pabst Science Publishers.

Reitz, Liesa/Sohny, Aline/Lochmann, Gerrit (2016): VR-based gamification of communication training and oral examination in a second language. *International Journal of Game-Based Learning*, 6, 46–61.

Rey, Günter (2009): E-Learning. Theorien, Gestaltungsempfehlungen und Forschung. Bern: Hogrefe.

Rheingold, Horward (1991): Virtual Reality. New York: Summit Books.

Richardson, Daniel/Spivey, Michael (2000): Representation, space and Hollywood Squares: Looking at things that aren't there anymore. *Cognition,* 76(3), 269–295.

Rieger, Stefan/Schäfer, Armin/Tuschling, Anna (2020): Virtuelle Lebenswelten: Zur Einführung. In: Rieger, Stefan/Schäfer, Armin/Tuschling, Anna (2020): Virtuelle Lebenswelten. Körper – Räume – Affekte. Berlin/Boston: Walter de Gruyter, 1–13.

Robbins, Philip/Aydede, Murat (2009): The Cambridge handbook of situated cognition. Cambridge University Press.

Roche, Jörg (2024): Berufssprache Deutsch. In: Szurawitzki, Michael/Wolf-Farré, Patrick (2024): Handbuch Deutsch als Fach- und Fremdsprache: Ein aktuelles Handbuch zeitgenössischer Forschung. Berlin/Boston: De Gruyter, 645–660.

Roche, Jörg (2013): Fremdsprachenerwerb Fremdsprachendidaktik. Tübingen: Francke.

Roche, Jörg/Suñer, Ferran (2017): Sprachenlernen und Kognition. Grundlagen einer kognitiven Sprachendidaktik. Tübingen: Narr Francke Attempto.

Roche, Jörg/Suñer Muñoz, Ferran (2014): Kognition und Grammatik: Ein kognitionswissenschaftlicher Ansatz zur Grammatikvermittlung am Beispiel der Grammatikanimationen. *Zeitschrift für Interkulturellen Fremdsprachenunterricht* 19, 2, 119–145.

Roche, Jörg/Terrasi-Haufe (2017): Handlungsorientierter Unterricht an beruflichen Schulen in Bayern. In: Efing, Christian/Kiefer, Karl-Hubert (2017): Sprachbezogene Curricula und Aufgaben in der beruflichen Bildung. Aktuelle Konzepte und Forschungsergebnisse. Frankfurt am Main: Peter Lang.

Rosser, James/Lynch, Paul/Cuddihy, Laurie (2007): The impact of video games on training surgeons in the 21st century. *Archives of surgery,* 142(2), 181–186.

Rostásy, Andrea/Sievers, Tobias (2018): Handbuch Mediatektur: Medien, Raum und Interaktion als Einheit gestalten. Methoden und Instrumente. Bielefeld: Transcript Verlag,

Rouse, Rebecca/Engberg, Maria/JafariNaimi, Nassim (2015): MRX: an interdisciplinary framework for mixed reality experience design and criticism. *Digital Creativity*, 26(3–4), 175–181.

Rowlands, Mark (2010): The new science of the mind. From extended mind to embodied phenomenology. Cambridge: MIT Press.

Rowlands, Mark (1999): The Body in Mind: Understanding cognitive processes. New York: Cambridge University Press.

Rubia, de la Ernesto/Diaz-Estrella, Antonio (2013): ORION One more step in virtual reality interaction. In: Penichet, Victor/Peñalver, Antonio/Gallud, José (2013): New trends in interaction, virtual reality and modeling. London: Springer, 45–61.

Ryan, Marie-Laure (2001): Narrative as virtual reality. Immersion and interactivity in literature and electronic media. Baltimore/London: The Johns Hopkins University Press.

Sandor, Christian/Kuroki, Tsuyoshi/Uchiyama, Shinji (2007): Exploring visuo-haptic mixed reality. *IEIC Technical Report (Institute of Electronics, Information and Communication Engineers* 2007, 106, 31–36.

Scally, Garret (2019): Let me hear your body talk: Experiencing the word for additional language development. *Scenario: A Journal of Performative Teaching, Learning, Research,* XIII (2), 109–135.

Scheller, Julija (2009): Animationen in der Grammatikvermittlung. Multimedialer Spracherwerb am Beispiel von Wechselpräpositionen. Berlin/Münster: Lit.

Schmidt, Mirko/Benzing, Valentin/Wallman-Jones, Amie (2019): Embodied learning in the classroom: Effects on primary school children's attention and foreign language vocabulary learning. *Psychology of Sport and Exercise,* 43, 45–54.

Schnell, Rainer (2019): Panel-Studien. In: Schnell, Rainer (2019): Survey-Interviews. Studienskripte zur Soziologie. Springer VS: Wiesbaden, 325–346.

Schubert, Thomas/Semin, Gür (2009): Embodiment as a unifying perspective for psychology. *European Journal of Social Psychology*, 39, 1135–1141.

Schultz-Steinbach, Gisela (2000): Die „Storyline" im Englischunterricht der Grundschule. In: Bleyhl, Werner (2000): Fremdsprachen in der Grundschule. Grundlagen und Praxisbeispiele. Hannover: Schroedel Verlag, 128–139.

Schwarz, Marie/Mauersberger, Anna (2023): Verkörperte Bildung durch die virtuelle Realität THE SHAPE OF US. Empirische Befunde, didaktisches Design und bildungstheoretische Schlüsse. *MedienPädagogik: Zeitschrift für Theorie und Praxis der Medienbildung*, 51 (AR/VR – Part 2), 430–459.

Schwartz, Daniel/Lindgren, Rob/Lewis, Sarah (2009): Constructivism in an age of non-constructivist assessments. In: Tobias, Sigmund/Duffy, Thomas (2009): Constructivist theory applied to instruction: Success or failure? New York, NY: Taylor & Francism, 34–61.

Schweiger, Moritz/Wimmer, Jeffrey/Chaudhry, Maiyra (2022): Lernerfolg in der Schule durch Augmented und Virtual Reality? Eine quantitative Synopse von Wirkungsstudien zum Einsatz virtueller Realitäten in Grund- und weiterführenden Schulen. *MedienPädagogik: Zeitschrift für Theorie und Praxis der Medienbildung*, 47 (AR/VR – Part 1), 1–25.

Schweinitz, Jörg (2006): Totale Immersion und die Utopien von der virtuellen Realität. Ein Mediengründungsmythos zwischen Kino und Computerspiel. In: Neitzel, Britta/Nohr,

Rolf (2006): Das Spiel mit dem Medium. Partizipation – Immersion – Interaktion. Zur Teilhabe an den Medien von Kunst bis Computerspiel. Marburg: Schüren, 135–152.

Shapiro, Lawrence (2010): Embodied cognition. New problems of philosophy. New York: Routledge.

Shapiro, Lawrence (2004): The mind incarnate. Cambridge: MIT Press.

Shelton, Brett/Hedley, Nicholas (2002): Using augmented reality for teaching earth-sun relationships to undergraduate geography students. *The 1st IEEE International Augmented Reality Toolkit Workshop*, Darmstadt, 29 September 2002, 8.

Shen, Yu/Zhou, Dongqing/Wang, Yang (2023): Outcomes of VR, AR and MR technologies in K-12 language education: A review. *International Journal of Learning and Teaching, 9(3)*, 272–278.

Sherman, William/Craig, Alan (2003): Understanding virtual reality: Interface, application, and design. Morgan Kaufmann Publishers.

Shih, Ya-Chun (2015): A virtual walk through London: culture learning through a cultural immersion experience. *Computer Assisted Language Learning,* 28(5), 407–428.

Shin, Mincheol/Kim, Se Jung/Biocca, Frank (2019): The uncanny valley: No need for any further judgments when an avatar looks eerie. *Computers in Human Behavior*, 94, 100–109.

Simões, Jorge/Redondo, Rebeca Diaz/Vilas, Ana Fernández (2013): A social gamification framework for a k-6 learning platform. *Computers in Human Behavior*, 29(2), 345–353.

Sipe, Sarah/Pathman, Thanujeni (2021): Memory at Play: Examining Relations Between Episodic and Semantic Memory in a Children's Museum. *Child Development*, 92, 270–284.

Skulmowski, Alexander/Rey, Günter (2018): Embodied learning: Introducing a taxonomy based on bodily engagement and task integration. *Cognitive Research: Principles and Implications*, 3(1), 6.

Slater, Mel (2018): Immersion and the illusion of presence in virtual reality. *British Journal of Psychology*, 109, 431–433.

Slater, Mel/Sánchez-Vives, Maria (2016): Enhancing our lives with immersive virtual reality. *Frontiers in Robotics and AI*, 3, 74.

Slater, Mel/Wilbur, Silvia (1997): A framework for immersive virtual environments (FIVE): Speculations on the role of presence in virtual environments. *Presence: Teleoperators and Virtual Environments*, 6, 603–616.

Smotrova, Tetyana (2017): Making pronunciation visible: Gesture in teaching pronunciation. *Tesol Quarterly*, 51(1), 59–89.

Springer, Gerhard (1997): Grundlagen einer phasenspezifischen Skripttheorie. *Journal für Tiefenpsychologische Transaktionsanalyse*, 3(1–2), 3–33.

Stapleton, Mog (2013): Steps to a "properly embodied" cognitive science. *Cognitive Systems Research*, 22, 1–11.

Stramandinoli, Francesca/Cangelosi, Angelo/Marocco, Davide (2011): Towards the grounding of abstract words: a neural network model for cognitive robots. *Proceedings of IJCNN-2011 International Joint Conference on Neural Networks,* Piscataway, NJ: IEEE, 467–474.

Sun, Fu-Rong/Pan, Long-Fei/Wan, Rong-Gen (2018): Detecting the effect of student engagement in an SVVR school-based course on higher level competence development in elementary schools by SEM. *Interactive Learning Environments*, 29 (1), 3–16.

Suñer, Ferran/Roche, Jörg (2019a): Multimediales Lerndesign. In: Roche, Jörg (2019): Medienwissenschaft und Mediendidaktik. Tübingen: Narr Francke Attempto Verlag, 18–29.

Suñer, Ferran/Roche, Jörg (2019b): Embodiment in concept-based L2 grammar teaching: The case of German light verb constructions. *International Review of Applied Linguistics in Language Teaching* 59, no. 3, 421–447.

Sykes, Jonathan/Brown, Simon (2003): Affective gaming measuring emotion through the gamepad. *CHI '03 Extended Abstracts on Human Factors in Computing Systems (CHI EA '03)*, 732–733.

Taheri, Ali/Aguayo, Claudio (2021): Embodied immersive design for experience-based learning and self-illumination. *LINK 2021, Conference Proceedings, 3rd Conference in Practice-Oriented Research in Art & Design*, 2(1), 365–366.

Tai, Tzu-Yu/Chen, Howard/Graeme, Todd (2020): The impact of a virtual reality app on adolescent EFL learners' vocabulary learning. *Computer Assisted Language Learning*, 33(3), 45–64.

Tamboer, Willem Isaäc (2005): Die menschliche Bewegung in der Bewegungsforschung – Über den Zusammenhang von Menschenbild, Bewegungsauffassung und Untersuchungsmethoden. In: Laging, Ralf/Prohl, Robert (2005): Bewegungskompetenz als Bildungsdimension. Hamburg: Czwalina, 81–96.

Tan, Sabine/O'Halloran, Kay/Wignell, Peter (2016): Multimodal research: Addressing the complexity of multimodal environments and the challenges for CALL. *ReCALL*, 28(3), 253–273.

Thill, Serge/Padó, Sebastian/Ziemke, Tom (2014): On the importance of a rich embodiment in the grounding of concepts: Perspectives from embodied cognitive science and computational linguistics. *Topics in Cognitive Science*, 6, 545–558.

Thompson, Evan (2007): Mind in life. Biology, phenomenology, and the sciences of mind. Cambridge: Harvard University Press.

Toumpaniari, Konstantina/Loyens, Sofie/Mavilidi, Myrto-Foteini (2015): Preschool children's foreign language vocabulary learning by embodying words through physical activity and gesturing. *Educational Psychology Review*, 27(3), 445–456.

Tschacher, Wolfgang/Storch, Maja (2017): Grundlagen des Embodiment-Ansatzes in den Humanwissenschaften. *Motorik*, 40, 118–126.

Tschanz, Nathaly/Baerlocher, Bianca (2022): Virtual Reality im Sprachunterricht: Eine soziologische Reflexion der technischen Voraussetzungen einer immersiven Lernumgebung mit Oculus Go. *MedienPädagogik: Zeitschrift für Theorie und Praxis der Medienbildung*, 47 (AR/VR – Part 1), 288–311.

Tschentscher, Nadja (2017): Embodied semantics: embodied cognition in neuroscience. *German Life and Letters*, 70, 423–429.

Varela, Francisco/Thompson, Evan/Rosch, Eleanor (2013): Enaktivismus – verkörperte Kognition. In: Fingerhut, Joerg/Hufendick, Rebekka/Wild, Markus (2013): Philosophie der Verkörperung. Grundlagentexte zu einer aktuellen Debatte. Berlin: Suhrkamp, 293–327.

Varela, Francisco/Thompson, Evan/Rosch, Eleanor (1991): The embodied mind. Cognitive science and human experience. Cambridge/MA.

Voglsinger, Josef (2016): Bewegtes Lernen – bewegtes Denken. In: Weiß, Ottmar/Voglsinger, Josef/Stuppacher, Nina (2016): Effizientes Lernen durch Bewegung. Münster/New York: Waxmann, 41–64.

Voss, Christiane (2008): Fiktionale Immersion. *montage AV. Zeitschrift für Theorie & Geschichte audiovisueller Kommunikation*, 17(2), 69–87.

Webber, Sarah/Kelly, Ryan/Wadley, Greg (2023): Engaging with nature through technology: A scoping review of HCI research. *Proceedings of the 2023 CHI Conference on Human Factors in Computing Systems (CHI '23)*, 1–18.

Weber, Arne (2017): Die körperliche Konstitution von Kognition. Wiesbaden: J. B. Metzler.

Wellsby, Michele/Pexman, Penny (2014): Developing embodied cognition: insights from children's concepts and language processing. *Frontiers in psychology*, 5, 506.

Wendler, Michael (2017): Embodied Action: Lernen mit dem ganzen Körper. *Motorik*, 40 (3), 127–136.

Wik, Preben/Hjalmarsson, Anna (2009): Embodied conversational agents in computer assisted language learning. *Speech Communication*, 51, 1024–1037.

Wirth, Werner/Hofer, Matthias (2008): Präsenzerleben. Eine medienpsychologische Modellierung. montage AV. *Zeitschrift für Theorie und Geschichte audiovisueller Kommunikation*, 17(2), 159–175.

Witmer, Bob/Singer, Michael (1998): Measuring presence in virtual environments: A presence questionnaire. *Presence* 7(3), 225–240.

Wu, Sally/Hung, Alan (2022): The effects of virtual reality infused instruction on elementary school students' English-speaking performance, willingness to communicate, and learning autonomy. *Journal of Educational Computing Research*, 60(6), 1558–1587.

Wu, Hsin/Lee, Silvia/Chang, Hsin/Liang, Jyh-Chong (2013): Current status, opportunities and challenges of augmented reality in education. *Computers and Education*, 62, 41–49.

Xie, Ying/Ryder, Lanhui/Chen, Yan (2019): Using Interactive Virtual Reality Tools in an Advanced Chinese Language Class: a Case Study. *TechTrends*, 63, 251–259.

Yeh, Yi-Lien/Lan, Yu-Ju (2018): Fostering student autonomy in English learning through creations in a 3D virtual world. *Education Tech Research Dev*, 66, 693–708.

Yu, Miao/Guo Zhiyan/Zheng, Chunping (2022): A review of virtual reality in language learning from 2011 to 2020. *International Conference on Advanced Learning Technologies (ICALT)*, 214–217.

Yurt, Meltem (2019): Storytelling with Augmented Reality: A Learning Tool for Children. Baden-Baden: Nomos.

Zender, Raphael/Weise, Matthias/von der Heyde, Markus (2018): Lehren und Lernen mit VR und AR – Was wird erwartet? Was funktioniert? Fachtagung „e-Learning" der Gesellschaft für Informatik.

Zhang, Jia/Sung, Yao-Ting/Hou, Huei-Tse (2014): The development and evaluation of an augmented reality-based armillary sphere for astronomical observation instruction. *Computers & Education*, 73, 178–188.

Zheng, Chunping/Yu, Miao/Guo, Zhiyan (2022): Review of the application of virtual reality in language education from 2010 to 2020. *Journal of China Computer-Assisted Language Learning*, 2 (2), 299–335.

Zielinski, Wolfgang/Aßmann, Sandra/Kaspar, Kai (2017): Spielend lernen! Computerspiele(n) in Schule und Unterricht. Düsseldorf/München: Kopaed Verlags GmbH.

Zinn, Bernd (2020): Editorial. In: Zinn, Bernd (2020): Virtual, Augmented und Cross Reality in Praxis und Forschung. Technologiebasierte Erfahrungswelten in der beruflichen Aus- und Weiterbildung. Theorie und Anwendung. Stuttgart: Franz Steiner Verlag, 7–12.

Zinn, Bernd/Guo, Qi/Sari, Duygu (2016): Entwicklung und Evaluation einer virtuellen Lehr- und Lernumgebung für Servicetechniker im industriellen Dienstleistungsbereich. *Journal of Technical Education (JOTED)*, 4(1), 98–125.

Zobel, Benedikt/Werning, Sebastian/Metzger, Dirk (2018): Augmented und Virtual Reality: Stand der Technik, Nutzenpotenziale und Einsatzgebiete. In: Witt, Claudia de/Gloerfeld, Christina (2018): Handbuch Mobile Learning. Wiesbaden: Springer, 123–140.

FSC
www.fsc.org
MIX
Papier | Fördert gute Waldnutzung
FSC® C083411

Kolibri 360 GmbH
Ferdinand-Jühlke-Straße 7
99095 Erfurt, Deutschland
produktsicherheit@kolibri360.de